Flucht vor Bomben

Kinderlandverschickung aus dem östlichen Ruhrgebiet im 2. Weltkrieg

esezeichen

Gerhard E. Sollbach

Flucht vor Bomben

Kinderlandverschickung aus dem östlichen Ruhrgebiet im 2. Weltkrieg

Lesezeichen Verlag · Hagen

Umschlagabbildungen:
Auf einem Bahnsteig des Hauptbahnhofs in Gelsenkirchen warten im Sommer 1941 die
für ein KLV-Lager gemeldeten Jungen auf die Ankunft des Sonderzugs. (1. Umschlagseite)
Stadtarchiv Gelsenkirchen

Ankunft eines Zugs aus dem Sudetengau mit Rückkehrern aus der KLV
auf dem Hauptbahnhof in Bochum am 4. August 1946 (4. Umschlagseite)
Stadtarchiv Herne

Die Deutsche Bibliothek – CIP-Einheitsaufnahme
Ein Titeldatensatz für diese Publikation ist bei
Der Deutschen Bibliothek erhältlich.

Copyright © 2002 Lesezeichen Verlag Dierk Hobein · Postfach 60 02 23 · 58138 Hagen
E-Mail: info@lesezeichenverlag.de · Internet: www.lesezeichenverlag.de
Sämtliche Rechte der Speicherung, Vervielfältigung und Verbreitung sind vorbehalten.
Satz: IPa Internationale Buchproduktionen Arnold oHG · 71665 Vaihingen/Enz
Printed in Germany
ISBN 3-930217-65-1

Inhalt

Die Erweiterte Kinderlandverschickung und die Evakuierung der Schulen im Ruhrgebiet während des 2. Weltkrieges — 7
Persönliche Anordnung Hitlers — 7
Zwei bis sechs Millionen ›Verschickte‹ — 8
Verlegung ganzer Schulen — 9
Widerstand der Eltern — 9
Verweigerung der Lebensmittelkarten — 10

KLV-Maßnahmen in der Stadt Bochum 1940–1945 — 11
NSV-Landverschickung — 11
Erster Erweiterter Kinderlandtransport aus Bochum — 12
Verlockende Werbung — 13
Durchführung der Schulverlegung 1943 — 14
Reaktion auf schwere Luftangriffe im Frühjahr 1943 — 14
Verschickung zusammen mit Eltern und Geschwistern — 15
Schulappelle — 16
Aufrufe an die widerspenstigen Eltern — 17
Beruhigende und schönfärberische Berichte aus der KLV — 18

Durchführung der KLV-Maßnahme in Castrop-Rauxel 1941–1945 — 19
Erste Transporte ab Frühjahr 1941 — 19
Evakuierung der Schulen — 19
Über 8 000 Personen im Rahmen der Schulevakuierung verschickt — 19
Oberschule für Jungen in der KLV in Schneidemühl (Pommern) — 20
Oberschule für Mädchen in Schneidemühl (Pommern) — 21

Chronik der KLV in Herne 1941–1945 — 22
Schul-Teilverschickung 1941 — 22
Evakuierung der Schulen nach Pommern — 22
Etwas über 40% der Volksschulkinder fuhren mit — 22
Rückstrom aus der Evakuierung — 23
Oberschule für Jungen in Treptow (Pommern) — 23
Oberschule für Mädchen in Schivelbein (Pommern) — 24

Schulevakuierung in Wanne-Eickel 1943 — 25
Beginn am 13. August 1943 — 25
Oberschule für Jungen in Trautenau (Sudetenland) — 26
Rückkehr der Oberschule für Mädchen aus der KLV in Reichenberg (Sudetenland) — 27

KLV-Aktion in Witten 1941–1945 — 27
Wittener Kinder bei den ersten Ruhrgebiets-Transporten — 27
KLV als Ausweg — 27
Abneigung gegen Auslands-KLV — 28
Erster Höhepunkt im Sommer 1942 — 28
Schulevakuierung 1943 — 29
14 Sonderzüge — 29
Über 1 500 Schulkinder in der Stadt verblieben — 30
›Wilde‹ Rückholung der Kinder — 31
KLV-Transport noch Anfang Februar 1945 — 32
Rückkehr erst einen Monat nach Kriegsende — 32

KLV in Hattingen – Angeordnete Schulverschickung nicht verwirklicht — 33

KLV-Wirklichkeit – das Beispiel Bochum — 34
Unterbringungsprobleme — 34
Schul- und Unterrichtsmängel — 35
KLV-Sommerlager der Bochumer höheren Schulen — 36
Ungeeignete Lagerleitung — 37

Das Ende — 37
Rücktransport der KLV-Lager im Westen — 37
Abenteuerliche und dramatische Rückkehr — 38
Rückkehr gegen den Widerstand der Partei — 39
Im Stich gelassen — 40
Rückkehr untersagt — 41
Bochum nicht mehr erreicht — 42
Flucht über die Ostsee — 42
Ein Einzelschicksal – stellvertretend für viele — 44

Fürsorglicher Akt? — 45

Anmerkungen — 46

Bilddokumentation **59**
Bochum 59
Castrop-Rauxel 80
Hattingen 82
Herne 84
Wanne-Eickel 101
Wattenscheid 107
Witten 112

Erinnerungsberichte **121**
Täglich eine Tafel Schokolade und Mitbringsel
aus dem Allgäu (Heinrich Carow) 121
Überzogener militärischer Drill vermieste
KLV-Aufenthalt (Gerhard Wojan) 124
Für die Schule keine Zeit (Günter F. Stirnberg) 125
Mit Reifevermerk aus der KLV zurück (Ursula Liebeknecht) 126
Ein Stück sorgloser Kindheit (Rudolf Eistermann) 128
Nonne organisierte Unterbringung und
Versorgung (Marianne Rohleff) 129
Bei Selbstversorger untergebracht (Hans-Joachim
von der Heidt) 130
Das erste Mal den Ausdruck »Saupreiß« gehört
(Ingeborg Hebell) 131
Hoffenheim wurde zur zweiten Heimat (Wilhelm Hübner) 133
»Holt mich holen« (Ursula Kuhlmann, geb. Vogt) 134
Pflegetanten gaben ihr letztes Brot mit (Marga Rosenthal-
Koppka) 135
Wie eine Tochter aufgenommen (Inge Kappel, geb. Rost) 136
Aus Angst vor Mäusen in das Oberbett eingewickelt
(Elfriede Cremer, geb. Furch) 139
Erst nach sechs Jahren war Familie wieder vereint
(Horst Schade) 140
Erster Fluchtversuch nach Westen scheiterte
(Christiane Pohl, geb. Habighorst) 142
Erst Ende Oktober 1945 aus der KLV zurück
(Inge Witt-Heyer) 143
Mädchen erwünscht (Gerhard Fornefeld) 146
Heimreise beinahe am Widerstand des Direktors
gescheitert (Else Daniels, geb. König) 147
Zehn Tage mit dem Zug bis Berlin gebraucht
(Margret Schröter) 148

Mit Viehtreck in Richtung Westen (Bruno Vahl) 151
Gefühl des Fremdseins und des Gnadenbrotes
(Franz Herget) 151
Briefe nach Hause mußten den Lehrern vorgelegt werden
(Hermann Tyralla) 153
Lehrerinnen und Lehrer als ›Ersatzeltern‹
(Katharina Thoma, geb. Müller / Maria Kersting) 154
Trotz Widerstand im Sommerlager 1944
an der Ostsee (Ernst) 157
Allein nach Hause (Christa Rösner) 160
Fahrt von Köslin (Pommern) in den Westen
(Herbert Wagner) 162
Mit Wasserflugzeug aus Kolberg (Pommern) gerettet
(Sigrid Pohlmann) 163
Im Kohlenfrachter über die Ostsee entkommen
(Heiner Schumacher) 164
Flucht zu Fuß entlang der Ostsee 164
Über die ›grüne Grenze‹ nach Hause (Erika Kasparbauer,
geb. Czimmeck) 167
Eine schlimme und eine schöne KLV-Zeit erlebt
(Siegfried Dreyer) 168
Erst Wochen nach dem Kriegsende kehrten die Letzten
heim (Walter Küper) 171
Eine Woche von Pommern nach Bochum unterwegs
(Johannes Krieter) 176
Von Pflegemutter im Stich gelassen
(Hans Joachim Kreppke) 178
Unterricht nur nachmittags (Luise Kemna) 181
Hälfte der Schüler wurde von ihren Müttern begleitet
(Friedrich Klüsener) 182

Archiv-, Quellen- und Literaturverzeichnis **186**
Archive 186
Gedruckte Quellen und Literatur 186

Bildnachweis **188**

Danksagung **189**

Die Erweiterte Kinderlandverschickung und die Evakuierung der Schulen im Ruhrgebiet während des 2. Weltkrieges

Persönliche Anordnung Hitlers

Die erstmals im 2. Weltkrieg praktizierte massenweise Evakuierung von Kindern (und anderen Zivilpersonen) aus den luftkriegsgefährdeten Städten aufs Land ist eine eigentümliche Erscheinung des modernen, durch den massierten Einsatz der Luftwaffe gegen zivile Ziele gekennzeichneten Krieges.[1] Anders als nämlich noch im 1. Weltkrieg, als sich das eigentliche Kriegsgeschehen auf eine mehr oder weniger breite Frontlinie beschränkte, wurde im 2. Weltkrieg die zivile Bevölkerung vor allem und besonders lang anhaltend in Deutschland infolge des strategischen Bombenkriegs der Alliierten direkt und in einem bisher nie dagewesenen Ausmaß von den Kampfhandlungen betroffen.[2] Unter diesem Gesichtspunkt ist der von der NS-Propaganda allerdings in anderer Absicht geschaffene und verwandte Begriff der ›Heimatfront‹ gar nicht einmal so falsch.[3]

Spätestens Anfang September 1938 waren von der deutschen Reichsregierung für den Kriegsfall konkrete Pläne hinsichtlich einer Evakuierung der Schuljugend bis etwa zum 15. Lebensjahr aufs Land als vorsorgliche Schutzmaßnahme gegen feindliche Luftangriffe entwickelt worden. Unter Bezugnahme auf seinen entsprechenden vom 5. September 1938 datierenden Erlaß erteilte der Reichsminister der Luftfahrt und Oberbefehlshaber der Luftwaffe zwei Tage nach Kriegsausbruch Anweisung, die Vorbereitungen für die »Ausquartierung« der schulpflichtigen Kinder durch die zuständigen örtlichen Luftschutzleiter in Zusammenarbeit mit den jeweiligen örtlichen Schulbehörden »so durchzuorganisieren«, daß diese Maßnahme »auf besonderen Befehl jederzeit durchgeführt werden kann«.[4] Allerdings ließ das Reichsministerium für Wissenschaft, Erziehung und Volksbildung wenige Tage später wissen, daß man zum gegenwärtigen Zeitpunkt eine Evakuierung der schulpflichtigen Kinder aus bestimmten Orten (im Unterschied zu einer vollständigen Räumung von Orten) als »nicht akut« ansehe und man der Meinung sei, daß eine solche Maßnahme nicht akut werden würde.[5] Aus dem betreffenden Aktenvermerk in den Unterlagen des Reichsministeriums der Luftfahrt und Oberbefehlshabers der Luftwaffe geht zudem hervor, daß über eine Evakuierung der Schulkinder schon seit geraumer Zeit Verhandlungen zwischen dem Reichsminister der Luftfahrt und Oberbefehlshaber der Luftwaffe und dem Reichsministerium für Wissenschaft, Erziehung und Volksbildung geführt worden waren, die seinerzeit noch andauerten.

Aber auch in Großbritannien hat man seitens der Regierung die (vorsorgliche) Evakuierung der Zivilbevölkerung und insbesondere der Kinder damals als Schutzmaßnahme gegen feindliche Luftangriffe praktiziert. Derartige Planungen reichen hier bis in das Jahr 1934 zurück. Eine erste Evakuierungsphase setzte in Großbritannien bereits unmittelbar nach dem Kriegsausbruch Anfang September 1939 ein. Damals wurden von der Regierung insgesamt knapp 1,5 Millionen Menschen, unter ihnen rd. 99 000 Mütter mit Kindern und etwa 62 000 als Schulgruppen verschickte Kinder, aus den Städten in ländliche Gebiete verschickt. Ein zweiter staatlich organisierter Exodus aus den britischen Städten begann im August 1940 mit dem Einsetzen der ›Luftschlacht über England‹ und erreichte seinen Höhepunkt im Herbst des Jahres in der schlimmsten Phase des sog. ›Blitz‹. Diesmal wurden knapp 1,3 Millionen Zivilpersonen, darunter rd. 140 000 allein verschickte Kinder, evakuiert. Die dritte – und letzte – von der britischen Regierung durchgeführte Massenevakuierung im 2. Weltkrieg erfolgte im Sommer/Herbst 1944. Sie wurde durch den Einsatz der deutschen sog. ›Vergeltungswaffen‹, der unbemannten Flugkörper mit Strahlantrieb (V 1) und der Raketen (V 2), gegen England ausgelöst und umfaßte die Evakuierung von über einer Million Menschen vor allem aus dem Großraum London. Bei rd. 183 000 der damals aufs Land Verschickten handelte es sich um Mütter mit Kindern, etwa 101 000 waren allein verschickte Kinder. Allerdings beziehen sich die genannten Zahlen ausschließlich auf die durch regierungsamtliche Maßnahmen Evakuierten. Daneben gab es noch eine umfangreiche private Evakuierung. Doch hat die staatliche wie auch die private Evakuierung in Großbritannien während des 2. Weltkriegs in keiner Weise den Umfang gehabt wie die damals in Deutschland erfolgte ›vorsorgliche Umquartierung‹.[6] Das liegt wesentlich darin begründet, daß die Bombardierung britischer Städte durch die deutsche Luftwaffe im Verlauf des Kriegs nicht annähernd das Ausmaß und die Intensität der Angriffe britischer und später US-amerikanischer Luftflotten auf die deutschen Städte erreicht hat. Es waren eben nicht die britischen Städte, die von der deutschen Luftwaffe ›ausradiert‹ wurden, wie Hitler am 4. September 1940 in einer Rede im überfüllten Berliner Sportpalast versichert hatte, sondern die deutschen Städte vor allem im Westen des Reichs, denen die britischen bzw. alliierten Bomberverbänden dieses Schicksal bereiteten. Am 15. Mai 1940, einen Tag nach der Bombardierung von Rotterdam durch die deutsche Luftwaffe, erließ nämlich das britische Kriegskabinett eine neue Anweisung an das britische Bomberkommando, die es diesem offiziell erlaubte, von nun an nicht nur Einsätze auf Schlachtfeldern und gegen Nachschublinien zu fliegen, sondern auch nicht-militärische Ziele östlich des Rheins anzugreifen. Damit war der sich vor allem für die deutschen Städte und die deutsche Zivilbevölkerung so verheerend auswirkende strategische Bombenkrieg der Westmächte eröffnet.[7]

Nur etwas mehr als fünf Monate später, am 27. September 1940, erfolgte durch ein von Reichsleiter Martin Bormann an alle obersten Reichs- und Parteistellen gesandtes streng vertrauliches Rundschreiben die Mitteilung der vom »Führer« Adolf Hitler angeordneten »Landverschickung« der Kinder und Jugendlichen – später kurz Erweiterte KLV genannt – aus den luftkriegsgefährdeten Gebieten in andere, ruhigere Gegenden des Deutschen Reichs.[8] Zu diesem Zeitpunkt ahnte aber noch niemand, welches ungeheure Ausmaß und welche fürchterlichen Schrecken der Luftkrieg gegen Deutschland im Verlauf des Krieges annehmen würde. Die Verschickungsmaßnahme war seinerzeit in erster Linie aber aus psychologischen Gründen befohlen worden und sollte vornehmlich zur Beruhigung der durch die ersten Bombenabwürfe auf deutsche Städte aufgeschreckten Zivilbevölkerung dienen. Bei den Gauleitungen und in der Reichskanzlei war seinerzeit nämlich eine Flut von Briefen besorgter Eltern eingegangen, die sich darüber beklagten, daß ihre Kinder kaum noch eine Nacht richtig durchschlafen könnten. Hitler persönlich hatten diese Vorgänge bzw. die Reaktion der Bevölkerung ebenfalls sehr beunruhigt.[9]

Die KLV war eine Maßnahme der NSDAP bzw. sollte es zumindest nach dem Willen der obersten Partei- und Staatsführung sein.[10] Die Durchführung der Verschickungsaktion übernahmen vor allem die NSV (Nationalsozialistische Volkswohlfahrt), die HJ (Hitlerjugend) und der NS-Lehrerbund. Die Kosten trug zum Teil die NSDAP, zum Teil das Reich. Wie es in dem Rundschreiben vom 27. September 1940 weiter heißt, sollten möglichst ganze Schulen oder Klassen verschickt werden. Auch wurde im Zusammenhang damit festgelegt, daß bei der geplanten »Landverschickung« die Lehrkräfte der Heimatschulen zu einem »erheblichen Teil« eingesetzt werden sollten. Diesen Lehrpersonen oblag speziell die Aufgabe, am neuen Unterbringungsort für die Erteilung des Schulunterrichts in »ausreichendem Maße« zu sorgen.[11] Die geplante Aktion, so wird im Runderlaß ausdrücklich festgestellt, sollte jedoch auf der Grundlage der Freiwilligkeit durchgeführt werden. In besagtem Rundschreiben vom 27. September wurde zudem eine Sprachregelung bekanntgegeben. Wie es dort heißt, durfte auf Anordnung Hitlers im Zusammenhang mit der ganzen Aktion nicht von einer »Evakuierung«, sondern lediglich von einer »Landverschickung der Großstadtjugend« gesprochen werden.

Zwei bis sechs Millionen ›Verschickte‹

Bei den von der KLV erfaßten Personen unterschied man von Anfang an drei Gruppen: 1. Mütter mit Kleinkindern, die vornehmlich auf dem Land bei Familien Unterkunft fanden; 2. Kinder bis zu zehn Jahren, die ausschließlich in sog. Pflegefamilien gegeben wurden und die Schule am Aufnahmeort besuchten; und 3. Jugendliche ab zehn Jahren bis zum jeweiligen Schulabschluß, die möglichst klassen- oder schulweise verschickt, grundsätzlich in KLV-Lagern untergebracht und dort auch von den mitverschickten Lehrkräften ihrer Heimatschule bzw. ihres -ortes unterrichtet werden sollten.[12] Für den Transport aller drei KLV-Gruppen sowie für die Unterbringung der vorschulpflichtigen und der Kinder der ersten vier Schuljahre in den Pflege- bzw. Gastfamilien war die NSV zuständig. Um die Unterbringung der Kinder vom fünften Schuljahr an kümmerte sich dagegen die HJ.

Über den zahlenmäßigen Umfang der im Rahmen der sog. Erweiterten Kinderlandverschickung während des 2. Weltkriegs evakuierten Kinder gibt es keine gesicherten Angaben.[13] Nach Schätzungen des letzten Leiters der Reichsstelle-KLV, Gerhard Dabel, sollen im Deutschen Reich bis Kriegsende rd. 2,8 Millionen Mädchen und Jungen im Alter von 10 bis 18 Jahren in bis zu 9000 KLV-Lagern verschickt worden sein. Dazu kämen schätzungsweise noch drei Millionen im Rahmen der KLV verschickte 6- bis 10jährige Kinder, Kleinkinder und Mütter.[14] Eine jüngste Studie nimmt eine niedrigere Gesamtzahl der KLV-Evakuierten an. Doch auch nach dieser Schätzung soll im Verlauf des 2. Weltkriegs die immer noch gewaltige Zahl von über zwei Millionen Kindern im Rahmen der Erweiterten Kinderlandverschickung ›umquartiert‹ worden sein, wie es amtlich damals genannt wurde.[15]

Einem Vermerk des Ministerialrats Schmidt-Schwarzenberg im Reichsfinanzministerium über eine Besprechung mit dem Reichshauptamtsleiter Damson von der Reichsschatzmeisterei der NSDAP vom 20. Februar 1941 zufolge waren bis dahin auf Reichsebene rd. 320 000 Kinder verschickt worden.[16] Nach Angaben vom Beginn des Jahres 1943 befanden sich zu diesem Zeitpunkt im Gau Westfalen-Süd über 250 000 Mädchen und Jungen im Alter von 10 bis 14 Jahren in der KLV.[17] Überschlägige Schätzungen des Verfassers kommen zu dem Schluß, daß aus dem Ruhrgebiet im Rahmen der Schulverlegungen ab Frühjahr/Sommer 1943 noch einmal eine etwa gleich große Zahl Schulkinder in die KLV verschickt worden ist.

Verlegung ganzer Schulen

Ab 1942/1943 wurde die Erweiterte KLV wegen der immer häufigeren und schwereren alliierten Bombenangriffe auf die (west-)deutschen Städte als Maßnahme der »*allgemeinen*« bzw. »*vorsorglichen Umquartierung*«[18] nochmals erweitert.[19] Im Zusammenhang damit erfolgte nun auch die Verlegung ganzer Schulen. Im Gau Westfalen-Süd kam es erstmals Ende 1942 zu einer solchen Schulverschickung, als die Mittelschule der Stadt Witten vom 15. November 1942 bis zum 8. Mai 1943 mit den Lehrkräften nach Garmisch-Partenkirchen in Oberbayern verlegt wurde.[20] Im Sommer 1943 wurde diese Evakuierungsmaßnahme als Reaktion auf die im März des Jahres begonnene und vier Monate andauernde (erste) Luftschlacht der Alliierten gegen das Ruhrgebiet[21] insofern noch erweitert, daß nunmehr in besonders luftkriegsgefährdeten Städten, für die ein Räumungsbefehl ergangen war, auch alle allgemeinbildenden Schulen geschlossen und in den zugewiesenen Aufnahmegau verlegt werden konnten. Die Rechtsgrundlage für eine derartige Verlegung ganzer Schulsysteme im Rahmen der KLV bildete ein Rundschreiben Baldur von Schirachs vom 4. Juni 1943 als ›Beauftragter des Führers für die KLV‹. Darin wurde festgestellt, daß die Lage in den besonders luftkriegsbedrohten Gebieten des Deutschen Reichs »*Maßnahmen für den Schutz und die Erziehung der Jugend*« erfordere, die den bisherigen Einsatz der KLV erweiterten und verstärkten. Um aber trotz Ausweitung der KLV eine »*ordnungsgemäße Schulausbildung*« auch in Zukunft zu gewährleisten, so heißt es darin weiter, sollten in Zukunft möglichst nur noch ganze Schulen verschickt werden. Die im Rahmen der nochmals erweiterten Kinderlandverschickung durchgeführten Schulverlegungen bildeten, wie abschließend erläutert wird, einen »*Teil der allgemeinen Umquartierungsmaßnahmen*«, die der Reichsminister des Innern und die Partei durchführten.[22] Die Anordnung einer solchen allgemeinen Schulverlegung in luftkriegsbedrohten Orten erfolgte durch den zuständigen Gauleiter, und zwar aufgrund der ihm als Reichsverteidigungskommissar in seinem Gaugebiet zustehenden Befugnis, bei Gefahr direkter Kampfeinwirkung in seinem Gaugebiet Maßnahmen zur Evakuierung der Zivilbevölkerung zu veranlassen.[23] Ein nur zehn Tage nach dem Rundschreiben Baldur von Schirachs vom 4. Juni 1943 erfolgter Runderlaß des Reichsministers für Wissenschaft, Erziehung und Volksbildung ordnete dann an, daß in den Orten im Luftkriegsgebiet, aus denen alle Schulen einer bestimmten Schulart durch die KLV verlegt worden waren, der öffentliche Schulunterricht der betreffenden Schulart eingestellt werden mußte.[24] Wie aus einem Rundschreiben vom 5. Juni 1943 der NSDAP-Reichsleitung: Hauptamt für Volkswohlfahrt – Amt für Wohlfahrtspflege und Jugendhilfe an die Gauwaltungen hervorgeht, war die »*besondere Maßnahme*« der Verlegung ganzer Schulen im Gau Westfalen-Süd bis dahin aber lediglich für die Stadt Dortmund ausgelöst worden.[25]

Widerstand der Eltern

Mit den geschlossenen Schulen sollten nach Möglichkeit auch die nicht arbeitsmeldepflichtigen Mütter und die jüngeren Geschwister im Rahmen der ›allgemeinen Umquartierung‹ aus den betroffenen Städten verschickt werden.[26] Obwohl in der Anfangszeit tatsächlich die (höheren) Staats- und Parteistellen darauf geachtet haben, daß bei den vorsorglichen Evakuierungsmaßnahmen generell kein Zwang angewandt wurde,[27] sind zumindest später Eltern auch durch indirekten wie direkten Druck bzw. mit behördlichen Zwangsmaßnahmen insbesondere lokaler Stellen[28] dazu gedrängt worden, ihre Kinder an der KLV teilnehmen zu lassen. Tatsächlich ist das Vorhaben der KLV-Verschickung wie insbesondere der Schulverlegung in allen Ruhrgebietsstädten auf Ablehnung und teilweise energischen Widerstand der Eltern gestoßen.[29] Infolgedessen waren in den akut luftkriegsbedrohten Städten des Gaus zahlreiche schulpflichtige Volksschulkinder und nicht mehr schulpflichtige Schülerinnen und Schüler der Mittel- sowie Oberschulen verblieben bzw. von ihren Eltern zurückbehalten worden. »*Nach der Durchführung der Verlegung der höheren Schulen und der Mittelschulen aus den Luftnotstandsgebieten des Gaues [...]*«, so berichtete am 8. Oktober 1943 der ›Bochumer Anzeiger‹ in der Gauhauptstadt des Gaus Westfalen-Süd, »*hat sich leider herausgestellt, daß einige verantwortungslose Eltern ihre Kinder nicht mit diesen Schulen verschickt, sondern zu Hause behalten haben.*« Doch es waren keineswegs nur ›einige‹ Eltern, die sich der angeordneten Schulverschickung ihrer Kinder widersetzten. Vor dem massiven Widerstand eines beträchtlichen Teils der Elternschaft mußten die Behörden schließlich zumindest teilweise kapitulieren. Das bezeugt eine am 28. September 1943 vom Regierungspräsidenten in Arnsberg für den Regierungsbezirk erlassene Polizeiverordnung. Darin wurde angeordnet, daß alle Schülerinnen und Schüler von höheren Schulen und Mittelschulen, die nicht mit ihren Schulen verschickt und in ihrem Heimatort geblieben waren, sich unverzüglich bei der jeweiligen Ortspolizeibehörde zu melden hatten, um von dieser dem zuständigen Arbeitsamt »*zur Einschaltung in den Arbeitsprozeß*« zugewiesen zu werden.[30] Das war ein indirektes behördliches Eingeständnis, daß eine Verschickung aller Schulkinder in den von der Räumung bzw. Schulverlegung betroffenen Städten aufgrund des weitverbreiteten und hartnäckigen Widerstands der Eltern sich einfach nicht durchsetzen ließ – trotz aller Anstrengungen der örtlichen Stellen. Außerdem versuchten zahlreiche Eltern oder vielmehr Mütter, ihre verschickten Kinder mit allen Mitteln und auf allen Wegen und, nach Auffassung der Gauleitung, »unter nichtigen Vorwänden« wieder nach Hause zu holen.

Die Kinder ihrerseits hatten vielfach ihre ganz persönlichen Motive für die Teilnahme bzw. Nicht-Teilnahme an einer KLV-Maßnahme. Eine 12jährige Herner Volksschülerin z. B. meldete sich Anfang 1942 trotz eindringlicher Warnungen ihrer Mutter für eine Verschickung an den Tegernsee an. Ihr Grund war, daß sie einfach mal »weg von zu Hause« wollte. Zudem reizten sie der Tegernsee, die Berge und Bayern, Namen, die sie bisher nur vom Hörensagen kannte.[31]

Verweigerung der Lebensmittelkarten
Im Gau Westfalen-Süd ist damals von der Gauleitung versucht worden, die widerspenstigen Eltern vor allem mit dem Druckmittel der Verweigerung der Lebensmittelkarten zur Teilnahme ihrer Kinder an der KLV zu zwingen. Eine entsprechende Anordnung wurde vom Gauleiter des Gaus Westfalen-Süd, Albert Hoffmann[32], in seiner Eigenschaft als zuständiger Reichsverteidigungskommissar am 26. Juli 1943 erlassen.[33] Dennoch ließ ein beträchtlicher Teil der Eltern, und zwar auch solche, die, aus welchen Gründen auch immer, ihre Kinder in den Schulappellen zur KLV angemeldet hatten, diese dann doch nicht mitfahren. Ebenso hielt die Rückkehr von Müttern an, die nach einiger Zeit mit ihren Kindern ohne einen nach Ansicht der zuständigen Stellen »triftigen Grund« wieder aus den Aufnahmeorten abreisten.[34] Auch im letzteren Fall scheint demnach die Anordnung des Gauleiters ihre Wirkung weitgehend verfehlt zu haben. Sie ist offenbar nur in wenigen Städten tatsächlich befolgt bzw. strikt angewandt worden. Anfang Oktober 1943 beschwerte sich nämlich Hoffmann darüber, daß seine Anordnung vom 26. Juli 1943 »nicht überall mit der notwendigen Energie« durchgeführt werde. Infolgedessen hätten Eltern in den Städten, in denen eine Schulverlegung aufgrund des Räumungsbefehls des Gauleiters vom 29. Juni 1943 erfolgt sei, ihre Kinder dennoch nicht verschicken lassen. Außerdem seien »viele« inzwischen mit ihren Kindern aus der Evakuierung »ohne zwingenden Grund« wieder zurückgereist.[35] Auf jeden Fall sah sich Gauleiter Hoffmann Anfang Oktober 1943 genötigt, in einer Rundverfügung vom 9. des Monats alle an der Evakuierungsmaßnahme in den betroffenen Städten beteiligten Partei- und Behördenstellen nochmals nachdrücklich aufzufordern, für die genaue und energische Anwendung der Anordnung vom 29. Juli 1943 zu sorgen. Im Zusammenhang damit wurde noch einmal klargestellt, daß insbesondere eine Rückführung schulpflichtiger Kinder in die geräumten Städte verboten sei.[36]

Wo die erneute Anweisung des Gauleiters tatsächlich angewandt wurde, kam es nach einem Geheimbericht des Sicherheitsdienstes der SS zu einer »*direkten Auflehnung, [...] ohne die geringste Zurückhaltung oder Vorsicht bezüglich der Folgen*«. Die wütenden und energisch protestierenden Frauen bestanden entschieden auf der Aushändigung ihrer Lebensmittelkarten und zeigten sich auch »*zu allem fähig*«. Dabei waren heftige Beschimpfungen amtlicher und führender Personen an der Tagesordnung. Wie gereizt die Stimmung und wie entschlossen der Widerstand der Bevölkerung und speziell der Mütter gegen diese Maßnahme war, bezeugen zudem die verschiedenen in dem SD-Bericht wiedergegebenen Äußerungen, wie z. B. diese: »*Die sollen mir nur kommen. Meine Kinder kommen nicht weg, und wenn ich nichts zu essen habe, dann kann ich mit ihnen zusammen verrecken*« oder: »*Wir bleiben zusammen, das wäre ja noch schöner, [die] können doch nicht mit uns machen, gerade wie sie wollen, es ist doch immer noch freiwillig.*«[37]

Zu derartigen erregten Auftritten kam es damals auch vor dem städtischen Ernährungsamt in Bochum. Hier hatten die Frauen z. T. ihre Kleinkinder und Säuglinge mitgebracht, und anstelle der Bergarbeiterfrauen waren häufig deren Ehemänner erschienen. Die Bergleute erklärten nun kategorisch, erst wieder einfahren zu wollen, wenn sie die notwendigen Lebensmittelkarten für ihre Familien erhalten hätten.[38]

Ob und inwieweit die Anordnung des Gauleiters vom 9. Oktober 1943 allgemein in der Praxis befolgt worden ist, läßt sich im einzelnen nicht feststellen. Den angestrebten Zweck scheint auch sie aber zumindest nicht vollständig erreicht zu haben. Am 19. Januar 1944 forderte nämlich Gauleiter Hoffmann in einer Rundverfügung die Oberbürgermeister in Bochum, Dortmund, Castrop-Rauxel, Herne, Wanne-Eickel, Wattenscheid, Witten, Lünen und Hagen auf, »mit Nachdruck« darauf hinzuwirken, daß die schulpflichtigen Kinder, die entgegen der Anordnung noch nicht in das vorgesehene Aufnahmegebiet bzw. zu ihrer dorthin »umquartierten« Schule gebracht worden seien, »baldigst dahin verbracht werden«. Die betreffenden Eltern seien zu veranlassen, ihre Kinder bei der zuständigen Dienststelle der NSV zur Verschickung mit Sammel- oder Einzeltransport anzumelden. Sofern Eltern dieser Aufforderung nicht Folge leisteten, sollten sie darauf hingewiesen werden, daß keine Lebensmittelkarten mehr an sie ausgegeben würden. Falls sich die NSV derzeit jedoch nicht in der Lage sehen würde, die Verschickung vorzunehmen, war den betreffenden Eltern eine entsprechende Anmeldebestätigung auszustellen. In diesem Fall durften ihnen weiterhin die Lebensmittelkarten ausgehändigt werden.[39]

Daß diese neuerliche Anordnung des Gauleiters und Reichsverteidigungskommissars schwerwiegende sachliche Gründe hatte und auf für die Dienststelle besorgniserregenden Zahlen basierte, bezeugen Angaben z.B. aus der Stadt Herne. Danach waren bis zum Stichtag 10. November 1943 insgesamt 4150 Evakuierte wieder nach Herne zurückgekehrt, und zwar der größte Teil – 2690 – aus dem Aufnahmegau Pommern (wohin die Herner Schulen im Sommer 1943 verschickt worden waren), 162 aus Baden, 132 aus dem Sudetengau und insgesamt 1089 Personen aus dem Gau Westfalen-Süd und verschiedenen anderen Gegenden. Unter diesen 4150 Rückkehren befanden sich 1852 schulpflichtige Kinder im Alter von 6 bis 14 Jahren. In Herne waren seinerzeit auch Lebensmittelkarten an insgesamt 1579 Kinder zwischen 6 und 10 Jahren und an weitere 1159 Kinder im Alter von 11 bis 14 Jahren ausgegeben worden.[40] Bis zum Stichtag 25. August 1944 z.B. stieg die Zahl der sich – größtenteils unerlaubt – in Herne aufhaltenden bzw. eigenmächtig dorthin aus der KLV zurückgekehrten schulpflichtigen Kinder auf 10074 an. Das war aber die Masse aller Herner Schulkinder.[41] Auch z.B. von den im Rahmen der Schulevakuierung im Sommer 1943 aus Castrop-Rauxel nach Pyritz in Pommern gekommenen Müttern mit Schulkindern reisten nach einem Bericht des seinerzeit mitverschickten Lehrers Hugo Giesenbauer viele Mütter mitsamt ihren Kindern noch im Lauf des Jahres wieder ab.[42] In der damaligen Gauhauptstadt Bochum ist dann folgende Regelung getroffen worden: Frauen, die ohne amtliche Erlaubnis mit ihren Kindern aus der Evakuierung zurückkehrten, wurden von den zuständigen Ortsgruppenleitern mit Unterstützung der Ortsfrauenschaftsleiterinnen nach den von der Stadtverwaltung aufgestellten Namenslisten zusammengerufen und ihnen dann mitgeteilt, daß sie nicht in Bochum bleiben könnten. Diejenigen, die sich entschieden weigerten, wieder abzureisen, mußten eine von der Stadtverwaltung erstellte Erklärung unterschreiben, in der sie sich verpflichteten, 1. selbst zumindest eine vom Arbeitsamt nachzuweisende Arbeitsstelle mit einer Arbeitszeit von vier Stunden täglich anzunehmen, 2. ihre schulpflichtigen Kinder sofort wieder in einen von der NSV und der Stadtverwaltung zu bestimmenden Verlegungsort zurückzuschicken, und 3. Kleinstkinder in eine von der Stadtverwaltung oder der NSV nachzuweisende Pflegestelle zu geben, falls diese sie hindern sollten, die nachgewiesene Arbeitsstelle anzunehmen. Frauen, die auch diese Verpflichtung nicht anerkennen wollten, durften auf keinen Fall Lebensmittelkarten übergeben werden, selbst wenn sie oder ihre Ehemänner sich »wild gebärden« sollten.[43]

Vor allem in den letzten Kriegsjahren haben auf die Freiwilligkeit der Teilnahme an dieser Aktion pochende Eltern in immer größerer Zahl ihre verschickten Kinder eigenmächtig und ohne irgendwelche offizielle Erlaubnis aus der KLV nach Hause zurückgeholt.

KLV-Maßnahmen in der Stadt Bochum 1940–1945

NSV-Landverschickung

Bereits vor dem Beginn der Erweiterten Kinderlandverschickung im Herbst 1940 wurde von der NSDAP bzw. durch die NSV für ihre Mitglieder in den Sommermonaten auch in den Ruhrgebietsstädten regelmäßig eine – kostenlose – Landverschickung von Kindern durchgeführt. Dabei unterschied man zwischen der Kinderheimentsendung und der Kinderlandverschickung. Für erstere kamen solche Kinder in Frage, die nach ärztlichem Befund besonders krankheitsanfällig und schwächlich waren. Sie erhielten einen ca. 6wöchigen Aufenthalt in NSV-eigenen Kindererholungsheimen in Solbädern, in Heimen an der Nord- und Ostsee sowie in den Mittel- und Hochgebirgen. Die Kinderlandverschickung umfaßte dagegen erholungsbedürftige und »schulmüde« Stadtkinder, die für vier bis fünf Wochen in Familienpflegestellen auf dem Land untergebracht wurden. In den letzten Jahren vor Ausbruch des 2. Weltkriegs betrug die Zahl der im Rahmen der Kinderlandverschickung durch die NSV während der Sommermonate zur Erholung auf das Land entsandten Kinder im Alter von 8 bis 14 Jahren z.B. im Gau Westfalen-Süd durchschnittlich etwa 20000 bis 22000. Nach Kriegsausbruch erfolgte eine erhebliche Ausweitung dieser Kinderlandverschickungsaktion,[44] so daß bereits im Sommer des ersten Kriegsjahrs aus dem Gau Westfalen-Süd insgesamt 34086 Stadtkinder einen solchen mehrwöchigen Landaufenthalt vermittelt bekamen.[45] Aus dem Kreis Bochum fuhren seinerzeit etwa 5000 Kinder in die Kinderlandverschickung nach Thüringen.

Mit einem solchen Transport Bochumer Kinder kam der damals 9jährige Schüler Hans Joachim Kreppke zu Beginn der Sommerferien 1940 nach Thüringen. Kreppkes Eltern hatten zunächst nur seinem vier Jahre älteren Bruder erlaubt, mitzufahren, dem »Kleinen« wollten sie diese weite Reise noch nicht zugestehen. Doch der »Kleine« wollte unbedingt auch »etwas von der Welt sehen«, wie er später noch häufig in der Familie zitiert wurde. In seinem Begehren erhielt Kreppke, den sein größerer Bruder sonst gern ›deckelte‹, in ungewöhnlicher brüderlicher Eintracht kräftige Unterstützung. Dem vereinten Bemühen der Brüder gelang es schließlich, die Eltern doch umzustimmen.

Während der größere Bruder in dem Dörfchen Zella im Eichsfeld Aufnahme fand, kam H. J. Kreppke in die Kreisstadt Mühlhausen. Hier wurde er in einer Familie aufgenommen, die in einem vor dem Inneren Frauentor gelegenen Haus wohnte. Durch die Ziegen- und Kaninchenhaltung der Familie waren die Lebensverhältnisse dort eher ländlich als städtisch geprägt und erinnerten Kreppke in vielem an Ferienaufenthalte bei seiner Großmutter auf einem Kotten in (Wetter-)Wengern. Für die Ziege und die mehreren Dutzend Kaninchen mußte Gras im angepachteten Stadtgraben gemäht werden. Außerdem waren ebenfalls angepachtete Obstbäume weit draußen vor der Stadt abzuernten. Kreppke wurde gleich von Beginn an in alle diese von ihm als äußerst spannend und erlebnisreich empfundenen Verrichtungen einbezogen. Von Anfang an entstand zwischen dem Pflegekind und seiner Pflegemutter, der »Tante Lotte«, aber auch zu deren Sohn, der Oma und den anderen Verwandten, die alle in diesem Haus Petristeinweg 10 wohnten, ein ausgesprochen herzliches Verhältnis. Als die Ferienwochen zu Ende gingen, war es daher ausgemacht, daß Kreppke im nächsten Jahr auf privater Basis wiederkommen würde. Zum Abschied erhielt er von seiner Pflegefamilie in einem Pappkarton noch ein junges Kaninchen mit.[46] Bereits kurz nach seiner Ankunft in Mühlhausen hatte Kreppke seinen Eltern geschrieben, daß er eine Überraschung für sie habe. Das Geheimnis wolle er aber erst drei Tage vor seiner Rückreise lüften. In seinem kurz vor der Heimreise nach Hause geschriebenen letzten Brief teilte er seinen Eltern das Geheimnis mit. »Es ist keine Katze, kein Kater, kein Hund und auch kein Vogel«, verkündete er. »Es sind zwei reinrassige Karnickel. Stinken tun sie nicht. Erfreut seid ihr am Anfang nicht, das weiß ich jetzt schon. Aber wenn der Braten kommt, dann sagt ihr: Jochen, du kannst dir noch mehr Karnickel anschaffen.«[47] Allerdings brachte Kreppke infolge einer vor seiner Abreise unter den Kaninchen ausgebrochenen Seuche dann nur ein Tier mit. Für das neue ›Familienmitglied‹ wurde ein hölzerner Verschlag gezimmert, und die Familie hielt fortan das Tier auf dem Balkon. Als es schließlich herangewachsen war und geschlachtet werden mußte, wollte der Braten dann doch keinem so recht schmecken.

In der Kinderlandverschickung sah der Vater von Hans Joachim Kreppke, zumal es seine beiden Jungen mit ihren Pflegefamilien »gut getroffen« hatten, eine begrüßenswerte und nützliche Einrichtung. »Den Kindern tut das gut und mir soll noch einer über die NSV schimpfen!« schrieb er damals in einem Brief. Die 12,00 RM Jahresbeitrag für die NSV hätten sich auf jeden Fall gelohnt. Doch nicht nur vom finanziell-materiellen, sondern auch vom allgemeinerzieherischen Gesichtspunkt aus sah Kreppkes Vater die Kinderlandverschickung als vorteilhaft an: »Unsere Kinder werden früher selbständig wie wir ›Alten‹ und lernen die Welt und andere Volksgenossen kennen«, teilte er damals seinem Schwager mit.[48] Im darauffolgenden Jahr 1941 ist dann ein weiterer Ferienaufenthalt von H. J. Kreppke, diesmal auf privater Basis, bei der alten »Gastfamilie« in Mühlhausen erfolgt. Der Vater brachte seinen Jungen mit dem Zug nach Mühlhausen, und drei Wochen später kehrte dieser in Begleitung von »Tante Lotte« nach Bochum zurück. Die Pflegemutter blieb dann noch einige Tage bei der Familie. Auch zwischen ihr und Kreppkes Eltern war das Verhältnis auf Anhieb herzlich. Einen weiteren Ferienaufenthalt in Mühlhausen verhinderte jedoch die im folgenden Sommer angeordnete allgemeine Schulverlegung in Bochum, durch die H. J. Kreppke nach Friedeberg in Pommern kam.[49]

Erster Erweiterter Kinderlandtransport aus Bochum
Im Ruhrgebiet erfolgten die ersten im Rahmen der nunmehr Erweiterten Kinderlandverschickung durchgeführten Transporte ab Januar 1941.[50] Wahrscheinlich haben die meisten Eltern in dieser frühen Phase der Erweiterten Kinderlandverschickung, abgesehen von einem Ansteigen der Teilnehmerzahlen, in der praktischen Durchführung aber kaum einen Unterschied zu den früheren NSV-Verschickungsmaßnahmen bemerkt. Das änderte sich erst, als es ab Frühsommer 1943 zur massenweisen Verschickung ganzer Schulklassen und zur Verlegung kompletter Schulsysteme kam.

Soweit feststellbar, ging ein erster im Rahmen der neuen Erweiterten Kinderlandverschickung durchgeführter Transport von Kindern aus Bochum am 8. März 1941 ab. Er brachte etwa 60 Jungen in den Schwarzwald, an den Bodensee und nach Oberbayern (Hintersee bei Berchtesgaden).[51] Neben der Aussicht auf Abwechslung und Abenteuer war die Teilnahme an einer KLV-Aktion vor allem für viele der älteren Kinder auch wegen der Möglichkeit verlockend, sich für einige Zeit der elterlichen Kontrolle entziehen zu können.[52] Dazu kam die im Verlauf des sich verschärfenden Bombenkriegs zunehmend an Bedeutung gewinnende Chance, auf diese Weise den physischen und psychischen Belastungen des Luftkriegs zu entfliehen. So erinnert sich Hans Joachim Kreppke, der als 12jähriger Schüler der Bismarck-Oberschule für Jungen, der heutigen Graf-Engelbert-Schule, in Bochum im Rahmen der allgemeinen Schulverlegung im Sommer 1943 nach Friedeberg in der Neumark (Pommern) kam, daß er und sein vier Jahre älterer Bruder damals voller Erwartung und gern gefahren sind. Neben Abenteuerlust habe aber auch die Erleichterung, endlich aus dem Bombenhagel herauszukommen, ihre Empfindung bestimmt.[53] Mit demselben Gefühl fuhr im Sommer 1942 auch die 11jährige Schülerin Brigitte Kaiser aus Dortmund in ein KLV-Lager in Münchshofen in Niederbayern. Sie war »begeistert, von zu Hause fortzukommen«, da sich die Fliegeralarme und Luftangriffe in Dortmund häuften und sie manche Nacht im Keller verbringen mußte.[54]

Verlockende Werbung
Infolge der Verschärfung der Luftkriegslage gerade im Ruhrgebiet war bereits ab Herbst 1942 eine Intensivierung der KLV-Werbung durch Presseartikel und Flugblätter erfolgt.[55] Anfang 1943 wurde in der örtlichen Bochumer Presse dann aber besonders eifrig und verlockend für die Teilnahme an der KLV geworben.[56] So verkündete der ›Bochumer Anzeiger‹ z.B. in seiner Ausgabe vom 1. März 1943 unter der auffordernden Überschrift »Wer macht mit?«, daß »nicht nur an den Bodensee, sondern auch in die weiteren Gebiete des Gaues Baden sowie in den Gau Schlesien« die in den nächsten Wochen von der NSV durchgeführten »Kindertransporte« gingen. Der sechs Monate dauernde Aufenthalt in der KLV wird in dem Artikel verlockend als »Erholungszeit« bezeichnet. Zum Schluß heißt es dann noch, daß alle Jungen und Mädchen im Alter von 6 bis 10 Jahren, die mitfahren möchten, sich schnell anmelden sollten, »um sich rechtzeitig einen Platz zu sichern«.[57]

Tatsächlich wurde in der offiziellen Berichterstattung über die KLV noch bis zum Herbst 1944 vor allem der Erholungswert und Feriencharakter dieser Verschickungsaktion herausgestellt.[58] Doch weder derartige Verlockungen noch die im Frühjahr 1943 einsetzenden schweren Luftangriffe auf Bochum konnte die skeptische Haltung vieler Eltern auch in dieser Stadt gegenüber der vom Staat organisierten, aber freiwilligen Verschickung ihrer Kinder vollständig beseitigen. Von den Schülern des Staatlichen Gymnasiums nahm daher auch nur etwa ein Drittel an der Schulverlegung ab Juli 1943 in das – offene – KLV-Lager in Pommern teil.[59] Vor allem, als im Sommer die »geschlossene Umquartierung« aller allgemeinbildenden Schulen der Stadt erfolgte, wurde seitens der zuständigen Stellen kein Argument und kein Mittel ausgelassen, um die Bochumer Eltern zur Teilnahme an dieser bis zum Schluß zumindest formal freiwilligen Aktion zu bewegen. Auch hier hat man auf zumindest einen Teil der Elternschaft erheblichen behördlichen Druck ausgeübt. So wurde z.B. versucht, das städtische Verwaltungspersonal, soweit es Kinder hatte, durch Einschüchterung dazu zu bringen, seine Kinder durch die KLV verschicken zu lassen.

Am 16. Oktober 1943 forderte nämlich der Oberbürgermeister der Stadt Bochum in einem Rundschreiben alle Dezernenten, Amtsvorsteher und Dienststellenleiter auf, bei sämtlichen verheirateten Beamten, Angestellten und Arbeitern ihres Zuständigkeitsbereichs feststellen zu lassen, ob sie Kinder hätten, und wenn ja, wo sich diese zur Zeit befänden. Die Listen waren dem Oberbürgermeister einzureichen. Dieses Vorgehen erfolgte, wie es deutlich drohend in dem Schreiben heißt, »um einen Überblick zu bekommen, inwieweit aber auch städtische Beamte, Angestellte und Arbeiter gegen diese Maßnahmen [= Schulverlegung durch die KLV] verstoßen haben«. Am 21. Dezember 1944 wurde die Aktion wiederholt. Hier heißt es im Rundschreiben zur Begründung noch unmißverständlicher, es solle auf diesem Weg ermittelt werden, in welchem Ausmaß auch von städtischen Bediensteten die angeordneten vorsorglichen Evakuierungsmaßnahmen »sabotiert« worden seien.[60] Ob irgendwelche Maßnahmen gegen widerspenstige städtische Bedienstete ergriffen worden sind, ließ sich nicht ermitteln.

Andererseits dürften die Eltern in den Bochumer Kinos[61] damals aber auch die in den Wochenschauen regelmäßig auftauchenden, nur positiven Filmberichte über KLV-Lager gesehen haben.[62] Dazu kam dann der 1941 im Rahmen einer ersten, im Sommer des Jahres begonnenen und auf Dauer angelegten Werbekampagne des Reichsministeriums für Volksaufklärung und Propaganda[63] vom Presse- und Propaganda-Amt der Reichsjugendführung erstellte und hauptsächlich in KLV-Lagern auf der Insel Rügen sowie in Süddeutschland gedrehte Dokumentations-Werbefilm von 24 Minuten Länge über die KLV-Aktion. Dieser Film mit dem Titel »Außer Gefahr« wurde am 1. November 1941 in Berlin uraufgeführt und lief danach u.a. als Vorfilm in den Kinoprogrammen. Er zeigte ebenso glückliche wie strahlend-blonde Jungen z.B. bei Sport am Strand und Abenteuerspiel in einer Berglandschaft sowie ebenfalls blonde und fröhliche Mädchen beim Stricken, Nähen, Basteln und Reigentanz unter blühenden Obstbäumen, wobei vom Sprecher mehrfach versichert wird, daß für das Wohlergehen der Kinder in der KLV in jeder Hinsicht – nicht zuletzt auch in gesundheitlicher und schulischer – bestens gesorgt sei.[64]

Dazu kamen Plakate und Flugblätter, mit denen vor allem seit dem Beginn der Evakuierungs- und Schulverlegungsmaßnahmen ab Frühjahr / Sommer 1943 im Ruhrgebiet unter eindringlichem Hinweis auf die große Gefahr in den luftkriegsgefährdeten Städten für eine Verschickung der Kinder geworben bzw. nachdrücklich dazu aufgefordert wurde. So verkündete z.B. ein Plakat auf grell rotem Hintergrund: »*Der Luft Terror geht weiter – Mütter schafft Eure Kinder fort!«*[65] Ein Handzettel mit der fett und groß gedruckten Überschrift »*An alle, die es angeht*« endet mit der optisch ebenso hervorgehobenen Aufforderung an die Eltern bzw. Mütter »*Rettet rechtzeitig das Leben Eurer Kinder! Bringt Eure Kinder fort!*«[66]

Dennoch ist es in Bochum letztlich aber nicht gelungen, die im Sommer 1943 im Rahmen der »*vorsorglichen Evakuierungsmaßnahmen*« angeordnete Verschickung sämtlicher Schulkinder in KLV-Lager durchzusetzen. Einer Notiz der NSDAP-Kreisleitung in Bochum vom 1. Oktober 1943 zufolge waren bis dahin aus dem Kreis Bochum 15 850 Schulkinder, 8 220 Erwachsene und 5 430 Kleinkinder in den Aufnahmegau Pommern verschickt worden.[67] Nach den zu ermittelnden Zahlen sind im Verlauf des Krieges aus der Stadt Bochum insgesamt nur etwa 40% der Schulkinder verschickt worden. Im einzelnen handelte es sich um 12 594 Volksschulkinder, um 1 011 Schülerinnen und Schüler der Mittelschulen, 1 853 der Ober- und 440 der Fachschulen, zusammen also 15 898 Kinder und Jugendliche. Eine etwa gleich große Zahl, rd. 16 000 Schulkinder, wurde durch sog. »*freie Umquartierung in Selbsthilfe*«, vorwiegend in Form der Verbringung zu Verwandten und Bekannten, in nicht luftkriegsgefährdete Gebiete verschickt. In der Stadt selbst verblieben bis Kriegsende aber immer noch ca. 6 000 Schulkinder, die natürlich keinen Unterricht erhielten.[68]

Ähnliche Verhältnisse herrschten auch in anderen Ruhrgebietsstädten, so z.B. in der Nachbarstadt von Bochum, Herne. Hier wurden im September 1944 amtlich 5 449 schulpflichtige Kinder gezählt, die sich in der Stadt aufhielten (das waren rd. 41% der im März 1943 in den Volks-, Hilfs- und Oberschulen der Stadt vorhandenen Schülerinnen und Schüler). Für sie ordnete der zuständige Gauleiter und Reichsverteidigungskommissar von Westfalen-Süd damals wenigstens eine tägliche Betreuung durch Lehrkräfte mit Heimarbeiten, Heilkräuter- und Altstoffsammlungen an.[69]

Eine teilweise Kapitulation gegenüber dem hartnäckigen Elternwiderstand gegen die Schulverschickung und ein Eingeständnis, daß sie sich trotz aller Druckausübung und Zwangsmaßnahmen der staatlichen und politischen Stellen auf die Eltern nicht voll durchsetzen ließ, stellt auch die Einrichtung der sog. gauinternen KLV-Verschickung im Gau Westfalen-Süd im Herbst 1944 dar. Wie Ende September 1944 z.B. in Hagen durch die Presse bekanntgemacht wurde, sollten jetzt für alle Schülerinnen und Schüler des 5.–8. Schuljahrs der Volksschulen, die sich seinerzeit noch in der Stadt aufhielten, im Sauerland KLV-Lager eröffnet werden. Wie es in der Meldung aber erläuternd weiter heißt, kamen für diese Lager Ober- und Mittelschülerinnen bzw. -schüler sowie solche Schulkinder, die sich bereits in einem KLV-Lager befanden oder »*unerlaubt nach Hagen zurückgeführt wurden*«, nicht in Frage.[70] Dem entsprach auch die Anfang Dezember 1944 bekanntgemachte Anordnung des Gauleiters von Westfalen-Süd, daß die gegen den generellen Befehl des Gauleiters in den Gau heimgekehrten oder noch heimkehrenden Schulen und Klassen sofort aufzulösen und später in KLV-Lager auch im Gau Westfalen-Süd gebracht werden sollten.[71] Dieser Befehl des Gauleiters ist, zumindest was dessen letzteren Teil betrifft, tatsächlich befolgt worden. So wurden z.B. die Oberschule für Mädchen in Witten und die dortige Mittelschule, die Ende 1944 ohne offizielle Erlaubnis von ihren jeweiligen Schulleitern aus der KLV in Baden nach Hause zurückgebracht worden waren, nach mehreren kriegsbedingten Verzögerungen noch am 5. Februar 1945 erneut aus Witten verschickt. Die Mädchenoberschule kam damals in das KLV-Lager ›Schloß Hubertus‹ in Oberlauringen (Mainfranken), die Mittelschule brachte man in zwei KLV-Lagern in Tiefenbach bzw. Rubi bei Oberstdorf im Allgäu unter.[72]

Durchführung der Schulverlegung 1943
Reaktion auf schwere Luftangriffe im Frühjahr 1943

Andererseits war ab 1942/1943 aber auch die Werbung für die Teilnahme an der KLV durch die NSDAP, den NS-Lehrerbund sowie die KLV-Beauftragten und mit Unterstützung der KLV-Reichsleitung, des Reichs-Propagandaministeriums und der – gleichgeschalteten – örtlichen Presse erheblich verstärkt worden. Sie steigerte sich noch, als man im Verlauf des Jahres 1943 als Reaktion auf die neue Welle schwerer Luftangriffe im Rahmen der (ersten) alliierten ›Luftschlacht gegen das Ruhrgebiet‹ zunehmend zur Verlegung von Schulsystemen ganzer Städte überging.[73]

Von der im Frühjahr 1943 einsetzenden alliierten Bomberoffensive gegen das Ruhrgebiet war auch die Gauhauptstadt Bochum schwer betroffen. Sie gehörte dann mit zu den ersten Ruhrgebietsstädten, für die eine allgemeine Räumung und damit verbundene Schulevakuierung angeordnet wurde. In der Nacht zum 14. Mai 1943 hatte Bochum den ersten schweren Luftangriff erlebt. Ein aus 442 Flugzeugen bestehender Verband des Britischen Bomberkommandos griff seinerzeit die Stadt an. An Bord befanden sich 529 t Sprengbomben, 142 324 Stabbrandbomben ohne und weitere 10 706 mit Sprengsatz sowie 11 392 Phosphorbomben. 394 Häuser wurden bei diesem Angriff total zerstört, 302 Personen fanden dabei den Tod. Vier Wochen später, in der Nacht zum 13. Juni – es war die Nacht auf den Pfingstsonntag –, folgte ein zweiter verheerender Großangriff. Diesmal zählte der britische Bomberverband sogar 503 Maschinen, darunter 323 der schweren viermotorigen Lancaster- und 167 ebenfalls viermotorige Halifax-Bomber.

Die Bombenlast bestand aus 832,4 t Sprengbomben, 211 938 Stabbrandbomben ohne und 13 268 mit Sprengsatz sowie 13 334 Phosphorbrandbomben. Der von 1.35 Uhr bis 2.15 Uhr nachts erfolgende Angriff wurde in mehreren Wellen geflogen und löste im getroffenen Stadtgebiet neben den direkten Zerstörungen gewaltige Feuerstürme aus. Weitere 449 Gebäude wurden in der Stadt vollständig vernichtet, und nochmals verloren Tausende ihr Obdach; 312 Menschen (darunter auch 44 Ausländerinnen und Ausländer) kamen im Bombenhagel und in den Flammen um.[74]

Nach diesem letzten Angriff wurde auch für Bochum die weitgehende Evakuierung angeordnet. Im Zusammenhang damit erfolgte die Schließung aller allgemeinbildender Schulen in der Stadt und deren Verlegung vor allem nach Pommern (Posen).[75] Aufklärungsversammlungen und Informationsblätter setzten kurzfristig die Eltern und sonstigen Erziehungsberechtigten von der geplanten Aktion in Kenntnis. So wurde in einem vom 20. Juni 1943 datierenden und vom zuständigen Oberbannführer, dem Kreisleiter und Oberbürgermeister in Bochum unterzeichneten Informationsblatt, das damals an alle Eltern von Schülerinnen und Schülern in Bochum verteilt wurde, lediglich bekanntgegeben, daß sämtliche Schulen der Stadt in die neue »Kriegsheimat« nach Pommern verlegt würden und danach in Bochum keine Möglichkeit mehr zum Schulbesuch bestehe. Bereits ab dem 25. Juni 1943 würden zu diesem Zweck jeden Tag Sonderzüge abgehen.[76] Die Eltern wurden aufgefordert, den umseitigen Anmeldeschein für die Verschickung ihrer Kinder auszufüllen und »sofort« an die jeweiligen Schulleiter zurückzugeben. Neben einigen praktischen Hinweisen zum Verlauf der Verschickungsaktion enthielt der Rundbrief noch den Hinweis, daß nicht berufstätige Mütter mit ihren Kleinkindern sowie nicht mehr im Erwerbsleben stehende Angehörige ebenfalls mitfahren könnten. Es heißt dann weiter, die Maßnahme habe auch den Nutzeffekt, daß der so frei werdende Wohnraum soweit wie möglich bombengeschädigten Obdachlosen, die in Bochum bleiben müßten, zur Verfügung gestellt werden könnte.[77]

Verschickung zusammen mit Eltern und Geschwistern
Von der Möglichkeit, sich zusammen mit ihren Kindern verschicken zu lassen, hat ein großer Teil der Bochumer Eltern Gebrauch gemacht. Offensichtlich konnten sie sich unter dieser Voraussetzung leichter dazu entschließen, ihre schulpflichtigen Kinder durch die KLV evakuieren zu lassen. So heißt es z. B. vom Staatlichen Gymnasium für Jungen, wo rund ein Drittel der Schüler an der Verlegung teilnahmen, daß etwa die Hälfte davon mit ihren Müttern oder sonstigen Angehörigen in den Verlegungsort Köslin in Pommern reiste.[78] Auch von der Graf-Engelbert-Schule, der damaligen Bismarck-Oberschule für Jungen, wo knapp 40 % der Schülerschaft zur Verschickung angemeldet wurden,[79] wird berichtet, daß die 200 Jungen ebenfalls z. T in Begleitung von Angehörigen in das »offene« KLV-Lager[80] in Friedeberg in der Neumark (Pommern) fuhren.[81] Ebenso wurden die über 300 Schülerinnen der Freiherr-vom-Stein-Oberschule für Mädchen, die mit ihrer Schule in die KLV nach Belgard / Pommern gingen, in vielen Fällen von ihren Müttern mit jüngeren Geschwistern begleitet.[82]

Doch muß es seitens der Elternschaft trotz allem noch einen derart starken Widerstand gegen die angeordnete Verlegung der Schulen im Rahmen der KLV gegeben haben, daß sich die zuständigen kommunalen bzw. staatlichen und politischen Stellen zu besonderen Zugeständnissen genötigt sahen. Das ist z. B. im Fall der Hildegardis-Oberschule für Mädchen erfolgt, die traditionell allerdings fast ausschließlich von katholischen Schülerinnen besucht wurde. Hier erklärte sich auf einer Elternversammlung erst dann eine Mehrheit bereit, ihre Zustimmung zur Schulverlegung zu geben, wenn die »Umquartierung« nicht im Rahmen der KLV erfolgen würde und außerdem die religiöse Betreuung der Kinder sichergestellt sei. Nach »erregten Verhandlungen« wurden diese Forderungen der Eltern von den zuständigen Stellen akzeptiert. Überdies sicherte man den Müttern noch ausdrücklich zu, daß sie ihre Töchter nicht nur in den Verlegungsort Köslin in Pommern begleiten könnten, sondern sogar ihre Haushaltung dorthin verlegen dürften. Die letztere Zusage wurde auch eingehalten, diejenige hinsichtlich der Durchführung der Schulverlegung außerhalb der KLV dagegen nicht. Tatsächlich ist auch die Hildegardis-Schule sofort nach der Ankunft in Köslin als – offenes – KLV-Lager der HJ unterstellt worden.[83]

Andererseits hatten um das schulische Fortkommen ihrer Kinder besorgte Eltern,[84] die keine Möglichkeit zur privaten Unterbringung außerhalb von Bochum finden konnten, zu diesem Zeitpunkt praktisch keine andere Chance, als die Kinder mit der Schule verschicken zu lassen, wenn sie diese nicht nur in Sicherheit bringen, sondern auch ihre schulische Ausbildung sichern wollten. Infolge der seit Frühjahr 1943 andauernden (ersten) Luftschlacht der Alliierten gegen das Ruhrgebiet war nämlich bedingt durch die ständigen Fliegeralarme und die fortschreitende Zerstörung der Schulgebäude ein geregelter Unterricht in der Stadt praktisch nicht mehr möglich.[85] Vielfach wurde er, wie z. B. an der Bismarck-Oberschule für Jungen, sehr bald ganz eingestellt. Die Schüler wurden danach nur noch gelegentlich zur Schule bestellt, um häusliche Aufgaben entgegenzunehmen.[86] Unter diesen Verhältnissen dürfte die

Aussicht auf einen wenigstens ungestörten Unterricht in der KLV für viele Eltern eine Verlockung gewesen sein, ihre Kinder trotz aller Bedenken doch mit der Schule verschicken zu lassen.

Schulappelle
Um die Anzahl der in Bochum noch anwesenden und für die Verschickung im Rahmen der allgemeinen Schulverlegung in Frage kommenden Schülerinnen und Schüler der Volksschulen einschließlich der Hilfs- sowie der mittleren und höheren Schulen (auch der staatlichen und privaten) zu ermitteln, erfolgte am 21. Juni 1943 ein erster allgemeiner Schulappell. Dazu mußten sich an diesem Tag zur festgesetzten Zeit die Schülerinnen und Schüler aller Bochumer Schulen zusammen mit den Lehrkräften an ihrer jeweiligen Schule einfinden. Bei dieser Versammlung wurden den Kinder auch die Vordrucke zur Anmeldung für die KLV-Verschickung ausgehändigt.[87] Die Vordrucke waren von den Eltern zu unterschreiben und zum bereits auf den nächsten Tag (Dienstag, den 22. Juni 1943) festgesetzten zweiten allgemeinen Schulappell wieder mitzubringen und abzuliefern. Dieser zweite allgemeine Schulappell fand an denselben Orten und zu denselben Zeiten wie der erste statt. An ihm hatten neben den Schülerinnen und Schülern aber auch die jeweiligen Erziehungsberechtigten teilzunehmen.[88]

Die Vorbereitung der Schulverlegung und insbesondere des Abtransports bedeutete einen enormen organisatorischen und bürokratischen Verwaltungsaufwand. Auch diese erweiterte Aufgabe wurde von der im Rathaus, Zimmer 413, untergebrachten Dienststelle für die KLV übernommen, die zu diesem Zweck jetzt offenbar noch zwei zusätzliche Nebenstellen in den Zimmern 422 und 462 erhielt.[89]

Zum Abtransport mit der Bahn faßte man jeweils mehrere Schulen (in der Regel zwei bis drei) zu einem Transport zusammen.[90] Unmittelbar vor der Abfahrt einer solchen Transportgruppe erfolgte noch ein sog. Schul-Schlußappell. An ihm mußten alle Jugendlichen und deren Angehörige, die zu dem betreffenden Transport gehörten, teilnehmen, da hier eine ärztliche Untersuchung stattfand und die Ausstellung der vorgeschriebenen behördlichen Abreisegenehmigungen erfolgte. Die Termine für die einzelnen Schul-Schlußappelle wurden durch Bekanntmachung in der örtlichen Presse mitgeteilt. Die beiden ersten Schul-Schlußappelle fanden bereits am 23. Juni 1943 statt, und zwar für die Transportgruppe I am Vormittag um 9.00 Uhr und für die Transportgruppe II am Nachmittag um 15.00 Uhr.[91] Tatsächlich ist die beschlossene Schulverlegung in Bochum mit Nachdruck und großer Eile durchgeführt und innerhalb von gut zwei Wochen abgeschlossen worden. Bis Anfang Juli fanden daher fast an jedem Tag weitere Schul-Schlußappelle statt, z.B. der für die Transportgruppen III und IV schon am 24., für die V. und VI. Transportgruppe am 25., für die VII. und VIII. am 26. und für die XV.-XVIII. am 30. Juni 1943 sowie für die Transportgruppen XXIX– XXXVIII am Samstag und Sonntag, dem 3. und 4. Juli 1943.[92]

Bereits am Samstag, dem 26. Juni 1943, verließ der erste Schultransport Bochum. Er bestand aus Schülerinnen und Schülern mitsamt den mitverschickten Angehörigen und Lehrkräften der damaligen Baare- (Alleestr. 117) und der Gersteinschule (Friedenstr. 7a). Die Abfahrt erfolgte vom Bochumer Hauptbahnhof. Hier bzw. an der Verladerampe, Eingang Humboldtstraße, mußten sich alle gemeldeten Teilnehmer an diesem Tag um 12.00 Uhr einfinden.[93] Von nun an brachten fast täglich Sonderzüge, häufig sogar zwei bis drei an einem Tag,[94] die Schulkinder mit ihren Angehörigen und Lehrkräften aus Bochum heraus, während gleichzeitig an den Schulen der Stadt noch Schul-Schlußappelle abgehalten wurden. Am Dienstag, dem 29. Juni 1943, reisten daher bereits der vierte sowie der fünfte Schultransport ab, der von gemeldeten Teilnehmern der damaligen Graf-Engelbert- (Pestalozzistr. 21) und der Maarbrückenschule (An der Maarbrücke 75) gebildet wurde. Im letzten Fall erfolgte die Abfahrt am Nachmittag von der Südrampe des Hauptbahnhofs, Eingang Ehrenfeldstraße, aus. Am nächsten Tag verließen auch der sechste und siebte Schultransport Bochum. Am darauffolgenden Tag, dem 1. Juli, fuhr dann gegen 13.00 Uhr von der Verladerampe des Güterbahnhofs des Bochumer Hauptbahnhofs, Eingang Ehrenfeldstraße, der achte Schultransport ab, zu dem das Staatliche Gymnasium (Bismarckstr. 13) und die damalige Walter-Flex-Schule (Pestalozzistr. 34) gehörten. Am nächsten Tag folgten der 10. und 11. Transport, am folgenden Tag (Samstag, dem 3. Juli 1943) der 12. und 13. Transport und am Sonntag (4. Juli 1943) bereits der 14. und 15. Transport jeweils von der Verladerampe des Bochumer Hauptbahnhofs, Eingang Ehrenfeldstraße.[95] Bis Mitte Juli 1943 hatten insgesamt 45 Sonderzüge die Bochumer Schulkinder nach Pommern gebracht. Nach Presseangaben waren diese Züge jeweils zur Hälfte mit Schulkindern und Müttern mit Kleinkindern besetzt gewesen. In den nächsten Wochen folgten dann nur noch einzelne Nachzüglertransporte mit Kindern, die aus irgendeinem Grund noch in Bochum zurückgeblieben oder zwischenzeitlich von einem auswärtigen Aufenthaltsort nach Bochum zurückgekehrt waren.[96]

Die Schulevakuierung in Wattenscheid begann – übrigens gleichzeitig mit der Verschickung der Schulen in Wanne-Eickel ebenfalls nach Pommern – am 13. August 1943. Am Nachmittag dieses Tages, um genau 16.32 Uhr, fuhr vom Bahnhof Westenfeld der erste Schultransport im Rahmen der »Umquartierung« der Wattenscheider Schulen ab.[97]

Aufrufe an die widerspenstigen Eltern
Doch müssen Bochumer Eltern trotz allen Werbens und Drängens der Behörden und ungeachtet der durch Fliegerangriffe drohenden großen Gefahren in beträchtlicher Zahl ihre Kinder von der Verschickung zurück- bzw. zu Hause behalten sowie später eigenmächtig aus den Aufnahmegebieten wieder zurückgeholt haben.[98] Auf jeden Fall sah sich die Städtische Schulverwaltung bereits Ende Juli 1943 veranlaßt, in einer von der örtlichen Presse verbreiteten amtlichen Erklärung dem Gerücht entgegenzutreten, daß die Schulen in der Stadt wieder eröffnet werden sollten, und amtlich zu erklären, daß es bei der Unterbringung aller Bochumer Volks-, Mittel und höheren Schulen im Aufnahmegau »*verbleiben wird*«. Gleichzeitig wurde ausdrücklich darauf hingewiesen, daß in Bochum »*in vorläufiger Zukunft*« folglich weder der gesetzlichen Schulpflicht genügt noch eine über die Schulpflicht hinausgehende allgemeinbildende Schule besucht werden könne.[99]

In den folgenden Monaten erschienen in der Bochumer Tagespresse aber immer wieder Artikel, die ebenso verlockend wie warnend-drohend die Eltern zur Meldung ihrer Kinder für die KLV-Aktion drängten bzw. energisch für die Schulverschickung warben. So weist der am 14. Oktober 1943 im ›Bochumer Anzeiger‹ unter der Überschrift »*Für Eltern mit schulpflichtigen Kindern*« veröffentlichte Beitrag eingangs nachdrücklich darauf hin, daß infolge der Schließung aller Schulen in der Stadt Bochum Kinder ihrer gesetzlichen Schulpflicht nun grundsätzlich nur noch in den Aufnahmegauen Pommern und Baden nachkommen könnten. Dies gelte auch für diejenigen schulpflichtigen Kinder, die von ihren Eltern in der Stadt zurückbehalten oder eigenmächtig aus der KLV wieder nach Hause geholt worden seien.[100] Diese Eltern machten sich daher des Verstoßes gegen das Schulpflichtgesetz strafbar. Darüber hinaus werden in dem Artikel aber auch die »*schweren Nachteile*« aufgeführt, die den betreffenden Kinder aus dem Versäumnis des Unterrichts erwachsen würden. Unter anderem werden die Eltern darüber informiert, daß nach den geltenden Bestimmungen Kinder, die im Verlauf eines Schuljahres den Unterricht mehr als drei Monate versäumten, am Schluß des betreffenden Schuljahres auf keinen Fall in die nächsthöhere Klasse versetzt werden dürften. Für Schulanfänger dagegen verlängere sich die Schulzeit automatisch um die versäumte Unterrichtszeit. Das wirke sich ebenfalls nachteilig auf das spätere schulische wie berufliche Fortkommen des betreffenden Kindes aus, indem es entsprechend später in die Haupt-, Mittel- und höhere Schule oder in das Berufsleben eintreten könne.[101]

Doch den erhofften Erfolg scheinen diese eindringlichen Mahnungen nicht erzielt zu haben.[102] Sechs Wochen später erschien nämlich in der Ausgabe vom 29. November 1943 des ›Bochumer Anzeigers‹ unter der Hauptüberschrift »*Die Umquartierung der Kinder*« ein zweispaltiger »*Nochmaliger dringender Appell an die Eltern*«. Er beginnt zunächst mit der ebenso sachlichen wie zutreffenden Feststellung, daß den Eltern in der gegenwärtigen Zeit »*nichts [...] schwerer (fällt), als sich von ihrer Jugend zu trennen*«. Doch heißt es dann weiter, daß »*der Zwang des unmittelbaren Schutzes von Leben und Gesundheit unserer Kinder*« Vorrang vor allen anderen Überlegungen haben müsse. Dabei wird nachdrücklich an das Verantwortungsbewußtsein der Eltern appelliert. Im Zusammenhang damit schildert der Artikel eindringlich die schrecklichen Gefahren für die Kinder und die große Schuld, die Eltern möglicherweise auf sich laden würden, wenn sie sich »*durch Kurzsichtigkeit*« dazu verleiten ließen, ihre Kinder nicht verschicken zu lassen oder sie sogar aus der KLV wieder nach Hause holten. »*So manche Mutter sah ich*«, schreibt der Verfasser hier dramatisierend, »*weinend und zum Teil sich selbst anklagend am Sarge ihres Kindes stehen, die sich trotz aller Mahnungen geweigert hatte, es in luftkriegssichere Gaue zu verschicken, oder es von dort zurückholte, weil sie glaubte, die Trennung von ihm nicht mehr ertragen zu können.*«

Wie hartnäckig einerseits die Widerspenstigkeit der Eltern auch in Bochum anscheinend war, und wie sehr den Verantwortlichen in Staat und Partei andererseits aber an der restlosen Durchführung der KLV-Schülerverschickungsaktion gelegen war, bezeugt auch das in der Folgezeit nicht abbrechende Erscheinen entsprechender Berichte in der Tagespresse. So brachte der ›Bochumer Anzeiger‹ keine drei Wochen später, am 20. Dezember 1943, zu diesem Thema wiederum einen längeren Zweispalter. Unter der apodiktischen Überschrift »*Sicherheit und Schulunterricht gehen vor*« wurden Ausführungen des Stabsführers der Reichsjugendführung, Helmut Mökkel, als Vertreter des ›Beauftragten des Führers für die erweiterte Kinderlandverschickung‹ in Berlin zur Verlegung ganzer Schulen im Rahmen der KLV wiedergegeben. Diese Maßnahme habe, so wird darin beruhigend versichert, »*alle Vorteile*« für sich und beeinträchtige den Erziehungs- und Entwicklungsgang der Kinder »*am allerwenigsten*«. Hervorgehoben werden der auf diese Weise gesicherte gute Unterricht sowie die ausreichende Verpflegung mitsamt einer entsprechenden ärztlichen Betreuung der Kinder in der

KLV. Dadurch, daß am neuen Aufnahmeort die Jugendlichen und Lehrer »*eine Gemeinschaft*« bildeten und der Unterricht in der gewohnten Weise fortgesetzt werden könnte, heißt es da, sei auch die Erreichung des Lernziels »*gewährleistet*«. Außer den schulischen Bedenken werden aber auch die Besorgnisse der Eltern hinsichtlich der Unterbringungsbedingungen in den KLV-Lagern zu zerstreuen versucht. Neben Jugend- und Schullandheimen sowie Jugendherbergen seien hierfür eigens Schlösser,[103] Hotels und Gasthöfe hergerichtet worden, versichert der Verfasser. Andererseits wird erneut herausgestellt, wie verantwortungslos es seitens der Eltern sei, ihre Kinder aus der Schulgemeinschaft herauszuhalten bzw. wieder heimzuholen. Abgesehen von den Gefahren für Gesundheit und Leben der Kinder in den luftkriegsgefährdeten Städten erleide dadurch auch deren schulische Ausbildung eine Unterbrechung und somit eine Schädigung. Abschließend folgt noch die Zusicherung, daß die Eltern »*selbstverständlich*« die Gelegenheit erhalten sollten, ihre verschickten Kinder in den Aufnahmeorten zu besuchen, wobei in finanziellen Notlagen die Reisekosten aus Reichsmitteln bestritten würden.

Anfang 1944 wurde auf Reichsebene von der NSDAP, der HJ, den Dienststellen der KLV und den Schulen eine mehrere Wochen andauernde massive Werbekampagne für die Teilnahme an der KLV durchgeführt. Sie bezweckte, die »*noch verhältnismäßig hohe Zahl*« von Schulkindern, die sich weiterhin in luftkriegsgefärdeten Gebieten aufhielten, nachhaltig zu verringern.[104] In diesem Zusammenhang unternahm auch die Stadtverwaltung in Bochum nochmals einen energischen Versuch, mit administrativen Maßnahmen die Verschickung der beträchtlichen Anzahl von in der Stadt verbliebenen Schulkindern durchzusetzen. In einer durch die örtliche Presse verbreiteten amtlichen Bekanntmachung vom 13. Januar 1944 forderte der Oberbürgermeister die Erziehungsberechtigten aller Kinder im Alter von 9 bis 13 Jahren, die sich »*unberechtigt*« immer noch in Bochum befanden, auf, diese »*unverzüglich*« bei der Dienststelle der HJ in Bochum zur Verschickung in ein KLV-Lager anzumelden. Gleichzeitig wurden die Erziehungsberechtigten darauf hingewiesen, daß sie zu dieser Anmeldung verpflichtet seien, da sie sonst ihre Kinder der gesetzlichen Schulpflicht entzögen. Wer dieser Verpflichtung nicht nachkomme und seine Kinder »*verantwortungslos*« weiterhin den Gefahren des Luftkriegs aussetze, müsse nunmehr »*mit Bestrafung und weiteren Maßnahmen*« rechnen.[105] In einem gleichzeitig in der Bochumer Presse veröffentlichten größeren Artikel wird die Bekanntmachung des Oberbürgermeisters näher erläutert und kommentiert. Es sei »*einfach nicht zu verstehen*«, so heißt es darin u. a., daß Eltern ihre schulpflichtigen Kinder in der »*äußerst luftgefährdeten*« Stadt Bochum zurück- und somit vom Schulbesuch fernhielten, obwohl die schulische wie außerschulische Betreuung der Kinder in den KLV-Lagern, die zudem in den »*schönsten Gegenden*« lägen, bekanntermaßen »*eine hervorragende*« sei. In Bochum aber, wo kein Schulunterricht mehr stattfinde, würden die Kinder schulisch »*verloddern*« und sich die Eltern zudem wegen des Verstoßes gegen das Schulpflichtgesetz strafbar machen. Es sei einfach die »*moralische Pflicht*« der Eltern, ihre Kinder in Sicherheit zu bringen, und man müsse es als »*unerhört*« bezeichnen, wenn Erziehungsberechtigte sich »*konsequent weigerten*«, das zu tun. Man könne daher verstehen, daß die zuständigen Stellen, nachdem sie ein halbes Jahr Geduld bewiesen hätten, nunmehr »*schärfer zugreifen*«. Wenn das nicht »*mit Güte*« gehe, dann müsse eben »*mit sanfter Gewalt*« durchgesetzt werden, daß die 9 bis 13 Jahre alten Mädchen und Jungen endlich Bochum verließen.[106]

Dieser Versuch der Bochumer Stadtverwaltung scheint ebenfalls keinen durchschlagenden Erfolg gehabt zu haben, wie die große Zahl von rd. 6000 Schulkindern beweist, die bis Kriegsende in der Stadt verblieben sind.[107] Offensichtlich hat man schließlich auch in Bochum vor dem harten Kern der nicht verschickungswilligen Eltern kapituliert. Ein weiterer nachdrücklicher Versuch, die restlose Verschickung der Schulkinder aus der Stadt durchzusetzen, ist nach dem Befund der hierfür als Quelle in erster Linie nur noch zur Verfügung stehenden Lokalpresse in Bochum nicht mehr unternommen worden.

In Wattenscheid war als Druckmittel vom Oberbürgermeister bereits Ende September 1943 ein Erscheinen aller Eltern bzw. Erziehungsberechtigten in der für ihren Schulbezirk zuständigen Schule angeordnet worden, wo sie Auskunft über den gegenwärtigen Wohn- oder Aufenthaltsort ihrer schulpflichtigen Kinder zu geben hatten.[108]

Beruhigende und schönfärberische Berichte aus der KLV
Zur Beruhigung vor allem derjenigen Eltern, die Kinder in der KLV hatten, erschienen in der Bochumer Tagespresse regelmäßig Berichte über das Leben oder vielmehr das großartige Wohlergehen der Kinder in den Aufnahmeorten. Dabei wurden vor allem auch die Gesichtspunkte ›Erholung‹ und ›Freizeitvergnügen‹ herausgestellt. So veröffentlichte der ›Bochumer Anzeiger‹ bereits am 9. Juli 1943 unter der unmißverständlichen Überschrift »*Es geht uns gut!*« den an die Redaktion gesandten Brief eines nach Pommern verschickten Bochumer Jungen über seine Erlebnisse in der neuen »*Kriegsheimat*«. Darin ist ausschließlich von Sonne die Rede und davon, daß das Essen »*tadellos, schmackhaft und reichlich*« sei, daß die

Leute mit allen Mittel versuchten, den Kindern »*die Lieben daheim*« zu ersetzen und sie »*umhegten und pflegten*«.[109] »*Im Namen aller Bochumer Jungen*«, so faßt der junge Berichterstatter seine Erfahrungen zusammen, dürfe er daher schreiben: »*Es gefällt uns ausgezeichnet*«.

In dieselbe Richtung geht z. B. auch der am 26. August 1943 im ›Bochumer Anzeiger‹ erschienene Bericht über das Leben der Jungen der nach Greifenberg in Pommern verlegten ersten Klasse der Heinrich-von Kleist-Schule (Oberschule für Jungen) in Bochum-Gerthe.[110] Von dem »*schönen Pommerlande*« wird darin berichtet und von der »*herrlichen Landschaft*«, in der sich die kleinen Jungen wohl fühlten. Aber auch die wegen des Lernfortschritts ihrer Kinder besorgten Eltern erfahren Beruhigendes: In der Woche werde »*tüchtig gelernt*«, heißt es in dem Bericht. Doch der Sonntag gehöre »*ganz allein*« der Freizeit. Dann erfolgten nämlich Ausflüge in die schönen Wälder der Umgebung, wo man in den Seen baden könne, oder aber es würden Orte in der Nähe wie z. B. Kolberg besucht, wo die Kinder einmal einen richtigen Hafen zu sehen bekämen. Es sei »*schön*« hier, wo die Stadtkinder in einer »*gesunden, kräftigenden Luft*« und einer schönen Landschaft lebten, heißt es in dem Bericht. Jeder Tag bringe eine neue Überraschung, doch bleibe man andererseits hier von »*nächtlichen Besuchen*« verschont. Dem Bericht ist ein Foto beigegeben, das die Jungen zusammen mit dem sie betreuenden Studienrat Karl Busse beim Ausflug im Hafen von Kolberg zeigt.

Denselben propagandistischen Zweck erfüllten auch Presseberichte über Elternbesuche an den Orten der KLV mit durchweg überschwenglich positiven Schilderungen. So brachte z. B. der ›Bochumer Anzeiger‹ am 13. September 1944 den Bericht einer Bochumer Mutter über den Besuch einer Elterngruppe des KLV-Lagers in der Jugendherberge in Trebnitz (im preußischen Regierungsbezirk Breslau, Provinz Niederschlesien).[111] Am Bahnsteig habe man schon die erste – selbstverständlich positive – Überraschung erlebt: Dort hätten nämlich die Jungen beim Einlaufen des Zugs zum Empfang bereit gestanden und die Ankommenden mit ihrem Heimatlied willkommen geheißen. Aber auch über sämtliche Aspekte des Lagers und nicht zuletzt über den für die Eltern arrangierten »*Bunten Abend*« weiß der Bericht nur das Beste zu melden. So nahmen dann auch die Eltern, wie es am Schluß heißt, die »*innere Befriedigung*« mit auf den Heimweg, »*daß unsere Kinder im KLV-Lager gut aufgehoben sind und ohne Störung durch Feindeinwirkung ihre Schulzeit erhalten können*«. Das beigefügte Foto zeigt laut Bildtext die Bochumer Väter und Mütter mit ihren Jungen »*in fröhlicher Runde*«. Den eigentlichen Zweck des ganzen Artikels bringt aber bereits eine Vorbemerkung der Redaktion recht deutlich zum Ausdruck. Jedesmal, wenn Eltern von einem Besuch bei ihren in einem KLV-Lager lebenden Kindern zurückkämen, so heißt es dort, seien sie »*des Lobes voll*« und freuten sich, ihre Kinder »*so gut aufgehoben zu wissen*«.

Durchführung der KLV-Maßnahme in Castrop-Rauxel 1941–1945

Erste Transporte ab Frühjahr 1941
Spätestens ab April 1941 sind Mädchen und Jungen auch aus Castrop-Rauxel im Rahmen der neuen Erweiterten Kinderlandverschickung in KLV-Lager verschickt worden. So fuhren Ende April 1941 rd. 500 Mädchen und Jungen aus dem Kreis Herne / Castrop-Rauxel mit einem KLV-Sonderzug in KLV-Lager im Schwarzwald.[112] Anfang Juli desselben Jahres kamen zwei Klassen der Oberschule für Jungen in Castrop-Rauxel zusammen mit sechs Klassen der Oberschule für Jungen in Herne in ein KLV-Lager bei Ansbach in Mittelfranken.[113] Im Sommer 1942 nahmen 471 Jungen aus Castrop-Rauxel an einer KLV-Verschickung nach Ungarn teil; eine andere Jungengruppe fuhr damals in KLV-Lager in der Slowakei. Außerdem brachte damals ein Sammeltransport Mädchen aus Castrop-Rauxel nach Oberbayern in KLV-Lager in den Bädern Kreuth, Wiessee, Rottach-Egern und Weilheim.[114] Auch zu dem KLV-Transport am 15. März 1943 von Bochum aus nach Ungarn gehörten Jungen aus Castrop-Rauxel.[115] Am 9. Juni 1943 fuhren mit einem Transport von insgesamt 402 Mädchen und Jungen im Alter von 10 bis 14 Jahren Schülerinnen und Schüler aus Castrop-Rauxel gemeinsam mit Gleichaltrigen aus Herne von Herne aus in KLV-Lager in der Slowakei.[116]

Evakuierung der Schulen
Über 8 000 Personen im Rahmen der Schulevakuierung verschickt
Der Abtransport der damals vorhandenen 23 Volks- sowie der beiden Oberschulen und der Handelsschule im Rahmen der Schulevakuierung erfolgte mit 17 Sonderzügen von den Bahnhöfen Castrop bzw. Rauxel in der Zeit vom 30. Juli bis zum 15. August 1943. In diesen Wochen fuhr jeden Tag ein KLV-Sonderzug ab. Insgesamt 7 235 Personen sind nach amtlichen Angaben damals aus Castrop-Rauxel in den Aufnahmegau Pommern evakuiert worden. Am 10., 11. und 13. September 1943 folgte jeweils noch ein Nach-

zügler-Sammeltransport. Die beiden ersten gingen von Herne ab, der dritte vom Bahnhof Rauxel. Mit dem Sammeltransport am 10. September 1943 fuhren noch 87 Schülerinnen und Schüler der Richard-Wagner-Volksschule sowie 34 Schüler der Oberschule für Jungen und sechs Schülerinnen der Oberschule für Mädchen nach Schneidemühl in Pommern. Zum Transport am folgenden Tag gehörten 36 Mädchen bzw. Jungen der Schiller- und drei der Jahn-Volks- sowie 80 der Handelsschule. Zielstation war Stolp in Pommern. Der Sammeltransport am 13. September 1943 umfaßte nachgemeldete Mädchen und Jungen von allen übrigen Schulen. Insgesamt waren es 629 Personen, die mit diesem Sonderzug nach Arnswalde in Pommern fuhren. Somit sind mit diesen Nachzügler-Sammeltransport nochmals 875 Personen nach Pommern gebracht worden. Die amtlich festgestellte Gesamtzahl der im Rahmen der Schulevakuierung im Sommer 1943 aus Castrop-Rauxel nach Pommern »umquartierten« Personen betrug 8110.

Über die dortigen Unterbringungsorte und -landkreise gibt eine Aufstellung in der zeitgenössischen Kriegschronik der Stadt Castrop-Rauxel Auskunft. Wie ihr Verfasser mit der damals gebotenen Vorsicht auch berichtet, war die mit der Schulevakuierung verbundene Trennung und Zerreißung der Familienbande von der Bevölkerung aber »allgemein [...] nur sehr ungern in Kauf genommen (worden)«. Sehr bald setzte daher eine »erhebliche Rückwanderung« ein, obwohl in der örtlichen Presse auch in Castrop-Rauxel immer wieder auf die erheblichen nachteiligen Folgen des dadurch verursachten Schulversäumnisses der Kinder hingewiesen wurde, die eigenmächtige Rückkehr aus der Evakuierung überhaupt strikt verboten war und die ohne Erlaubnis Zurückgekehrten keine Lebensmittelkarten mehr erhalten sollten. Dennoch zählte man Ende 1943 bereits rund 1 700 schulpflichtige Kinder im Stadtgebiet, die von rechts wegen gar nicht da sein durften.[117] In der Absicht, Druck auf die widerspenstigen Eltern auszuüben, ihre Kinder aus der Stadt fortzubringen bzw. um der unerlaubten Rückkehr bzw. -holung der Kinder aus der KLV entgegenzuwirken, veranlaßte der Oberbürgermeister Anfang Oktober 1944 die Erfassung aller sich im Stadtgebiet von Castrop-Rauxel aufhaltenden schulpflichtigen Kinder, einschließlich der Lernanfänger sowie derjenigen Kinder, die eine auswärtige Oberschule oder Volksschule besuchten.[118] Über die Durchführung und das Ergebnis dieser Maßnahme liegen jedoch keine Nachrichten vor.

Oberschule für Jungen in der KLV in Schneidemühl (Pommern)
Die Städtische Oberschule für Jungen fuhr am frühen Nachmittag des 11. August 1943 mit einem Sonderzug vom Bahnhof Castrop in die KLV nach Schneidemühl in Pommern. Der Transport bestand aus 353 Jungen sowie 206 begleitenden Müttern und Geschwistern. Dazu kamen 16 Lehrkräfte der Schule. Weitere 34 Jungen folgten mit einem Nachzügler-Sammeltransport am 10. September 1943. Am Zielort wurden die Ankömmlinge in Privatquartieren vor allem in dem am Stadtrand gelegenen Stadtteil Bromberger Vorstadt untergebracht. Da es sich bei diesem Stadtteil um ein vor allem von sozial schwächeren Bevölkerungsschichten bewohntes Gebiet handelte, wo die Bevölkerung sowieso schon recht beengt wohnte, bedeutete die Aufnahme der Evakuierten für sie ein noch engeres Zusammenrücken. Es ist daher verständlich, daß den Ankömmlingen nicht gerade »*Gefühle warmherziger Aufnahmebereitschaft*« entgegengebracht wurden, wie es ein mitgefahrener Lehrer der Schule rückblickend vorsichtig ausdrückte.

Für den Unterricht wurde der Schule ein schäbiges Nebengebäude der baulich sowieso recht unansehnlichen Staatlichen Oberschule für Jungen an der Saarlandstraße zugewiesen. Hier mußte der Unterricht ausschließlich nachmittags (außer samstags) erteilt werden. Ein Problem war außerdem, daß die Schule von der Bromberger Vorstadt ziemlich weit entfernt lag, so daß die Schüler recht weite Fußmärsche zurücklegen mußten, um zum Unterricht zu kommen. Im Durchschnitt waren sie dabei eine halbe Stunde unterwegs, was vor allem bei schlechtem Wetter und in den kalten Wintern angesichts des kriegsbedingten allgemeinen Mangels an warmer Kleidung und festem Schuhwerk eine erhebliche Belastung für die Schüler darstellte.

Im Rahmen der Sommerverlegung der westfälischen Mittel- und Oberschulen 1944 in geschlossene KLV-Lager an der Ostsee wurde die ganze Schule am 6. Juni 1944 mit einem Sonderzug nach Ahlbeck auf Usedom gebracht und dort auf acht Fremden-Pensionen verteilt. Da die Häuser aber bis zu 25 Wegminuten voneinander entfernt waren, überdies die als Unterrichtsräume zu benutzenden Tagesräume für diesen Zweck ungeeignet und die von der KLV-Dienststelle zur Verfügung gestellten Lehrmittel unzureichend waren, konnte ein effektiver Unterricht nicht stattfinden. Eine Entschädigung dafür stellten die Spiel- und Turnmöglichkeiten am Strand sowie die Badefreuden im Wasser der Ostsee bei dem in diesem Sommer lang anhaltenden Sonnenwetter dar. Am 31. August 1944 mußten jedoch 43 Schüler der Jahrgänge 1927 bis 1929 zum Ernteeinsatz abreisen.

Am 5. und 6. Oktober 1944 erfolgte in zwei Transporten die Rückkehr der Schule nach Schneidemühl. Doch eine Wiederaufnahme des ordnungsgemäßen Unterrichts war nicht möglich, da wegen des Einsatzes am ›Pommernwall‹ die Schneidemühler Oberschule geschlossen war und sehr bald auch die Lehrer der beiden in Schneidemühl untergebrachten Castrop-Rauxeler Oberschulen (mit Ausnahme von drei Lehrpersonen, die körperbehindert bzw. krank waren) sowie die aus dem Ernteeinsatz zurückgekehrten Schüler zur Schanzarbeit am ›Pommernwall‹ beordert wurden.

Die Bemühungen der Schulleitung um die Jahreswende 1944/1945, im Hinblick auf die sich für Deutschland im Osten dramatisch verschlechternde Kriegslage bei den zuständigen Dienststellen einen rechtzeitigen Rücktransport der Schule nach Castrop-Rauxel zu erreichen, führte jedoch zu nichts. Schließlich wurde der Abtransport dann aber doch am 25. Januar 1945 kurz nach Mitternacht mit einem Sonderzug unter Mitnahme lediglich von Handgepäck und zusammen mit der Castrop-Rauxeler Oberschule für Mädchen durchgeführt. Eine kleinere Gruppe hatte bereits zwei Tage zuvor mit einem Zug, der Mütter und Kinder nach Berlin brachte, Schneidemühl verlassen können. Zu diesem Zeitpunkt waren sowjetische Panzerspitzen bereits bis auf elf Kilometer an Schneidemühl herangerückt. Am 25. Januar 1945, gegen 10.00 Uhr morgens, kam die nunmehr nur noch aus 101 Schülern, sechs Lehrkräften mit vier Ehefrauen und 65 Angehörigen der Schüler bestehende Hauptgruppe in Binz an der Ostküste der Insel Rügen an. In diesem Seebad war zunächst einmal das Ende der Reise für die Schule. Erst am 9. März 1945 erfolgte der Weitertransport – zusammen mit der Oberschule für Jungen Bochum-Langendreer – mit einem planmäßigen Zug in einer fünf Tage und fünf Nächte dauernden Bahnfahrt über Stralsund nach Rastede bei Oldenburg (Niedersachsen). Hier wurden die Schüler der beiden Oberschulen in den Klassenräumen der örtlichen Bauschule untergebracht, wo zum Schlafen auf dem Fußboden aufgeschüttete Strohlager zur Verfügung standen. Die Lehrer und anderen Erwachsenen erhielten allerdings Privatquartiere zugewiesen. Anderthalb Wochen später, am 25. März, mußte die Schule in das eineinhalb Wegstunden entfernte Dorf Wahnbek übersiedeln, wo die Unterbringung bei einzelnen Bauern erfolgte. Trotz aller widrigen Umstände wurde in Wahnbek wie auch an den anderen Verweilorten immer wieder ein, wenn auch notdürftiger Unterricht durchgeführt. In Wahnbek erlebten die Schüler mit ihren Lehrern und Angehörigen dann die Einnahme des Dorfs durch eine kanadische Einheit. Sobald es nach dem Ende der Kampfhandlungen möglich wurde, machten sich einzelne ältere Schüler zu Fuß oder per Fahrrad auf den Rückweg nach Castrop-Rauxel. Die Rückfahrt der Rest-Schule konnte erst, nachdem endlich die erforderliche Genehmigung hierfür von der Britischen Militärregierung erteilt worden war, mit Lastwagen eines Rasteder Betriebs in drei Transporten am 12., 19. und 24. Juni 1945 erfolgen. Insgesamt waren es nur noch 30 Schüler sowie 30 Angehörige der Schüler und fünf Lehrpersonen mit vier Angehörigen, die an diesen Transporten teilnahmen. Alle sind wohlbehalten wieder in Castrop-Rauxel eingetroffen.[119]

Oberschule für Mädchen in Schneidemühl (Pommern)
Am 13. August 1943, zwei Tage nach der Abfahrt der Oberschule für Jungen, verließ auch die Oberschule für Mädchen mit einem Sonderzug Castrop-Rauxel in Richtung Schneidemühl (Pommern). Der Transport zählte 256 Schülerinnen und etwa ebenso viele Mütter und Geschwister der Schülerinnen sowie 14 Lehrpersonen der Schule. Sechs weitere Schülerinnen folgten mit einem Nachzügler-Sammeltransport am 11. September 1943. Nach der Ankunft in Schneidemühl am Morgen des 14. August erfolgte die Verteilung auf die Privatquartiere. Der – verkürzte – Schulunterricht fand in dem Gebäude der Staatlichen Kaiserin-Auguste-Viktoria-Oberschule für Mädchen an der Friedrichstraße an vier Tagen in der Woche nachmittags und mittwochs und samstags an den Vormittagen statt.

Mit der Castrop-Rauxeler Oberschule für Jungen fuhr die Mädchen-Oberschule dann auch am 6. Juni 1944 in ein geschlossenes KLV-Sommerlager auf der Ostseeinsel Usedom. Hier wurde sie in Heringsdorf in fünf Privat-Pensionen untergebracht. Der Aufenthalt der Schülerinnen in Heringsdorf währte gut vier Monate. Am 9. und 10. Oktober kehrten sie wieder nach Schneidemühl zurück. Bald danach holten jedoch mehr und mehr Eltern eigenmächtig ihre Töchter nach Hause. Diese Rückwanderung nahm weiter zu, als sich herausstellte, daß selbst ein einigermaßen ordnungsgemäßer Unterricht der Schule nicht mehr stattfand, da fast das gesamte Lehrpersonal sowie die älteren Schülerinnen zu Arbeiten am ›Pommernwall‹ herangezogen wurden.

Der Rücktransport der Schule nach Westen, ebenfalls zusammen mit der Castrop-Rauxeler Jungen-Oberschule, erfolgte schließlich in den frühen Morgenstunden des 25. Januar 1945. Nach der Ankunft in Binz auf Rügen wurde die Mädchen-Oberschule aber mit der Kleinbahn weiter zu dem in der Nähe gelegenen Seebad Sellin befördert und dort zunächst in drei Fremden-Pensionen untergebracht. Von den 110 Schülerinnen, die zuletzt noch in Schneidemühl waren, haben aber nur 60 an dem Transport teilgenommen; 40 Schülerinnen traten mit ihren Angehörigen von Schneidemühl aus die Fahrt nach Westen an.

Nach der Ankunft in Sellin setzten sich nach und nach die älteren Schülerinnen heimlich ab und fuhren auf teils abenteuerlichen Wegen nach Hause. Die verbliebenen meist jüngeren Schülerinnen wurden nach einiger Zeit zusammen mit einer Stettiner Schule im Hotel ›Kaiserhof‹ untergebracht. Am 10. März 1945 begann schließlich der

Weitertransport der Gruppe von Sellin über Stralsund in das Ostseebad Kellenhusen im Kreis Oldenburg (Schleswig-Holstein). Dort traf der Transport am 12. März ein. Die noch vorhandenen 28 Schülerinnen fanden Unterkunft im Haus ›Erholung‹ und mußten hier die Zeit bis zum Kriegsende abwarten. Als nach der Kapitulation auch in Kellenhusen ein alliiertes Kriegsgefangenenlager eingerichtet wurde, mußten die Schülerinnen am 1. Juni 1945 in das Haus ›Jörgensen‹ umziehen. Wie bereits in Sellin wurde auch in Kellenhusen, soweit es der Brennstoffmangel und die beschränkten Räumlichkeiten zuließen, ein allerdings nur behelfsmäßiger Unterricht erteilt.

Alle nach dem Ende der Kriegshandlungen von der Schulleitung unternommenen Versuche, den Rest der Schule aus Kellenhusen nach Castrop-Rauxel zurückzutransportieren, scheiterten jedoch. Wegen des herrschenden Benzinmangels konnte die Stadtverwaltung in Castrop-Rauxel auch keinen Autobus oder sonstigen Kraftwagen schicken, um die Gruppe nach Hause zu holen. Erst Ende Juli 1945 erteilte die zuständige Britische Militärregierung die Genehmigung zur Heimkehr der (Rest-)Schule. Doch inzwischen hatten die meisten schon eigenmächtig Kellenhusen verlassen. Zum Teil waren die Schülerinnen von ihren Eltern abgeholt worden, ein Teil hatte sich in kleinen Gruppen, begleitet von Lehrpersonen, auf den Weg über die ›Grüne Grenze‹ gemacht und war schließlich teils zu Fuß, teils auf Güterzügen und Lastwagen fahrend nach Hause gelangt. Als letzter verließ schließlich am 7. August 1945 der Schulleiter Kellenhusen.[120]

Chronik der KLV in Herne 1941–1945

Schul-Teilverschickung 1941
Am 6. Juli 1941 fuhren, wie bereits oben im Zusammenhang mit der KLV-Verschickung der Oberschule für Jungen in Castrop-Rauxel im Sommer 1941 erwähnt, sechs Klassen der Oberschule für Jungen in Herne zusammen mit fünf Lehrern für drei Monate in das KLV-Lager Bruchberg bei Ansberg in Mittelfranken.[121] 1942 erfolgten KLV-Verschickungen aus Herne nach Franken, Baden[122] und Ungarn. Im Juli 1942 befanden sich nach offiziellen Angaben rd. 1400 Kinder aus Herne und Castrop-Rauxel in KLV-Lagern.[123] Für 1943 sind Verschickungen aus Herne auch nach Pommern, in den Sudetengau, die Slowakei sowie in den Schwarzwald belegt. Noch 1944 wurden im Rahmen der KLV Herner Kinder nach Ungarn und in den Sudetengau gebracht.

Evakuierung der Schulen nach Pommern
Etwas über 40% der Volksschulkinder fuhren mit

Aufgrund des vom zuständigen Gauleiter und Reichsverteidigungskommissar für Westfalen-Süd, Albert Hoffmann, erlassenen Räumungsbefehls vom 29. Juni 1943[124] kam es im Frühsommer 1943 auch in Herne zur Evakuierung der Schulen, die vor allem in den zugewiesenen Aufnahmegau Pommern gebracht wurden. Mit ihren Kindern fuhren zahlreiche Mütter in die KLV. Außerdem ließen sich noch Mütter mit Kleinkindern evakuieren, wofür seinerzeit nachdrücklich geworben wurde.[125] Zur Vorbereitung der Schulevakuierung wurden am 12. und 13. Juli 1943 sog. Vorappelle in den Schulen abgehalten, auf denen über den Zweck der Verschickungsmaßnahme informiert wurde und die Anmeldungen zur Teilnahme erfolgten. Am 13. und 14. des Monats fanden die notwendigen ärztlichen Untersuchungen der zur Verschickung angemeldeten Kinder und Erwachsenen statt. Von den seinerzeit in Herne vorhandenen 28 (Gemeinschafts-)Volksschulen mit insgesamt 12007 Schulkindern (März 1943) sind damals 4951 Kinder (=41,2%) zur Verschickung in die KLV angemeldet worden. Dazu kamen noch 3371 Mütter mit insgesamt 1770 Kleinkindern sowie 160 Lehrpersonen. Bei den Hilfsschulen betrug die Zahl der zur Verschickung angemeldeten Schulkinder 274, diejenigen der begleitenden Mütter 121 mit 79 Kleinkindern. Sie wurden von acht mitfahrenden Lehrpersonen begleitet. An der Oberschule für Jungen belief sich die Zahl der für die Teilnahme an der Schulverschickung gemeldeten Jungen auf 356. Dazu kamen 161 begleitende Mütter mit insgesamt 61 Kleinkindern sowie 14 Lehrkräfte. An der Oberschule für Mädchen belief sich die Zahl der zur Mitfahrt in die KLV gemeldeten Schülerinnen auf 257. Mit ihren Töchtern fuhren 128 Mütter, 38 Kleinkinder und 12 Lehrpersonen. Insgesamt meldeten sich damals in Herne zur Verschickung in die KLV 5838 Schulkinder, 3781 Mütter mit 1948 Kleinkindern und 194 Lehrkräfte, zusammen also 11761 Personen. Allerdings sind nicht alle Gemeldeten dann auch tatsächlich mitgefahren. Nach den Transportlisten betrug die Zahl der im Sommer 1943 im Rahmen der KLV aus Herne nach Pommern »Umquartierten« insgesamt 10043.

Die Transporte wurden mit der Bahn vom 30. Juli bis zum 9. August 1943 durchgeführt. Der erste Transport mit den Volksschulen Kronen- und Castroper Straße und der zweite Transport, der von den Schülerinnen und Schülern sowie begleitenden Müttern und Geschwistern und den Lehrpersonen der Volksschulen Overweg- und Hermannstraße gebildet wurde, verließen am späten Nachmittag des 30. Juli 1943 Herne. Als letzte fuhren die Volksschule Forellstraße II als 21. Transport und die Volksschule La-Roche-Straße als 22. Transport am 9. August 1943 nach Pommern.[126] Die Volksschulen brachte man in verschiedenen pommerschen Landkreisen unter. Die Oberschule für Mädchen kam nach Schivelbein, die Oberschule für Jungen nach Treptow an der Rega. Die Unterbringung erfolgte ausschließlich in Privatquartieren.[127]

Rückstrom aus der Evakuierung
Doch schon nach kurzer Zeit kehrten immer mehr Mütter mit ihren Kindern aus der Evakuierung nach Herne zurück. Als Gründe für die Rückkehr wurden seinerzeit vor allem die schlechte Unterbringung am Evakuierungsort und mangelnde Heizmöglichkeiten im zugewiesenen Quartier, aber auch Heimweh und Krankheit angegeben. Von der Stadtverwaltung ist schließlich eine listenmäßige Erfassung der sich in Herne aufhaltenden bzw. dorthin aus der KLV zurückgekehrten Schulkinder veranlaßt und ihre Rücksendung nach Pommern mit einem Nachzügler-Transport angeordnet worden. In einer amtlichen Bekanntmachung vom 9. September 1943 in der örtlichen Presse (u. a. in der ›Westfälischen Landeszeitung – Rote Erde‹ am 10. des Monats) informierte der Oberbürgermeister darüber, daß entgegen umlaufenden Gerüchten die Schulen in Herne auf keinen Fall wieder eröffnet würden. Gleichzeitig wurden die Eltern und Erziehungsberechtigten auf die »letzte Möglichkeit« hingewiesen, ihre Kinder mit einem zwischen dem 10. und 12. September 1943 nach Pommern abgehenden Nachzügler-Transport evakuieren zu lassen, um so für eine »ordnungsgemäße Beschulung« ihrer schulpflichtigen Kinder zu sorgen. Allerdings ist der vorgesehene Transport dann doch nicht durchgeführt worden. Der Hauptgrund war, daß die erforderlichen Quartiere in den Aufnahmegebieten einfach nicht beschafft werden konnten. Bis zum Herbst 1944 war aber der größte Teil der evakuierten Schulkinder wieder nach Herne zurückgekehrt.[128] Eine Ende August 1944 durchgeführte amtliche Zählung ergab nämlich, daß sich insgesamt 10 047 schulpflichtige Kinder im Alter von 6 bis 14 Jahren in der Stadt aufhielten.[129] Diese mußten nach einer Anordnung des zuständigen Gauleiters vorläufig durch Heimarbeit betreut sowie mit Heilkräuter- und Altstoffsammlungen beschäftigt werden. Als jedoch die Luftangriffe ab November 1944 noch weiter zunahmen, hörte auch diese Art der Betreuung auf, da die Eltern ihre Kinder jetzt ständig mit in die Luftschutzbunker nahmen.[130]

Oberschule für Jungen in Treptow (Pommern)
Am 5. Juli 1943 wurde im Hotel Schlenkhoff in Herne die große Informationsveranstaltung über die bevorstehende Schulevakuierung nach Pommern abgehalten. Der Abtransport der Oberschule für Jungen nach Treptow mit einem Sonderzug erfolgte am 6. August des Jahres. Ausgenommen von der Verschickung waren die als Luftwaffenhelfer eingesetzten bzw. in Frage kommenden Schüler der Klassen 5–8 (Obertertia–Prima, heute Klassen 9–12). Sie blieben in Herne und wurden hier zunächst in den Batterien hinter dem Stadtgarten eingesetzt. Später kam es zu Verlegungen in die nähere und weitere Umgebung von Herne. Ein Teil der Luftwaffenhelfer wurde im April 1944 in den Sudetengau gebracht.

An der Schulevakuierung nach Treptow nahmen etwa 75% der Schüler teil. Auch hier müssen sich die Zahlenangaben auf die Erinnerung eines damaligen Lehrers stützen, da die Schulakten bei der Flucht aus Treptow am 4. März 1945 zurückgelassen werden mußten und verlorengegangen sind. Bei ihrer Ankunft am Zielort am frühen Nachmittag des 7. August auf dem etwa zehn Minuten vom Stadtzentrum entfernt gelegenen Bahnhof von Treptow, einer Landstadt von damals rd. 11 000 Einwohnern, wurden die Herner Oberschüler von einer Blaskapelle empfangen, die sie anschließend in die Stadt bis zum Marktplatz geleitete. Hier fand dann die offizielle Begrüßung und danach die Verteilung auf die Privatquartiere statt. Allerdings erhielten nicht alle Evakuierten in Treptow selbst Unterkunft. Eine größere Anzahl von Schülern wurde in den umliegenden Ortschaften untergebracht, nämlich in Holm, Neuhof, Belbuck, Triebs, Gumminsdorf sowie in Abbau VII, einer fünf Kilometer von Treptow entfernten Siedlung. Für die Lehrer bedeutete dies, daß sie oft weite Wege machen mußten, um die alleine, d. h. ohne Mutter oder sonstige Angehörige, untergebrachten Jungen zu betreuen. Andererseits hatten auch viele Schüler täglich einen beträchtlichen Schulweg zurückzulegen, da der Schulunterricht in Treptow stattfand. Dieser wurde in Schulräumen der Treptower Oberschule in der Woldecker Straße, und zwar größtenteils nachmittags, abgehalten. Die Verpflegung war nach den Erinnerungen eines Herner Lehrers, der an der Schulevakuierung nach Treptow teilgenommen hat, jedoch recht gut. Auch hat sich der Großteil der Pflegeeltern nach den Feststellungen desselben Lehrers fürsorglich um die Pflegekinder gekümmert und sie als zur Familie gehörig behandelt.

Bereits im Herbst 1943 mußten die Schüler der 4. und 5. Klasse (Untertertia und Obertertia, heute Klassen 8 und 9) zum Einsatz in der Kartoffelernte auf Bauernhöfe und große Güter fahren, die mit der Bahn von Treptow aus nur umständlich zu erreichen waren.

Im Zuge der Sommerverlegung 1944 der in Pommern evakuierten westfälischen Ober- und Mittelschulen in geschlossene KLV-Lager an die Ostsee kamen die Schüler der Herner Oberschulen für Jungen mit Ausnahme der untersten Klassen am 8. Juni in das

Ostseebad Ahlbeck auf Usedom. Hier wurden sie in vier für sie beschlagnahmten Privatpensionen untergebracht, und zwar in den Häusern ›Rheinland‹, ›Katharina‹, ›Charlottenheim‹ und ›Villa bella‹. Ende 1944 mußten jedoch insgesamt 120 ältere Schüler der Oberschulen Herne, Castrop und Wattenscheid von Ahlbeck aus zum Ernteeinsatz in die Umgegend von Treptow fahren. Dieser Ernteeinsatz war erst Ende Oktober beendet.

Mitte September 1944 kehrten die in Ahlbeck verbliebenen Schüler mit ihren Lehrern wieder nach Treptow zurück. Im folgenden Winter bereitete vor allem die Beschaffung von Heizmaterial für die Schule erneut größte Probleme. Schließlich mußte der Unterricht wegen fehlender Kohlen ganz eingestellt werden und die Schüler wurden mit Hausaufgaben beschäftigt. Eine Wiederaufnahme des Unterrichts scheiterte auch daran, daß man Anfang 1945 im Gebäude der Treptower Oberschule ein Lazarett einrichtete und zudem die älteren Schüler zum Einsatz am ›Pommernwall‹ befohlen wurden, wo sie unter Aufsicht der Lehrer Panzergräben auswarfen.

Nach dem Eindringen sowjetischer Truppen in Pommern ab dem 21. Januar 1945 bemühte sich der Leiter der Herner Oberschule für Jungen im Einverständnis mit dem Lehrerkollegium, bei den zuständigen Partei- und Behördenstellen einen Rücktransport der Schüler nach Herne zu ermöglichen. Doch er erhielt nur beruhigende Zusicherungen, aber keine Zusage. So versicherte z. B. der eigens zur Beruhigung der Evakuierten nach Pommern gereiste stellvertretende Gauleiter von Westfalen-Süd und Oberbürgermeister von Hagen, Heinrich Vetter, in einer am 11. Februar 1945 in Treptow abgehaltenen Elternversammlung, die »*Rückführung*« der Schule werde vom Gau Pommern in Zusammenarbeit mit der Gauleitung von Westfalen Süd rechtzeitig durchgeführt werden. Die KLV-Leitung teilte außerdem mit, daß der Rücktransport der Schule im Rahmen der allgemeinen Evakuierung in einem geregelten. Abtransport erfolgen werde. Durch diese Mitteilungen wurde es der Schulleitung praktisch unmöglich gemacht, eigenständig eine Rückkehr in die Heimat zu organisieren.

Daraufhin setzten sich aber jetzt immer mehr Schüler ohne offizielle Reisegenehmigung und ohne eine entsprechende Erlaubnis der Schule, jedoch mit stillschweigender Duldung und teilweise sogar auf Anraten des Schulleiters und der Lehrer, aus Treptow ab und unternahmen die Heimreise auf eigene Faust. Bis Ende Februar 1945 war bereits mehr als die Hälfte der Schüler aus Treptow in Richtung Heimat verschwunden. Am 4. März, als am späten Vormittag dieses Tages sowjetische Panzer bereits bis zum Bahnhof Treptow vorgedrungen waren, gelang es den noch in Treptow verbliebenen Schülern der Herner Oberschule für Jungen, mit ihren Angehörigen und dem Großteil der Lehrerschaft in letzter Minute aus der Stadt zu flüchten. Da von den zuständigen Stellen aber weder ein Sonderzug noch Autobusse für den Rücktransport bereitgestellt worden waren, mußten die Herner schließlich ihre Flucht zu Fuß antreten. Zu diesem Zeitpunkt war jedoch ein Durchkommen nach Stettin nicht mehr möglich. Daher blieb den Flüchtenden nichts anderes übrig, als den Weg entlang der Küste über Dievenow nach Swinemünde zu nehmen. Tatsächlich sind alle Schüler und ihre Angehörigen, wenn auch unter großen Mühen und vielen Schwierigkeiten, schließlich wohlbehalten in Herne eingetroffen. Von den vier in Treptow zurückgebliebenen Lehrern haben zwei ihre Heimat nicht wiedergesehen. Die Studienräte Dr. Gerhard Hoischen und Dr. Franz Wiesehöfer wurden nach der Besetzung Treptows durch die Rote Armee verschleppt und sind auf dem Abtransport nach Osten umgekommen.[131]

Oberschule für Mädchen in Schivelbein (Pommern)
Am 1. August 1943 fuhr die Oberschule für Mädchen vom Bahnhof Herne in die Evakuierung nach Schivelbein in Pommern. An der Verschickung nahmen rd. 200 Schülerinnen, z. T. in Begleitung ihrer Mütter und Geschwister, teil. Die nicht mitgefahrenen Schülerinnen waren, wie damals allgemein praktiziert, zumeist von den Eltern auswärts in nicht luftkriegsgefährdeten Orten und Gegenden bei Verwandten oder Bekannten untergebracht worden. Mit nach Schivelbein fuhren 13 Lehrpersonen der Schule. Nach der 24 Stunden dauernden Fahrt erfolgte am Zielort die Verteilung auf Privatquartiere. Da es in Schivelbein allerdings nicht genügend Privatquartiere für die Evakuierten gab, wurde ein Teil der Herner Mütter mit ihren Kindern in der Nachbarstadt, Bad Polzin, untergebracht.

Der Schulunterricht fand im Gebäude der Städtischen Rudolf-Virchow-Oberschule in Schivelbein statt, und zwar ausschließlich nachmittags (außer mittwochs und samstags) in der Regel von 13.30 bis 18.00 Uhr.

Gegen die im Frühjahr 1944 angeordnete Verlegung der in Pommern evakuierten westfälischen Mittel- und Oberschulen in geschlossene KLV-Sommerlager haben die Mütter der Schülerinnen, aber auch das Lehrerkollegium der Schule und die Schülerinnen selbst, zähen Widerstand geleistet. Das schließlich von dem Gauleiter von Pommern den westfälischen Schulen gemachte Zugeständnis, daß nur diejenigen Schülerinnen und Schüler an der Sommerverschickung teilzunehmen hätten, die ohne ein Elternteil in Pommern waren, führte zu einer neuerlichen Zerreißung der Herner Mädchen-Oberschule: Etwa 100 Schülerinnen fuhren am 5. Juni 1944 in das KLV-Lager im Seebad Heringsdorf auf Usedom, während eine etwa gleich große Zahl mit einigen Lehrpersonen in

Schivelbein blieb. Nicht mit nach Heringsdorf fuhren aber auch diejenigen Mädchen, die nach ärztlichem Befund nicht »*lagerfähig*« waren. Anfang August 1944 mußte eine Reihe der in Schivelbein zurückgebliebenen Schülerinnen der mittleren Klassen sowie Mütter zu einem mehrwöchigen Einsatz am sog. ›Pommernwall‹ einrücken, wo sie z. T. in den Küchenbetrieben, z. T. aber auch bei der Schanzarbeit eingesetzt wurden.

Die nach Heringsdorf gekommenen Schülerinnen erhielten mit ihren Lehrpersonen das dortige Kurhaus ›Quisisana‹ als KLV-Lager zugewiesen. Die Räume in diesem großen Haus eigneten sich jedoch wenig als Unterrichtsräume, überdies standen keinerlei Lehrmittel zur Verfügung. Hinzu kam, daß die Verpflegung häufig unzureichend war. Einen positiven Aspekt des Aufenthalts in Heringsdorf stellte auch für die Schülerinnen der Herner Mädchen-Oberschule das sommerliche Strandvergnügen dar.

Am 12. September 1944 kehrten die Herner Oberschülerinnen aus Heringsdorf nach Schivelbein zurück. Doch ein einigermaßen normaler Unterricht konnte auch jetzt nicht wieder aufgenommen werden, denn sofort nach der Rückkehr wurden, wie schon im Herbst des vorigen Jahres, die Schülerinnen der mittleren und oberen Klassen im Rahmen des Kriegseinsatzes der Jugend zur Mithilfe bei der Kartoffelernte herangezogen. Jeden Morgen in aller Frühe holten Lastkraftwagen und Pferdefuhrwerke die Mädchen und die zu ihrer Aufsicht abgestellten Lehrerinnen aus der Stadt ab und brachten sie zu den Feldern der Bauernhöfe und großen Güter. Bei Eintritt der Dämmerung begann dann der Rücktransport.

Als Ende 1944 / Anfang 1944 die Front im Osten immer näher rückte, beschloß das Lehrerkollegium auf einer Besprechung am Sonntag, dem 28. Januar 1945 im Hotel ›Preußenhof‹, den sofortigen Abtransport der Schule nach Westen trotz Schnee und Winterkälte in Angriff zu nehmen. Noch am Nachmittag desselben Tags wurde eine erste Gruppe von Schülerinnen in einen nach Westen fahrenden Güterzug gesetzt. Nur Handgepäck durfte mitgenommen werden. In den nächsten Tagen folgten ihnen täglich weitere Gruppen von Schülerinnen z. T. in Begleitung ihrer Mütter. Vor allem Lazarettzüge nahmen die Evakuierten mit. So erhielten z. B. am 31. Januar über 20 Schülerinnen und vier Lehrerinnen Mitfahrgelegenheit in einem Lazarettzug. Die letzten Schülerinnen und Lehrerinnen der Schule verließen Schivelbein am Freitag, dem 9. Februar 1945, auf einem Wehrmachts-LKW.

Zurück blieben der kommissarische Leiter der Schule, Dr. Fliegner, der kurz zuvor noch zum Deutschen Volkssturm einberufen worden war, sowie die Studienräte Georg Lilie und Ernst Isenbeck mit ihren Familien und Studienrat Otto Rasch. Studienrat Isenbeck starb während des Abtransports durch die sowjetische Armee nach Osten am 25. März 1945 in der Nähe von Schneidemühl (Pommern) an Entkräftung. Dr. Fliegner kam in ein Lager in Landsberg an der Warthe.

Aus eigenem Entschluß waren auch vier Mütter mit ihren Kindern in Schivelbein geblieben. Doch gelang es auch ihnen noch, nach Westen zu entkommen. Sie haben, wie alle anderen aus Schivelbein Ende Januar / Anfang Februar 1945 geflohenen Angehörigen der Herner Mädchen-Oberschule, wenn auch unter großen Strapazen und in einigen Fällen mit Bahnfahrten von bis zu fünf Tagen Dauer, schließlich wohlbehalten wieder ihre Heimatstadt erreicht.[132] Es gelang bis Kriegsende aber nicht mehr, alle Kinder aus der KLV nach Herne zurückzuholen. So konnten die in den Sudetengau evakuierten Kinder zusammen mit aus Wanne-Eickel und Castrop-Rauxel verschickten Kindern erst Anfang August 1946 durch Vermittlung des britischen Roten Kreuzes aus dem nunmehr wieder zur Tschechoslowakei gehörenden Gebiet zurückgebracht werden.[133]

Die Möbel, die im Oktober 1943 den mit ihren Kindern in Pommern evakuierten Müttern mit Bahn-Sondertransporten aus Herne nachgeschickt worden waren, mußten von den Eigentümern bei ihrer Flucht vor der Roten Armee Anfang 1945 zurückgelassen werden und gingen beim Einmarsch der sowjetischen Truppen größtenteils verloren.[134] Auch einigen der aus Wanne-Eickel im Rahmen der Schulverlegung im Sommer 1943 nach Schivelbein evakuierten Kindern und Müttern, die sich zu spät zur Flucht nach Westen entschlossen bzw. aufgemacht hatten, kamen nicht mehr durch. Sie wurden von der Front überrollt und erlebten den Einmarsch der Russen. Zu einer solchen Gruppe gehörte auch die damals gerade elf Jahre alte Erika Czimmeck.[135]

Schulevakuierung in Wanne-Eickel 1943

Beginn am 13. August 1943

Spätestens seit Januar 1941 lassen sich auch KLV-Transporte aus Wanne-Eickel im Rahmen der neuen, erweiterten KLV nachweisen. So fuhr eine Gruppe von Jungen aus Wanne-Eickel am 30. Januar 1941 in ein KLV-Lager in Bad Griesbach im Schwarzwald.[136] Am 30. April desselben Jahres verließ dann ein Sonderzug Wanne-Eickel, der eine Gruppe von 60 Mädchen für fast sieben Monate nach Tatra-Lomnitz in der Hohen Tatra (Slowakei) brachte. Die Schülerinnen kamen dort in das KLV-Mädchenlager ›Villa Bozena‹.[137] Gut einen Monat später, am 3. Mai, erfolgte der Abtransport der Schülerinnen der vier Unterstufenklassen der Oberschule für Mädchen in Wanne-Eickel in ein KLV-Lager im slowakischen Kurort Piestany (Pistyan). Der Aufenthalt dort dauerte bis zum 25. Oktober 1941.[138]

Die (totale) Schulverlegung aus Wanne-Eickel begann am 13. August 1943, also am selben Tag wie die Verschickung der Schulen in Wattenscheid. Zunächst wurden die Volksschulen abtransportiert. Am Nachmittag des 13. August verließ um 15.05 Uhr der erste Transport mit einem Sonderzug Wanne-Eickel. Mit ihm fuhr ein Großteil der Schülerinnen und Schüler der damaligen Horst-Wessel-, Wittekind- und Otto-von-Weddigen-Volksschule. Zu dem Transport gehörte auch hier eine größere Anzahl von Müttern und jüngeren Geschwistern. In einigen Fällen hatten sich zudem Großeltern der Schulkinder dem Transport angeschlossen.[139] Insgesamt zählte dieser Transport 331 Personen, und zwar 226 Kinder, 97 Erwachsene und 8 Lehrkräfte.[140] In der Zeit bis zum 18. August 1943 fuhr dann täglich ein Schultransport mit einem KLV-Sonderzug aus Wanne-Eickel ab, und zwar jeweils vom Verladebahnhof Ackerstraße. Jeder Transport bestand in der Regel aus Schülerinnen und Schülern sowie Eltern bzw. Müttern und Lehrkräften von zwei bis drei Volksschulen und umfaßte zwischen 209 und 484 Personen. Die Volksschulen kamen sämtlich nach Pommern und wurden dort in den Aufnahmekreisen Stolp, Lauenburg, Rummelsburg und Deutsch-Krone untergebracht.[141] Bereits nach gut einer Woche waren alle Volksschulen aus Wanne-Eickel abtransportiert. Am 18. August 1943 verließ als 10. und letzter Volksschul-Transport um 15.05 Uhr ein KLV-Sonderzug mit der damaligen Johann-Rickmers- und der von Richthofen-Volksschule sowie der Hilfsschule Wanne-Eickel.[142] Zurück blieben zunächst die beiden Oberschulen. Da sich für sie in Pommern keine Unterbringungsmöglichkeit fand, wurden sie schließlich in das Sudetenland in ›offene‹ KLV-Lager gebracht. Die Oberschule für Mädchen (sie führte seinerzeit den Namen Rudolf Heß-Oberschule) fuhr als letzter und 12. Schultransport aus Wanne-Eickel am 25. August 1943 nach Reichenberg.[143] An der Verlegung der Schule nahmen nach amtlichen Angaben 238 Schülerinnen sowie 78 Elternteile bzw. Mütter und 8 Lehrpersonen teil.[144] Die Oberschule für Jungen (damals Hermann Göring-Oberschule) kam nach Trautenau. Insgesamt sind im Rahmen der Schulevakuierung damals 4460 Personen aus Wanne-Eickel »umquartiert« worden, und zwar 3091 Schulkinder, 1256 Erwachsene und 113 Lehrpersonen.[145] Von den Schulkindern in Wanne-Eickel dürften demnach etwa ein Drittel an der Schulverlegung im Sommer 1943 teilgenommen haben.[146]

Oberschule für Jungen in Trautenau (Sudetenland)

Der Abtransport der Oberschule für Jungen aus Wanne-Eickel erfolgte als 11. Schultransport am 24. August 1943 um 10.36 Uhr. Für einen damals 14 Jahre alten Schüler war es »kein wehmütiger Abschied«, sondern ein »Aufbruch in ein unbekanntes Land, wo wir hofften, ungestört lernen und leben zu können«.[147] An der Verschickung nahmen nach Erinnerung eines damaligen Lehrers der Schule etwa 250 Schüler sowie eine größere Anzahl von Müttern mit weiteren Kindern teil.[148] Nach den amtlichen Zahlen bestand dieser Transport aus 301 Jungen bzw. Kindern sowie 123 Erwachsenen und 14 Lehrkräften.[149]

Die Unterbringung erfolgte ausschließlich in Privatquartieren, und zwar sowohl in der Stadt Trautenau selbst als auch in umliegenden Dörfern. Letzteres hatte zur Folge, daß auswärts wohnende Schüler teilweise bis zu einer halben Stunde dauernde Bahnfahrten zurücklegen mußten, um zur Schule in Trautenau zu kommen. Der Unterricht selbst wurde in einem von der Deutschen Oberschule in Trautenau zu diesem Zweck zur Verfügung gestellten Flügel ihres neuen und großen Schulgebäudes durchgeführt.

Als sich die militärische Lage für Deutschland gegen Ende des Jahres 1944 dramatisch verschlechterte, riefen oder holten immer mehr Eltern ihre Jungen nach Hause. Schließlich gelang es der Schulleitung durch nachhaltiges Drängen, von den zuständigen Stellen die Zusage zu erhalten, daß die Schule als geschlossene KLV-Einheit – jedoch ohne die begleitenden Mütter – nach Coburg gebracht würde. Allerdings dauerte es noch einige Wochen, bis diese Zusage am 26. Februar 1945 auch tatsächlich erfüllt wurde. Zu diesem Zeitpunkt befanden sich aber nur noch etwa 150 Schüler der Schule in Trautenau. Viele Mütter zogen es jedoch vor, ihre Söhne bei sich in Trautenau zu behalten. Außerdem blieb der Leiter der Schule, Direktor Potthof, zur Betreuung der erkrankten Schüler in Trautenau zurück.

Der Rest nahm dann an dem Transport quer durch die Tschechei teil. Am 1. März 1945 traf die Gruppe schließlich in Coburg ein. Hier wurde ein Teil der Schüler in einem am Stadtrand gelegenen Jugendheim untergebracht, eine andere, kleinere Gruppe kam nach Neustadt, etwa zwölf Kilometer von Coburg entfernt. Als einen Monat später US-Truppen auf Bayreuth vorrückten, mußten die Quartiere in Coburg und Neustadt geräumt werden. Die Restschule wurde jetzt weiter nach Osten transportiert und in den kleinen Ort Steinbach bei Marienweiher im Frankenwald gebracht. Da es in dem Ort aber nicht für alle Unterkunftsmöglichkeit gab, mußte eine Gruppe nach Selb, etwa 40 km von Steinbach entfernt, und eine zweite – allerdings nur für acht Tage – nach Pechgraben ausweichen. In Steinbach wurden die Schüler und Lehrer im dortigen Gasthaus Fleischmann untergebracht. In Steinbach und in Selb blieben die Schüler und Lehrer noch zweieinhalb Monate bis Mitte Juni 1945 und erlebten so die – kampflose – Besetzung durch US-Truppen und das Kriegsende. Doch bald nach dem Ende der Kampfhandlungen machten sich ältere Schüler auf eigene Faust auf den Heimweg. Per Anhalter gelang es ihnen, nach einigen Tagen Wanne-Eickel zu erreichen. Die letzten in Steinbach verbliebenen Schüler und Lehrer wurden schließlich mit einem gecharterten Autobus nach Hause geschafft. Die in Selb untergekommene Gruppe konnte erst einige Wochen später mit einem von einem Schülervater beschafften Auto nach Wanne-Eickel zurückgeholt werden.[150]

Rückkehr der Oberschule für Mädchen aus der KLV in Reichenberg (Sudetenland)

Am Morgen des 3. März 1945 verließ die Oberschule für Mädchen auf dem Schienenweg ihren Evakuierungsort Reichenberg im Sudetenland in Richtung Oberpfalz. Drei Tage dauerte die Fahrt, bis das Reiseziel erreicht war. Die Klassen 2 und 3 (12- bis 14jährige Schülerinnen) wurden in Waldsassen in einem Jugendheim untergebracht, die übrigen kamen mit ihren Lehrerinnen im etwa vier Wegstunden von Waldsassen entfernten Schloß Fuchsmühl unter. An ihren Unterbringungsorten haben die Schülerinnen und Lehrpersonen dann auch die Besetzung durch US-amerikanische Truppen im April 1945 und das Kriegsende erlebt. Am 19. Juni 1945 konnten endlich die in Schloß Fuchsmühl untergebrachten Schülerinnen und Lehrerinnen von der Bahnstation Marktredwitz die Heimfahrt nach Wanne-Eickel antreten. Zehn Tage später gelang es, auch für die in Waldsassen noch verbliebenen 30 Schülerinnen den Rücktransport zu organisieren. Der Großteil der Schülerinnen kam schließlich am Abend des 30. Juni 1945 wohlbehalten in Wanne-Eickel an. Ein Rest der Mädchen, deren Gepäck beim Umsteigen in Aachen am Abend des 30. Juni nicht rechtzeitig hatte ausgeladen werden können, mußte die Nacht zum 1. Juli in Aachen verbringen. Erst nach Empfang ihrer Gepäckstücke konnten auch sie am nächsten Morgen die Weiterreise nach Wanne-Eickel antreten.[151]

KLV-Aktion in Witten 1941–1945

Wittener Kinder bei den ersten Ruhrgebiets-Transporten

An den ersten im Rahmen der Erweiterten Kinderlandverschickung organisierten Transporten, die ab Januar 1941 im Ruhrgebiet durchgeführt wurden, haben auch Schülerinnen und Schüler aus der Ruhrstadt Witten teilgenommen. Zu ihnen gehörte z. B. die seinerzeit zwölfjährige Schülerin Thea Klaes von der Crengeldanz-Schule, die am 20. Januar 1941[152] mit einem KLV-Sonderzug nach Süddeutschland (Schwaben) fuhr.[153] Einen Tag später verließ der damals 11jährige Volksschüler Heinrich Carow, für den es seine zweite KLV-Verschickung war, mit einem KLV-Sammeltransport die Ruhrstadt ebenfalls in Richtung ›Gau Schwaben‹.[154]

Wie aus Meldungen in der Wittener Lokalpresse zu entnehmen ist, befanden sich bereits Anfang März 1941 Wittener Kinder in größerer Zahl in der KLV. So brachte das ›Wittener Tageblatt‹ am 6. März einen Artikel, in dem die »ängstlichen Gemüter«, die glauben, daß es ihren auf das Land verschickten Kindern nicht gut gehe, beruhigt wurden und den Eltern – offensichtlich aus gegebenem Anlaß – dringend davon abgeraten wurde, ihre Kinder vorzeitig bzw. ohne amtliche Erlaubnis aus der KLV nach Hause zu holen. Dem Artikel ist auch zu entnehmen, daß sich u. a. eine Gruppe Wittener Kinder mit ihren Lehrern wohl schon seit einiger Zeit in einem KLV-Lager in Oberaudorf in den Bayerischen Alpen befand.[155]

KLV als Ausweg

Obwohl die Ruhrstadt bis zum 12. Dezember 1944 von einem Großangriff verschont blieb,[156] ließ sie das Luftkriegsgeschehen, auch wenn sie nicht das eigentliche Angriffsziel war, keineswegs unberührt. Fehl- und Notabwürfe von alliierten Bomberverbänden bei Luftangriffen auf Nachbarstädte trafen immer wieder das Wittener Stadtgebiet. Dazu kamen die ständigen nächtlichen Fliegeralarme. Sie hatten zur Folge, daß die Menschen kaum noch eine Nacht durchschlafen konnten.

Davon war aber auch der Schulbetrieb betroffen. So konnte der Unterricht morgens häufig nicht zur festgesetzten Stunde beginnen, da je nach Zeitpunkt des Fliegeralarms in der vorausgegangenen Nacht der Unterrichtsbeginn auf die zweite oder gar dritte Schulstunde hinausgeschoben werden mußte. Die Kinder kamen infolgedessen morgens vielfach übermüdet zur Schule. Beunruhigt durch die häufigen Alarme auch am Tag, wagten manche Eltern, deren Kinder einen weiteren Schulweg hatten, es bald nicht mehr, ihre Kinder zur Schule zu schicken. Der Unterrichtsbetrieb selbst wurde immer wieder durch die Fliegeralarme unterbrochen. Nicht selten heulten schon kurz nach Unterrichtsbeginn die Sirenen wieder auf. Lehrer und Schulkinder eilten daraufhin in den zumeist nur notdürftig ausgebauten (Luftschutz-)Keller der Schule, wo sie oft stundenlang in einer dumpfen und feuchten Atmosphäre in qualvoller Enge und häufig ohne ausreichende Sitzgelegenheiten ausharren mußten. »*Wirkliche Leistungen*«, so stellte ein damaliger Wittener Volksschulrektor rückblickend fest, konnten unter diesen Bedingungen nicht erzielt werden; von »*brauchbaren Ergebnissen war keine Rede mehr*«.[157]

Es ist daher verständlich, wenn Mütter unter diesen Verhältnissen die durch die KLV gebotene Möglichkeit, sich mit ihren Kindern nach Süddeutschland in nicht vom Luftkrieg betroffene Landstriche verschicken zu lassen, »*wie eine Erlösung*« empfanden.[158] Zu ihnen gehörte auch die Mutter von Ingeborg Hebell, die sich im März 1941 mit ihren drei Kindern (Jg. 1935, 1937 und 1939) nach Bad Griesbach bei Reuchtal im Schwarzwald verschicken ließ.[159] Andere Eltern bzw. die daheim gebliebenen Mütter hat wohl vor allem die Sorge um die Fortführung einer ordentlichen Schulausbildung ihrer Kinder bewogen, deren Verschickung in ein KLV-Lager zuzustimmen, zumal wenn sie von ihnen vertrauten Lehrpersonen begleitet und am Verschickungsort betreut bzw. unterrichtet wurden.[160]

Der erste größere im Rahmen der (Erweiterten) Kinderlandverschickung durchgeführte KLV-Transport aus Witten (wie auch aus anderen Ruhrgebietsstädten)[161] erfolgte ab März 1941. Vermutlich handelte es sich dabei um den KLV-Sonderzug, der von (Bochum-)Langendreer abging und rd. 500 Schulkinder im Alter von 12 bis 13 Jahren nach Süddeutschland brachte. Tatsächlich hatte die damals im gesamten Gau Westfalen-Süd und auch in den Schulen sowie in der HJ durchgeführte Werbung für die – freiwillige – Teilnahme an der KLV[162] in Witten genügend Meldungen erbracht, um die für die Stadt vorgesehenen Plätze im KLV-Sonderzug zu füllen. Viele Wittener Eltern muß bei ihrer Entscheidung demnach das mit dem Werbeaufruf verkündete Argument überzeugt haben, daß ihre Kinder durch die Verschickung nach Süddeutschland aus der Gefahrenzone herauskämen und so geschützt vor Luftangriffen sowie ohne Störung durch Fliegeralarme ruhig schlafen und nicht zuletzt auch lernen könnten.[163]

Abneigung gegen Auslands-KLV
Mit dem Einsetzen der schweren und immer verheerender werdenden Flächenangriffe britischer und später auch US-amerikanischer Bombergeschwader gegen die Industrieregion an der Ruhr ab Frühjahr 1942 wuchs offensichtlich die Bereitschaft auch Wittener Eltern, ihre Kinder durch die KLV aus der luftkriegsgefährdeten Ruhrstadt in sicherere und ruhigere Gegenden evakuieren zu lassen. So wurden in den Jahren 1941 bis zum Beginn der Evakuierung sämtlicher Schulen in Witten im Juli 1943 durchschnittlich in jedem Halbjahr 20 Wittener Lehrkräfte und etwa 500 Kinder im Rahmen der KLV-Aktion verschickt.[164] Entsprechend der allgemeinen Entwicklung erfolgten KLV-Verschickungen ab 1942 außer nach Württemberg, Schwaben und Oberbayern (u.a. an den Tegernsee, nach Garmisch-Partenkirchen, Mittenwald, Herrenalb und Freudenstadt) auch in das mit dem Deutschen Reich verbündete Ausland, in die Slowakei und nach Ungarn.[165] Allerdings herrschte auch unter der Wittener Elternschaft eine weit verbreitete Abneigung gegen eine Auslandsverschickung der Kinder, während Verschickungen in Zielorte innerhalb des sog. Alt-Reichs allgemein auf eine größere Akzeptanz stießen. Nach der Feststellung eines damaligen Wittener Volksschulrektors gaben nämlich die Eltern ihre Zustimmung zur Teilnahme ihrer Kinder an einer KLV-Maßnahme durchweg nur »*zögernd*«, wenn die vorgesehenen Lagerorte außerhalb der alten Reichsgrenzen lagen, etwa im Sudetenland, im ›Protektorat Böhmen und Mähren‹ oder gar in der Slowakei und in Ungarn.[166]

Erster Höhepunkt im Sommer 1942
Aufgrund der ausgesprochen schlechten örtlichen Quellenlage in bezug auf die KLV-Aktion in Witten im 2. Weltkrieg[167] läßt sich die frühe Phase der Erweiterten Kinderlandverschickung in dieser Stadt nur bruchstückhaft skizzieren. In großem Umfang scheinen Meldungen zur Teilnahme an einer Verschickung durch die KLV sowie die Zusammenstellungen größerer Transporte hier jedoch erst ab Spätfrühjahr 1942 erfolgt zu sein. So fuhr am 8. Mai 1942 ein Transport von Schülerinnen der 8. Klasse Wittener Volksschulen in KLV-Lager in Süddeutschland. Zu diesen Schülerinnen gehörte auch Thea Klaes, für die es bereits ihre zweite KLV-Verschickung war. Aus ihrer Klasse in der Crengeldanz-Schule nahm der größte Teil der Mädchen an der Verschickung teil. Sie und ihre Mitschülerinnen sowie die Schülerinnen der 8. Klasse der Bruch-Schule kamen nach Wangen im Allgäu, wo sie zusammen mit Mädchen aus Bochum in einem Hotel untergebracht waren. Nach sechs Wochen wurden die Wittener Schülerinnen jedoch in ein KLV-Lager (Hotel ›Hirsch‹) in Zwieselberg bei Freudenstadt im Schwarzwald verlegt.[168]

Bereits zu Beginn der zweiten Maihälfte 1942 fuhr ein Transport von rd. 100 Wittener Mädchen im Alter von 10 bis 14 Jahren in ein KLV-Lager nach Süddeutschland.[169] Nur knapp zwei Wochen später, am 31. Mai 1942, traten dann rd. 200 Wittener Jungen die Fahrt zu einem sechsmonatigen KLV-Aufenthalt in der Slowakei (Hohe Tatra) an. Allerdings bestiegen die Wittener Schüler erst in (Bochum-)Langendreer den als Sammeltransport eingerichteten KLV-Sonderzug, in dem Wagen für sie reserviert waren. Die Anfahrt nach Langendreer erfolgte mit fahrplanmäßigen Zügen in zwei Gruppen vom Hauptbahnhof Witten aus. Die Fahrt ging dann weiter über Kassel, Eisenach, Nürnberg, Regensburg bis Passau. Von dort erfolgte der Weitertransport auf der Donau mit einem Dampfer (in diesem Fall mit der ›Franz Schubert‹ der Ersten-Donau-Dampfschiffahrts-Gesellschaft) über Wien, wo man übernachtete, bis Preßburg. Von Preßburg aus fuhr man mit der Bahn bzw. per Bus weiter zu den für die Wittener Jungen bestimmten drei Lagerorten in Zdiar (Lager ›Edelweiß‹), bei Poprad (Lager Kinderheim Stola) und bei Levoca (Leutschau) (Lager ›Deutsches Haus‹, später ›Helios‹). Als Lagerlehrer bzw. Lagerleiter waren aus Witten die Volksschullehrer Wilhelm Schmitt von der Bruch-Schule, Josef Wulf von der Volksschule Dorf-Lake und Albin Schilling von der damaligen Hans-Schemm- sowie der Rektor Franz Meyer von der Feld-Schule mit den Jungen verschickt worden.[170]

Im Sommer 1942 erreichten dann die KLV-Transporte aus Witten einen ersten Höhepunkt: Am Nachmittag des 1. Juli 1942 fuhren ca. 100 Wittener Mädchen des 5. bis 7. Schuljahres mit einem KLV-Sonderzug in den Gau Bayreuth in der damaligen bayerischen Ostmark.[171] Die Fahrt ging mit dem Zug bis Wesel, wo man auf einen Rheindampfer umstieg. Keine drei Wochen später, am 20. Juli, ging ein Transport von 41 Wittener Jungen, zu denen auch der Schüler Egon Briele gehörte, nach Bayern. Mit dem Zug fuhren die Jungen ebenfalls von Witten bis Wesel, wo sie zunächst in einer Turnhalle übernachteten. Am anderen Morgen gingen auch sie auf ein Rheinschiff und fuhren rheinaufwärts bis Mainz. Hier erfolgte eine weitere Übernachtung, und am nächsten Tag wurde die Reise auf zwei kleineren Schiffen den Main hinauf bis Würzburg fortgesetzt. Wegen der vielen Schleusen auf dem Main dauerte die Fahrt mehrere Tage mit Übernachtungen in Hanau, Wörth und Würzburg. Von Würzburg aus reisten die Jungen mit der Bahn weiter. Insgesamt war die Gruppe, bis sie ihr Ziel, den Ort Reinhardsrieth bei Waidhaus in der Oberpfalz, erreichte, zehn Tage unterwegs.[172] Bereits am 23. Juli 1942 fuhren weitere rd. 450 Wittener Kinder mit einem Sonderzug in die Kinderlandverschickung nach Baden, wo sie – zusammen mit rd. 300 aus Schwelm verschickten Kindern – in den Kreisen Offenbach, Emmendingen, Freiburg und Lörrach in Pflegefamilien untergebracht wurden.[173]

Ende November 1942 wurde in der Wittener Lokalpresse erstmals auch für die Teilnahme an einer KLV-Auslandsverschickung geworben. In diesem Fall handelte es sich um eine für Anfang Dezember 1942 vorgesehene Fahrt in KLV-Lager in der Slowakei für Mädchen und Jungen des 5. bis 7. Schuljahres.[174] Diese Verschickung wurde dann auch durchgeführt. Die Wittener Kinder fuhren am 4. Dezember 1942 mit einem KLV-Sammeltransport ab Hamm in die Slowakei.[175] Allerdings waren, wie bereits erwähnt, Kinder aus Witten schon im Mai desselben Jahres in die Slowakei verschickt worden. Laut einer Meldung in der Wittener Tagespresse kehrten die seinerzeit im KLV-Lager (Schülerheim) in Pistyan (Piestany) untergebrachten Jungen am 23. November 1942 mit ihrem Lagerleiter, Lehrer Josef Wulf, nach Hause zurück.[176]

Ende des Jahres 1942 kam es in der Stadt Witten auch zur ersten Verschickung einer ganzen Schule im Rahmen der KLV. Vom 15. November 1942 bis zum 8. Mai 1943 wurde die Städtische Mittelschule mit den Lehrkräften nach Garmisch-Partenkirchen in Oberbayern verlegt und dort in sieben KLV-Lagern – fünf Jungen- und zwei Mädchenlager – untergebracht. Jede Klasse bildete ein eigenes KLV-Lager, wobei die Klassenlehrer zugleich als Lagerleiter fungierten.[177]

Anfang 1943 gingen dann weitere KLV-Transporte aus Witten ab. Der erste KLV-Sonderzug des neuen Jahres verließ am 24. Februar die Ruhrstadt. Er brachte rd. 200 Mädchen und Jungen nach Baden, wo sie in den Orten Rappoltsweiler, Gebweiler, Mühlhausen, Altkirch und Tann untergebracht wurden.[178] Mit einem weiteren KLV-Transport fuhr der damals zwölf Jahre alte Wittener Schüler Willy Ludwig am 9. März 1943 von (Bochum-)Langendreer aus nach Bayern in ein KLV-Lager in Oberdill bei München.[179] Zu dieser Wittener Gruppe gehörte auch der inzwischen fast 13 Jahre alte Schüler Heinrich Carow, für den es bereits seine vierte KLV-Fahrt war. Zusammen mit weiteren 60 Wittener Volksschülern ging es mit dem KLV-Sonderzug von (Bochum-)Langendreer aus nach Oberbayern, wo die Wittener Jungen in einem geschlossenen Lager im Kloster Moosen der ›Armen Schulschwestern‹ bei Dorfen am Isen untergebracht wurden.[180] Die seinerzeit gerade acht Jahre alte Ingeborg Hebell reiste am 14. April 1943 mit einem Kindertransport in die KLV nach Baden.[181] Einen Tag später fuhr ein weiterer KLV-Sonderzug von Witten mit Jungen und Mädchen aus der Ruhrstadt an den Bodensee.[182]

Schulevakuierung 1943
14 Sonderzüge
In Ausführung des vom Gauleiter und Reichsverteidigungskommissar für Westfalen-Süd erlassenen Räumungsbefehls vom 29. Juni 1943 wurde auch in Witten unverzüglich mit den Vorbereitungen

zur Schließung aller allgemeinbildenden Schulen der Stadt und deren Verlegung in den zugewiesenen Aufnahmegau Baden begonnen. Nur eine Woche nach dem Räumungsbefehl konnten schon die ›Hauptappelle‹ für die Verlegung an den Wittener Schulen abgehalten werden.[183] Am Montag, dem 12. Juli, bzw. am Dienstag, dem 13. Juli 1943, fanden dann nachmittags um 16.00 Uhr in den einzelnen Schulgebäuden die ›Schlußappelle‹ statt. Auf ihnen wurden alles Nähere über den Termin und die Organisation des Abtransports der betreffenden Schule mitgeteilt und gleichzeitig eine Bescheinigung über die Lebensmittelkarten sowie die Fahrkarten ausgehändigt.[184] Innerhalb von nur zwei Wochen konnten sämtliche organisatorischen Vorbereitungen abgeschlossen werden, so daß am Mittwoch, dem 14. Juli, nachmittags um 12.30 Uhr bereits der erste und vier Stunden später der zweite KLV-Sonderzug Witten verließ. Den ersten Transport bildeten 308 Schulkinder und 11 Lehrpersonen der Bruch-Schule sowie 204 sie begleitende Mütter mit 100 Kleinkindern. Für den zweiten Transport waren die Freiligrath- und die Harkort-Schule zusammengefaßt worden. Dieser setzte sich aus 185 Mädchen und Jungen der Freiligrath- sowie 194 der Harkort-Schule und fünf bzw. sechs Lehrpersonen der beiden Schulen zusammen. Außerdem fuhren noch 111 Mütter von Kindern der Freiligrath- und 67 von Kindern der Harkort-Schule mit 55 bzw. 37 Kleinkindern im Zug mit. Nach dem Willen der Parteileitung sollten nämlich mit den geschlossenen Schulen möglichst auch die nicht arbeitsmeldepflichtigen Mütter und die jüngeren Geschwister aus den betroffenen Städten verschickt werden.[185] Zielort für die Bruch-Schule war übrigens der Kreis Bruchsal, für die Freiligrath-Schule der Kreis Mosbach und für die Harkort-Schule der Kreis Lauda.[186]

In den folgenden sieben Tagen verließen täglich zwei lange KLV-Sonderzüge Witten, und zwar jeweils einer am frühen Nachmittag und einer am frühen Abend. Lediglich am Sonntag, dem 18. Juli 1943, und am Mittwoch, dem 21. Juli 1943, wurde jeweils nur ein KLV-Transport von Witten abgefertigt. Um den regulären Zugverkehr nicht zu stören, fuhren die KLV-Sonderzüge nicht vom Hauptbahnhof Witten, sondern von der Verladerampe des Güterbahnhofs, Gasstraße, ab. Vielfach faßte man zwei Schulen zu einem Transport zusammen. Jeder Transport zählte zwischen etwa 600 bis über 1000 Personen. Am Mittwoch, dem 21. Juli 1943, abends um 18.00 Uhr, verließ der letzte KLV-Transport im Rahmen der Schulevakuierung mit den Schülerinnen und Schülern, den begleitenden Müttern und Kleinkindern sowie den Lehrpersonen der Dorf-Lake- und der Kronen-Schule (insgesamt 698 Personen) Witten in Richtung Baden.[187]

In nur einer Woche war die Verlegung aller Schulen in Witten, der damals vorhandenen 19 Volksschulen sowie der beiden Oberschulen, der Mittelschule und der Kaufmännischen Handelsschule, in den zugewiesenen Aufnahmegau abgeschlossen worden. Die Abtransporte konnten offensichtlich ohne größere organisatorische und praktische Schwierigkeiten durchgeführt werden.[188] Am 30. Juli 1943 meldete dann das ›Wittener Tageblatt‹ in einem dem Zeitgeist entsprechenden militärischen Ton in der Überschrift zu einem längeren Bericht über die Schulverlegung »*Die Umquartierung der Wittener Schulen ist vollzogen*«. Von den 14 KLV-Sonderzügen waren insgesamt 4 523 Schulkinder und 139 Lehrpersonen sowie 2 402 begleitende Mütter mit zusammen 1 255 Kleinkindern aus Witten in ihre neue »Kriegsheimat«, wie es im amtlichen Sprachgebrauch damals hieß, »umquartiert« worden.[189] Das ist unter den damaligen Kriegsverhältnissen zweifellos eine gewaltige planerische und organisatorische Leistung aller daran beteiligten örtlichen Parteidienststellen, der NSV und der HJ, der städtischen Behörden und der Lehrpersonen gewesen.[190]

Die Unterbringung der evakuierten Wittener Schulen erfolgte entsprechend dem ausgearbeiteten Verlegungsplan im Bereich des Schwarzwalds sowie in dem ihm vorgelagerten Rheintal, und zwar in den Stadt- bzw. Landkreisen und Ortschaften Bruchsal, Mosbach, Lauda, Emmendingen, Freiburg, Bühl, Donaueschingen, Heidelberg, Kehl, Konstanz, Lörrach, Neustadt und Lahr.[191]

Über 1 500 Schulkinder in der Stadt verblieben
Allerdings sind seinerzeit keineswegs alle Wittener Schulkinder mit der Schulverlegung aus der Stadt evakuiert worden. Legt man die letzte verfügbare amtliche Schulstatistik zugrunde, nach der am Stichtag 15. Mai 1940 insgesamt 6 386 Mädchen und Jungen die Wittener Volksschulen besuchten, und stellt dieser die von Rektor Wilhelm Reeswinkel angegebene Zahl von seinerzeit verschickten insgesamt 3 423 Volksschulkindern gegenüber, so wären danach etwas über 75 % der Wittener Volksschülerschaft im Rahmen der Schulverlegung evakuiert worden.[192] An der Oberschule für Jungen (heute Ruhrgymnasium) beteiligten sich von den bei der Versetzungskonferenz am 7. Juli 1943 in den Klassen 1–4 (heute 5–8) gezählten 350 Schülern 260 oder etwas über 74 % an der Verschickungsaktion.[193] Von den bei Beginn der Schulverlegung an der Oberschule für Mädchen (heute Schillergymnasium) noch vorhandenen 445 Schülerinnen nahmen sogar 414 oder 85 % an der Verlegung der Schule teil.[194]

Eine größere Zahl Wittener Eltern zog es dennoch aus verschiedenen Gründen vor, ihre Kinder nicht mit der Schule verschicken zu lassen. Ein Großteil von ihnen hat damals seine Kinder im Rahmen der Verwandtenverschickung, der sog. »freien Verschickung« in andere, nicht von der Räumung betroffenen Orten in der Umgebung, aber auch in entfernteren, nicht luftkriegsgefährdeten Gegenden untergebracht.[195] Insgesamt 1 523 Wittener Schulkinder sind, soweit feststellbar, seinerzeit auf diese Weise von ihren Eltern, die offensichtlich der angeordneten staatlichen und von der NSDAP durchgeführten Schulverlegung irgendwie mißtrauten, auswärts untergebracht worden.[196]

Jedoch muß eine weitere offenbar nicht unbeträchtliche Zahl von Eltern ihre schulpflichtigen Kinder nicht nur von der Schulverlegung zurückgehalten, sondern einfach zu Hause behalten haben. Bereits wenige Tage nach Abschluß der Schulverlegung erschienen nämlich in den Wittener Tageszeitungen Bekanntmachungen über in Kürze abgehende Schulsammeltransporte für Nachzügler mit der nachdrücklichen Aufforderung, alle Schulkinder, »die bisher von der Umquartierung nicht erfaßt worden sind«, zu einem dieser Nachzüglertransporte anzumelden.[197] Am 30. Juli 1943 teilte dann die Wittener Lokalpresse unter der Überschrift »*Letzte Erfassung der Schüler und Schülerinnen für die Schulumquartierung*« mit, daß am nächsten Tag, Samstag, dem 31. Juli, Eltern letztmalig Gelegenheit hätten, ihre noch in Witten verbliebenen schulpflichtigen Kinder für einen KLV-Nachzüglertransport im Schulamt der Stadt Witten, Zimmer 92, anzumelden.[198] Bereits am 6. August 1943 verließ dann ein erster Schulkinder-Sammeltransport mit Nachzüglern Witten.[199]

Tatsächlich sind zu den Nachzüglertransporten noch mehr als 600 Schulkinder angemeldet und in die KLV gebracht worden.[200] Wie viele schulpflichtige Kinder danach immer noch von ihren Eltern in Witten zurückbehalten worden sind, läßt sich nicht mehr feststellen. Anscheinend hat eine Reihe von Wittener Eltern ihre Kinder aber auch in der Erwartung, daß die Schulen über kurz oder lang doch wieder eröffnet oder zumindest Sammelklassen für die in der Stadt verbliebenen Schulkinder eingerichtet würden, nicht mit ihrer Schule evakuieren lassen. Die Stadtverwaltung sah sich daher veranlaßt, bereits zwei Tage nach Abschluß der Schulverlegung in der Presse bekanntzugeben, daß »*entgegen umlaufenden Gerüchten*« in Witten kein Schulunterricht mehr stattfinde und auch keine Sammelklassen eingerichtet würden.[201] Diese Mitteilung erschien in der Folgezeit – offenbar aus gegebenem Anlaß – noch mehrmals in der örtlichen Presse. Mitte August 1943 wurde unter Hinweis auf wieder umlaufende »*falsche Gerüchte*« in den Zeitungen erneut darauf hingewiesen, daß »*keinerlei Absicht*« bestehe, in Witten wieder Schulen zu eröffnen.[202] Andererseits waren zwischenzeitlich alle Schulkinder von der Stadtverwaltung listenmäßig erfaßt worden. Wo dabei festgestellt wurde, daß Kinder sich noch in der Stadt aufhielten, ging den betreffenden Eltern daraufhin eine schriftliche Aufforderung zu, ihre Kinder unverzüglich zur Verschickung bzw. zu einem der nächsten Nachzügler-Sammeltransporte anzumelden.[203]

›Wilde‹ Rückholung der Kinder

Wittener Eltern oder vielmehr Mütter haben ebenfalls in großer Zahl vor allem ihre im Rahmen der Schulevakuierung verschickten Kinder eigenmächtig zurückgeholt. Ein häufiger Rückholgrund war auch im Fall von Witten, daß sich die in der KLV-Werbung den Eltern verheißenen Vorteile für den Schulunterricht in der Praxis als gar nicht so großartig herausstellten und sich die Schulverhältnisse am Evakuierungsort gegenüber den bisherigen Bedingungen am Heimatort nicht selten sogar verschlechterten. So hatte man z. B. vorgesehen und den Eltern in Witten mitgeteilt, daß die im Rahmen der Schulverlegung evakuierten einzelnen Wittener Volksschulen jeweils an einem Ort untergebracht würden, wodurch eine Weiterführung des Unterrichts im alten Klassenverband gesichert sei. Doch die Praxis sah ganz anders aus. Die Quartiere in den einzelnen Orten reichten nirgends aus, um eine ganze Schule (einschließlich der Mütter) unterzubringen. So wurden die Kinder einer Volksschule z. B. auf insgesamt 13 Dörfer verteilt. Noch nicht einmal die einzelnen Jahrgänge konnten zusammenbleiben, da in ein Dorf jeweils zumeist nur wenige Kinder kamen, so daß eine eigene Klassenbildung mit ihnen nicht möglich war. Die Wittener Kinder wurden daher den jeweiligen örtlichen Volksschulen zugewiesen.[204]

Die nach Konstanz verlegte Oberschule für Jungen mußte sich die ihr zugewiesenen Schulgebäude – bis Weihnachten 1943 war es die Petershausener Volks- und danach bis April 1944 die Stephan-Schule – mit den jeweiligen einheimischen Schulen teilen. In beiden Schulen standen den Wittenern für den Unterricht nur die Nachmittage zur Verfügung. Erst Anfang März 1944 gelang es, an der Stephan-Schule einen regelmäßigen Wechsel mit Vor- und Nachmittagsunterricht einzurichten. Doch keine zwei Monate später mußte die Stephan-Schule aus Luftschutzgründen bereits wieder geräumt werden. Die Wittener Schüler wurden daraufhin vorläufig auf eine Konstanzer Schule sowie auf Schulen in den Vororten Allensbach, Wollmatingen und Allmannsdorf verteilt. Trotz aller Bemühungen, so heißt es in der Chronik der Schule, die unterrichtlichen Anforderungen und Leistungen »*einigermaßen*« auf normaler Höhe zu halten, war ein »*Absinken doch [...] unvermeidlich*«.

Der zunehmend geringe Unterrichtsertrag war auch eine Ursache, daß immer mehr Eltern ihre Kinder – ohne Erlaubnis – wieder nach Hause holten. Dies verstärkte sich noch, als ab Herbst 1944 die militärische Lage an der Westgrenze immer bedrohlicher wurde und vor allem die oberen Jahrgänge verstärkt zu Kriegseinsätzen (Ernthilfe, Fabrikarbeit, Schanzen) herangezogen wurden.[205] Auch die nach Neustadt im Schwarzwald evakuierte und dort außer in Neustadt in den umliegenden Orten Titisee, Hinterzarten und Löfflingen (anfänglich auch noch in Breitenau und St. Märgen) untergebrachte damalige Oberschule für Mädchen in Witten erlebte ab Herbst 1944 einen ständigen Schwund durch ›wilde‹ Heimkehr. So waren von den ursprünglich 445 mit in die KLV gefahrenen Schülerinnen Ende November 1944 nur noch 108 vorhanden.[206]

Gegen Ende 1944 befanden sich dann rd. 90 % der evakuierten Wittener Schulkinder wieder in ihrer Heimatstadt.[207] Im Herbst 1944 wurde daraufhin in Witten der Schulunterricht wieder aufgenommen.[208] Auch an der Oberschule für Jungen richtete man aufgrund der ständig wachsenden Zahl von nach Witten zurückkehrenden Schülern seinerzeit einen – wenn auch provisorischen – Unterricht ein.[209] Allerdings durfte aufgrund des vom Gauleiter und Reichsverteidigungskommissar für Westfalen-Süd erlassenen strikten Verbots der Schulrückführungen aus der KLV[210] den trotzdem heimgekehrten Schulkindern bzw. in den wieder eröffneten Schulen oder Klassen kein eigentlicher Schulunterricht erteilt, sondern lediglich eine »Betreuung« durch die Lehrpersonen durchgeführt werden.[211] Dementsprechend wurde die Unterrichtszeit an der Anfang Oktober 1944 wieder eröffneten Erlen-Schule in Witten von den Lehrpersonen durch das Erzählen von Märchen und Sagen, mit Singen von Liedern sowie mit Bastel- und Handarbeit gefüllt.[212] Dagegen erfolgte nach den Erinnerungen eines damaligen Schülers an der Oberschule für Jungen in Witten die Erteilung eines regulären Schulunterrichts mit täglich bis zu vier Stunden vor allem in den Fächern Englisch und Mathematik.[213] Sämtlichem Unterrichtsgeschehen in Witten setzte dann aber der schwere Luftangriff am 12. Dezember 1944 ein Ende.

KLV-Transport noch Anfang Februar 1945
Als die Westfront in den Herbstmonaten des Jahres 1944 immer näher an die Reichsgrenze heranrückte, bemühte sich der Leiter der in Neustadt evakuierten Wittener Oberschule für Mädchen bei den zuständigen Stellen um eine geordnete Rückkehr der Schule in die Heimat. Da er allerdings von keiner Dienststelle, auch nicht von der Parteileitung in Witten, eine Antwort erhielt, entschloß er sich schließlich Ende November 1944, angesichts der durch die zunehmenden Jagdbomberangriffe drohenden Gefahren sowie der Tatsache, daß ein geregelter Unterricht sowieso nicht mehr durchgeführt werden konnte, im Einverständnis mit dem NSDAP-Kreisleiter von Neustadt, jedoch ohne offizielle Genehmigung und auf eigene Verantwortung, die noch verbliebenen 108 Schülerinnen der Schule nach Witten zurückzuführen.[214]

Die Rückfahrt in überfüllten Zügen begann am 30. November und endete zunächst im Siegerland, wo eine Aufteilung des Transports erfolgte. Die Schülerinnen mit den verbliebenen Lehrkräften wurden in den Orten Biedenkopf, Laasphe, Berleburg, Hilchenbach und im Stift Keppel untergebracht. Dort wollte man die weiteren Anweisungen aus Witten abwarten. Da sich jedoch nichts tat und vor Ort bald auch keine weitere Verpflegung und Unterkunft gewährt wurden, blieb dem Schulleiter schließlich nichts anderes übrig, als die Schülerinnen nach Hause zu schicken bzw. von ihren Eltern abholen zu lassen.[215]

Nach der Rückkehr nach Witten wollte man den Schulleiter wegen seines verbotswidrigen und eigenmächtigen Handelns zur Rechenschaft ziehen. Allerdings kam es dazu dann doch nicht, vermutlich auch deshalb, weil sich die Eltern geschlossen hinter den Schulleiter stellten.[216]

Nur drei Monate vor dem offiziellen Kriegsende, am 5. Februar 1945, erfolgte dann noch eine erneute KLV-Verschickung der Oberschule für Mädchen. Diesmal ging es nach Oberlauringen (Mainfranken) in das KLV-Lager ›Schloß Hubertus‹. Allerdings nahmen an dieser zweiten Schulverschickung nur noch insgesamt 47 Schülerinnen fast ausschließlich der oberen Klassen teil, die von Schulleiter Dr. Günther Hesmert und zwei Studienrätinnen begleitet wurden.[217]

Rückkehr erst einen Monat nach Kriegsende
Mit dem KLV-Sonderzug fuhren auch 92 Schülerinnen und Schüler der Mittelschule Witten, die sich zu einer erneuten Verschickung nach Süddeutschland gemeldet hatten. Die Mittelschüler kamen in die KLV-Lager ›Alpenhof‹ und ›Lueg-ins-Land‹ in Tiefenbach bei Oberstdorf, von wo sie erst am 11. Juni 1945 mit ihren Lehrern wieder nach Witten zurückkehrten.[218] Den Schülerinnen der Oberschule Witten war jedoch, wie man voraussehen konnte, in ihrem neuen KLV-Lager kein langer Aufenthalt beschieden. Da sich die militärische Lage immer mehr zuspitzte, ließ der Schulleiter sie schon bald in kleinen Gruppen, da eine geschlossene Rückführung ausdrücklich untersagt war, nach Hause fahren.[219] Bereits am 27. März 1945 befand sich keine Schülerin mehr im KLV-Lager ›Schloss Hubertus‹. Alle Mädchen erreichten wohlbehalten ihre Heimatstadt. Allerdings gelang es

der letzten, aus dem Schulleiter und der Studienrätin Dr. Hosch sowie acht Schülerinnen bestehenden Gruppe nicht mehr, rechtzeitig nach Witten durchzukommen. Sie wurden vom schnellen Vorrücken der US-Truppen überrascht und mußten das Kriegsende in Marburg abwarten. Erst Anfang Juni 1945 konnte auch diese letzte Gruppe nach Witten zurückkehren.[220]

Die Wittener Oberschule für Jungen in Konstanz wurde auf Anweisung der zuständigen HJ-Bannführung am Abend des 4. Dezember 1944 mit einem Sonderzug aus Konstanz abtransportiert und in zwei geschlossene KLV-Lager nach Oberbayern verlegt. Insgesamt zählte die Schule zu diesem Zeitpunkt nur noch 74 Schüler. Die Klassen zwei und drei kamen in das KLV-Lager ›Haus Ruh am Bach‹ in Oberfischbach bei Bad Tölz, die Klassen vier und fünf fanden in Schleching bei Marquartstein im ›Hotel Post‹ Unterkunft. Am 24. Januar 1945 konnte schließlich das Lager in Oberfischbach ebenfalls nach Schleching verlegt werden, wo es in der dortigen Jugendherberge (in Schleching-Ettenhausen) untergebracht wurde. Erst jetzt war es möglich, einen einigermaßen ordentlichen Unterrichtsplan aufzustellen und bis Ende April 1945 trotz mancher Störungen auch aufrechtzuerhalten Dann setzten die sich überstürzenden Kriegsereignisse dem Unterricht ein Ende. Am 3. Mai mußte das Lager in der Jugendherberge wegen akuter militärischer Bedrohung geräumt werden. Schüler und Lehrer brachten sich zunächst in der Heider-Alm und danach in der ca. 400 m weiter entfernten Peterer-Alm (beide oberhalb Achberg) für etwa drei Wochen in Sicherheit. Erst am 26. Mai, mehr als zwei Wochen nach der Kapitulation, konnten die Klassen zwei und drei mit ihren Lehrpersonen wieder in ihr Lager in der Jugendherberge in Schleching zurückkehren. Am 2. Juli 1945 wurden schließlich die 74 Schüler und die noch verbliebenen zwei Lehrer der Oberschule für Jungen von der Stadtverwaltung Witten mit einem Autobus wieder nach Hause geholt.[221]

KLV in Hattingen – Angeordnete Schulverlegung nicht verwirklicht

Zu den Städten, für die vom zuständigen Gauleiter des Gaus Westfalen-Süd am 29. Juni 1943 eine allgemeine Räumung und damit auch die Verlegung sämtlicher Schulen angeordnet worden war, gehörte auch Hattingen. Doch die befohlene Schulverlegung ist in Hattingen nicht durchgeführt worden, obwohl das Stadtgebiet nach den Feststellungen des Bürgermeisters das am dichtesten besiedelte im ganzen Ennepe-Ruhr-Kreis und folglich in seiner Gesamtheit als »luftgefährdet« einzustufen war.[222] Zwar hatten sich bei einer nach der Bekanntgabe des Schulverlegungsplans an den örtlichen Schulen durchgeführten Rundfrage rd. 1800 Schulkinder sowie zahlreiche Mütter mit Kleinkinder zur Verschickung bereit erklärt. Doch offensichtlich aufgrund organisatorischer Schwierigkeiten wurde der Termin für den Anfang der Verschickung immer wieder verschoben. Selbst der Beginn des neuen Schuljahrs 1943/1944 wurde über das Ende der Sommerferien hinaus verlegt, um einen raschen Abtransport nicht zu gefährden. Zwischenzeitlich hielt man außerdem immer wieder Schulappelle ab, um für die erwartete Aktion bereit zu sein.[223]

Doch infolge der ständigen Verschiebung des Abreisetermins und nach Bekanntwerden der ersten – negativen – Erfahrungsberichte über die Schulverlegung in benachbarten Städte zogen immer mehr Eltern ihre Meldung zurück. Eine von der Stadtverwaltung Ende August 1943 durchgeführte neue Elternbefragung ergab, daß jetzt nur noch rd. 1100 Schulkinder mit rd. 900 Angehörigen an der Verschickung teilnehmen wollten. In der Folgezeit ging diese Zahl der Verschickungswilligen noch weiter zurück, da sich die Bevölkerung aufgrund der ständigen Verschiebung der Durchführung mit dem Gedanken vertraut gemacht hatte, daß Schulverlegung nicht mehr kommen werde. Falls der Plan jedoch nach so langer Zeit wieder aufgegriffen würde, befürchtete die Stadtverwaltung eine ernsthafte Unruhe unter der Bevölkerung.

Am 9. Oktober 1943 wandte sich daher der Bürgermeister der Stadt Hattingen mit einem längeren Schreiben an den zuständigen Landrat in Schwelm, in dem er um Prüfung bat, ob nicht von einer Evakuierung der Hattinger Schulen gänzlich »*Abstand genommen werden kann*«. Als Begründung führte er an, daß eine Verwirklichung des Schulverlegungsplans zum jetzigen Zeitpunkt eine weitere »*Beunruhigung*« der Bevölkerung verursachen würde. Überdies sei eine solche Evakuierungsmaßnahme inzwischen nicht mehr erforderlich, da ein »*ausreichender Schutz*« der gesamten noch vorhandenen Bevölkerung im Stadtgebiet durch öffentliche Luftschutzräume, Luftschutzstollen und Luftschutzkeller sichergestellt sei bzw. bis zum Ende des Jahres sichergestellt werde. Diejenigen Familien bzw. Personen, die sich noch verschicken lassen wollten, so argumentierte der Bürgermeister, könnte man unter Hinweis darauf, daß von einer allgemeinen Evakuierung abgesehen werde, auf die Möglichkeit verweisen, sich durch das Hilfswerk »Mutter und Kind« verschicken zu lassen. Somit bleibe den Eltern die Entscheidung über die Evakuierung »*selbst überlassen*«.[224]

Der Landrat in Schwelm vertrat hinsichtlich des Verzichts auf eine Schulverlegung in Hattingen offensichtlich dieselbe Meinung wie der Hattinger Bürgermeister und leitete dessen Gesuch daher befürwortend am 14. Oktober 1943 an den Regierungspräsidenten in Arnsberg weiter. In seinem Begleitschreiben führte der Landrat u. a. aus, daß ein Verzicht auf die Schulverlegung in Hattingen *„nicht allein der Stimmung der Bevölkerung* [entspricht]*, sondern* [...] *im Hinblick auf die entstehenden Schwierigkeiten und zur Verhinderung neuer Unruhen durchaus verständlich* [ist]*«*.[225]

Bei der Regierung in Arnsberg ist hinsichtlich der weiteren Bearbeitung des Gesuchs des Bürgermeisters von Hattingen anscheinend aber etwas schiefgelaufen. Am 20. November 1943 ließ nämlich der Regierungspräsident in Arnsberg als Geschäftsführende Stelle des Reichsverteidigungskommissars für Westfalen-Süd den Antrag nebst Anlagen urschriftlich und mit dem Hinweis auf die Rundverfügungen des Regierungspräsidenten vom 20. Oktober und 4. November 1943 an den Landrat in Schwelm zurücksenden.[226] Die Rundverfügung vom 20. Oktober enthält jedoch die Mitteilung der neuerlichen Anordnung vom 9. Oktober 1943 des Reichsverteidigungskommissars für Westfalen-Süd, betreffend die Verweigerung von Lebensmittelkarten für diejenigen Eltern, die ihre Kinder in den von der allgemeinen Räumung betroffenen Städten nicht verschicken lassen wollten oder die eigenmächtig aus der Evakuierung wieder in ihren Heimatort zurückkehrten, während in der Rundverfügung vom 4. November die Landräte, Oberbürgermeister und staatlichen Polizeiverwalter des Regierungsbezirks aufgefordert werden, wegen der als *»weniger luftgefährdet«* anzusehenden Bezirke das Erforderliche zu veranlassen bzw. die *»nicht luftgefährdeten«* Bezirke dem Reichsverteidigungskommissar für den Gau Westfalen-Süd anzugeben. Es ist daher verständlich, wenn der Landrat in dieser Antwort des Regierungspräsidenten *»keine klare Entscheidung«* über das Gesuch des Hattinger Bürgermeisters sehen konnte. Wie er jedoch dem Bürgermeister in Hattingen am 12. Januar 1944 mitteilte, betrachtete er die Angelegenheit angesichts der Tatsache, daß die Schulverlegung in Hattingen bisher nicht durchgeführt worden sei, *»als erledigt«*.[227]

Bereits am 2. November 1943 hatte der Landrat in Schwelm aber in einem Rundschreiben die Ortsbehörden seines Landkreises darüber informiert, daß der zuständige Gauamtsleiter der NSV bei einem mit ihm am Vortag geführten Gespräch die Auffassung vertreten hatte, daß die Räumungsanordnung vom 29. Juni 1943 des zuständigen Reichsverteidigungskommissars (und folglich auch die Anordnung vom 9. Oktober 1943 betreffend die Verweigerung der Lebensmittelkarten) *»auf den gesamten Ennepe-Ruhr-Kreis keine Anwendung finde«*.[228] Daraufhin hielt der Bürgermeister der Stadt Hattingen am 16. November 1943 in einer Aktennotiz unter Hinweis auf das Rundschreiben vom 2. November 1943 des Landrats in Schwelm fest, daß eine Verlegung der hiesigen Schulen somit *»nicht mehr infrage«* komme.[229]

Offensichtlich war die kommunale wie auch die landrätliche Behörde froh, auf diese elegante Weise um die unerwünschte Schulverschickung in Hattingen herumgekommen zu sein. Tatsächlich war die Angelegenheit damit für Hattingen endgültig erledigt. Den dortigen Kindern, ihren Eltern und den Lehrpersonen ist die Erfahrung einer Schulverschickung in KLV-Lager erspart geblieben.[230] Andererseits sind während des 2. Weltkriegs auch aus Hattingen Kinder auf Grund von Einzelmeldungen und in größeren Gruppen im Rahmen der KLV verschickt worden. So fuhr z. B. am Abend des 18. April 1943 ein aus 170 Mädchen und Jungen im Alter von 10–14 Jahren bestehender Transport vom Bahnhof Hattingen in die KLV nach Tatra-Lomnitz in der Slowakei.[231]

KLV-Wirklichkeit – das Beispiel Bochum

Unterbringungsprobleme

Zweifellos haben viele der verschickten Kinder es an ihrem neuen Aufenthaltsort gut getroffen. Sie erfuhren zumeist eine freundliche Aufnahme und gute Versorgung[232] und haben sich nach einer gewissen Eingewöhnungszeit in ihrer *»Kriegsheimat«* doch recht wohl gefühlt. Hierbei hat neben den Möglichkeiten zur Freizeitbetätigung im Freien, die die Großstadtkinder zumindest in diesem Ausmaß zumeist bisher nicht kannten und die sie deshalb besonders faszinierten,[233] gerade in den späteren Kriegsjahren vor allem die als besonders positiv empfundene Ruhe vor den *»unseligen Luftangriffen«* eine entscheidende Rolle gespielt. Allerdings gab es auch dann noch den Trennungsschmerz und das Heimwehgefühl[234] sowie das durch die große psychische Belastung der aus ihren vertrauten Verhältnissen herausgelösten Kinder auftretende Phänomen der Bettnässer.[235]

Doch von diesen oder irgendwelchen anderen persönlichen Problemen der verschickten Kinder wie von den äußeren, organisatorischen Mängeln der KLV-Aktion, die selbstverständlich auch auftraten, erfuhr die Bevölkerung aus der – gleichgeschalteten – Bochumer Presse ebenso wie an anderen Orten natürlich nichts. So wurde z. B. auch nicht darüber berichtet, daß es durchaus Fälle gab, in denen es einquartierten Mädchen und Jungen bei ihren

Pflegeeltern gar nicht gefiel und sie dort zudem nicht willkommen waren (zumal die Aufnahme nicht immer ganz freiwillig erfolgte)[236]. Hierbei muß man sich allerdings vor Augen halten, daß z. B. in der Stadt Köslin mit damals rd. 32000 Einwohnern und bei den allgemein recht bescheidenen räumlichen Wohnverhältnissen der Zeit allein 4000 evakuierte Bochumer untergebracht werden mußten, wofür von den Einwohnern Wohnraum – zumeist in Form möblierter Zimmer – abzugeben war. Hinzu kam, daß den meisten Einheimischen überhaupt das Verständnis dafür fehlte, weshalb die Evakuierten da waren.[237] Sie waren nicht unbedingt gern gesehene Gäste, wie die Bezeichnung als »*Bombenweiber*« bezeugt. Aber auch die »*Splitterkinder*« wurden nicht überall und immer gut aufgenommen.

Ein Schüler des Staatlichen Gymnasiums in Bochum, der als Sextaner mit seiner Schule nach Köslin in Pommern verschickt worden war, erinnerte sich, daß er bei seiner ihm zugewiesenen Pflegefamilie überhaupt nicht warm wurde und die Leute ihn offensichtlich auch nicht sonderlich gemocht hätten. Nach einiger Zeit beantragte seine Mutter, die von ihrem Sohn über den Sachverhalt informiert worden war, für ihn die Unterbringung bei einer anderen Pflegefamilie. Daraufhin erfolgte nach einiger Zeit eine Verlegung. Bei der neuen Pflegefamilie erging es dem Jungen dann sehr gut und er fühlte sich dort auch wie zu Hause.[238]

Eine ähnliche Erfahrung machte Hans Joachim Kreppke, der als 12jähriger Schüler der Bochumer Bismarck-Oberschule für Jungen (heute Graf-Engelbert-Schule) Anfang Juli 1943 mit seiner Schule nach Friedeberg in der Neumark (Pommern) verlegt worden war. Er kam hier bei einer Beamtenwitwe unter, die für ihn das Herrenzimmer freimachte. Die Frau hatte ihre geräumige Wohnung bisher jedoch alleine bewohnt. Es ist daher verständlich, daß sie über den *Eindringling* nicht gerade erfreut war. Das fühlte Kreppke sofort. Wohl auch deshalb verspürte er auf die ihm zum Empfang vorgesetzte pommersche Spezialität – Pellkartoffeln mit Quark – keinen Appetit. Die Kehle war ihm wie zugeschnürt, weshalb die erste Mahlzeit in Friedeberg sich für ihn als »*eine Tortur*« erwies. Eine wirklich herzliches Verhältnis zwischen Pflegekind und -mutter hat sich in den anderthalb Jahren, die Kreppke in Friedeberg war, jedenfalls nicht entwickelt.[239]

Doch gab es auch in der einheimischen Bevölkerung eine allgemeine Abneigung gegen die »*Fremden*«. So hieß es z. B. in Friedeberg, wenn am Ort irgendeine Missetat begangen worden war, bei den Einheimischen gleich: »*Das waren die Bochumer!*«[240] Zudem sorgte eine gewisse großstädtische Arroganz und eine deutlich zur Schau gestellte Überlegenheit in allen Dingen, die sich auch auf die damals verbreiteten Lehre vom »*Kulturabfall nach Osten hin*« berufen konnte, für Mißstimmung zwischen den Neuankömmlingen und der einheimischen Bevölkerung.[241]

Auf dem Land kam noch eine damals allgemein verbreitete generelle Abneigung gegen die »*Städter*« hinzu. Diese beruhte, wie der als 13jähriger im Sommer 1940 im Rahmen einer von der NSV durchgeführten Landverschickung von Kindern aus Dortmund in ein Dorf in Mittelschlesien gekommene Siegfried Nicolay feststellte, auf der in der bäuerlichen Bevölkerung tief verwurzelten Überzeugung, daß in der Stadt nicht so hart wie auf dem Land gearbeitet werde, was den in einer Stadt der Schwerindustrie beheimateten Jungen allerdings sehr befremdete.[242]

Schul- und Unterrichtsmängel

Mit den Unterrichtsverhältnissen in der KLV war es keineswegs so durchweg blendend bestellt, wie die lobenden Zeitungsberichte weismachen wollten.[243] Dem nach Köslin verlegten Staatlichen Gymnasium z. B. wurden zunächst nur unzureichend Räume in der dortigen Oberschule für Jungen zugewiesen, so daß der gesamte Unterricht an den Nachmittagen erteilt werden mußte. Erst auf nachhaltiges Drängen der Bochumer Lehrkräfte und behördliches Einschreiten machte die Kösliner Oberschule für Jungen genügend Räume frei, damit zunächst wenigstens einige Klasse morgens Unterricht erhalten konnten. Erst ab 1. Februar 1944 wurde es dann möglich, den gesamten Unterricht vormittags zu erteilen.

Auch über den entschiedenen Widerstand des Lehrerkollegiums und der Eltern der nach Köslin evakuierten Bochumer höheren Schulen (Staatliches Gymnasium; Hildegardis-Oberschule für Mädchen) gegen die 1944 vom zuständigen pommerschen Oberpräsidenten und Gauleiter, Schwede-Coburg, angeordnete und durchgesetzte Sommerverlegung an die Ostsee verlautete in der Presse nichts.[244] Diese Sommerverlegung betraf sämtliche in Pommern evakuierten westfälischen Ober- und Mittelschulen. Die Schulen wurden in dieser Zeit in geschlossenen KLV-Lagern in verschiedenen Ostseebädern auf den Inseln Wollin (vor allem in Dievenow und Misdroy), Usedom (insbesondere in Ahlbeck und Heringsdorf) und auf Rügen untergebracht. Eltern und Verwandte durfte ihre Kinder dorthin nicht begleiten.[245] Die beiden in Köslin evakuierten Bochumer höheren Schulen wurden in Lagern auf der pommerschen Insel Usedom untergebracht, und zwar kam das Staatliche Gymnasium in den Badeort Ahlbeck, die Hildegardis-Schule wie die übrigen Mädchenschulen schickte man nach Heringsdorf. Wie in der Chronik der nach Friedeberg in der Neumark (Pommern) verlegten und ebenfalls in das Sommerlager auf Usedom beorderten

Bochumer Bismarck-Oberschule für Jungen berichtet wird, wehren sich die Lehrer und Eltern dieser Schulanstalt ebenso wie an allen anderen davon betroffenen westfälischen Schulen sogar ganz energisch gegen diese neuerliche Verlegung.[246] Nach der unruhigen Zeit in Bochum hatten Lehrer wie Eltern den ebenso verständlichen wie dringenden Wunsch, am Verlegungsort endlich wenigstens einigermaßen planmäßig und ungestört unterrichten zu können. Eltern wie Lehrer vermochten daher einfach nicht einzusehen, warum diese Arbeit für einen längeren, unbestimmten Zeitraum unterbrochen werden sollte, zudem noch durch Verlegung in eine Gefahrenzone. Dazu kam die Besorgnis wegen der sich ständig verschlechternden militärischen Lage Deutschlands.

Als die Stimmung in der Lehrer- und Elternschaft nicht nur der Bismarck-Schule, sondern aller von der vorgesehenen Verlegung betroffenen westfälischen Schulen »*bis zur Siedehitze*« gewachsen war, wurden die Lehrer der betroffenen höheren Schulen zur Gauleitung nach Stettin einbestellt. Bei dieser Besprechung weigerte sich der Gauleiter aber kategorisch, die vorgebrachten Einwände gegen die neuerliche Schulverlegung als irgendwie berechtigt anzuerkennen und schob den Lehrern die Schuld für den aufgekommenen elterlichen Widerstand gegen die geplante Verlegungsaktion zu. Auf Befehl des Gauleiters mußte noch einmal eine Elternversammlung in dieser Sache abgehalten werden. Doch auch jetzt blieb die Mehrheit der Eltern bei ihrer entschieden ablehnenden Haltung. Erst die Drohung, daß für die zurückbleibenden Schüler kein Unterricht mehr stattfinden und es auch den pommerschen Schulen strikt untersagt würde, die zurückbleibenden Jungen aufzunehmen, ließ den Widerstand auch der Lehrer und Eltern der Bismarck-Schule erlahmen. Inzwischen war die Schulverlegung vom Gauleiter aber bereits einfach befohlen worden.[247]

KLV-Sommerlager der Bochumer höheren Schulen
Die beiden in Köslin evakuierten Bochumer höheren Schulen hatten es – vermutlich als einzige unter den in Pommern untergebrachten westfälischen Schulen – aber den mit »umquartierten« Müttern freigestellt, ihre Kinder in das Sommerlager fahren zu lassen oder bei sich in Köslin zu behalten. Am 5. Juni 1943 fuhren daher beide Schulen mit etwa zwei Dritteln ihrer Schülerschaft nach Ahlbeck bzw. Heringsdorf. Der Aufenthalt dort dauerte bis zum 10. September 1944. Darüber, daß die Unterbringung und Verpflegung in dieser Zeit nach den Feststellungen eines begleitenden Lehrers des Staatlichen Gymnasiums lediglich »*erträglich*«, dagegen die Unterrichtsmöglichkeiten aber »*völlig unzulänglich*« waren und man schulisch hinter den in Köslin erreichten Standard zurückfiel, erfuhr die Öffentlichkeit in Bochum aus der Presse selbstverständlich nichts.[248]

Nach Angaben in der Chronik der bereits erwähnten Bochumer Bismarck-Schule fand während des bis zum 24. September 1944 dauernden Aufenthalts in Ahlbeck täglich lediglich zwei Stunden Schulunterricht statt, hauptsächlich wurde aber HJ-Dienst geleistet.[249] Hierbei kam es allerdings auch zu Exzessen und eindeutiger Schikanierung durch einen neuen Lagermannschaftsführer. Dies betraf das KLV-Lager der Klassen 3a und 3b der Bismarck-Schule, das in der hierfür beschlagnahmten Pension ›Schloß Hohenzollern‹ in der Luisenstraße in Ahlbeck untergebracht war.[250] Der neue Lagermannschaftsführer die KLV-Lagers hieß Pitt H. und »*brannte vor Ehrgeiz*«. Er wollte aus »*seinem*« Lager binnen kürzester Zeit ein Vorzeigeobjekt, ein sog. »*Musterlager*« machen. Das gelang ihm auch fast, bis das Undenkbare geschah: In Pitt H.'s »*Musterlager*« war auf einem Zimmer geraucht worden. Überdies hatte sich der Übeltäter nicht gemeldet und wurde auch nicht denunziert. Tief in seinem Ehrgeiz und Stolz getroffen, reagierte der Lagermannschaftsführer damit, daß er mit den Jungen seines Lagers eine »*wüste Schleiferei*« in den Sanddünen von Ahlbeck begann, die tagelang dauerte. Doch schließlich mußte Pitt H. erkennen, daß er auf diese Weise überhaupt nichts erreichte, sondern zunehmend größeren Widerstand herausforderte. Stattdessen wurde den Bewohnern des Lagers für die nächsten drei Wochen täglich Freizeit ausschließlich auf den Stuben verordnet. Die Strandbesuche waren damit für die betreffenden Jungen vorbei, was angesichts der Ferien und der Sommerzeit besonders schmerzhaft empfunden wurde. Aber kein Lehrer griff ein, um diesem unsinnigen Tun des Lagermannschaftsführers ein Ende zu bereiten.[251]

Ab Herbst 1944 konnte jedoch von einem einigermaßen planmäßigen Unterricht kaum noch die Rede sein. So stellte sich bei der Rückkehr des Bochumer Staatlichen Gymnasiums aus dem Sommerlager nach Köslin heraus, daß im Gebäude der dortigen Oberschule inzwischen ein Lazarett eingerichtet worden war und es für Unterrichtszwecke nicht mehr zur Verfügung stand. Das Gymnasium wurde daher noch viel behelfsmäßiger als zuvor in der Oberschule nunmehr in der örtlichen Berufsschule untergebracht. Für einen Teil der Schüler fiel der Unterricht zunächst aber sowieso aus, da sie den Herbst über als Erntehelfer in der Umgebung von Köslin und Rummelsburg eingesetzt wurden.[252] Ein damaliger Schüler der Unterstufe erinnerte sich, daß er und seine Mitschüler damals sechs Wochen lang auf einem südöstlich von Köslin gelegenen Gut bei der Kartoffelernte helfen mußten und während dieser Zeit in zwei zuvor von sowjetischen Kriegsgefangenen belegten

Baracken äußerst schlecht untergebracht waren.[253] Ein regelmäßiger Unterricht fand, wie ein Lehrer der Bochumer Bismarck-Schule aus eigenem Erleben berichtet, nach der Rückkehr aus dem Sommerlager im Herbst 1944 praktisch nicht mehr statt.

Außer durch den befohlenen Ernteeinsatz eines Teils der Schülerschaft wurde der Unterricht, der zudem in verschiedenen Schulgebäuden erteilt werden mußte, auch noch durch die Heranziehung der größeren Schüler – wie übrigens auch der Lehrer – zum Bau des sog. Pommernwalls beeinträchtigt. Wer kein ärztliches Attest beibringen konnte – und ein solches zu erhalten, war kaum möglich –, mußte mit zum »Schippen«.[254]

Ähnliche Erfahrungen machte auch die damals nach Belgard in Pommern verlegte Bochumer Freiherr-vom-Stein-Oberschule für Mädchen. Nach ihrer Rückkehr von Usedom nach Belgard Ende September 1944 konnte überhaupt nur noch für kurze Zeit ein regelmäßiger Unterricht erteilt werden. Als nämlich der Flüchtlingsstrom aus Ostpreußen einsetzte, wurden sämtliche Schulräume am Ort für Kranke und Durchziehende beschlagnahmt. Doch versuchten die Lehrkräfte noch eine Zeitlang, wenigstens für die Schülerinnen der Abschlußklassen einen notdürftigen Unterricht aufrechtzuerhalten. Dieser Unterricht wurde in einzelnen Zimmern des Rathauses, in Gaststätten, Privaträumen Belgarder Familien und wo immer sich sonst gerade ein leerer Raum fand erteilt. Während dieser Zeit taten die Schülerinnen der Oberklassen aber auch noch zusammen mit den Mitgliedern des Kollegiums der Schule Tag und Nacht Dienst auf dem Bahnhof von Belgard. Hier halfen sie den Flüchtlingen und anderen Reisenden beim Umsteigen, schleppten aus den Nachbarhäusern Behälter mit heißen Suppen auf den Bahnsteig und brachten erschöpfte Personen in die Übernachtungsstätten.[255]

Ungeeignete Lagerleitung

Auch die offensichtlich erheblichen vielfältigen Schwierigkeiten in den beiden Lagern der Bochumer Heinrich-von-Kleist-Schule in Schlesien wurden in der (gelenkten) Presse selbstverständlich totgeschwiegen. Neben den bereits erwähnten unterrichtsorganisatorischen Problemen gab es hier noch andere offensichtlich schwere Mängel. So stellte bereits ein vom 14. August 1943 datierter Bericht des zuständigen KLV-Schulinspektors in Breslau fest, daß »*die Zustände in den beiden KLV-Lagern* [der Heinrich-von-Kleist-Schule] *Schloß Lest und Niederkauffung [...] zu mehreren Beschwerden seitens der Inspektionsschwester und der beiderseitigen Lagerleitung geführt* [haben].« Im einzelnen wird dann erläutert, daß ein großer Mißstand darin bestand, daß der Lagerleiter des mit den Klassen 4 und 5 belegten Lagers Schloß Niederguth in Niederkauffung, der Studienrat R., sich weigerte, im Lager zu wohnen und daher außerhalb des Lagers Quartier genommen hatte. Überdies hatte sich dieser Mann nicht als der »*geeignete Lagerleiter*« erwiesen, der sich »*durchzusetzen versteht*«.

Infolgedessen war die tatsächliche Lagerleitung mehr und mehr an die Studienassessorin Fräulein M. übergegangen. Doch sie war für das KLV-Lager auch nicht die geeignete Person. Das geht aus dem Bericht hervor, den Studienrat W. Vogelsang, der zusätzlich zu dem von ihm geleiteten Lager in Schloß Lest mit den Klassen 2 und 3 nach Ablösung von Studienrat R. als Lagerleiter auch die Leitung des Lagers in Schloß Niederguth übernommen hatte, am 30. August 1943 an den zuständigen KLV-Schulinspektor in Breslau sandte. Danach hatte die erwähnte weibliche Lehrkraft offensichtlich eine mehr als nur erzieherische Zuneigung zu den älteren Jungen in dem Lager entwickelt. U. a. wird in dem Schreiben aufgeführt, daß sie »*nach der einheitlichen Aussage des Küchenpersonals*« mehrmals zwei 16jährige Jungen hinter verschlossenen Türen gewaschen und gebadet habe, was auch von einem der beiden Jungen zugegeben worden sei. Etwa auftretende Bedenken der Jungen seien von ihr stets mit dem Hinweis abgetan worden, »*sie sei kein kleines Mädchen mehr*«. Außerdem habe Fräulein M. vorzugsweise dann die Schlafsäle inspiziert, wenn die Jungen sich nach dem Mittagessen gerade zur Bettruhe entkleideten. Auch habe sie oft lange Zeit allein mit dem Lagermannschaftsführer auf einem Zimmer verbracht und mit diesem zusammen mehrere Dienstreisen unternommen. Die Klärung der Angelegenheit kam jedoch zu einem abrupten Abbruch, als Fräulein M. sich in der Nachbarstadt von einem Arzt wegen eines angeblichen Nervenzusammenbruchs krank schreiben ließ und ohne Urlaub und Erlaubnis abreiste. Weitere Akten über diese Angelegenheit sind nicht vorhanden.[256]

Das Ende

Rücktransport der KLV-Lager im Westen

So wie sie begonnen hatte, diese größte Evakuierungsaktion der Geschichte, so ging sie auch zu Ende – als eine überdimensionale Improvisation. Daß sie nicht zu einer Riesenkatastrophe für die gegen Kriegsende in den KLV-Lagern noch untergebrachten Hunderttausende von Kindern wurde, ist in erster Linie ebenfalls dem überaus verantwortungsbewußten und mutigen Einsatz der meisten sie betreuenden Lehrkräfte zu verdanken. Allerdings waren nicht alle in der KLV eingesetzten Lehrpersonen den vor allem gegen

Kriegsende und im zusammenbrechenden Deutschen Reich an sie gestellten enormen und außergewöhnlichen Anforderungen gewachsen. Eine Schülerin der Von-der-Recke-Volksschule in Bochum-Hamme, die als 8jährige im Rahmen der Schulevakuierung 1943 nach Pommern in das Dorf Groß-Jestin in der Nähe von Kolberg kam, erlebte beide Extreme des Lehrerverhaltens. Als Ende 1944 / Anfang 1945 die Kriegslage im Osten immer kritischer wurde, setzte sich eine der beiden mitgekommenen Lehrerinnen der Schule über Nacht einfach ab. Um die Gruppe der verbliebenen und schließlich von der Front überrollten Kinder hat sich die zweite Lehrerin aber im doppelten Wortsinn aufopfernd gekümmert. Sie half nämlich später auch noch den zurückgebliebenen Diakonissen am Ort, die an Hungertyphus erkrankten Kinder und Erwachsenen zu pflegen. Dabei infizierte sie sich und verstarb. Auf Grund der herrschenden Umstände erhielt sie ein nur erbärmliches Begräbnis auf dem örtlichen Friedhof.[257]

Seit Mitte des Jahres 1944 kam der KLV-Reichsleitung eine neue Aufgabe zu: die Verlegung der vielen KLV-Lager im Westen aus den von den vordringenden alliierten Heeren bedrohten Gebieten. Nach der Landung der Alliierten in der Normandie am 6. Juni 1944 mußten bald schon die KLV-Lager in den Niederlanden, im Elsaß, in Lothringen und in der Saarpfalz über den Rhein »zurückverlegt« werden – von einer »Evakuierung« zu sprechen, war ausdrücklich verboten.

Erheblich größer und schwieriger war diese Aufgabe aber im Osten. In die vom Luftkrieg weitgehend verschonten Ostgebiete, die deshalb im Volksmund auch der »Reichsluftschutzkeller« hießen, waren eben aus diesem Grund bevorzugt KLV-Verschickungen erfolgt, und dementsprechend gab es dort gegen Kriegsende besonders viele KLV-Lager.[258] Mit dem Vorrücken der sowjetischen Truppen ergab sich die Notwendigkeit, diese Lager in den betroffenen Gebieten entsprechend dem Näherrücken der Front »zurückzuverlegen«. Dies unter immer schwieriger werdenden Bedingungen des zusammenbrechenden Deutschen Reichs zu bewerkstelligen, wurde zur Hauptaufgabe der KLV-Organisation in den letzten Kriegsmonaten. Immerhin befanden sich zu Beginn des Jahres 1945 noch Hunderttausende von Kinder fern von zu Hause in KLV-Lagern. Tatsächlich gelang es, wenn auch manchmal in buchstäblich letzter Minute und unter teilweise dramatischen Umständen, alle KLV-Lager aus Südpolen, der Ukraine, aus Lettland, Bulgarien, Rumänien (Siebenbürgen), Ungarn sowie der Slowakei[259] und dem Sudetenland bis Kriegsende zu evakuieren und schließlich nach Österreich und Bayern zu bringen.[260] In Österreich wie auch im sog. Altreich haben viele KLV-Lager dann noch über die Kapitulation hinaus und teilweise bis weit in das Jahr 1946 bestanden, ehe eine Rückführung der dort untergebrachten Kinder und Jugendlichen erfolgen konnte. Zwischenzeitlich hatten sich aber zahlreiche vor allem ältere KLV-Kinder auf eigene Faust und häufig zu Fuß auf die ebenso gefährliche wie manchmal höchst abenteuerliche Heimreise gemacht.[261]

Abenteuerliche und dramatische Rückkehr

Diese oben von einem leitenden Mitarbeiter in der Reichsleitung der KLV gegebene summarische Darstellung der Schlußphase der KLV-Aktion im Ausland mit der Auflösung und Rückverlegung der KLV-Lager bzw. deren »Rückführung« ins Reich spiegelt aber nur einen Teil der Wirklichkeit wider. Hinsichtlich der im damaligen Gebiet des Deutschen Reichs angelegten KLV-Lager sah die Sache anders aus. Tatsächlich wurden vor allem die in den deutschen Ostprovinzen eingerichteten KLV-Lager gegen Kriegsende häufig von den zuständigen Stellen mehr oder weniger vollständig im Stich gelassen.

Den im Rahmen der Schulverlegung im Sommer 1943 aus Herne mit ihren Kindern nach Stegers, Kreis Schlochau, in Pommern evakuierten Müttern z.B., die angesichts der immer bedrohlicher werdenden militärischen Lage im Osten Ende 1944 auf eine Rückkehr in die Heimat drängten, wurde von dem NS-Ortsgruppenleiter versichert, daß der Feind so weit nicht vordringen werde, und selbst wenn, würde für sie schon gesorgt. Als Ende Februar / Anfang März 1945 die Front bereits gefährlich nahe an Stegers herangerückt war, erklärten die zuständigen Stellen den Müttern dann lapidar, daß sie gefälligst selbst dafür sorgen sollten, wie sie nach Hause kämen.[262]

Der Lehrer-Lagerleiter Hugo Giesenbauer in Pyritz (Pommern) erreichte bei seinen hartnäckigem Bemühen, angesichts der schon bedrohlich nahe herangerückten Front einen Abtransport der aus Castrop-Rauxel evakuierten Schulkinder und Mütter aus der Stadt zu erreichen, bei den zuständigen Stellen nur ein Achselzucken. Am 30. Januar 1945 gaben die Lehrpersonen schließlich den in Pyritz noch verbliebenen Müttern den Rat, unverzüglich und auf eigene Faust in Richtung Westen abzureisen, da keinerlei Hoffnung mehr auf einen gemeinsamen Heimtransport bestehe. Lehrer Giesenbauer selbst fuhr aber am nächsten Tag nach Castrop-Rauxel, um von dort noch Hilfe zu organisieren. Tatsächlich gelang es ihm, von der Stadtverwaltung in Castrop-Rauxel einen Omnibus mit zwei Fahrern zur Verfügung gestellt zu bekommen. Mit diesem Autobus sind in ununterbrochenem Einsatz vom 5. bis 10. Februar 1945 dann evakuierte Mütter und Kinder sowie andere Personen aus Pyritz sowie weiteren gefährdeten Orten in der Umgebung herausgeholt und im Pendelverkehr nach Stargard zur Weiterbeförderung von dort mit der Bahn nach Westen geschafft worden.[263]

In gar nicht wenigen Fällen ist eine geordnete Heimkehr der verschickten Kinder aber von den zuständigen Dienststellen sogar verhindert worden. So erhielt der Leiter der aus Hagen-Haspe nach Bütow in Pommern evakuierten Oberschule für Jungen auf seine im Spätsommer 1944 an die Gauleitung von Westfalen-Süd gerichtete Anfrage wegen einer »*geordneten Rückführung*« seiner Schule zur Antwort, daß eine »*vorzeitige Rückholung*« der Schulen »*nicht einmal diskutiert*« werden könne. Der Schulleiter wurde überdies in recht barschem Ton belehrt, daß es seine Pflicht als Schulleiter sei, alles zu tun, einer »*Rückkehr-Psychose*« energisch entgegenzutreten, und daß von ihm erwartet werde, dort seine Pflicht zu tun, wohin der Befehl ihn gestellt habe.[264]

Einige Zeit später wurde vom Gauleiter von Westfalen-Süd persönlich jegliche »*Rückführung*« von Schulen in ihre Heimat kategorisch untersagt.[265] In anderen Fällen haben aber auch Lagerleiter eine eigenmächtige Abreise von Schülerinnen und Schülern mit den Hinweis auf die von ihnen übernommene Verantwortung für die betreffenden Mädchen und Jungen abgelehnt. So erklärte z. B. der Schul- und Hauptlagerleiter der im März 1944 von Tatra-Lomnitz in der Slowakei nach Harrachsdorf im Erzgebirge »*rückgeführten*« Oberschule für Mädchen in Hagen zwei Vätern, die im August 1944 ihre Töchter nach Haus holen wollten, kurz und bündig: »*Die Kinder sind mir anvertraut und bleiben hier!*«[266]

Viele gerade auch der in Pommern eingerichteten KLV-Lager haben dann aber gegen den Willen der zuständigen Dienststellen und – unter hohem persönlichen Risiko der verantwortlichen Lehrpersonen – auf eigene Faust sowie manchmal buchstäblich in letzter Minute die Rückkehr oder vielmehr die Flucht in Richtung Heimat antreten müssen. Schuld daran waren neben der ideologischen Verblendung durch Endsieg- und Durchhalteparolen sowie der Scheu bzw. Angst der zuständigen lokalen und regionalen Stellen, nicht von höherer Stelle gedeckte »*Rückführungsbefehle*« zu erteilen[267], aber auch das sich ausbreitende allgemeine Chaos in dem Anfang 1945 immer schneller zusammenbrechenden Reich.[268] Die Folgen des Hinauszögerns oder gar Verweigerns einer ordnungsgemäßen und rechtzeitigen »*Rückführung*« der KLV-Lager haben auch die Schülerinnen und Schüler der nach Pommern evakuierten Bochumer Schulen mitsamt ihren Lehrpersonen und mitverschickten Eltern sowie sonstigen Familienangehörigen am eigenen Leib erleben oder vielmehr erleiden müssen. Die im folgenden geschilderten Schicksale von fünf Bochumer höheren Schulen, die in KLV-Lagern im östlichen Reichsgebiet untergebracht waren, bezeugen das eindrucksvoll.

Rückkehr gegen den Widerstand der Partei

Nachdem am 12. Januar 1945 die sowjetische Winteroffensive an der Ostfront begonnen hatte, geriet sehr bald auch Hinterpommern in Gefahr. Bereits Anfang März 1945 war dann ganz Pommern von den sowjetischen Truppen eingenommen. Am 27. Januar 1945 hatten aber die Leiter der in Köslin untergebrachten Bochumer Schulen – außer dem Gymnasium und der Hildegardis-Schule befanden sich seinerzeit auch zwei Bochumer Volksschulen in dem Ort – erste Verhandlungen mit den zuständigen Stellen wegen eines Rücktransportes aufgenommen. Dabei erhielten sie jedoch von den Parteidienststellen nicht nur keinerlei Hilfe, sondern diese versuchten sogar, derartige Bemühungen der Schulleiter mit allen Mitteln zu vereiteln. Dennoch gelang es den Schul- bzw. Lagerleitungen schließlich, die Zusage einer Evakuierung über See durch eine Marinedienststelle in Köslin zu erhalten. Allerdings wurde dieses Vorhaben nach dem Untergang eines mit Flüchtlingen vollbesetzten KdF-(=Kraft durch Freude, NS-Freizeitorganisation)Schiffes vor der pommerschen Küste[269] als zu gefährlich wieder abgesagt. Jetzt blieb den Schulen nur noch der Weg der Selbsthilfe. Schulleiter und Lehrer des Gymnasiums begannen daher, als erstes die Rückkehr der ohne Angehörige in Köslin untergebrachten Schüler zu organisieren. Nach Überwindung zahlreicher Widerstände bei der Partei, aber auch bei der Bahn und anderen Stellen konnten diese Schüler, in vier Gruppen zu jeweils etwa 20 Jungen aufgeteilt und jede von einem Lehrer begleitet, die Heimreise antreten. Sie verlief ohne große Schwierigkeiten.

Obwohl die militärische Lage für den mittleren Teil Hinterpommerns in der Zwischenzeit immer bedrohlicher geworden war, erklärte der nach Köslin angereiste stellvertretende Gauleiter von Westfalen-Süd und Oberbürgermeister der Stadt Hagen, Heinrich Vetter, noch acht Tage vor Beginn der Kämpfe um Köslin auf einer Versammlung der Evakuierten, daß in Pommern alles ruhig sei und man Pommern halten werde. Für die Evakuierten sei es daher das Beste, wenn sie da blieben. Doch diese angesichts der tatsächlichen militärischen Situation recht unglaubwürdigen Aussagen vermochten die Gemüter nicht zu beruhigen. Infolgedessen versuchten immer mehr Mütter, mit ihren Kindern auf eigene Faust Köslin zu verlassen und nach Hause zu gelangen.

Doch auch jetzt kamen die örtlichen Dienststellen den allzu berechtigten Wünschen nach einer »*Rückführung*« des KLV-Lagers nicht entgegen, sondern taten im Gegenteil weiterhin alles, um ein Verlassen der Stadt durch die Evakuierten zu erschweren bzw. unmöglich zu machen. Als am Mittag des 1. März 1945 sowjetische Panzerspitzen bereits bis zum nordöstlichen Stadtrand von Köslin vorgestoßen waren und die Sirenen in der Stadt Panzeralarm verkündeten, erschienen schließlich am Nachmittag zwei aufgrund einer Initiative der »politischen Leiter« aus Westfalen zur Rückholung akut bedrohter westfälischer Evakuierter entsandte Autobusse in der Stadt. Sie brachten dann am Abend desselben Tages sowie im Verlauf der darauffolgenden Nacht und am nächsten Tag alle westfälischen »Umquartierten« aus Köslin heraus und schafften sie nach Belgard, von wo aus noch Züge fuhren. Da der Abtransport aus Köslin infolge der Haltung der örtlichen Dienststellen erst im letzten Augenblick und daher überstürzt vorgenommen werden mußte, kam es dazu, daß sich das Staatliche Gymnasium als Lager bzw. Schulgemeinschaft praktisch auflöste. Bedingt durch die zu dieser Zeit auf dem Bahnhof in Belgard herrschenden Zustände war nämlich ein Zusammenhalten der Schüler, Lehrer und Eltern einfach nicht mehr möglich. Jeder mußte vielmehr versuchen, allein oder zusammen mit anderen in einem der abgehenden Züge fortzukommen. Tatsächlich ist es allen Schüler wie auch ihren Angehörigen und den Lehrpersonen gelungen, noch rechtzeitig und wohlbehalten aus Pommern herauszugelangen.[270]

Im Stich gelassen
Von den zuständigen Stellen sogar vollkommen im Stich gelassen wurde damals die in Friedeberg (Pommern) einquartierte Bismarck-Oberschule für Jungen (heute Graf-Engelbert-Schule).[271]

Am 21. Januar 1945 hatte sich in der Stadt mit Windeseile die Alarmmeldung verbreitet, Friedeberg solle unverzüglich geräumt werden. Zwar stellte sich diese Nachricht als verfrühte Meldung heraus, doch beschlossen jetzt viele der mit nach Friedeberg verschickten Mütter, jede sich bietenden Gelegenheit zu nutzen, um nach Westen zu entkommen. Damit die Schule einen Überblick behielt, wer überhaupt noch am Ort weilte, wurden nun regelmäßige Schulappelle abgehalten. Das erwies sich mitten im Winter jedoch als recht schwierig, da ein Teil der Schüler weit entfernt von der Stadt untergebracht war. Daher bestimmte man noch im Verlauf derselben Woche einzelne Schüler als Meldegänger, um auf diesem Weg eine Verbindung zwischen der Schul- bzw. Lagerleitung und der Schülerschaft sowie deren am Ort anwesenden Eltern und sonstigen Familienangehörigen zu halten.

In der Zwischenzeit spitzte sich die Kriegslage im Osten immer mehr zu. Laut einer Geheimanordnung vom November 1944 sollte die Schule hinsichtlich einer eventuellen »Rückführung« aber die Befehle der zuständigen Parteidienststellen abwarten und sich dann gegebenenfalls nach Anklam absetzen. Doch von der Gauleitung in Stettin blieb jegliche Nachricht aus. Daher beschloß die Schulleitung schließlich am 24. Januar 1945, in Stettin anzurufen. Erst nach vielen Stunden gelang es, eine Telefonverbindung herzustellen, allerdings nicht mit dem Gauleiter selbst, sondern mit dessen Vertreter. Dieser erklärte energisch, daß zu irgendeiner Besorgnis überhaupt kein Anlaß bestehe; die Schule würde auf jeden Fall vor der allgemeinen Evakuierung die notwendigen Abmarschbefehle erhalten. Allerdings stellte sich in den nächsten Tagen heraus, daß es sich hierbei nur um leere Versprechungen gehandelt hatte. In Wirklichkeit wurde die Schule von den für sie zuständigen KLV-Dienststellen einfach »*im Stich gelassen*«. Man war somit ganz auf sich allein gestellt.

Der auf eigene Faust unternommene Versuch, vorsorglich ein Pferdefuhrwerk zu organisieren, um im Fall der Evakuierung wenigstens das notwendigste Gepäck sowie die Frauen und Kleinkinder durch den hohen Schnee zu dem etwa zehn Kilometer entfernten Ostbahnhof von Friedeberg transportieren zu können – Friedeberg-Stadt selbst hatte nur einen Kleinbahnanschluß –, scheiterte daran, daß die Behörden das Pferdefuhrwerk nicht freigaben. Während man notgedrungen weiter abwartete, trafen ständig Telegramme besorgter Eltern aus der Heimat ein. Da aber die zuständige NSDAP-Kreisleitung in Woldenberg nichts von sich hören ließ, andererseits die Front immer näher rückte, sah sich die Schul- bzw. Lagerleitung schließlich zum eigenmächtigen Handeln genötigt. Entgegen der bestehenden Parteianordnung gab man allen Müttern den dringenden Rat, jede Möglichkeit zu nutzen, die Stadt noch rechtzeitig mit ihren Kindern zu verlassen. Die Lehrpersonen sahen es allerdings als ihre »selbstverständliche Pflicht« an, so lange in der Stadt auszuharren, bis auch der letzte Schüler mit seinen Angehörigen in Sicherheit war. Das bedeutete für die Lehrer, die z. T. ihre Frauen und kleinen Kinder bei sich hatten, allerdings eine recht erhebliche psychische Belastung.[272]

Auf einer in der Aula des Friedeberger Gymnasiums abgehaltenen Versammlung drängten die besorgten Eltern auf raschen Aufbruch. Der amtierende Schul- und Hauptlagerleiter, Oberstudienrat Andreas Lorenz (genannt »Opa Lollo«),[273] versuchte, die Anwesenden zu beruhigen. Er versicherte ihnen, daß noch genügend Zeit sei und er selbst auch noch »keine Stecknadel« gepackt habe. Dennoch machten sich einige Lehrer mit ihren Schülern auf den Weg nach Westen. Auch verließen immer mehr Mütter mit ihren Kindern die Stadt. Dasselbe taten Einwohner, die z. T. ihre Pflegekinder mitnahmen.[274]

Am Sonntag, dem 28. Januar 1945, wurde es für die noch Verbliebenen allerhöchste Zeit, sich aus Friedeberg abzusetzen. Bereits am Morgen konnte man in der Stadt deutlich das Grollen der Front hören. Am Nachmittag dieses Tages gab der Oberstabsarzt, der das inzwischen in dem Schulgebäude eingerichtete Feldlazarett leitete, den Evakuierten den nachdrücklichen Rat, so schnell wie möglich zu verschwinden. Daraufhin wurde von der Schule um 6.00 Uhr abends ein letzter Schulappell abgehalten. Dabei zeigte sich, daß nur noch etwa 30–40 Schüler sowie einige Mütter mit Kleinkindern anwesend waren. Man beschloß, sich noch in der folgenden Nacht (28./29.1.1945) aus Friedeberg abzusetzen und zu diesem Zweck in fünf Gruppen aufzuteilen. Unter großen Schwierigkeiten erreichten alle Gruppen teils mit der Kreisbahn, teils auf einem Fuhrwerk, z.T. aber auch zu Fuß den Ostbahnhof. Von dort gelang es ihnen noch im letzten Augenblick, auf dem Schienenweg in Richtung Berlin zu entkommen. Bereits am folgenden Morgen (29.1.1945) wurde Friedeberg von sowjetischen Truppen vollständig eingeschlossen und stand am Abend desselben Tags bereits in Flammen. Nach langen Irrfahrten und teilweise erst nach Kriegsende erreichten schließlich alle die westfälische Heimat.[275]

Zu denjenigen Schülern, deren Rückfahrt nach Bochum verhältnismäßig rasch und glatt verlief, gehörte Hans Joachim Kreppke. Allerdings hatte seine »Pflegemutter«, als die Front gefährlich näher rückte, gemeinsam mit einer befreundeten Familie per Auto Friedeberg schon vor ihm verlassen. Diese Absicht verkündete sie ihrem »Pflegekind« mit dem Hinweis darauf, daß jetzt »jeder an sich selbst denken müsse« und die Schule »sicher auch ihre Vorkehrungen getroffen habe«. Dann überließ sie ihm ihre Wohnung.

Kreppke blieb jedoch nicht allein in der Wohnung, sondern zog in die Wohnung nebenan zu seinem Freund Willi, der von seinen Pflegeeltern ebenfalls allein zurückgelassen worden war. Die fertig gepackten Koffer hatten beide griffbereit neben den Betten stehen. Laut Anordnung sollte auf das Ertönen der Sirenen hin Friedeberg geräumt werden. Am 29. Januar 1945, nachts um 2.00 Uhr, heulten dann die Sirenen in der Stadt auf. Kreppke und sein Freund hasteten daraufhin mit ihren Koffern zum Bahnhof, wo sie tatsächlich die Kleinbahn abfahrbereit vorfanden. Allerdings war die Bahn bereits total überfüllt, da sich viele Bewohner in Erwartung des Räumungssignals offenbar schon lange vorher zum Bahnhof begeben und dort in den Zug gesetzt hatten, um ja nicht die Abfahrt zu verpassen. Von der Schulsekretärin, Fräulein Wittmann, ermuntert, preßten sich die beiden doch noch in den Zug. Nach etwa 20 Minuten setzte sich die Bahn in Bewegung, und die überladenen Wagen rollten die etwa zehn Kilometer lange Strecke zum Ostbahnhof. Dort wurden die Waggons nach einigem Rangieren an einen anderen Zug angehängt, der in Richtung Küstrin fuhr. In Küstrin erfolgte der Umstieg in einen Güterzug, der die Flüchtlinge bis nach Berlin bringen sollte.

Im Zug trafen die Jungen auf eine andere Gruppe von Bismarck-Schülern, die sich mit ihrem Lehrer bereits einige Tage vorher auf den Weg gemacht hatte, aber nur mit Schwierigkeiten und entsprechend langsam vorangekommen war. Müde, aber doch froh, das Schlimmste geschafft zu haben, erreichten sie am Nachmittag Berlin. Auf dem Bahnhof dort standen Frauen – vorwiegend wohl Angehörigen der NSV und der NS-Frauenschaft – hinter Bergen von Broten und schmierten Butterbrote für die vielen Tausenden von Flüchtlingen, die mit den Zügen ankamen. Die von dem Regime nachdrücklich propagierte »Volksgemeinschaft« funktionierte immer noch. Alles erschien Kreppke jedenfalls »hervorragend organisiert«, und das gab ihm und den anderen ein Gefühl der »Wärme und Sicherheit«.

Sie erfuhren dann, daß noch am Abend ein Zug in Richtung Westen abgehen sollte. Tatsächlich rollte der Zug fast auf die Minute pünktlich in die Bahnhofshalle. »Es klappte alles viel besser, als wir zu hoffen gewagt hatten«, erinnerte sich Kreppke. Doch einen Sitzplatz in dem ebenfalls überfüllten Zug konnte er nicht ergattern. So mußte er die Fahrt nach Bochum auf seinem Koffer im Gang hockend zurücklegen. Am Morgen des 30. Januar 1945 traf der Zug in Bochum ein. Hier schleppten Kreppke und die anderen Jungen ihre Koffer und Kartons durch die Trümmerwüste des Ehrenfelds. Überrascht, aber genauso überglücklich wie die Jungen waren die Eltern, die froh waren, ihre Kinder wieder bei sich zu haben. Doch große Bestürzung und Besorgnis überkam diejenigen Eltern, die erfahren mußten, daß ihre Kinder sich nicht unter den Zurückgekommenen befanden. Einige dieser Kinder trafen jedoch bereits einige Tage später in Bochum ein, andere dagegen kamen erst nach Wochen und oder gar Monaten in ihre Heimatstadt zurück.[276]

Rückkehr untersagt
Der zweiten in Köslin evakuierten Bochumer höheren Schule, der Hildegardis-Oberschule für Mädchen, wurde Anfang 1945 nicht nur das Gesuch wegen Heimbeförderung von der zuständigen Gauleitung in Stettin abgelehnt, sondern eine Rückkehr sogar ausdrücklich verboten. Als die Front bedrohlich nahe gerückt war, brachen gegen Ende Februar 1945 die Lehrkräfte nach und nach auf eigene Faust und Verantwortung mit den Mädchen, die ohne Angehörige in Köslin waren, in kleinen Gruppen nach Westfalen auf. Diese Gruppen umfaßten jeweils acht bis zehn Schülerinnen unter Leitung einer Lehrerin. Die einzelnen Gruppen schlugen sich unter Nutzung der sich jeweils bietenden Möglichkeiten durch.

Streckenweise fanden die Schülerinnen und ihre Begleiter Mitfahrgelegenheiten auf Wehrmachtslastwagen, andere fuhren in den wenigen und überfüllten Zügen, die noch verkehrten, hart an der Front entlang; einige kamen auch in Lazarettzügen weiter. Alle lebten aber in der ständigen Angst vor Luftangriffen und litten unter der Kälte und dem Hunger. Trotz der vielen Gefahren und Schwierigkeiten gelangten sämtliche Gruppen nach einer zumeist acht bis zehn Tage dauernden Reise wohlbehalten in der Heimat an. Eine Schülerin allerdings, die in Köslin zunächst bei ihren Pflegeeltern zurückgeblieben war, um mit diesen gemeinsam später die Flucht nach Westen anzutreten, kam unterwegs durch Bomben um.[277]

Bochum nicht mehr erreicht
Auch die nach Neustettin in Ostpommern »umquartierte« Schiller-Oberschule für Mädchen bemühte sich ab Mitte Januar 1945 vergeblich um die Genehmigung der zuständigen Stellen zur Rückkehr nach Westfalen. Auch hier faßten die Lehrkräfte schließlich gegen Ende Januar 1945 den ebenso eigenmächtigen wie riskanten Beschluß, die Heimkehr der Schülerinnen in die eigene Hand zu nehmen.

Nachdem man zuerst die jüngeren Mädchen auf die Reise geschickt hatte, sammelte sich der Rest in der Nacht des 29. Januar am Bahnhof von Neustettin. Hier mußte die Schar bei eisigem Ostwind und Temperaturen um −30 °C ausharren, bis sie schließlich ein Zug nach Stettin aufnahm. Unterwegs, in der Nähe von Stettin, erlebten sie das Auftauchen sowjetischer Jagdbomber. Von Stettin ging die Fahrt weiter nach Berlin, wo man im Bezirk Pankow in einen Luftangriff geriet. Auch diesmal ging alles gut und die Fahrt über Leipzig und Weimar bis Eisleben weiter. Hier trafen die Schülerinnen mit ihren Lehrkräften am 9. Februar 1945 ein und wurden in einer als Auffanglager dienenden Schule einquartiert.

Von Eisleben aus nahm man nunmehr Kontakt mit der Stadtverwaltung in Bochum auf, um die Weiterfahrt nach Hause zu organisieren. Doch da die von Bochum versprochene Hilfe ausblieb, trat man zu Beginn der Karwoche die Weiterreise an. In Moringen am Fuß des Solling, in der Nähe der Weser, war dann aber ein Weiterkommen nicht mehr möglich und die vorläufige Endstation der Flucht erreicht. Die Gruppe fand Unterkunft in einem Mädchen-Schullandheim. Hier erlebten die Schülerinnen und Lehrpersonen auch die Besetzung des Ortes durch US-Truppen und das Kriegsende.

In dieser Zeit der schrecklichen Ungewißheit, in der sie abgeschnitten von jeglichem Kontakt mit der Heimat wie überhaupt mit der Außenwelt waren, half ihnen die Gemeinde so gut sie konnte, während sich die größeren Mädchen bei den Bauern auf dem Feld nützlich machten. Nachdem die Kriegshandlungen beendet waren und der Reiseverkehr wieder möglich wurde, holten immer mehr Eltern, sofern sie es ermöglichen konnten, ihre Kinder aus Moringen (wie auch aus Eisleben, wo einige zurückgeblieben waren) ab. Am 29. Juni 1945 konnte schließlich auch der Rest auf zwei Lastwagen Moringen verlassen und nach Bochum zurückkehren. Die jüngeren Schülerinnen waren zunächst in Laage gelandet und kamen später nach Burgdorf (Kreis Hannover). Von dort erfolgte dann ihre Heimkehr nach Bochum.[278]

Flucht über die Ostsee
Noch abenteuerlicher und vor allem dramatischer verlief die Rückkehr der Schülerinnen der Freiherr-vom-Stein-Oberschule für Mädchen mit ihren Angehörigen und Lehrkräften. Wie bereits erwähnt, war auch diese Schule im Rahmen der Räumung der Stadt Bochum seit Juli 1943 ebenfalls in einem – offenen – KLV-Lager in Pommern, und zwar in der Kreisstadt Belgard im preußischen Regierungsbezirk Köslin, untergebracht.

Zu Beginn des Monats März 1945 hatte der Schul- und Lagerleiter gegen den Widerspruch der örtlichen Dienststellen der Partei und der HJ endlich jedoch die Erlaubnis zur Auflösung des Lagers und zur Rückführung der Schule erzwingen können. Da manche Schülerinnen inzwischen aber schon ohne offizielle Erlaubnis mit ihren Müttern Belgard verlassen hatten oder von ihren Vätern abgeholt worden waren, fanden sich am Morgen des 2. März nur noch etwas über 200 Schülerinnen, Lehrpersonen und Mütter mit Kindern um 9.00 Uhr zur Abfahrt auf dem Bahnhof von Belgard ein. Doch hier mußten sie in eisiger Kälte den ganzen Tag über warten, bis sie schließlich gegen 17.00 Uhr in einen aus Nassow kommenden, allerdings mit Flüchtlingen schon stark besetzten Zug einsteigen konnten. Als Ziel war der Schule Stettin angewiesen worden, wo sie in einem KLV-Lager untergebracht werden sollte. Doch bereits nach einer Stunde Fahrt stand der Zug bei Schivelbein auf offener Strecke still. Vorgeschobene sowjetische Panzerspitzen in der Gegend, die von deutschen Truppen erst noch zurückgedrängt werden mußten, verhinderten eine Weiterfahrt. Nachdem der Zug die ganze Nacht und den folgenden Tag über vergeblich auf die Erlaubnis zur Weiterfahrt gewartet hatte, wurde die Rückfahrt nach Belgard angeordnet. Hier kam man dann am Abend des 3. März 1945 wieder an.

Jetzt sollte versucht werden, auf der Strecke über Kolberg entlang der Ostseeküste Stettin zu erreichen. So ging es am nächsten Tag wieder los. Doch kurz vor der Einfahrt in den Bahnhof von Kolberg stand auch dieser Zug still. Erneut waren es sowjetische Panzer, die eine Weiterfahrt gefährdeten und deren Niederkämpfung erst abgewartet werden mußte. Der Zug fuhr daher in eine

Deckung bietende Mulde zurück. Hier blieb man zwei Tage und zwei Nächte (4. und 5. März) im eiskalten Zug sitzen. Als klar wurde, daß eine Einfahrt nach Kolberg nicht möglich sein würde, verließen die Schülerinnen und ihre Angehörigen mit den Lehrpersonen um 3.00 Uhr nachts (am Morgen des 6. März 1945) so lautlos wie möglich und unter Zurücklassung allen Gepäcks mit Ausnahme dessen, was sie auf dem Rücken tragen konnten, den Zug und schlichen sich in Richtung Kolberger Hafen davon. Man wollte nunmehr versuchen, über die Ostsee in Richtung Westen zu entkommen.

Zu diesem Zeitpunkt war Kolberg aber eine bereits aufgegebene und weitgehend geräumte Stadt. Dem – schwer herzkranken – Direktor der Schule gelang es schließlich unter Aufbietung all seiner Kräfte, am Strand ein Reservelazarett sowie eine Schule ausfindig zu machen, in denen die Gruppe die Nacht verbringen konnte. Die am folgenden Tag unternommenen Bemühungen des Schulleiters, alle zusammen auf einem Schiff unterzubringen und aus Kolberg herauszuschaffen, scheiterten jedoch. Angesichts der Gefahr, von den sowjetischen Truppen in Kolberg eingeschlossen zu werden, blieb nichts anderes übrig, als (am 7. März 1945, dem Tag, an dem Kolberg auf der Landseite tatsächlich von sowjetischen Truppen eingeschlossen wurde) die Schulgemeinschaft in einzelne Klassengemeinschaften aufzulösen. Die Mütter nahmen ihre Kinder zu sich, und um jede der Klassengemeinschaften kümmerten sich die jeweiligen Klassenlehrer. Jeder Trupp mußte nun selbst sehen, auf irgendeinem Schiff eine Fluchtmöglichkeit aus Kolberg zu ergattern.

Einer Gruppe gelang es, auf einem Minensuchboot Platz zu finden, das sie auf die hohe See hinausbrachte, wo sie bei starkem Seegang auf einen lettischen Frachter, der Kohlen holen sollte, umgeladen wurde. Doch noch bei der Abfahrt aus dem Hafen von Kolberg schlugen von sowjetischer Artillerie abgefeuerte Granaten auf beiden Seiten des Schiffes in das Wasser. Diejenigen der Schulgemeinschaft, die sich in Kolberg noch nicht eingeschifft hatten, mußten wegen dieses Artilleriebeschusses schleunigst das Hafengelände verlassen und vorerst in den erwähnten Unterkünften warten. Die auf dem lettischen Frachter untergebrachten Schülerinnen und ihre Begleitung landeten nach zwei Tagen Fahrt ohne jegliche Verpflegung schließlich in Swinemünde, von wo aus sie die Weiterreise antraten.

Eine aus 19 Schülerinnen bestehende andere Gruppe gelangte auf einer Kampffähre, die Verwundete transportierte, am 8. März 1945 ebenfalls nach Swinemünde. Vier Tage später, am 12. März, fand dann aber ein schwerer Luftangriff auf das Hafengebiet von Swinemünde statt.[279] Doch kam dabei glücklicherweise niemand von den dort weilenden Schülerinnen, Angehörigen oder Lehrkräften zu Schaden. Von Swinemünde fuhren die Gruppen getrennt in Richtung Heimat weiter. Eine Gruppe der Schule hatte sich von Kolberg zu Fuß entlang der Küste nach Westen aufgemacht. Unterwegs kam sie zu einem Fliegerhorst, wo sie Aufnahme fand und von wo sie nach Greifswald ausgeflogen wurde. Von dort aus erreichte sie in Etappen schließlich die Heimat.

Andere gelangten von Kolberg mit der Bahn über Wolgaster Fähre ebenfalls nach Greifswald. Von hier aus fuhren die Schülerinnen zu Verwandten in die Heide oder ins Sauerland weiter. Eine andere Gruppe brachte ein Minensuchboot bis Swinemünde. Dort fanden die Schülerinnen schließlich in Autobussen der SA, die, wie bereits erwähnt wurde, aus Westfalen geschickt worden waren, um Evakuierte abzuholen, eine Mitfahrgelegenheit bis Neubrandenburg. Von Neubrandenburg aus ging es dann mit dem Zug weiter über Hamburg, Bremen, Hamm mit vielen Aufenthalten bis nach Iserlohn, wo die Gruppe am 19. März 1945 ankam. Von dort aus fanden ein kleiner Rest der Schülerinnen und einige der Mütter mit ihren Kindern vorläufig Unterkunft in dem Gemeinschaftsheim einer Fabrik. Erst nach der Kapitulation konnten sie nach Bochum zurückkehren.

Eine andere Schülerinnengruppe nahm schließlich am 14. März 1945 in Kolberg ein Kriegsschiff auf und schaffte sie nach Ükkermünde am Stettiner Haff. Hier setzte die Gruppe ihre Fahrt mit dem Zug nach Greifswald und von dort über Hannover und Bückeburg bis Paderborn fort. In Paderborn trafen die Schülerinnen am 20. März 1945 ein und begaben sich von dort aus zu Verwandten außerhalb des inzwischen militärisch in höchstem Grad gefährdeten Ruhrgebiets. Geradezu unglaublich ist es, daß tatsächlich auch diese Schülerinnen mitsamt ihren Angehörigen und den sie begleitenden Lehrpersonen sämtlich, wenn auch manchmal nach langen Irrfahrten und in einer Reihe von Fällen erst nach Ende der Kampfhandlungen, schließlich wohlbehalten in die Heimat zurückgekehrt sind.[280]

Abenteuerlich und teilweise dramatisch war auch die Rückkehr einer damals 12jährigen Schülerin dieser Schule, die sich allein auf den Weg nach Hause gemacht hatte. Da sie die ständigen Vertröstungen der Schulleitung hinsichtlich des Termins der *»Rückführung«* der Schule nicht länger ertragen konnte und die bedrohlich näher kommende Front sie zunehmend ängstigte, reiste sie mit Erlaubnis und Unterstützung ihrer Pflegeeltern, aber ohne offizielle Genehmigung, am 28. Februar 1945 in einem Zug von Belgard ab. Nur mit ihrem Schultornister als Gepäck, in dem neben einem Essensvorrat und einem Brotmesser noch ihr Postsparbuch mit einem Guthaben in Höhe von 300 RM sowie ihr Schulatlas steckten, legte sie die Strecke von Belgard nach Bochum teils per Bahn, teils als Mitfahrerin in privaten Personenwagen und Wehrmachtsfahrzeugen, auf einem Pferdefuhrwerk, ein Teilstück auch an Bord eines Wasserflugzeugs und zum Schluß – von Witten nach Bochum – in der Straßenbahn zurück. Nach gut einem Monat traf sie am 1. April 1945 (Ostersonntag) bei ihren Eltern in Bochum ein.[281]

Ein Einzelschicksal – stellvertretend für viele
Im Rahmen der Bochumer Schulverlegung im Sommer 1943 wurde auch die damals 7jährige Elisabeth H. mit ihrer Volksschule Hermannshöhe und zusammen mit ihrer Mutter nach Pommern verschickt. Sie kamen in die damals ca. 6 000 Einwohner zählende Stadt Rügenwalde (Kreis Schlawe im preußischen Regierungsbezirk Köslin). Der Vater von Elisabeth war zu diesem Zeitpunkt bereits zur Wehrmacht eingezogen worden. Mutter und Tochter erhielten in Rügenwalde als Unterkunft ein Zimmer auf dem Speicher der Villa eines örtlichen Wurstfabrikanten zugewiesen, das mit später nachgeschickten Möbeln aus der Wohnung in Bochum eingerichtet wurde. Da das Doppelbett aber schon fast die Hälfte des Raums einnahm, herrschten äußerst beengte Wohnverhältnisse. Auf dem Speicher waren aber noch mehrere andere Mütter mit ihren Kindern untergebracht, und für alle gab es nur eine einzige Kochstelle auf dem Dachboden. Die Mutter von Elisabeth erhielt eine Arbeitsstelle in einer Mühle, wo auch zwei andere aus Bochum mitevakuierte Mütter beschäftigt wurden.

Elisabeth H. besuchte in Rügenwalde die Schule. Schul- und Lagerleiter war der aus Bochum mitgekommene Rektor Monschau. Als ein schwerer Angriff auf Bochum stattgefunden hatte und die Nachrichten davon nach Rügenwalde gedrungen war, durften alle Kinder, von denen Angehörige bei dem Angriff ums Leben gekommen waren, nach vorne kommen und sich trösten lassen. Obwohl niemand von Elisabeths Verwandtschaft bei dem Angriff getötet worden war, ging auch sie nach vorne. Die Lehrerin nahm jedes der nach vorne getretenen Kinder in den Arm und sprach einige tröstende Worte zu ihm. Allerdings war die Wohnung der Familie in Bochum bei dem Angriff zerstört worden. Sonntags ging es regelmäßig in den Gottesdienst. In der Woche paßte Elisabeth »wie ein Schießhund auf«, wo es etwas zu kaufen gab. Sie stellte sich dann an, wenn ihre Mutter noch arbeiten mußte.

Ende 1944 kamen Flüchtlinge aus Ostpreußen an, von denen einige auch auf dem Dachboden des Hauses, in dem Elisabeth H. mit ihrer Mutter wohnte, untergebracht wurden. Mit den Neuankömmlingen gab es heiße Diskussionen. Elisabeth bekam dabei mit, daß sie von sowjetischen Truppen landwärts eingeschlossen seien und ein Entkommen aus Pommern nur noch auf dem Seeweg möglich wäre. Sie hörte aber auch von der Versenkung der als Flüchtlingstransporter eingesetzten ›Wilhelm Gustloff‹ durch ein sowjetisches U-Boot am 30. Januar 1945 vor Stolpmünde[282] und hatte danach große Angst davor, auf einem Schiff zu fahren. Elisabeths Mutter zögerte jedoch in der Hoffnung, daß sich die Berichte über die kritische Lage an der Ostfront vielleicht doch als übertriebene Schwarzseherei herausstellen würden, ihre Abreise aus Rügenwalde bis zum letzten Augenblick hinaus. Schließlich mußte aber auch sie sich zur Flucht entschließen. Man packte die Rucksäcke und Taschen und zog so viele Kleider wie möglich übereinander an. Gemeinsam mit einer Gruppe anderer Mütter begaben sich Elisabeth und ihre Mutter dann zu Fuß auf den Weg zum drei Kilometer entfernten Hafen Rügenwaldermünde. Das Gepäck zogen die beiden in einem Bollerwagen hinter sich her.

In Rügenwaldermünde versuchten sie, wie zahlreiche andere Flüchtlinge, auf ein dort wartendes Frachtschiff zu kommen. Im Gedränge wurde Elisabeths Rucksack nach unten gedrückt, und sie bekam fürchterliche Angst. Irgendwie schafften ihre Mutter und sie es aber dann doch, an Bord zu gelangen. Anfangs schliefen sie vorn im Schiff. Doch da Elisabeth mitbekommen hatte, daß die See vermint sei und man bei einer Explosion im Bug als erster getötet würde, konnte sie vor Angst kaum ein Auge zutun. Später waren sie dann nachts unter Deck in einem größeren Raum. Ihre Mutter saß dabei auf einer Bank, während Elisabeth zu ihren Füßen auf dem Boden ausgestreckt lag. Dabei hielt die Mutter aber stets ihre Hand fest, damit sie, falls etwas passieren und Gedränge oder Panik entstehen würde, ihre Tochter sofort hochreißen und so davor bewahren könnte, niedergetrampelt oder gar totgetreten zu werden. Die sanitären Einrichtungen des Schiffs reichten für die große Zahl der Flüchtlinge auch nicht annähernd aus. Die ständig umlagerten Toiletten waren bereits nach kurzer Zeit total verschmutzt.

Nach einwöchiger Fahrt landete man schließlich am 12. März 1945 in Swinemünde. Bei der Einfahrt in den Hafen stand Elisabeth an Deck und schaute in den Laderaum hinunter, wo Menschen auf ausgestreutem Stroh auf dem Boden lagen. Auf einmal drehte ihre Mutter durch. Die nervliche Anspannung war offenbar zu groß für sie gewesen, und sie schrie ihre Tochter an, sofort dort wegzukommen. Kurz darauf gaben die Sirenen in der Stadt Luftalarm. Das Schiff war genau an dem Tag angekommen, an dem die 8. US-Luftflotte ihren Angriff auf Swinemünde durchführte. Einige Bomben fielen neben dem Frachter ins Meer, und deren Explosionsdruck verursachte starke Beschädigungen an den Deckaufbauten des Schiffs. Dabei wurde die Freundin von Elisabeth, die direkt neben ihr saß, von einem Bombensplitter am Kopf getroffen und war sofort tot. Elisabeth sah Rektor Monschau auf Deck stehen und hörte, wie er verzweifelt rief: »*Wo ist meine Frau, wo sind meine Kinder?*« Sie dachte nur, wenn jetzt noch eine Bombe kommt, müssen wir alle ertrinken, und wollte mit aller Gewalt vom Schiff herunter. Doch ihre Mutter hielt sie eisern fest, denn die auftauchenden Jagdbomber schossen mit ihren Bordwaffen auf alles, was sich an Land bewegte. Zudem gab es in der Stadt keine Bunker, in denen man Schutz hätte finden können. Als der Angriff vorüber war, gingen sie von Bord und irrten ziellos durch die Straßen der brennenden Stadt. Die Mutter trug die – ebenfalls mit mehreren Kleidchen übereinander angezogene – Puppe ihrer Tochter sichtbar in ihrem Rucksack. Ein Mann, der ihnen begegnete, meinte zu ihr, sie trage schon genug und solle die Puppe doch weggeben. Aber ihre Mutter erwiderte, daß sie das ihrer Tochter nicht antun könne. Auf der Straße wurden sie dann von einer Frau angesprochen, die sie fragte, wo sie übernachten wollten. Als ihre Mutter entgegnete, das wisse sie nicht, meinte die Frau nur: »*Kommen Sie mit.*« Wie sich herausstellte, war sie eine wohlhabende Dame, die in der Stadt Flüchtlinge aufsammelte und sie in ihrer Villa am Stadtrand unterbrachte. Dort übernachteten Elisabeth und ihre Mutter zusammen mit anderen Flüchtlingen in einem großen Raum.

Es gelang den beiden später, auf einem Wehrmachtslastwagen über Stettin in Richtung Elbe zu fahren. In Groß Garz (südwestlich von Wittenberge) fanden sie vorläufig Aufnahme bei Verwandten, die hier einen Bauernhof besaßen. Hier erlebten Elisabeth und ihre Mutter auch den Einmarsch der US-Truppen, das Kriegsende und die sowjetische Besetzung. Ende 1945 / Anfang 1946 konnten sie dann endlich nach Bochum zurückkehren.[283]

Fürsorglicher Akt?

Das unmittelbare Ergebnis der KLV-Maßnahme war, daß mehrere hunderttausend Kinder und Jugendliche aus den von Luftalarmen und Bombenangriffen betroffenen (Groß-)Städten herausgebracht wurden. In den neuen Aufnahmeorten konnten sie vielfach bis gegen Ende des Krieges verhältnismäßig ruhig und sicher leben und blieben so vor noch größeren psychischen und psychischen Schäden bewahrt. Eine Zeitzeugin aus Herne spricht für zahlreiche KLV-Verschickte, wenn sie rückblickend über ihren sechsmonatigen KLV-Aufenthalt 1942 am Tegernsee urteilt: »*Es war alles in allem eine schöne Zeit, an die ich immer wieder gerne zurückdenke.*«[284] Ähnlich äußerte sich ein ehemaliger Schüler der Hauptschule in Wanne-Eickel, der als 10jähriger im Sommer 1943 mit seiner Schule nach Stolp in Pommern kam und Anfang März 1945 die Flucht über die Ostsee auf einem Frachter mitmachte. Er erklärte: »*Für mich persönlich kann ich heute sagen: Außer der Flucht aus Pommern war es eine schöne Zeit, an die ich mich gerne zurückerinnere. Von der allgemeinen politischen Lage der damaligen Zeit hatten wir damals 10- und 11jährigen Kinder wenig Ahnung.*«[285] Viele der damals evakuierten Kinder sind zweifellos so dem Bombentod entgangen.[286]

Wie Hitler persönlich seinerzeit Baldur von Schirach gegenüber erklärte, sollte die geplante Verschickungsaktion auch vorrangig der »*Erhaltung der Nervenkraft der Jugend und Erhaltung des Lebens*« dienen.[287] War anfangs tatsächlich die Sorge um das psychische Wohlergehen der durch die nächtlichen Luftalarme belasteten Kinder und Jugendlichen das treibende Motiv für die Durchführung der Kinderlandverschickung, so trat mit der Verschärfung des Luftkriegs der Schutz des Lebens in den Vordergrund.[288] Doch dies waren für das Regime nur aufgrund der Kriegsereignisse in den Vordergrund getretene und vorübergehend bestimmend gewordene Motive für die Durchführung der Erweiterten Kinderlandverschickung. Nach dem Willen der NS-Machthaber sollte die KLV vor allem dem Zweck der intensiven politischen Erziehung und weltanschaulichen Indoktrinierung der Jugend im Sinne des Nationalsozialismus dienen, für die gerade ein längerer Lageraufenthalt ja die besten äußeren Voraussetzungen bot.[289] Diese politische Zielsetzung der KLV-Maßnahmen wurde z.B. vom Oberbereichsleiter des Kreises Dortmund der NSDAP in einem von ihm Ende Januar 1943 öffentlich verbreiteten Aufruf zur Anmeldung der Kinder für die Verschickung in ein KLV-Lager deutlich zum Ausdruck gebracht. Wie es darin u.a. heißt, sollten die Mädchen und Jungen während des Lageraufenthalts die ganze »*Schönheit der Volksgemeinschaft*« erleben sowie ohne die »*Einflüsse der bisherigen Umgebung*« lernen, sich in die »*größere Ordnung unseres völkischen Lebens*« einzufügen und sich dabei zugleich zu selbständigen »*deutschen Menschen*« zu entwickeln.[290] Aus diesem Grund war auch geplant, die KLV-Maßnahme zu einer nach dem Kriegsende fortzusetzenden »*ständigen Einrichtung*« zu machen.[291]

Doch trotz der hinter der Schutzabsicht der Erweiterten Kinderlandverschickung im 2. Weltkrieg (Deutschland brauchte Soldaten für den Krieg und ein großes Volk für die Weltherrschaft danach) stehenden vorrangigen ideologisch-politischen Motivation der NS-

Machthaber ist diese Maßnahme in der praktischen Wirkung letztlich doch auch ein humanitäres Werk und ein fürsorglicher Akt in einem grauenvollen Krieg gewesen.[292] Allerdings darf man dabei auch nicht übersehen, daß der Krieg, vor dessen Auswirkungen das Regime jetzt die Kinder und Jugendlichen durch die KLV schützen wollte, von eben diesem Regime selbst entfesselt worden war. Dennoch lastet der KLV-Aktion im Unterschied zu anderen Maßnahmen des NS-Regimes nicht der unmittelbare politische Makel des unbedingt und uneingeschränkt Verwerflichen an.

Dieser Ansicht war offensichtlich auch der deutsche Verteidiger Baldur von Schirachs in dem Kriegsverbrecherprozeß vor dem Internationalen Militärgerichtshof in Nürnberg. Er brachte wohl deshalb und mit eindeutiger Entlastungsabsicht für seinen Mandanten im Prozeß das Thema KLV zur Sprache. Es war dies übrigens das erste und einzige Mal, daß die KLV bei den Nürnberger Prozessen behandelt wurde. Im gesamten weiteren Prozeßverlauf ist auch von der Anklagevertretung dieses Thema nicht mehr aufgegriffen worden, was darauf schließen läßt, daß man auf dieser Seite die KLV ebenfalls als eine humanitäre Hilfsaktion ansah, an der es zumindest im Sinne der Anklageerhebung eigentlich nichts Strafwürdiges gab.[293] Baldur von Schirach selbst erklärte im Nürnberger Prozeß selbstlobend (was aus seiner Situation als angeklagter Kriegsverbrecher verständlich ist), die KLV sei die »*schwierigste, psychologisch komplizierteste organisatorische Arbeit*« gewesen, die er jemals durchgeführt habe und führte es als sein Verdienst an, auf diese Weise »*Millionen von Menschen […] verschickt, verpflegt, unterrichtet, ärztlich versorgt und so fort*« zu haben.[294]

Anmerkungen

[1] Die (erweiterte) Kinderlandverschickung gehörte zu den sog. ›vorsorglichen Umquartierungsmaßnahmen‹ des NS-Regimes im 2. Weltkrieg. Außerdem zählten dazu noch das ›Hilfswerk Mutter und Kind‹, das seit 1941 die Evakuierung auf werdende Mütter und Mütter mit Kleinkindern ausdehnte, die Evakuierung Alter und Kranker sowie die sog. ›Verwandtenhilfe‹ oder ›freie Verschickung‹, bei der Personen für sich bzw. ihre Familie oder Kinder eigenständig eine Unterkunftsmöglichkeit bei Verwandten und Bekannten in nicht luftkriegsgefährdetem Gebiet suchten; s. auch unten – Zur Evakuierung während des 2. Weltkriegs insgesamt s. jetzt Michael Krause: Flucht vor dem Bombenkrieg. ›Umquartierungen‹ im Zweiten Weltkrieg und die Wiedereingliederung der Evakuierten in Deutschland 1943–1963. Düsseldorf 1997, Kap. 2 (Beiträge zur Geschichte des Parlamentarismus und der politischen Parteien, Bd. 109)
[2] Wilfried Beer: Kriegsalltag an der Heimatfront. Alliierter Luftkrieg und deutsche Gegenmaßnahmen zur Abwehr und Schadensbegrenzung, dargestellt für den Raum Münster. Bremen 1990, S. 9
[3] Konsequenterweise wurde durch einen gemeinsamen Erlaß vom 4.6.1943 des Oberkommandos der Wehrmacht und des Oberbefehlshabers der Luftwaffe dann auch angeordnet, daß bei Luftangriffen getötete Zivilpersonen in Zukunft entsprechend dem im militärischen Bereich üblichen Sprachgebrauch als »*gefallen*« bzw. als »*verwundet*« zu bezeichnen seien – Lt. Runderlaß v. 2.7.1943 des Reichsministers des Innern, abgedr. im Ministerialblatt des Reichs- und Preußischen Ministeriums des Innern Nr. 27 v. 7.7.1943
[4] Schnellbrief v. 3.9.1939 – Exemplar im Bundesarchiv Berlin (BAB), Akte NS 18/500. In dem Schnellbrief v. 3.9.1939 ist auch der Erlaß des Reichsministers der Luftfahrt und Oberbefehlshabers der Luftwaffe v. 5.9.1938 erwähnt. Ein Exemplar dieses Erlasses konnte vom Verfasser jedoch nicht ausfindig gemacht werden.
[5] Vermerk vom 13.9.1939 über ein zwischen dem Reichsministerium der Luftfahrt und Oberbefehlshaber der Luftwaffe und dem Ministerialdirektor Dr. Krümmel vom Reichsministerium für Wissenschaft, Erziehung und Volksbildung geführtes Gespräch – BAB, Akte NS 18/500
[6] Zur vorsorglichen Evakuierung der Kinder auf das Land in Großbritannien während des 2. Weltkriegs s. Ruth Inglis: The Children's War. Evacuation 1939–1945. London 1989, bes. S. 1–16, 69–88 und 134–146; s. auch Carsten Cressel: Evakuierungen und erweiterte Kinderlandverschickung. Das Beispiel der Städte Liverpool und Hamburg. Frankfurt a.M. 1996. Die Teilnahme an der Evakuierung war in Großbritannien wie in Deutschland freiwillig, doch im Unterschied zu Deutschland für die Evakuierten in Großbritannien nicht kostenlos.
[7] Bis dahin hatte sich die britische Kriegsführung auch aus moralischen Bedenken und nicht zuletzt mit Rücksicht auf die USA, die man als Verbündete zu gewinnen hoffte, hinsichtlich des Luftkriegs zurückgehalten. Bereits am 1.9.1939 waren nämlich die im unmittelbar bevorstehenden Krieg verwickelten Mächte vom US-Präsidenten Franklin D. Roosevelt nachdrücklich aufgefordert worden, auf einen unbeschränkten Luftkrieg und insbesondere auf die

Bombardierung ziviler Ziele zu verzichten. Das britische Bomberkommando warf daher bei seinen bis Anfang Mai 1940 unternommenen Einflügen in das deutsche Reichsgebiet keine Bomben, sondern lediglich Massen von Propaganda-Flugblättern ab.

[8] Abgedruckt in Gerhard Dabel: KLV – Die erweiterte Kinder-Land-Verschickung. KLV-Lager 1940–1945. Freiburg 1981, S. 7. Nach diesem Abdruck wird auch im folgenden zitiert.

[9] Baldur v. Schirach: Ich glaubte an Hitler. Hamburg 1967, S. 269 – Nach Aussage B. v. Schirachs war er es auch, der bei Hitler gleich zu Anfang die Forderung erhob und durchsetzte, daß bei der KLV-Aktion keinerlei Zwang auf die Eltern ausgeübt werden dürfe – ebd., S. 270

[10] So notierte z. B. der Staatssekretär Zschinitzsch im Reichserziehungsministerium über ein Telefongespräch am 27.9.1940 mit Reichsleiter Martin Bormann, daß die Vorbereitung und Durchführung der geplanten Evakuierungsmaßnahme nicht als staatliche Aktion, sondern durch Parteistellen erfolgen sollten – BAB, Akte R 21/203 Bl. 155; s. auch Gerhard Kock: »Der Führer sorgt für unsere Kinder...« Die Kinderlandverschickung im Zweiten Weltkrieg, Paderborn u. a. 1997, S. 77, und den Abdruck der Telefonnotiz ebd., S. 352. Das Telefongespräch wurde am selben Tag geführt, an dem durch ein Rundschreiben von Bormann die Durchführung der Erweiterten KLV angeordnet wurde.

[11] Wie Baldur v. Schirach 1946 vor dem Internationalen Militärgerichtshof erklärte, sollten nach der ihm gegenüber als Beauftragten des Führers für die KLV gemachten Äußerung Hitlers die schulischen und Bildungsinteressen bei dieser Aktion aber nur eine untergeordnete Rolle gegenüber der vorrangigen Notwendigkeit des physischen Schutzes und der psychischen Gesunderhaltung der Kinder und Jugendlichen spielen – Prozeßprotokoll vom 23.5.1946, abgedr. in: Der Prozeß gegen die Hauptkriegsverbrecher vor dem Internationalen Militärgerichtshof Nürnberg 14. November 1945 – 1. Oktober 1946. Bd. XIV. Amtlicher Text in deutscher Sprache. Verhandlungsniederschriften 16. Mai 1946 – 28. Mai 1946. Nürnberg 1948, S. 454

[12] Dabel, S. 6 – Allerdings war es nicht überall und sofort möglich, als KLV-Lager geeignete Räumlichkeiten zu beschaffen. Daher mußten auch über zehn Jahre alte in die KLV verschickte Schulkinder bei Familien untergebracht werden. Diese Regelung wurde durch eine am 4. Juni 1943 von Baldur von Schirach in seiner Eigenschaft als ›Beauftragter des Führers für die KLV‹ erlassenen Verfügung ausdrücklich gebilligt – Exemplar im StadtA Bochum (StadtA BO), Akte BO 40/41 (1-2). Die Beschaffung von Familienpflegestellen für diese Kinder war Sache der NSV. Nachdem ab dem Sommer 1943 im Rahmen der Räumung luftkriegsbedrohter Städte die Verlegung ganzer Schulsysteme erfolgte, war angesichts der gewaltigen Zahlen zu verschickender Kinder eine vollständige lagermäßige Unterbringung endgültig illusorisch geworden So erklärte z. B. der Redner auf einer am 6.7.1943 zur Vorbereitung der Schulverlegung in Hagen abgehaltenen Versammlung der Eltern der höheren Schulen Hagens, daß die Unterbringung »im allgemeinen« in Privathaushalten erfolgen werde, »weil so viele Läger, wie nötig wären, nicht vorhanden sind« – Bericht, Archiv des Diakonischen Werkes der Evangelischen Kirche von Westfalen, Münster (ADW), Akte 45

[13] Zur Problematik der Ermittlung von Gesamtzahlen der Evakuierten im 2. Weltkrieg s. Krause, S. 66f., S. 182f.

[14] Angaben nach Dabel, S. 24
[15] Kock, S. 143
[16] Bundesarchiv Potsdam (BAP), Akte R 2/11914 Bl. 123; s. auch: Kock, S. 137
[17] Angaben lt. dem Bericht ›Sicher geborgen und von der Partei beschützt‹ in der ›Tremonia/Wittener Volkszeitung‹ (im folgenden zit. als TWV) v. 10.4.1943
[18] Diese beinhaltete nach einem Schnellbrief v. 11.8.1943 des Reichsministers des Innern neben der Evakuierung von nicht berufstätigen und sonst nicht kriegswichtig ortsgebundenen Personen, darunter insbesondere von über 70 Jahren alten sowie kranken Personen, Pensionären und Rentnern, alleinstehenden Personen und Familienunterhaltsempfängern eben auch die geschlossene Verlegung von Schulen. Ein derartige Maßnahme konnte, wie aus dem genannten Schnellbrief hervorgeht, auf Antrag des zuständigen Reichsverteidigungskommissars nach eingetretenen sog. Katastrophenfällen oder auch vorsorglich durchgeführt werden. In jedem Fall bedurfte es hierzu aber zuvor der Zustimmung des Vorsitzenden des Luftkriegsschädenausschusses sowie des Generalbevollmächtigten für die Reichsverwaltung, des Leiters der Parteikanzlei und des Oberbefehlshabers der Luftwaffe – Exemplar des Schnellbriefs v. 11.8.1943 des Reichsministers des Innern im Staatsarchiv Münster (STAMS), Akte Gauleitung Westfalen-Nord, Gauamt für Volkswohlfahrt Nr. 648 Bd. 2
[19] S. z. B. das Rundschreiben v. 6.1.1943 des Regierungspräsidenten in Arnsberg – Exemplar im Stadtarchiv Hagen (StadtA HA), Akte 11319; vgl. auch Dabel, S. 24
[20] Lt. Angaben des Schulverwaltungsamts Witten für den (ungedruckten) Verwaltungsbericht 1942/1943 – Stadtarchiv Witten (StadtA WIT), Best. 140 Nr. 2; s. auch den Artikel ›Ein Beispiel ist gegeben‹ in der „Westfälischen Landeszeitung – Rote Erde" (WLRE) (Dortmund) (im folgenden zit. als WLRE) (Dortmund), dem offiziellen Organ der NSDAP im Gau Westfalen-Süd, v. 16.11.1942; (maschinenschr.) Chronik der Klasse 1a bis 6a der Städtischen Mittelschule Witten von Ostern 1939 bis zum Abschluß am 15. Nov. 1944, hg. v. Reinhard Wiederhold, 1947, sowie das (handschr.) Kriegstagebuch I von Reinhard Wiederhold – Kopien: StadtA WIT, Sammlung R. Wiederhold
[21] Die von den Alliierten als ›Battle of the Ruhr‹ bezeichnete (erste) Luftoffensive des Britischen Bomber Command gegen das Ruhrgebiet wurde mit einem schweren Angriff auf Essen in der Nacht des 5./6.3.1943 eröffnet – Norbert Krüger: Die Bombenangriffe auf das Ruhrgebiet im Frühjahr 1943, in: Ulrich Borsdorf/Mathilde Jamin (Hg.): Überleben im Krieg. Kriegserfahrungen in einer Industrieregion 1939–1945. Hamburg 1989, S. 88–100; Charles Webster/Noble Frankland: The Strategic Air Offensive against Germany. Bd. 2. London 1961, S. 108. Zum Luftkrieg gegen Deutschland insgesamt s. Ch. Webster/N. Frankland: The Strategic Air Offensive against Germany. Bd. 1–4. London 1961; Max Hastings: Bomber Command. London 1993 (Erstausgabe: 1979); Olaf Groehler: Bombenkrieg gegen Deutschland. Berlin (Ost) 1990
[22] Zit. nach dem Exemplar im StadtA BO, Akte 40/41 (1-2)
[23] Peter Hüttenberger: Die Gauleiter. Stuttgart 1969, S. 169 – Durch einen Erlaß vom 15.6.1943 des Generalbevollmächtigten für die Reichsverteidigung wurde bestimmt, daß die geschlossene Verlegung von Schulen (mit Ausnahme der Berufsschulen) aus den vom Luftkrieg bedrohten Gebieten vom jeweiligen

Reichsverteidigungskommissar angeordnet werden könne – Angabe nach dem SD-Bericht v. 30.9.1943, abgedr. in: Heinz Boberach (Hg.): Meldungen aus dem Reich. Die geheimen Lageberichte des Sicherheitsdienstes der SS 1938–1945, Bd. 15, Herrsching 1984, S. 5827–5832, hier: S. 5827. Dementsprechend heißt es in dem Schreiben vom 5.8.1943 des Gauleiters und Reichsverteidigungskommissars für den Reichsverteidigungsbezirk Westfalen-Nord an den Regierungspräsidenten in Münster, daß der Gauleiter und Reichsverteidigungskommissar die Schließung und Verlegung sämtlicher allgemeinbildenden Schulen in den luftkriegsbedrohten Städten des Bezirks »*persönlich bestimmt* [hat]« – Abschrift: Stadtarchiv Gelsenkirchen (StadtA GE), Akte O/XXI 15c 1. Die praktische Umsetzung geschah z. B. im Gau Essen, wo der Gauleiter und Reichsverteidigungskommissar Ende Juni 1943 die Schließung und Verlegung aller allgemeinbildenden Schulen für bestimmte Städte angeordnet hatte, auf die Weise, daß der zuständige Regierungspräsident in Düsseldorf durch einen Schnellbrief vom 30.6.1943 die Oberbürgermeister der betroffenen Städte aufforderte, »mit größter Beschleunigung« zur »Förderung der Schulverlegung« eine entsprechende Polizeiverordnung zu erlassen. Ein Muster war dem Schreiben beigefügt. Gleichzeitig wurden die Oberbürgermeister angewiesen, auch »etwaige Rechtsbedenken« dabei zurückzustellen – s. z. B. das an den Oberbürgermeister der Stadt Oberhausen gegangene Exemplar: Stadtarchiv Oberhausen (StadtA O), Akte Abt. 40-131

[24] Runderlaß v. 15.6.1943 – Exemplar im StadtA BO, Akte 40/41 (1-2) – Dementsprechend fand nach einer Rundverfügung vom 23.8.1943 des Regierungspräsidenten in Arnsberg in den von der Räumungsmaßnahme zu diesem Zeitpunkt bereits betroffenen Städten des Bezirks – in Bochum, Wattenscheid, Herne, Castrop-Rauxel, Wanne-Eickel, Dortmund, Lünen, Welper, Hattingen und Hagen – eine Beschulung der Schulkinder »grundsätzlich« nicht mehr statt, Exemplar im StadtA HA, Akte 11319. – Insbesondere für die bei der obligatorischen amtsärztlichen Untersuchung als nicht verschickungs- bzw. nicht lagerfähig befundenen Schulkinder wurden nachweislich zumindest in einigen Städten des Ruhrgebiets damals aber sog. Sammel- oder Restschulen eingerichtet, so z. B. im Gau Essen in der Stadt Oberhausen – s. die Chronik der Biefang-Königschule in Oberhausen-Holt: StadtA O, Akte 40-531, S. 9. Den Sachverhalt der Existenz solcher Restschulen im Ruhrgebiet bestätigt auch ein ›Ohne Beschulung keine Versetzung‹ überschriebener Bericht in der ›National-Zeitung‹ (im folgenden zit. als NZ) v. 22./23.5.1944. Darin folgt auf die Feststellung, daß in Essen, Duisburg, Oberhausen und Mülheim die Schulen bereits seit vergangenem Jahr geschlossen seien, die Aussage, daß aber für die vom Amtsarzt als nicht lager- bzw. nicht verschickungsfähig bezeichneten dortigen Kinder eine »Beschulung« stattfinde.

[25] Exemplar im StadtA BO, Akte 40/41 (1-2)

[26] Rundschreiben vom 5.6.1943 der NSDAP-Reichsleitung: Hauptamt für Volkswohlfahrt – Amt für Wohlfahrtspflege und Jugendhilfe an die Gauwaltungen – Exemplar im StadtA BO, Akte 40/41 (1-2)

[27] So teilte z. B. im September 1943 der Regierungspräsident in Münster dem Schulrat in Bottrop auf dessen Anfragen u. a. mit, daß »*eine Bestrafung der Eltern, die sich weigerten, ihre Kinder zu verschicken, nicht in Erwägung gezogen* [wird]« – StadtA GE, Akte O/XXI 15 c 1

[28] Nach den Aussagen des damaligen Bischofs von Münster, Clemens August Graf v. Galen, erfolgte die Teilnahme an der Kinderlandverschickung und den Schulverlegungen sogar unter »*starkem Druck*« auf die Eltern – Schreiben v. 9.5.1945 des Bischofs an die britische Militärregierung in Münster, abgedr. in: Bischof Clemens August Graf von Galen: Akten, Briefe und Predigten 1933–1946. Bd. II: 1939–1946. Bearb. v. Peter Löffler. Mainz 1988, S. 1126f., hier: S. 1126 (=Veröff. der Komm. für Zeitgesch. Reihe A, Bd. 42; 2., erw. Aufl. Paderborn 1996)

[29] So heißt es z. B. in einem diesbezüglichen Schreiben vom 4.5.1943 des Schulrats für die Schulaufsichtsbezirke Essen II und III an den zuständigen Regierungspräsidenten in Düsseldorf, daß der Widerstand der Eltern gegen die KLV-Maßnahme »erheblich« sei – Stadtarchiv Essen (StadtA E), Akte 40-4035. Im gesamten Gau Westfalen-Nord ließen nach den Feststellungen des zuständigen Gauleiters und Reichsverteidigungskommissars, des westfälischen Oberpräsidenten Dr. Alfred Meyer, von Ende 1943 viele Eltern überhaupt jegliches Verständnis für die KLV-Maßnahme vermissen und standen ihr sogar ausgesprochen ablehnend gegenüber – Rundschreiben v. 10.12.1943 von Dr. A. Meyer an die Regierungspräsidenten in Münster und Minden – Exemplar im Stadtarchiv Gladbeck (StadtA GLAD), Akte C 557

[30] Lt. Mitteilung in dem Bericht ›Kinder, die zu Hause sitzen‹ im ›Bochumer Anzeiger‹ (im folgenden zit. als BA) v. 8.10.1943

[31] Bericht vom März 2000 von Helene Papendorf, Herne, an den Verfasser

[32] Albert Hoffmann (*24.10.1907, † 26.8.1972) wurde am 20.4.1941 stellvertretender Gauleiter des Gaus Oberschlesien. Am 26.1.1943 beauftragte ihn Hitler mit der Wahrnehmung der Geschäfte des Gaues Westfalen-Süd und setzte ihn als dortigen Reichsverteidigungskommissar ein. Im Juni desselben Jahres erfolgte seine Ernennung zum Gauleiter von Westfalen-Süd. Hoffmann bekleidete den Rang eines SS-Gruppenführers und gehörte während seiner Tätigkeit in Westfalen von 1944 bis 1945 dem Westfälischen Provinzialrat an – Angaben nach: Willy Timm: Freikorps ›Sauerland‹ im Deutschen Volkssturm. Südwestfalens letztes Aufgebot. Unna 1993, S. 71, Anm. 9. Bereits am 16.11.1942 waren alle Gauleiter zu Reichsverteidigungskommissaren ernannt worden.

[33] Lt. Angabe in der Anordnung v. 9.10.1943 des Gauleiters und Reichsverteidigungskommissars von Westfalen-Süd – Exemplar im STAMS, Akte Gauleitung Westfalen-Süd Nr. 16

[34] Eine häufige Ursache für die Rückkehr der aus Städten im Westen in die östlichen Reichsgebieten Evakuierten waren die dort vorgefundenen allgemeinen ungewohnten Lebensverhältnisse und vor allem die Unterbringungsmängel. In einem wahrscheinlich von dem Rektor einer nach Pommern (Rügenwalde) verlegten Volksschule der Stadt Hagen an das Schulamt der Stadt Hagen gesandten Schreiben vom 16.9.1943 werden einige der häufigste Unterbringungsmängel bzw. Rückkehrgründe angeführt: 1. die Überbelegung vieler Orte (in Rügenwalde z. B., einem Ort mit damals rd. 8000 Einwohnern, waren s. Zt. 1241 Evakuierte aus Bochum, Hagen, Berlin, Stettin und anderen Städten untergebracht); 2. die großen Schwierigkeiten mit der Verpflegung (viele Quartiergeber lehnten es ab, die Evakuierten auch in Verpflegung zu nehmen; es mußten daher, obwohl es an gemeinsamen Eßräumen fehlte, Gemeinschaftsküchen eingerichtet werden, und die evakuierten Frauen und Kinder waren gezwungen, ihr Essen mit in ihre sowieso schon beengten Privatunterkünfte zu nehmen); 3. die fehlende Heizmöglichkeit vieler Quartiere; 4. die Schwierigkeiten mit dem Wäschewaschen (in ganz Rügenwalde z. B. gab es

damals keine öffentliche Waschanstalt und nur eine einzige, in einem Hotel stehende Waschmaschine. In sämtlichen Privathaushalten der Stadt wurde s. Zt. noch mit der Hand gewaschen, und die meisten Privathaushalte verfügten nicht einmal über eine Waschküche) – Abschrift o. Anschrift und Unterschrift: StadtA HA, Akte 11319

[35] Anordnung des Gauleiters A. Hoffmann v. 9.10.1943 – STAMS, Akte Gauleitung Westfalen-Süd Nr. 16.; vgl. auch Beer, S. 193 und Anm. 21

[36] Exemplar im STAMS, Akte Gauleitung Westfalen-Süd Nr. 16.; vgl. auch Beer, S. 193 und Anm. 21

[37] SD-Bericht v. 18.11.1943, abgedr. in: Boberach, Bd. 15, S. 6025–6033, hier: S. 6029–6031; vgl. auch Beer, S. 195f.

[38] SD-Bericht v. 18.11.1943, abgedr. in: Boberach, Bd. 15, S. 6025–6033, hier: S. 6029–6031; vgl. auch Beer, S. 195f.

[39] Exemplar im StadtA HA, Akte 11319 – Die Vorenthaltung der Lebensmittelkarten drohte auch allen anderen im Zuge der »allgemeinen bzw. vorsorglichen Umquartierung« aus luftkriegsgefährdeten Orten verschickten Personen, die »ohne triftige Gründe« in ihren Heimatort zurückkehrten. Wie es in dieser Rundverfügung des Reichsverteidigungskommissars für den Gau Westfalen-Süd hierzu ausdrücklich heißt, sei diese Maßnahme »nachdrücklich und mit Festigkeit durchzuführen«, wenn die betreffenden Personen nicht sofort wieder freiwillig in ihr Aufnahmegebiet zurückkehren.

[40] Mitteilung v. 18.11.1943 des Oberbürgermeisters von Herne an den Gauleiter und Reichsverteidigungskommissar von Westfalen-Süd – Stadtarchiv Herne (StadtA HER), Akte 3 E 63

[41] Mitteilung v. 2.9.1944 des Oberbürgermeisters von Herne an den Gauleiter und Reichsverteidigungskommissar von Westfalen-Süd – ebd., siehe auch unten

[42] Abgedr. in: Weizackerbrief – Mitteilungsblatt ehemaliger Pyritzer Schüler, Jg. 1995, H. 3, S. 4

[43] Abschrift eines Schreibens (ohne Absender und Unterschrift, das vermutlich aber vom NSDAP-Kreisleiter in Bochum stammt) v. 18.9.1943 an den Kreisamtsleiter in Bochum – STAMS, Akte NSDAP-Kreis- und Ortsgruppenleitung Nr. 126. Wie es am Schluß dieses Schreibens heißt, werde die Ordnung auf diesem Gebiet »unter allen Umständen aufrechterhalten«.

[44] Zur Begründung heißt es z.B. in einem Artikel der WLRE v. 16.8.1940 u. a. »Das deutsche Kind durfte unter dem Krieg in keiner Weise zu leiden haben, gesund und stark sollte es aus ihm hervorgehen und seelisch und körperlich gerüstet sein, das herrliche Erbe anzutreten, das ihm einst übergeben wird.«

[45] Angaben nach dem Bericht ›40000 Kinder verbringen Ferien durch die NSV‹ in der WLRE v. 25.9.1940 – Zu den 1940 kinderlandverschickten 34 086 Kindern kamen noch 4 084 kinderheimentsandte Kinder.

[46] Bericht v. 5.1.1997 von Hans Joachim Kreppke an den Verfasser

[47] Zit. in dem Schreiben v. 22.9.1940 der Mutter von H. J. Kreppke an ihren Bruder – Original: Privatarchiv H.J. Kreppke

[48] Schreiben v. 22.9.1940 – Original: Privatarchiv H.J. Kreppke

[49] Bericht v. 5.1.1997 von Hans Joachim Kreppke an den Verfasser

[50] S. z.B. den vom 22.1.1941 datierenden Brief, den die aus Witten nach Burtenbach in Schwaben verschickte Schülerin Thea Klaes nach Hause schrieb. Danach war sie mit ihrer Gruppe am Nachmittag des Vortags in ihrem KLV-Ort angekommen – Fotokopie des Schreibens im StadtA WIT

[51] Angaben lt. Bericht ›Wir sind gut aufgehoben‹ – Bochumer Jungen erleben die Alpen‹ im BA v. 25.3.1941

[52] S. z.B. Gabriele Lang: Kinderlandverschickung klingt so nett. Die Schülerinnen der Maria-Wächtler-Schule in den Kriegsjahren 1941–1945; in: Wilfried Breyvogel (Hg.): Mädchenbildung in Deutschland. Die Maria-Wächtler-Schule in Essen 1896–1996, Essen 1996, S. 151–173, hier: S. 159

[53] Bericht v. 5.1.1997 von Hans Joachim Kreppke an den Verfasser – Überdies lebte die schon seit einigen Monaten ausgebombte Familie seinerzeit mehr schlecht als recht in einer einfachen Unterkunft.

[54] Bericht v. 15.3.1997 von Brigitte Kaiser, Dortmund, an den Verfasser

[55] Kock, S. 181

[56] Wie intensiv in der Presse seinerzeit überhaupt für die Teilnahme an der KLV-Aktion geworben wurde, bezeugt u. a. die Feststellung, daß allein die ›National-Zeitung‹ in Essen während der vier Jahre insgesamt rd. 2000 Beiträge zum Thema KLV veröffentlichte – Angabe nach Dabel, S. 161

[57] Am 9.3.1943 ging dann ein KLV-Transport aus Bochum nach Oberbayern ab. Am 15.3.1943 fuhr einer nach Ungarn, der gleichzeitig 150 nach Ungarn verschickte Bochumer Kinder zurückbrachte – Angaben lt. BA v. 9. und 13./14.3.1943

[58] Kock, S. 177f., S. 183f.

[59] Friedrich Klüsener: 100 Jahre Staatliches Gymnasium Bochum. Festschrift zum hundertjährigen Bestehen des Staatlichen Gymnasiums in Bochum 1860–1960, o. O. (1960), S. 62 – Hierbei ist aber zu berücksichtigen, daß die älteren Schüler (ab den Geburtsjahrgängen 1926 und 1927) der höheren und mittleren Schulen seit dem 15.2.1943 aufgrund der ›Notdienstverpflichtung von Schülern für den Kriegseinsatz in der Luftwaffe‹ als Luftwaffenhelfer zum Dienst bei der Flak herangezogen wurden und daher zwangsläufig zurückbleiben mußten.

[60] Beide Rundschreiben: StadtA BO, Akte BO 71/3

[61] Nach Angaben vom Februar 1941 gab es damals in Bochum 18 Lichtspieltheater mit 9541 Sitzplätzen – lt. Angabe in dem Bericht ›Wieviel Bochumer besuchen das Kino?‹ im BA v. 26.2.1941

[62] Z.B. in der Deutschen Wochenschau 48/1940, 26/1941, 48/1941, 27/1943, 7/1944 und 16/1944 – Kopien im Bundesarchiv-Filmarchiv Berlin (BAFAB)

[63] Kock, S. 180 – Damals wurden zur KLV-Werbung u. a. eine Diaserie erstellt sowie in den vorgesehenen Entsendegebieten rd. eine halbe Million Plakate angebracht und etwa eine Million Handzettel verteilt.

[64] Eine Kopie des Films befindet sich im BAFAB; vgl. auch Dabel, S. 161; Claus Larass: Der Zug der Kinder. KLV – Die Evakuierung 5 Millionen deutscher Kinder im 2. Weltkrieg, München 1983, S. 32

[65] Exemplar im StadtA HER, Plakatsammlung

[66] Exemplar im StadtA WIT, Kriegschronik

[67] STAMS, Akte NSDAP-Kreis- und Ortsgruppenleitung Nr. 126

[68] Angaben nach dem Tätigkeitsbericht der Stadt Bochum für Mai–Dezember 1945 sowie dem Verwaltungsbericht der Stadt Bochum 1938–1948, beide: StadtA BO, Akte BO 40/4. Der Anteil von bis zu etwa 50% der in die KLV verschickten Schülerschaft und einem bis etwa gleich großen Prozentsatz durch die private Evakuierung in sichere Gebiete Ausgewichenen findet sich auch an

anderen Schulen in den von der Schulverlegung 1943 betroffenen Ruhrgebietsstädten und dürfte eine weitverbreitete Situation darstellen – vgl. Lang, S. 151. In der Nachbarstadt von Bochum, Herne, z.B. meldeten sich im Juli 1943 zur Teilnahme an der Schulverlegung von den im März 1943 gezählten 13172 Schülerinnen und Schülern der dortigen Volks-, Hilfs- und Oberschulen insgesamt 5838, also rd. 44% (dazu kamen noch 1948 Kleinkinder und 3781 Erwachsene bzw. Mütter). Doch sind nach Ausweis der Transportlisten nicht alle Gemeldeten dann auch tatsächlich mitgefahren – Angaben nach: Hermann Meyerhoff (Bearb.): Herne 1933–1945. Die Zeit des Nationalsozialismus. Ein kommunalhistorischer Rückblick. Herne 1963, S. 61. In der ebenfalls Bochum benachbarten Stadt Witten waren im Rahmen der Schulverlegung im Sommer 1943 nach dem Stand vom 8.6.1944 von der Gesamtzahl von 7110 Volksschulkindern 3944 im Aufnahmegau Baden, weitere 1104 bei Verwandten auswärts untergebracht. In Witten hielten sich zu diesem Zeitpunkt 507 lt. Amtsarztzeugnis nicht verschickungsfähige Volksschulkinder auf sowie 537 zurückgestellte Lernanfänger des Jahrgangs 1937, 60 Hilfsschüler und 958 nicht verschickte bzw. vorzeitig aus der KLV zurückgekehrte Kinder. Demnach haben hier aber erheblich mehr als 60% der Volksschülerschaft an der Schulverlegung teilgenommen. Bei der örtlichen Oberschule für Jungen betrug der Anteil der mit der Schule in die KLV Gefahrenen 58%, bei der Oberschule für Mädchen sogar 76%, und bei der Mittelschule waren es 72% – Angaben lt. Wilhelm Reeswinkel: Wittener Kinder in der Kriegsheimat; in: Jahrbuch des Vereins für Orts- und Heimatkunde in der Grafschaft Mark, 56, 1953, S. 115–146, hier: S. 145f.

[69] Meyerhoff, S. 61, sowie z.B. der Bericht ›Am Montag melden‹ und die entsprechende Bekanntmachung in der ›Hagener Zeitung – Westfälisches Tageblatt‹ (im folgenden zit. als HZWT) v. 22.9.1944

[70] ›Kinderlandverschickung‹ in der HZWT v. 22.9.1944. Den Eltern wurde die Meldung ihrer Kinder für diese gauinterne KLV noch weiter dadurch verlockend gemacht, daß sie, wie in dem Pressebericht betont wird, auf diese Weise die Möglichkeit erhielten, ihre Kinder wieder »geregeltem Schulunterricht« zuführen zu können.

[71] Rundschreiben v. 1.12.1944 des persönlichen Referenten des Gauleiters von Westfalen-Süd an alle Kreisleiter des Gaus – Abschrift: StadtA WIT Best. 140 Nr. 10

[72] Günter Hesmert: 100 Jahre Schule, in: 100 Jahre Städtisches Schillergymnasium Witten. Von der Töchterschule zum Gymnasium 1877–1977, o. O., o.J. [Witten 1977], S. 7–46, hier: S. 34f., sowie Schulchronik, zusammengestellt von der Elternschaft der Otto-Schott Realschule; in: Chronik der Otto-Schott-Realschule Witten 1976–1986, o.O., o.J. [Witten 1986], S. 10f., und Aktennotiz des Oberbürgermeisters der Stadt Witten v. 2. und 6.2.1945: StadtA WIT, Best. 140 Nr. 10 – Den Schulleiter der Mädchenoberschule wollten die Parteistellen nach der eigenmächtigen Rückführung der Schule nach Witten zur Verantwortung ziehen. Es geschah aber schließlich doch nichts, vermutlich vor allem deshalb, weil sich die Eltern geschlossen vor den Schulleiter gestellt hatten.

[73] Pläne für die geschlossene Verlegung ganzer Schulen waren von den KLV-Organisatoren bereits seit 1942 ausgearbeitet worden – Kock, S. 213 – Zu einer ersten geschlossenen Schulverlegung im Gau Westfalen-Süd kam es, als am 15.11.1942 die Städtische Mittelschule in Witten, wie bereits oben erwähnt, für rd. ein halbes Jahr nach Garmisch-Partenkirchen evakuiert wurde.

[74] Angaben nach Public Record Office London/Kew, Air 14/3410 S. 211ff. sowie 14/2996 S. 287ff. (hier zit. nach Werner Baumeister: Castrop-Rauxel im Luftkrieg 1939–1945. Castrop-Rauxel 1988, S. 125 und Anm. 63 sowie S. 127 und Anm. 70); StadtA BO, Akte BO 529/19; Martin Middlebrook/Chris Everitt: The Bomber Command War Diaries. An Operational Reference Book, 1939–1945. Harmondsworth 1985, S. 385, S. 397

[75] Nach Angabe eines Lehrers der damaligen Bismarck-Oberschule für Jungen (heute Graf-Engelbert-Schule) wurde allerdings schon nach dem ersten Großangriff auf Bochum am 14.5.1943 dem Vorbild anderer Ruhrgebietsstädte folgend die Räumung der Stadt und im Zusammenhang damit auch die ›Umquartierung‹ aller Schulen beschlossen – Chronik der Graf-Engelbert-Schule (früheren Bismarckschule) Städtischen Oberschule für Jungen in Bochum. Zusammengestellt von Dr. Hans Paschen, StRi.R., o.O. (1950), S. 113 (maschinenschr. Manuskr.). Doch in den erhaltenen örtlichen Verwaltungsunterlagen gibt es keinen Hinweis auf derartige Aktivitäten vor dem zweiten Großangriff auf Bochum am 14.6.1943. Dafür, daß der Räumungsbeschluß tatsächlich erst danach erfolgte, spricht auch das Fehlen von Bochum in der von der NSDAP-Reichsleitung – Amt für Wohlfahrtspflege und Jugendhilfe – im bereits oben erwähnten Rundschreiben vom 5.6.1943 aufgeführten Liste der Städte, in denen die »besondere Maßnahme« der Verlegung ganzer Schulen seinerzeit angeordnet worden war – Exemplar des Rundschreibens im StadtA BO, Akte 40/41 (1-2)

[76] Tatsächlich fuhr am 26.6.1943 der erste Schultransport aus Bochum ab. Alle hierfür gemeldeten Teilnehmer mußten sich nach einer Bekanntmachung des Oberbürgermeisters pünktlich um 12.00 Uhr an der Verladerampe des Hauptbahnhofs einfinden – Öffentliche Bekanntmachung im BA v. 25.6.1943

[77] Faksimilewiedergabe des Eltern-Rundbriefs in Arbeitsgruppe Geschichte der Schule (Hg.): »Was dann kam, darüber reden wir nicht...« Das Staatliche Gymnasium Bochum unterm Nationalsozialismus. Bochum 1987, S. 33

[78] Klüsener, S. 62

[79] Nach Angaben von 1937 zählte die Schule damals 529 Schüler.

[80] Die Einrichtung sog. »offener« KLV-Lager wurde durch die Anordnung v. 15.6.1943 des Reichsleiters und Beauftragten des Führers für die KLV, Baldur von Schirach, betr. die nochmalige Erweiterung der Erweiterten KLV auch offiziell sanktioniert. Die Anordnung bestimmte nämlich in § 10, daß auch die über zehn Jahre alten Schülerinnen und Schüler, »soweit für sie Lager im Unterbringungsbereich nicht bereitgestellt werden können«, vorerst ebenfalls in Familienpflege untergebracht werden dürften – Exemplar im StadtA HA, Akte 11319. Diese Notwendigkeit ergab sich, als im Frühjahr/Sommer 1943 im Rahmen der »vorsorglichen Umquartierung« ganze Schulsysteme verlegt wurden und in den Aufnahmegebieten einfach nicht genügend große Räumlichkeiten für eine Unterbringung dieser Massen von Mädchen und Jungen in »geschlossenen« KLV-Lagern zur Verfügung standen bzw. bereitgestellt werden konnten.

[81] Wolfgang Oeser: 75 Jahre Graf-Engelbert-Schule Bochum. Ein Abriß der Schulgeschichte, in: Festschrift zum fünfundsiebzigjährigen Bestehen der Graf-Engelbert-Schule Bochum 1910 bis 1985, o.O. (1985), S. 23

[82] Luise Kemna: Bericht über die Evakuierung der Freiherr-vom-Stein-Schu-

le vom Juli 1943 bis 2. März 1945 nach Belgard in Pommern, in: 100 Jahre Freiherr-vom-Stein-Schule – Festschrift der Freiherr-vom-Stein-Schule zur Hundertjahrfeier 1865–1965, o. O. (1965), S. 39–41, hier: S. 39
[83] Käthe Besta: Chronik der Hildegardis-Schule Bochum 1860–1960, o. O. (1960), S. 20f. (handschr. Manuskr.)
[84] Auch andernorts wird in den einschlägigen Akten immer wieder die Sorge der Eltern um den Schulunterricht vermerkt. So heißt es z. B. in einem Schreiben v. 8.9.1943 des Schulrats für Essen V und VI an den Oberbürgermeister u. a., daß die Eltern vom großen Rückstand der schulischen Leistungen ihrer Kinder wüßten und *»über das Fortkommen ihrer Kinder sehr beunruhigt* [sind]*«* – StadtA E, Akte 45-4035 (Konzept)
[85] Ganz ähnliche Verhältnisse herrschten auch in anderen Ruhrgebietsstädten. So war nach den Feststellungen des Schulverwaltungsamts der Stadt Essen infolge der weitgehenden Zerstörung und anderweitigen Belegung bzw. Fremdnutzung der Schulgebäude bereits Anfang Mai 1943 eine Beschulungsmöglichkeit in Essen »praktisch nicht mehr vorhanden«. Von den insgesamt 179 Volksschulgebäuden in der Stadt z. B. standen seinerzeit lediglich noch 21 zu Schulzwecken zur Verfügung. Bei diesen handelte es sich jedoch fast ausschließlich um Schulen in den Randgebieten, die höchsten zwei bis vier Klassenräume besaßen – Bericht des Schulrats für Essen II und III v. 18.5.1943: StadtA E, Akte 45-4035
[86] Chronik der Graf-Engelbert-Schule, S. 113 – In dem Bericht vom 23.10.1943 der mit vier Oberhausener Grundschulklassen, wozu noch einige Schulkinder aus Duisburg und Essen gekommen waren, im Spätsommer 1943 nach Herbsthausen bei Bad Mergentheim verschickten Lehrerin Lina Schnitker über ihre bisherige unterrichtliche und erzieherische Tätigkeit heißt es beispielsweise hierzu: *»Daß die Kinder des Ruhrgebiets durch den Unterrichtsausfall von April bis Mitte Oktober* [1943] *in schulischer Hinsicht schwer gelitten haben, ist wohl wahr. Ich mußte in jedem Jahrgang stofflich weit zurückgreifen, weil auch vieles vom früher Gelernten vergessen wurde.«* – StadtA O, Akte 40-147
[87] Bekanntmachung v. 18.6.1943 des Oberbürgermeisters der Stadt Bochum – BA v. 19./20.6.1943
[88] Bekanntmachung v. 19.6.1943 des Oberbürgermeisters der Stadt Bochum – BA v. 21.6.1943
[89] Lt. Angabe in der Bekanntmachung v. 19.6.1943 des Oberbürgermeisters der Stadt Bochum – BA v. 21.6.1943
[90] S. z. B. die entsprechenden Angaben in dem Bericht ›Großzügige Schulverlegung‹ in der WLRE v. 21.6.1943
[91] Bekanntmachung v. 22.6.1943 des Oberbürgermeisters der Stadt Dortmund – BA v. 23.6.1943
[92] Lt. Bekanntmachungen im BA v. 24., 25. und 29.6.1943 sowie 2.7.1943
[93] Bekanntmachung v. 24.6.1943 des Oberbürgermeisters der Stadt Bochum – BA v. 25.6.1943
[94] S. die entsprechenden Meldungen des Amts für Volkswohlfahrt im Kreis Bochum an die NSDAP-Kreisleitung in Bochum, so z. B. v. 1., 13. und 20.7. sowie 30.8.1943 – sämtlich im STAMS, Akte NSDAP-Kreis- und Ortsgruppenleitung Nr. 126. Nach Angaben vom 30.8.1943 waren bis dahin insgesamt 87 497 Personen aus Bochum evakuiert worden.
[95] Lt. Bekanntmachungen im BA v. 28., 29. und 30.6.1943 sowie v. 2.7.1943 – Vor der Abreise wurden an den Schulen, wie von der damaligen Bismarck-Oberschule für Jungen berichtet wird, die mit dem Transport am 7.7.1943 Bochum verließ, noch schnell die Versetzungskonferenzen abgehalten und die Zeugnisse an die Schüler ausgegeben (Chronik der Graf-Engelbert-Schule, S. 113).
[96] ›Die letzten Schultransporte‹ in der WLRE v. 10./11.7.1943 und ›Nordwärts fuhren fünfundvierzig Züge‹ in der WLRE v. 20.7.1943
[97] ›Die ersten Transporte rollen‹ in der WLRE (Ausg. HE) v. 14./15.8.1943
[98] Eine ruhrgebietsspezifische Ursache hierfür war, wie z. B. aus Oberhausen berichtet wird, daß die im Stollenbau ja erfahrenen Bergleute als bombensicher angesehene Luftschutzstollen gruben, in denen *»sich die Eltern geborgen* [fühlten] *und* [...] *nicht daran* [dachten], *die Kinder aus der Hand zu geben«* – Chronik der Feldmann-(Volks-)Schule in Alt-Oberhausen: StadtA O, Akte 40-298, S. 198f. Hier hatten die Bergleute des Bezirks den Luftschutzstollen in einen Schlackenberg getrieben.
[99] Veröffentlicht auch in der ›Westfälischen Landeszeitung – Rote Erde‹ v. 21.7.1943
[100] Dies galt jedoch nicht, wie es in dem Beitrag auch korrekt heißt, für diejenigen schulpflichtigen Kinder, die im Rahmen der Verwandten- oder Bekanntenverschickung in nicht luftkriegsgefährdete Orte gebracht worden waren.
[101] Dieser Zeitungsartikel gibt im wesentlichen den Inhalt einer gleichzeitig in der überörtlichen Presse verbreiteten amtlichen Bekanntmachung des Regierungspräsidenten in Arnsberg wieder. Sie wurde z. B. in der NZ am 14.10.1943 unter der Überschrift ›Die Schulpflicht – Ein Wort an die Eltern‹ veröffentlicht.
[102] In dem geheimen Lagebericht v. 18.11.1943 des Sicherheitsdienstes der SS wird in diesem Zusammenhang generell festgestellt, daß derartige Drohungen ihre Wirkung verfehlten. Eltern würden dazu erklären, daß es ihnen *»ganz gleich sei«*, ob ihre Kinder auch nach Vollendung des 14. Lebensjahres noch die Schule besuchen müßten. Sie wollten ihre Kinder *»auf jeden Fall«* bei sich bzw. am Ort behalten und ließen sich von diesem Entschluß *»niemals abhalten«* – abgedr. in: Boberach, Bd. 15, S. 6025–6033, hier: S. 6031
[103] Solche (Glücks-)Fälle gab es natürlich. So war ein KLV-Lager mit Jungen der Griesenbruch-Volksschule in Bochum 1943/1944 in dem prächtigen Schloß Tiefhartmannsdorf (Krs. Goldberg, Reg.-Bez. Liegnitz/Niederschlesien) des Grafen Vizthum v. Eckstädt untergebracht – Bericht v. 3.10.1999 von Klaus Krosch, Bochum, der Teilnehmer des KLV-Jungenlagers Schloß Tiefhartmannsdorf war, an den Verfasser. Auch die nach Schlesien verschickten Schüler der Heinrich-von-Kleist-Schule in Bochum-Gehrte wurden in zwei Schlösser einquartiert (s. u.). Da diese aber fünf Kilometer auseinander lagen, kam es infolgedessen jedoch zu erheblichen Schwierigkeiten bei der Unterrichtserteilung durch die mitverschickten Lehrer der Schule, die in den Wintermonaten noch verstärkt wurden – Schreiben v. 20.10.1943 des StR Richter aus dem KLV-Lager in Schloß Niederkauffung (Schlesien) – StadtA BO, Akte BO 40/55 (1-4). Auch die Einrichtung eines KLV-Lagers in Schloß Schlüsselberg im Böhmervorland, wo im Sommer 1941 für einige Wochen ca. 250 Schüler aus Essen untergebracht, hatte durchaus seine Tücken, wie sich ein Teilnehmer erinnert: *»Eine schlimme Sache war der Zustand der sanitären Anlagen, die den Bedürfnissen von 250 Jungen nicht gewachsen wa-*

ren. Kurz vor unserer Ankunft wurde in einem Seitenhof des Schlosses eine Latrine gebaut. Als wir das erste Mal ›mußten‹, standen wir grinsend davor[...] Die Länge der Sitzreihe betrug etwa 7 Meter, durchlaufend. Theoretisch hätten 10 Jungen sie gleichzeitig benutzen können. Es gab ein Problem: Eine Wasserspülung gab es nicht. Also war der Einfall geradezu genial, die Rinne im Gefälle zu bauen. Es war ein Sturzgefälle. Rechts oben saß man etwa in Augenhöhe 1,60 Meter hoch und links unten mit angewinkelten Beinen. Saßen dann viele – wie Hühner auf der Stange – dort auf der Schräge, so wurde ein Eimer Wasser oben in die Rinne entleert. Dafür war die Ordonnanz zuständig. Die Schweinerei wurde schließlich mit 20 Zentimeter hoher Sägemehlschüttung, mit Trittsteinen dazwischen auf dem flachen Vorplatz vor der Schräge, gemildert. Mich hat das gemeinsame Benutzenmüssen mehr gestört als der Gestank.« – KLV – Kinderlandverschickung 1941 in Böhmen und Mähren. Sechs Monate mit der Humboldt-Oberschule im Protektorat. Erinnerungen von Erich Maylahn. Maschinenschr. Manuskr., Essen 1996 (Exemplar im StadtA E, Sign. 12/97)

[104] SD-Bericht v. 10.2.1944 ›Neue Erfahrungen bei der Evakuierung der Kinder aus den Luftkriegsgebieten und der Verlegung der Schulen‹ – abgedr. in: Boberach, Bd. 16, S. 6315–6318, hier: S. 6315

[105] Zit. nach der Veröffentlichung in der WLRE, Lokalausgabe Bochum, v. 15./16.1.1944

[106] Zit nach dem Artikel mit der Überschrift ›Ein Wort an die Eltern! Für Schulkinder kein Platz in Bochum!‹ in der WLRE v. 15./16.1.1944

[107] Tätigkeitsbericht der Stadt Bochum für Mai–Dezember 1945 sowie Verwaltungsbericht der Stadt Bochum 1938–1948, beide: StadtA BO, Akte BO 40/4; s. auch unten

[108] Bekanntmachung v. 23.8.1943 des Oberbürgermeisters der Stadt Wattenscheid in der WLRE v. 25.8.1943

[109] Tatsächlich trifft es zu, daß auch die Bochumer Kinder in ihrer neuen ›Kriegsheimat‹ und besonders auch von ihren Pflegefamilien in den großen Mehrheit der Fälle gut aufgenommen wurden. Das bezeugen übereinstimmend die erhaltenen Berichte über die KLV-Zeit. So heißt es beispielsweise von den Schülern der nach Friedberg in der preußischen Provinz Brandenburg verschickten Graf-Engelbert-Schule (damalige Bismarck-Oberschule für Jungen), daß die Kinder hier »überwiegend eine sehr freundliche Aufnahme« erfuhren – Oeser, S. 23. Auch von der Hildegardis-Oberschule für Mädchen wird berichtet, daß sie von den Familien in ihrem Einquartierungsort Köslin in Pommern »im allgemeinen [...] freundlich aufgenommen« wurden - K. Besta, a. a. O., S. 20. – Dagegen berichtete z.B. die im Sommer 1943 mit vier Oberhausener Grundschulklassen nach Herbsthausen bei Bad Mergentheim kinderlandverschickte Lehrerin Lina Schnitker, daß sie an ihrem Verlegungsort »ungern gesehene Gäste« seien und auch die »Abneigung der Dörfler« vor Augen geführt bekämen – Bericht v. 23.10.1943: StadtA O, Akte 40-147

[110] Am 6.6.1943 waren die Klassen 1–4 dieser Schule in zwei geschlossene KLV-Lager nach Schlesien gefahren, wobei die Unterbringung der Klassen 1 und 2 in Schloß Lest bei Oberkauffung und der Klassen 3 und 4 in Schloß Niederguth in Niederkauffung erfolgte. Im Juli 1943 fuhr Studienrat Karl Busse mit einer Klasse 1 nach Greifenberg in Pommern in die KLV.

[111] Trebnitz war damals Kreisstadt im preußischen Regierungsbezirk Breslau, Provinz Niederschlesien. Der Ort wurde seinerzeit auch als Sommerfrische und Kurort mit Moorbädern besucht.

[112] ›500 Jungen und Mädel fuhren zum Schwarzwald‹, in: ›Herner Zeitung/Stadtanzeiger für Castrop-Rauxel und Umgebung‹ (im folgenden zit. als HZSfCRuU) v. 24.4.1941

[113] ›Ich will zur schönen Sommerzeit ins Land der Franken fahren...‹, in: HZSfCRuU v. 4.7.1941

[114] Kriegschronik von Castrop-Rauxel 1939–1945, o.O., o.J., S. 161 – Stadtarchiv Castrop-Rauxel (StadtA CR) o. Sign.; ›Ferien-Erntehilfe und Kinderlandverschickung‹, in: HZSfCRuU v. 4.7.1942

[115] ›Die einen kamen, die anderen gingen...‹, in: HZSfCRuU v. 17.3.1943

[116] ›Zur Slowakei geht die Reise‹, in: WLRE v. 9.6.1943

[117] Kriegschronik von Castrop-Rauxel 1939–1945, o.O., o.J., S. 175–177 – StadtA CR o. Sign.

[118] Amtliche Bekanntmachung, in: HZSfCRuU v. 3.10.1944

[119] [Walter] Küper: Die Oberschule für Jungen fern der Heimat in den Jahren 1943–45; in: Festschrift anläßlich der Wiedereröffnung des Neusprachlichen Gymnasiums Castrop-Rauxel, am 1. Oktober 1949, o.O., o.J. [1949], S. 7–14 – Oberstudienrat Dr. W. Küper war damals stellvertretender Leiter der Schule. Er hat auch die Evakuierung der Schule nach Schneidemühl mitgemacht und dort 1944 die Leitung der Schule übernommen.

[120] Angaben nach: Unsere Schule in der Fremde 1943–1945; in: Festschrift zur 75-Jahrfeier des Städtischen Mädchengymnasiums Castrop-Rauxel 1885–1960, o.O., o.J. [1960], S. 39–41

[121] 75 Jahre Gymnasium der Stadt Herne 1902–1977. Denkschrift zur Jubiläumsfeier, o.O., o.J. [1977], S. 27

[122] ›...ins Land der Franken fahren‹ und ›Im schönen Badener Land‹ in der ›Herner Zeitung‹ (im folgenden zit. als HZ) v. 1. und 10.8.1942

[123] Meyerhoff, S. 126

[124] Abschrift: Stadtarchiv Hattingen (StadtA HAT), Akte C 4a Nr. 30 – Durch diesen Befehl wurde die Räumung der Stadtkreise Hagen, Herne, Castrop-Rauxel, Wanne-Eickel, Wattenscheid und Witten sowie der Städte Hattingen und Lünen angeordnet.

[125] ›Unsere Schulkinder kommen nach Pommern‹ in der HZ v. 6.7.1943; s. auch: Meyerhoff, S. 126, S. 129

[126] ›Die Abfahrtszeiten der Sonderzüge‹ in der HZ v. 30.7.1943 und 2.8.1943

[127] Meyerhoff, S. 61

[128] Ebd.

[129] Mitteilung v. 2.9.1944 des Oberbürgermeisters von Herne an den Gauleiter und Reichsverteidigungskommissar von Westfalen-Süd – StadtA HER, Akte 3 E 63, siehe auch oben

[130] Meyerhoff, S. 61

[131] Angaben nach: Josef Heimann: Die Herner Oberschule in Treptow; in: Eduard Frey/Josef Stapenhorst (Hg.): Fünfzig Jahre Gymnasium Herne – 80 Jahre städtische höhere Schule. Denkschrift zur 50-Jahr-Feier. o.O., o.J. [1952], S. 56–60

[132] Angaben nach: Die Schule in Pommern; in: Mädchengymnasium Herne 1893–1953. Festschrift zum 60jährigen Bestehen. Hg. v. Lehrerkollegium, bearb. v. Leo Reiners, o.O., o.J. [1953], S. 43–50

[133] Der Rückkehrerzug traf am 4.8.1946 in Bochum ein, wo die Heimkeh-

rer bei der Ankunft von Vertretern der Städte Herne, Wanne-Eickel und Castrop-Rauxel sowie von Captain Preece vom Britischen Roten Kreuz offiziell begrüßt wurden – ›Rückkehr der Kinder aus der Tschecho-Slowakei‹ in der ›Westfälischen Rundschau‹ (Dortmund) v. 10.8.1946
[134] Meyerhoff, S. 126
[135] Bericht v. März 2000 von Erika Kasparbauer, geb. Czimmeck, Herne, an den Verfasser
[136] Angabe lt. dem von Walter Sternat geführten Lagertagebuch im Besitz von Walter Sternat, Herne – Kopie im StadtA HER
[137] Angabe lt. dem von Elsbeth Hamann, geb. Caspers, geführten Lagertagebuch im Besitz von Elsbeth Hamann, Herne – Kopie im StadtA HER
[138] Angabe lt. Bericht vom März 2000 von Ursula Liebeknecht, Herne, an den Verfasser
[139] ›Die erste Transporte rollen‹ in der WLRE v. 14./15.8.1943
[140] Angaben lt. einer Aufstellung des Schulverwaltungsamts Wanne-Eickel ›Umquartierung der Wanne-Eickeler Schulen nach Pommern und Sudetengau vom 13.8.1943 bis 25.8.1943‹ – StadtA HER: Stadt Wanne-Eickel, Schulverwaltungsamt, o. Sign.
[141] Angaben lt. einer Liste vom 16.11.1943 des Schulverwaltungsamts Wanne-Eickel mit Anschriften der (Haupt-)Lagerleiter der in Pommern evakuierten Wanne-Eickeler Volksschulen – StadtA HER, Stadt Wanne-Eickel, Schulverwaltungsamt, o. Sign.
[142] Angaben lt. einer Aufstellung des Schulverwaltungsamts Wanne-Eickel ›Umquartierung der Wanne-Eickeler Schulen nach Pommern und Sudetengau vom 13.8.1943 bis 25.8.1943‹ – StadtA HER: Stadt Wanne-Eickel, Schulverwaltungsamt, o. Sign.
[143] ›Auch Oberschulen quartieren um‹ in der WLRE v. 19.8.1943
[144] Angaben lt. einer Aufstellung des Schulverwaltungsamts Wanne-Eickel ›Umquartierung der Wanne-Eickeler Schulen nach Pommern und Sudetengau vom 13.8.1943 bis 25.8.1943‹ – StadtA HER: Stadt Wanne-Eickel, Schulverwaltungsamt, o. Sign.
[145] Angaben lt. ebd. – StadtA HER: Stadt Wanne-Eickel, Schulverwaltungsamt, o. Sign.
[146] Nach der vorhandenen zeitnächsten Aufstellung vom 15.11.1941 des Schulverwaltungsamts Wanne-Eickel waren damals im Stadtkreis Wanne-Eickel insgesamt 10 673 Volksschulkinder vorhanden – StadtA HER: Stadt Wanne-Eickel, Schulverwaltungsamt, o. Sign.
[147] Bericht v. 12.3.2000 von Friedhelm Degenhardt, Herne, an den Verfasser
[148] Die Schulakten sind auf dem Rücktransport der Schule Ende 1945 verlorengegangen. Daher können auch keine genaueren Zahlenangaben gemacht werden.
[149] Angaben lt. einer Aufstellung des Schulverwaltungsamts Wanne-Eickel ›Umquartierung der Wanne-Eickeler Schulen nach Pommern und Sudetengau vom 13.8.1943 bis 25.8.1943‹ – StadtA HER: Stadt Wanne-Eickel, Schulverwaltungsamt, o. Sign.
[150] Angaben nach: Emil Frerk: Unsere Schule im Exil; in: Frank Braßel / Michael Clarke / Cornelia Objartel-Ballet (Hg.): »Nichts ist so schön wie...« Geschichte und Geschichten aus Wanne-Eickel. Essen 1991, S. 241–243 (Wiederabdruck aus: Festschrift zum 50jährigen Bestehen des Städtischen Neusprachlichen Gymnasiums Wanne-Eickel, o. O., o. J. [1954], S. 20–22) – Emil Frerk hat als Lehrer der Oberschule für Jungen in Wanne-Eickel an der Evakuierung der Schule nach Trautenau sowie an der Übersiedlung nach Coburg und Steinbach teilgenommen.
[151] Lina Schulte: Was Wanne-Eickeler Kinder im Frühjahr 1945 in Waldsassen (Oberpfalz) erlebten; in: Festschrift zum 50jährigen Bestehen des Städtischen Neusprachlichen Mädchengymnasiums und der Naturwissenschaftlichen-Hauswirtschaftlichen Frauenoberschule Wanne-Eickel 1907–1957, o. O., o. J. [1957], S. 24–35 – Lina Schulte hat als Lehrerin der Schule an der Schulevakuierung 1943 teilgenommen und gehörte zu den mit den Schülerinnen in Waldsassen untergebrachten Lehrpersonen.
[152] Auf einem maschinenschriftlichen Hinweisblatt des Amtes für Volkswohlfahrt – Kreis Witten v. 14.1.1941 sind zwei Abfahrtstermine für jeweils einen KLV-Transport in den damaligen Gau Schwaben vorgesehen, nämlich am 20.1. bzw. 22.1.1941 – Exemplar, privat. Da Th. Klaes jedoch in ihrem am 22.1.1941 nach Hause geschriebenen Brief mitteilt, daß sie am Nachmittag des Vortages in ihrem Zielort Burtenbach eingetroffen sei, kommt für ihre Abfahrt (wenn der erste Abreisetermin nicht auf den 21.1.1941 verschoben worden ist) nur der 20.1.1941 in Frage – Fotokopie des Briefs im StadtA WIT. Mit dem Transport am 22.1.1941 fuhr der Wittener Schüler Heinrich Carow nach Süddeutschland – Bericht v. 7.7.1997 von Heinrich Carow, Traunreut, an den Verfasser
[153] Bericht v. 14.8.1997 von Thea Klaes, Witten, an den Verfasser. Th. Klaes kam mit ihrer Gruppe nach Burtenbach westlich von Augsburg. Allerdings war keine ihrer Mitschülerinnen bzw. Freundinnen mitgefahren, obwohl mehrere von ihnen – vergeblich – bei ihren Eltern um Erlaubnis angehalten hatten.
[154] Bericht v. 7.7.1997 von Heinrich Carow, Traunreut, an den Verfasser – Seine aus etwa zehn Jungen bestehende Gruppe kam nach Lauben bei Kempten im Allgäu.
[155] ›Wittener Kindern geht es gut‹, ›Wittener Tageblatt‹ (im folgenden zit. als WT) v. 6.3.1941
[156] Ein erste Bombenabwurf auf Wittener Gebiet erfolgte in der Nacht vom 15. auf den 16.5.1940 im Ortsteil Bommern. Ihren ersten größeren Luftangriff erlebte die Stadt am 15./16.4.1942. Der erste Großangriff am 12.12.1944, der die Innenstadt traf, forderte 334 Tote und 345 Verletzte. Der zweite schwere Luftangriff am 19.3.1945 verwandelte das Stadtzentrum in einer Trümmerlandschaft. Es gab rd. 1000 zerstörte Wohnhäuser sowie 116 Tote und 557 Verletzte – Angaben nach Paul Ruge: Luftkrieg über Witten; in: Jahrbuch des Vereins für Orts- und Heimatkunde in der Grafschaft Mark 55, 1952, S. 148–145 sowie Joachim Blennemann: Die Zeit des 2. Weltkrieges in Witten; in: Jahrbuch des Vereins für Orts- und Heimatkunde in der Grafschaft Mark 75, 1977, S. 46–48
[157] Reeswinkel, S. 115f. – das Zitat ebd., S. 116
[158] Zit. nach Reeswinkel, S. 116
[159] Bericht v. 14.9.1997 von Ingeborg Hebell, Witten, an den Verfasser
[160] Reeswinkel, S. 118
[161] Aus Bochum z.B. fuhr ein erster KLV-Sammeltransport am 8.3.1941 ab, der etwa 60 Bochumer Jungen in den Schwarzwald, an den Bodensee und nach Oberbayern brachte – lt. Bericht im BA v. 25.3.1941
[162] Im Sommer 1941 war vom Reichsministerium für Volksaufklärung und Propaganda eine große und auf Dauer angelegte KLV-Werbekampagne gestartet

worden. Im Zusammenhang damit wurden rd. eine halbe Million Plakate in den Entsendegebieten angebracht und etwa eine Million Handzettel verteilt. Auch der KLV-Werbefilm ›Außer Gefahr‹, der am 1.11.1941 in Berlin uraufgeführt wurde und danach in den Kinos vor dem Hauptfilm lief, gehörte dazu – Kock, S. 180.

[163] Reeswinkel, S. 119

[164] Zahlenangaben nach Reeswinkel, S. 121 – Dieser Aufsatz des als damaliger Schulleiter in Witten direkt an den KLV-Vorgängen beteiligten Augenzeugen ist für die Geschichte der KLV in der Ruhrstadt im 2. Weltkrieg vielfach die einzige verfügbare Quelle. W. Reeswinkel haben bei der Abfassung seines Aufsatzes unzweifelhaft (amtliche) lokale Unterlagen vorgelegen, die heute nicht mehr auffindbar sind und als verloren angesehen werden müssen. Soweit seine Angaben in Einzelfällen vom Verfasser anhand anderer, amtlicher Quellen überprüft werden konnten, haben sie sich als zuverlässig erwiesen.

[165] Reeswinkel, S. 119. Darüber hinaus wurden auch in die von Deutschland während des 2. Weltkriegs besetzten Länder Verschickungen durchgeführt. So befanden sich z.B. seinerzeit in den Niederlanden ein großes KLV-Mädchenlager im Kloster Lilbosch in Echt, ein KLV-Großlager für Jungen in Sterksel bei Heeze sowie kleinere Lager in Nijmegen und in Valkenburg – Rob van Well ›Het duistere verleden van Lilbosch‹ in ›Dagblad de Limburger‹ v. 11.3.2000

[166] Reeswinkel, S. 118

[167] Es fehlen, abgesehen von einem winzigen und inhaltlich unbedeutenden Splitterbestand, vor allem die Schulverwaltungsakten der Stadt Witten aus dieser Zeit.

[168] Bericht v. 17.8.1997 von Thea Klaes, Witten, an den Verfasser

[169] Lt. Bericht ›Es wird ein frohes Gemeinschaftsleben – Wittener Kinder fahren ins KLV-Lager‹ in der WLRE v. 23.5.1942

[170] Angaben lt. den Berichten ›Es wird ein frohes Gemeinschaftsleben‹ und ›Nun geht es in die Slowakei‹ in der WLRE v. 23. bzw. 30.5.1942 und ›Wir fuhren in die Slowakei‹ im WT v. 30.5.1942 sowie den Berichten v. 7.7.1997 von Heinrich Carow, Traunreut, und v. 10.8.1997 von Willy Ludwig, Witten, an den Verfasser

[171] Lt. Bericht ›Fahrt in die lockende Weite‹ in der WLRE v. 3.7.1942 sowie ›Neues von der KLV‹ im WT v. 24.6.1942

[172] Bericht v. 2.9.1997 von Egon Briele, Witten, an den Verfasser

[173] Lt. den Berichten ›Ab ging die Fahrt mit frohem Mut‹ sowie ›Alle sind um die Kinder besorgt‹ in der WLRE v. 25./26. bzw. 30.7.1942

[174] ›Wer will am 1. Dezember mitfahren in die Slowakei?‹ im WT v. 24.11.1942

[175] ›Ki-Zug in die Slowakei am 4.12.1942‹ im WT v. 3.12.1942

[176] ›Rückkehr von KLV-Kindern aus der Slowakei‹ in der WLRE v. 21./22.11.1942

[177] Lt. Angaben des Städtischen Schulamts Witten für den (ungedruckten) Verwaltungsbericht 1942/1943 – StadtA WIT, Best. 140 Nr. 2; s. auch den Bericht ›Ein Beispiel ist gegeben‹ in der WLRE v. 16.11.1942 sowie die (maschinenschr.) Chronik der Klasse 1a bis 6a der Städtischen Mittelschule in Witten von Ostern 1939 bis zum Abschluß am 15. Nov. 1944, hg. v. Reinhard Wiederhold, 1947, und das (handschr.) Kriegstagebuch I von Reinhard Wiederhold – Kopien: StadtA WIT, Sammlung R. Wiederhold. – Die Mittelschule Witten war die erste im Rahmen der KLV komplett verschickte Schule im gesamten Gau Westfalen-Süd. Allerdings sah bereits der KLV-Rundschreiben vom 27.9.1940 vor, daß möglichst ganze Schulen oder Klassen verschickt werden sollten.

[178] ›200 Kinder fuhren ab‹ in der WLRE v. 26.2.1943

[179] Bericht v. 10.8.1997 von Willy Ludwig, Witten, an den Verfasser; s. auch die Meldung ›Abfahrt 9. März‹ in der WLRE v. 8.3.1943

[180] Bericht v. 7.7.1997 von Heinrich Carow, Traunreut, an den Verfasser

[181] Bericht v. 14.9.1997 von Ingeborg Hebell, Witten, an den Verfasser

[182] Lt. Ankündigung in der WLRE v. 8.3.1943 – Überhaupt muß im Frühjahr 1943 auf dem Wittener Hauptbahnhof ein reger Evakuierungs-Abreisebetrieb geherrscht haben. Außer den Schulkinder-KLV-Transporten verließ nämlich auch noch eine ganze Reihe anderer Gruppen von Wittenern damals ihre Heimatstadt. So fuhr u. a. am 28.2.1943 ein von der NSV organisierter Transport von 25 Müttern mit insgesamt 45 Kindern in die Evakuierung nach Niederschlesien, wo die Wittenerinnen mit ihren Kindern im Kreis Strehen untergebracht wurden – lt. Bericht ›Mütter fuhren nach Schlesien‹ in der WLRE v. 2.3.1943

[183] Sie erfolgten an drei Terminen: am 6., 7. und 8.7.1942, und zwar jeweils nachmittags für eine Gruppe von Schulen in den einzelnen Schulgebäuden – Bekanntmachung v. 6.7.1943 im WT

[184] Bekanntmachung v. 12. und v. 13.7.1943 im WT

[185] Rundschreiben v. 5.6.1943 der NSDAP-Reichsleitung, Hauptamt für Volkswohlfahrt, Amt für Wohlfahrtspflege und Jugendhilfe, an die Gauwaltungen – Exemplar im StadtA BO, Akte 40/41 (1-2). Tatsächlich haben auch in Witten viele Eltern oder vielmehr Mütter von der Möglichkeit Gebrauch gemacht, sich zusammen mit ihren Kindern verschicken zu lassen. Offensichtlich konnten sie sich unter dieser Voraussetzung eher entschließen, der KLV-Maßnahme für ihre Kinder zuzustimmen.

[186] Angaben nach Reeswinkel, S. 143

[187] Angaben nach den diesbezüglichen Bekanntmachungen in den Wittener Tageszeitungen, z. B. im WT v. 14., 15., 16., 17./18., 19., 20. und 21.7.1943 sowie Reeswinkel, S. 143 (Anhang)

[188] Nicht ohne Schwierigkeiten verlief dagegen die Unterbringung an den Aufnahmeorten. Aufgrund der kurzen Vorbereitungszeit, die den örtlichen Stellen zur Verfügung gestanden hatte, waren bei der Ankunft der Evakuierten noch nicht alle Quartierfragen geregelt und die aufgetretenen Probleme gelöst, zumal die Aufnahmefreudigkeit der Bevölkerung auch hier, wie u. a. die damals verbreiteten verächtlichen Bezeichnungen der Evakuierten als »Bombenweiber« bzw. »Splitterkinder« bezeugen, »nicht als besonders groß« gelten konnte. Die Bürgermeister und NSDAP-Ortsgruppenleiter nahmen dann zwar die Verteilung der Ankömmlinge auf die Privatunterkünfte bzw. Pflegefamilien vor. Doch in mehreren Fällen standen Mütter und Kinder anschließend vor verschlossenen Türen. Verschiedentlich mußte der behördliche Druck des Bürgermeisters mithelfen, um einem Kind oder einer Mutter eine Bleibe zu verschaffen. Einige Quartiergeber weigerten sich auch kategorisch, die Verpflegung der ihnen zugewiesenen Personen mit zu übernehmen. Überdies mußten aus den verschiedensten Gründen an den folgenden Tagen noch wiederholt Verlegungen vorgenommen werden. Eine Reihe von Müttern, die mit den vorgefundenen Verhältnissen nicht zurechtkamen, kehrte aber schon nach kurzer Zeit wieder nach Witten zurück – Maschinenschr. Bericht aus der Schulchro-

nik der Erlen-Schule, Fotokopie im StadtA WIT (unverzeichnet); Reeswinkel, S. 127f.

[189] Angaben nach Reeswinkel, S. 143 (Anhang) sowie einer Mitteilung v. 26.2.1946 des Schulverwaltungsamts Witten – StadtA WIT, Best. 1 11b Nr. 49. Durch verschiedene Nachtransporte erhöhte sich die Gesamtzahl der damals verschickten Wittener Schulkinder auf 5 181, diejenige der Kleinkinder auf 1 255. Insgesamt haben im Rahmen der damaligen KLV-Maßnahme knapp 8 000 Personen (7 959) die Stadt Witten verlassen, die am Stichtag 17.5.1939 eine Wohnbevölkerung von etwas mehr als 73 000 (73 613) besaß.

[190] S. z.B. die Berichte ›Die Umquartierung der Wittener Kinder ist vollzogen‹ und ›Vierzehn Züge rollten gen Süden‹ im WT v. 30.7.1943

[191] Reeswinkel, S. 126

[192] Verwaltungsbericht der Stadt Witten für das Rechnungsjahr 1940 (ungedruckt) – StadtA WIT, Akte 11b 45 Bd. 5; Reeswinkel, S. 143 (Anhang)

[193] Angaben nach Johann Horsthemke: Geschichte des Städtischen Gymnasiums Witten 1925–1960. o.O., o.J. [Witten 1960], S. 152 – Dr. J. Horsthemke war seinerzeit Lehrer an dieser Anstalt.

[194] Angaben nach: Hesmert, S. 29f. – 40 Schülerinnen waren bereits vorher im Rahmen der ›Verwandtenhilfe‹ von ihren Eltern auswärts untergebracht worden.

[195] Horsthemke, S. 152; Gerhard Wiehe: Penne 41–51. Oberschule für Jungen Witten 1941–1951. Witten o.J., S. 31

[196] Angaben nach Reeswinkel, S. 143 (Anhang)

[197] So z.B. in der TWV v. 24./25.7.1943

[198] S. z.B. TWV v. 30.7.1943

[199] Lt. Ankündigung z.B. in der TWV und WT v. 5.8.1943

[200] Angaben nach Reeswinkel, S. 143 (Anhang)

[201] S. z.B. TWV v. 23.7.1943

[202] S. z.B. TWV v. 23.7.1943

[203] Lt. Bekanntmachung des Oberbürgermeisters der Stadt Witten als Ortspolizeibehörde – z.B. in der TWV v. 3.9.1942

[204] Reeswinkel, S. 127, S. 130

[205] Horsthemke, S. 156f.; Hesmert, S. 32

[206] Hesmert, S. 31, S. 34

[207] Angaben nach Reeswinkel, S. 136 sowie S. 146 (Anhang)

[208] So wurde z.B. die Erlen-Schule Anfang Oktober 1944 wieder eröffnet – Maschinenschr. Bericht aus der Schulchronik der Erlen-Schule, Fotokopie im StadtA WIT (unverzeichnet). Am 26.10.1944 schrieb die Schülerin Liesel Gajewski der Hüllberg-Schule in Stockum an ihre frühere Pflegefamilie in Baden, daß sie gerade aus der Schule komme, »die seit einigen Tagen wieder auf ist« – Fotokopie des Briefes in der Sammelmappe ›Umquartierte Hüllbergschule‹ im StadtA WIT (unverzeichnet)

[209] Bericht v. September 1997 von Wilhelm Römermann, Witten, an den Verfasser

[210] S. z.B. das Rundschreiben v. 1.12.1944 des persönlichen Referenten des Gauleiters von Westfalen-Süd an alle Kreisleiter des Gaus – Abschrift: StadtA WIT, Best. 140 Nr. 10

[211] S. z.B. auch den Bericht ›Am Montag melden‹ in der HZWT v. 22.9.1944

[212] Maschinenschr. Bericht aus der Schulchronik der Erlen-Schule, Fotokopie im StadtA WIT (unverzeichnet)

[213] Bericht v. 10.10.1997 von Wilhelm Römermann, Witten, an den Verfasser

[214] Schreiben v. 5.12.1944 des Schulleiters Dr. G. Hesmert an den Oberbürgermeister der Stadt Witten sowie Schreiben v. 24.11.1944 der NSDAP-Kreisleitung Neustadt an die Gauamtsleitung Westfalen-Süd in Bochum (Abschrift) – beide: StadtA WIT, Best. 140 Nr. 10; s. auch Hesmert, S. 33f.

[215] Hesmert, S. 34

[216] Ebd.; s auch das Schreiben einer Mutter oder eines Vaters (W. Moldenhauer) v. 4.12.1944 an das Schulamt der Stadt Witten, in dem u.a. erklärt wird, daß der Schulleiter Dr. G. Hesmert hinsichtlich der Rückführung der Schule »*nur verantwortungsbewußt gehandelt hat*« – StadtA WIT, Best. 140 Nr. 10

[217] S. den Text der diesbezüglichen Bekanntmachung v. 2.2.1945 – StadtA WIT, Best. 140 Nr. 10 sowie Hesmert, S. 35

[218] Schreiben v. 19.2.1945 des Regierungspräsidenten in Arnsberg an den Regierungspräsidenten in Augsburg sowie undatierte Aktennotiz von Ende Juni 1945 des kommissarischen Bürgermeisters der Stadt Witten – beide: StadtA WIT, Best. 140 Nr. 2

[219] S. die Abschrift eines Briefes v. 9.3.1945, den die damalige Schülerin Annegret Ries nach Hause schrieb, sowie die Niederschrift einer Erklärung der Mutter dieser Schülerin, die von ihr diesbezüglich vor dem (kriegsmäßigen) HJ-Bannführer in Witten abgegeben wurde (Abschrift) – beide: StadtA WIT, Best. 140 Nr. 10

[220] Hesmert, S. 35

[221] Berichte vom 8. und 29.12.1944 sowie v. 26.7.1945 des amtierenden Schulleiters, Studienrat Marburger, an den Oberbürgermeister der Stadt Witten – sämtlich: StadtA WIT, Best. 140 Nr. 9; Horsthemke, S. 157–159; Wiehe, S. 41–46, S. 49–51, S. 53–55

[222] Schreiben v. 9.10.1943 des Bürgermeisters der Stadt Hattingen an den Landrat in Schwelm – StadtA HAT, Akte C 4 a Nr. 30

[223] Heinrich Eversberg: Die höhere Stadtschule zu Hattingen. Festschrift zur 50. Wiederkehr der ersten Reifeprüfung 1914–1964. Hattingen 1964, S. 147 (= Hattinger Heimatkundliche Schriften 12)

[224] Schreiben v. 9.10.1943 des Bürgermeisters der Stadt Hattingen an den Landrat in Schwelm – StadtA HAT, Akte C 4 a Nr. 30

[225] Abschrift – StadtA HAT, Akte C 4 a Nr. 30

[226] Ebd.

[227] Ebd.

[228] StadtA HAT, Akte C 4 a Nr. 30

[229] Ebd.

[230] Erika Rittermeier: Schulalltag in Hattingen; in: VHS Hattingen (Hg.): Alltag in Hattingen 1933–1945. Eine Kleinstadt im Nationalsozialismus. Essen 1985, S. 154; s. auch die Aktennotiz v. 2.6.1944 des Bürgermeisters der Stadt Hattingen – StadtA HAT, Akte C 4 a Nr. 30

[231] S. die Berichte ›Was kann es denn Schöneres geben...‹ und ›Hattinger Kinder fuhren in die KLV‹ in ›Die Heimat am Mittag/Hattinger Zeitung‹ vom 23.3.1943 bzw. 19.4.1943

[232] Eine Ende der 1970er Jahre durchgeführte Befragung von rd. 500 KLV-Teilnehmerinnen und Teilnehmern aus den Jahren 1941 bis Ende 1944, von denen eine große Zahl mehrere KLV-Lager erlebt hatte, ergab, daß 42% die Verpflegung im Lager als sehr gut und 40% sie als reichlich gut bezeichneten;

16% beurteilten sie als schlecht und nur 2% meinten, sie sei sehr schlecht gewesen – Angaben nach Dabel, S. 76

[233] So berichtete z.B. der als 12jähriger Junge im Sommer 1943 im Rahmen der allgemeinen Schulverlegung aus Bochum nach Friedeberg in der Neumark in Pommern gekommene Hans Joachim Kreppke rückblickend von dem großen Vergnügen, das er und seine Kameraden im Sommer am Baden im Obersee und im Winter am Schlittschuhlaufen auf den zahlreichen zugefrorenen Seen Friedebergs und der Umgebung hatten – Erinnerungsbericht v. 5.1.1997 von Hans Joachim Kreppke aus Bochum an den Verfasser

[234] So berichtete eine in Köslin evakuierte Bochumerin an ihren in Bochum zurückgebliebenen Ehemann in einem Brief vom 13.7.1943, daß in der Stadt manches evakuierte Kind zu finden sei, das sich »vor Heimweh fast verzehrt« – zit. nach dem (Teil-)Abdruck in Georg Braumann: Die evangelische Kirche Westfalens und ihre Evakuierten in Ostpommern 1943–1945. Maschinenschr. Manuskr., Billerbeck 1986, S. 225

[235] S. z.B. den Erinnerungsbericht v. 5.1.1997 von Hans Joachim Kreppke aus Bochum, Jg. 1931, an den Verfasser. Bereits 1941 kamen in der KLV tätige Erzieher und Ärzte aufgrund ihrer Beobachten zu der Annahme, daß die Zahl der Bettnässer sich gegenüber der (Dunkel-)Ziffer vor dem Krieg verdreifacht habe. Dieser Anstieg der Bettnässerpsychose ist zweifellos eine Folge der durch die Verschickungsmaßnahme bei den betroffenen Kindern und Jugendlichen hervorgerufenen starken psychischen Anspannung und Belastung gewesen – Dabel, S. 106

[236] In der Chronik der Erlen-Schule (Volksschule) in Witten, die im Juli 1943 im Rahmen der ›Umquartierung‹ der Schulen der Stadt nach Baden kam, wo die rd. 300 Kinder und Mütter im Kreis Bühl in fünf Dörfern untergebracht wurden, berichtet dazu der damalige Schulleiter: »Die Aufnahmefreudigkeit der Dorfbewohner kann nicht als groß bezeichnet werden. Oft mußte der behördliche Druck des Bürgermeisters mithelfen, einem Kinde oder einer Mutter aus Witten eine Bleibe zu verschaffen. Klagen und Einsprüche auf der einen Seite und Tränen auf der anderen, das machte den ersten Empfang in den Dörfern nicht besonders schön. Es währte den ganzen Tag, bis alle untergebracht waren. An den folgenden Tagen mußten noch manche Umquartierungen vorgenommen werden« – Auszug aus der Schulchronik im StadtA WIT

[237] Schreiben v. 11.7.1943 der mit ihren zwei Kindern in Köslin evakuierten Bochumerin Elisabeth Braumann an ihren in Bochum verbliebenen Ehemann – (auszugsweise) abgedr. in: Georg Braumann: Die evangelische Kirche Westfalens und ihre Evakuierten in Baden 1940–1945. Maschinenschr. Manuskr., Billerbeck 1987, S. 225

[238] Interview mit einem ehemaligen Schüler (Abitur 1952), abgedr. in: Arbeitsgruppe, S. 73–79, hier: S. 73. Die Öffentlichkeit hörte selbstverständlich u.a. auch nichts von dem wenigstens in der Anfangszeit des Aufenthalts in der KLV vor allem bei den jüngeren Kindern allgemein weitverbreiteten Heimweh- und Bettnässerproblem. Davon berichtete aber z.B. die im Sommer 1943 mit vier Grundschulklassen aus Oberhausener Schulen nach Herbsthausen bei Bad Mergentheim in die KLV verschickte Volksschullehrerin Lina Schnitker in ihrem ersten Bericht vom 23.10.1943 an den zuständigen KLV-Beauftragten für Oberhausen über ihre unterrichtliche und erzieherische Tätigkeit in dem KLV-Lager: »In den ersten Tagen litten alle Kinder mehr oder weniger schwer unter dem Heimweh. Ich habe sie besucht, sie zu trösten versucht, sie auf Spaziergänge mit mir genommen [...] Recht unangenehm war mir, [...] daß unter den 35 Pflegekindern 6–8 sind, die fast jede Nacht ihr Bett nässen« – StadtA O, Akte 40-147

[239] Schriftliche Mitteilung v. 5.1.1997 von Hans Joachim Kreppke an den Verfasser

[240] Ebd. Nach der Erinnerung von H. J. Kreppke wurden hin und wieder Schulappelle abgehalten, auf denen die vermeintlichen und auch die tatsächlich vorgefallenen Missetaten »der Bochumer« von dem amtierenden Schulleiter Lorenz »teils ernsthaft, teils mit mildem Spott« vorgetragen wurden. Eine Ursache für die Abneigung der Einheimischen gegen die Neuankömmlinge war auch, daß sie in ihren Wohnungen und Häusern Räumlichkeiten zur Unterbringung der ›Umquartierten‹ hergeben mußten. So berichtet eine ehemaliger Oberschüler aus Castrop-Rauxel, der im Sommer 1943 mit seiner Schule nach Schneidemühl in der preußischen Provinz Grenzmark Posen-Westpreußen verlegt worden war, daß ihre Unterbringung vor allem in dem an der Peripherie von Schneidemühl gelegenen und überwiegend von Angehörigen der schwächeren sozialen Schichten bewohnten Stadtteil Bromberger Vorstadt erfolgte. Hier aber lebten die Leute größerenteils sowieso schon in recht beengten Verhältnissen, so daß der durch die Aufnahme weiterer Personen hervorgerufene Zwang zum noch näheren Zusammenrücken der Einwohner bei diesen vielfach »nicht gerade Gefühle warmherziger Aufnahmebereitschaft« den Evakuierten gegenüber hervorrief – abgedr. in: Dabel, S. 50

[241] S. z.B. die diesbezügliche kritische Feststellung in dem Erinnerungsbericht v. 5.1.1997 des im Sommer 1943 nach Köslin umquartierten damals 12jährigen Hans Joachim Kreppke aus Bochum an den Verfasser. – Auch in einer Übersicht v. 23.6.1943 über die Essener Schulverhältnisse heißt es unter dem Punkt ›Beurteilung der [evakuierten Essener] Kinder in dem Aufnahmegebiet‹: »Über den Normalstand anmaßend«: StadtA E, Akte 45-4035

[242] Bericht vom 12.5.1997 von Siegfried Nicolay, Dortmund, an den Verfasser

[243] Das war allerdings kein Bochumer- oder Ruhrgebietspezifikum. Die Mängel betrafen nicht nur die äußeren Schulverhältnisse, sondern auch den eigentlichen Unterricht. Letzteres war vor allem bei den weiterführenden Schulen mit ihrem ausgeprägten Fachunterricht der Fall, der in der KLV nicht mehr in der bisherigen Form weitergeführt werden konnte. Wie sich ein 1943 in ein KLV-Lager im ›Reichsprotektorat‹ Böhmen und Mähren verschickter damals 15 Jahre alter Schüler der Oberschule für Jungen in Bottrop erinnerte, erhielten die Jungen im Lager Unterricht außer von einer mitverschickten Studienassessorin in den Fächern Deutsch und Englisch lediglich noch von einem Biologie- und Turnlehrer. Diese »mangelhafte Fächervertretung« machte sich nach der Heimkehr der Jungen in einem sehr mangel- und lückenhaften Wissensstand bemerkbar – Leserzuschrift von Dr. jur. W. Schäfer, Oberhausen, in der ›Frankfurter Allgemeinen Zeitung‹ v. 22.10.1997

[244] Klüsener, S. 62f.

[245] Braumann: Ostpommern, S. 169

[246] S. z.B. auch die entsprechenden Passagen in den Briefen, die damals die mit ihren beiden schulpflichtigen Kindern nach Köslin ›umquartierte‹ Elisabeth Braumann an ihren in Bochum verbliebenen Mann schrieb – (in Auszügen) abgedr. in ebd., S. 239–241. U. a. sandten Schulleiter der aus der Stadt Hagen nach Pommern verlegten Schulen und die betroffenen Mütter Protest-

schreiben an den Oberbürgermeister in Hagen, in denen sie energisch gegen die vorgesehene neuerliche Verlegung protestierten – StadtA HA, Akte 10127

[247] Chronik, S. 115 – Die Darstellung der Zeit in der KLV ab Sommer 1943 in dieser von StR Dr. Hans Paschen zusammengestellten Schulchronik beruht auf dem Bericht von StR Wilhelm Becker, der (zusammen mit seiner Familie) mit der Schule in der KLV war.

[248] Klüsener, S. 62f.

[249] Chronik, S. 116

[250] Die übrigen Klassen der Bismarck-Schule waren als KLV-Lager in Ahlbeck wie folgt untergebracht: Klasse 1: Haus Tanneck, Klasse 2: Haus Anna, Klasse 4: Strandschloß, Klasse 5: Waldschloß; Chronik, S. 115

[251] Lt. schriftlicher Mitteilung v. 5.1.1997 von Hans Joachim Kreppke, der zu dem KLV-Lager ›Schloß Hohenzollern‹ gehörte, an den Verfasser. Kreppke berichtete über diese Vorgänge nach Hause. Daraufhin kam sein Vater unverzüglich nach Ahlbeck gereist und holte seinen Sohn wie auch einen anderen Jungen für den Rest der Ferien nach Hause, was auch ohne größere Schwierigkeiten vonstatten ging.

[252] Klüsener, S. 64

[253] Interview mit einem ehemaligen Schüler (Abitur 1952), abgedr. in: Arbeitsgruppe, S. 73–79, hier: S. 76. Dieser Ernteeinsatz wie auch der bereits im vorausgegangenen Herbst hatte seine rechtliche Grundlage in dem Erlaß vom 24.2.1942 des Reichsministers für Wissenschaft, Erziehung und Volksbildung betreffend den ›Kriegseinsatz der Jugend zur Sicherung der Ernährung des deutschen Volkes‹.

[254] Chronik, S. 116

[255] Kemna, S. 40

[256] Abschriften: StadtA BO, Akte BO 40/55 (1-4)

[257] Mitteilung v. 17.9.1999 von Doris Anke, Montespertoli (Italien) an den Verfasser. Anke war als Schülerin der Von-der-Recke-Volksschule, Bochum, Augenzeugin dieser Geschehnisse.

[258] Das Gebiet des damaligen ›Reichsprotektorats Böhmen und Mähren‹ war neben Bayern und Österreich der größte Aufnahmeraum von KLV-evakuierten Kindern und Jugendlichen. Die Gesamtzahl der während des Krieges dorthin Verschickten wird auf eine halbe Million geschätzt – Dabel, S. 254

[259] So berichtet z.B. der BA am 4.9.1944, daß »im Zuge einer vorbereiteten Aktion« am 20.8.1944 die letzten KLV-Lager aus der Slowakei nach Sachsen verlegt worden seien.

[260] Häufig wurde der Abmarschbefehl erst in allerletzter Minute gegeben. Im Fall der s. Zt. in Bad Podiebrad in Nord-Böhmen untergebrachten Mädchenklassen der Mittelschule Duisburg-Hamborn erfolgte dieser am 19.4.1945. Hinter sich die vorrückende sowjetische Armee und tschechische Kämpfer, vor sich die nach Osten vorstoßenden US-Truppen, die im Böhmerwald noch in letzte Kampfhandlungen mit SS-Einheiten verwickelt waren, begann die Gruppe ihren abenteuerlichen und höchst mangelhaft von der zuständigen HJ-Gebietsführung (die sich unterwegs dann einfach absetzte) organisierte Rückkehr in das Reich. Am sechsten Tag überschritt sie schließlich zu Fuß die deutsche Grenze. Doch erst am 1.8.1945 trafen die Mädchen mager und abgerissen wieder in Duisburg ein – Fluchttagebuch, geführt von der Lagerleiterin Helene Altenfeld (das Original befindet sich im Besitz von Frau Gisela Wolf, Duisburg, von der freundlicherweise dem Verfasser eine Kopie zur Verfügung gestellt wurde). Viele KLV-Lager blieben gegen Kriegsende sich selbst überlassen. Häufig sahen sich die Lagerleitungen daher vor die Notwendigkeit gestellt, eigenmächtig und auf eigene Verantwortung das Lager aufzulösen und die Rückkehr der Kinder in die Heimat zu organisieren – s. z.B. die unten geschilderte Flucht nach Westen der in einem – offenen – KLV-Lager in Friedeberg in Pommern untergebrachten Bismarck-Oberschule für Jungen (heute Graf-Engelbert-Schule) in Bochum Ende Januar 1945

[261] Dabel, S. 275–277

[262] Bericht vom März 2000 von Günter Stryzewski, Herne, an den Verfasser

[263] Angaben lt. Bericht von H. Giesenbauer in: Weizackerbrief – Mitteilungsblatt ehemaliger Pyritzer Schüler, Jg. 1995, H. 3, S. 12; Jg 1995, H. 4, S. 2f. und Jg. 1996, H. 1, S. 2f.

[264] Schreiben v. 1.10.1944 des Sonderbeauftragten des Gauleiters von Westfalen-Süd für Umquartierung und Folgemaßnahmen an StD E. Wulf in Bütow – Abschrift: StadtA HA, Akte 10127

[265] Rundschreiben v. 1.12.1944 des persönlichen Referenten des Gauleiters von Westfalen-Süd an alle Kreisleiter des Gaus – Abschrift: StadtA WIT, Best. 140 Nr. 10

[266] Bericht v. 28.4.1997 von Rita Reinhardt, Bencasim (Spanien), an den Verfasser

[267] Nach einem Befehl Hitlers durften »Räumungen« und »Rückführungen« generell nur nach vorheriger ausdrücklicher Genehmigung durch die Parteikanzlei vorgenommen werden.

[268] So fuhr Gerhard Dabel, der am 10.1.1945 mit der Leitung der Reichsstelle KLV beauftragt worden war, im März 1945 von Berlin nach Wien, um sich bei Baldur v. Schirach Weisungen bezüglich der Rückverlegung der KLV-Lager zu holen. Doch nach Aussage von Dabel weigerte sich v. Schirach, eine Generalvollmacht für die notwendigen Rückführungen zu geben. Dabel wurde mit der Bemerkung abgespeist, er (Schirach) hoffe, daß er (Dabel) das »Richtige« tun werde – Dabel, S. 276

[269] Es handelte sich hierbei um die Versenkung der 25 484 BRT großen ›Wilhelm Gustloff‹. Das Schiff war am Nachmittag des 30.1.1945 mit Angehörigen der 2. U-Boot-Lehrdivision, Marinehelferinnen und einer großen Zahl von Flüchtlingen an Bord (insgesamt dürften es schätzungsweise über 8 000 Menschen gewesen sein) von Gotenhafen (Gdingen) in der Danziger Bucht in Richtung Danzig ausgelaufen. Gegen 22.00 Uhr am Abend dieses Tages wurde es vor Stolpmünde von drei von einem sowjetischen U-Boot abgeschossenen Torpedos getroffen und sank, wobei vermutlich mindestens 7 000 Menschen umkamen bzw. in den eiskalten Fluten der Ostsee ertranken. Genaue bzw. verläßliche Zahlen gibt es nicht. – Zu den Vorgängen im Zusammenhang mit dem Untergang der ›Wilhelm Gustloff‹ s. Heinz Schön: Der Untergang der ›Wilhelm Gustloff‹. Göttingen 1952 sowie auch Christopher Dobson / John Miller / Ronald Payne: Die Versenkung der ›Wilhelm Gustloff‹. Wien / Hamburg 1979

[270] Angaben nach Klüsener, S. 67f. (Klüsener hat als Lehrer des Staatlichen Gymnasiums diese Ereignisse selbst miterlebt) sowie dem schriftlichen Abschlußbericht vom 26.3.1945 des evangelischen Pastors Herbert Hübner über die kirchliche Betreuung der Evakuierten aus Westfalen in Ostpommern – Faksimilewiedergabe in Braumann, Ostpommern, S. 176–180 (Hübner war im Sommer 1943 vom Konsistorium in Münster mit der Organisation und Lei-

tung der seelsorgerischen und pfarramtlichen Betreuung der in Pommern evakuierten Evangelischen aus ganz Süd-Westfalen beauftragt worden)
[271] In der Umgegend von Friedeberg waren übrigens auch einige der ›umquartierten‹ Bochumer Volksschulen untergebracht – Chronik, S. 113
[272] Ebd., S. 116
[273] A. Lorenz leitete als stellvertretender Direktor anstelle des zur Wehrmacht einberufenen Schulleiters seit 1939 die Anstalt. Er war damals bereits 65 Jahre alt und nach ärztlicher Feststellung kränklich sowie nervlich überanstrengt – StadtA BO, Akte BO 40/246
[274] Lt. schriftlicher Mitteilung v. 5.1.1997 von Hans Joachim Kreppke an den Verfasser
[275] Chronik, S. 116f. – Allerdings kam ein Schüler der Klasse 5, der jedoch nicht zu den von der Schule am 28./29.1.1945 aus Friedeberg Evakuierten gehörte, auf der Flucht um. Dieser Schüler hatte bereits einige Tage zuvor mit seinen Pflegeeltern die Stadt in Richtung Westen verlassen. Unterwegs wurde die Gruppe bei der Rast auf einem Gut von sowjetischen Truppen eingeholt und umgebracht. Oberstudienrat Lorenz wurde sein Zaudern zum Verhängnis. Da er allzu lange mit seiner Abreise gezögert hatte, gelang es ihm nicht mehr, rechtzeitig Friedeberg zu verlassen. Er fand dort am 9.3.1945 den Tod – ebd., S. 117 sowie StadtA BO, Akte BO 40/246
[276] Schriftliche Mitteilung v. 5.1.1997 von Hans Joachim Kreppke an den Verfasser
[277] K. Besta, a. a. O., S. 27
[278] Elisabeth Sessendrup: Aus der Zeit der Evakuierung; in: Festschrift der Schiller-Schule Bochum 1916–1969 (1969), S. 38f. - OStR E. Sessendrup (pensioniert 1969) war seit 1938 Lehrerin an dieser Schule und fuhr mit ihr am 30.6.1943 auch in die Evakuierung nach Neustettin.
[279] Es handelte sich hierbei um einen von 443 schweren viermotorigen Bombern (B-17 und B-24) ausgeführten Tagangriff der 8. US-Luftflotte. Dabei wurden etwas über 520 t Bomben abgeworfen – Angaben nach Roger A. Freeman: Mighty Eighth War Diary. London/New York/Sydney 1981, S. 461
[280] Kemna, S. 40f.
[281] Ihre Odyssee hat sie in einer Publikation beschrieben – Erika Kossol: Ein Kind will nach Hause. Überlebenstage einer Zwölfjährigen quer durch Deutschland im Frühjahr 1945. 2. Aufl. Frankfurt a. M. 1993
[282] S. oben
[283] Aufzeichnung über ein Gespräch mit Elisabeth H., Bochum, am 28.1.1997
[284] Bericht vom März 2000 von Helene Papendorf, Herne, an den Verfasser
[285] Bericht vom März 2000 von Horst Schade, Herne, an den Verfasser
[286] Larass, S. 208, S. 214 – Auf diesen Sachverhalt hat jüngst noch ein Betroffener in einer Leserzuschrift an die ›Frankfurter Allgemeine Zeitung‹ hingewiesen. Der Verfasser, der 1941/1942 als Lagermannschaftsführer mehrere KLV-Lager im Salzburger Land kennenlernte, betont, daß die im Rahmen der KLV verschickten Kinder »nur so« (=durch die KLV-Maßnahme) »vor dem Bombentod bewahrt worden sind«. Auch die Eltern seien damals dankbar gewesen, ihre Kinder in der KLV »so gut aufgehoben zu wissen« – Leserbrief v. Prof. Dr. Peter Seidensticker in der FAZ v. 24.11.1997
[287] Lt. Aussage von Baldur v. Schirachs vor dem Internationalen Militärgerichtshof in Nürnberg am 23.5.1946 - Prozeßprotokoll, abgedr. in: Der Prozeß, Bd. XIV, S. 454
[288] Dazu kamen die erheblich besseren Möglichkeiten zur politischen Indoktrination der Kinder und Jugendlichen unter den Bedingungen des Lagerlebens. – Für die Eltern war die Fürsorge um den Erhalt der Gesundheit und auch des Lebens der Kinder das beherrschende Motiv, bei den Kindern kam auch noch eine Portion Abenteuerlust hinzu – s. z. B. Braumann, Ostpommern, S. 32
[289] S. hierzu Eva Gehrken: Nationalsozialistische Erziehung in den Lagern der Erweiterten Kinderlandverschickung 1940 bis 1945 (= Karl Neumann/Heinz Semel (Hg.): Steinhorster Schriften und Materialien zur regionalen Schulgeschichte und Schulentwicklung, Bd. 8 (1997)
[290] Zit. nach dem Abdruck ›Wohlan, die Zeit ist kommen...‹ in der WLRE (Dortmund) v. 21.1.1943
[291] Ebd.; vgl. auch Kock, S. 308f.
[292] Larass, S. 208, S. 214
[293] Ebd., S. 44
[294] Prozeßprotokoll v. 23.5.1946 – hier zit. nach dem Abdruck in: Der Prozeß, Bd. XIV, S. 454

Bilddokumentation

Bochum

Abb. 1: Fünf der rd. 100 Jungen aus Bochum, die am 25. Januar 1941 in ein KLV-Lager in Bad Peterstal im Schwarzwald fuhren. Als Lagergebäude diente das im Hintergrund zu sehende Kurhaus in Peterstal. Der Aufenthalt dauerte bis zum 21. Oktober 1941.

Abb. 2: Auf Grund einer freiwilligen Meldung nahm der 7jährige Volksschüler Günter Stirnberg aus Bochum im April 1941 an einer KLV-Entsendung nach Württemberg teil. Er kam nach Illertissen südlich von Ulm zu dem Gast- und Landwirt und Hotelbesitzer Jacob Kober. Während seines bis zum Frühjahr 1943 dauernden KLV-Aufenthalts besuchte er die örtliche Volksschule. Das Foto zeigt ihn mit seinem ›treuen Begleiter‹, dem Schäferhund ›Rex‹, im Hof des Anwesens seiner Pflegeeltern, 1941/1942.

Abb. 3 (o. l.): Im KLV-Lager ›Villa Vilma‹ (im Hintergrund) in Tatra-Lomnitz (Slowakei) waren diese 21 Volksschülerinnen aus Bochum zusammen mit der Lehrerin und Lagerleiterin Fräulein Voss und einer Lagermädelführerin von Mai bis November 1941 untergebracht.

Abb. 4 (o. r.): Mit Akkordeonmusik werden die 58 Volksschüler aus Bochum des KLV-Lagers in der Friedrich List-Jugendherberge in Reutlingen (Württemberg) auf dem Lagergelände unterhalten, 1941. Doch die Idylle täuscht: Der Lagermannschaftsführer versuchte mit allen Mitteln, den gerade einmal elf Jahre alten Jungen eine vormilitärische Ausbildung beizubringen, die sich nach der Aussage eines ehemaligen Lagerteilnehmers »gewaschen hatte«. Außerdem gab es ständig und bei den geringsten Verstößen üble Schikanen durch den Lagermannschaftsführer.

Abb. 5 (u. r.): Jungen aus Volksschulen in Bochum-Hamme schälen im Hof ihres KLV-Lagers, dem Landjahr-Heim in Stein-Seifersdorf bei Peterswalden, Kreis Reichenbach, Niederschlesien, für die Lagerküche Kartoffeln, 1942.

Abb. 6 (o.): Badevergnügen von Jungen aus Bochum des KLV-Lagers in Senndorf, Nord-Siebenbürgen (Ungarn), im Dorfteich, 1942. Die 36 Jungen waren im Dorf bei volksdeutschen Pflegefamilien untergebracht.

Abb. 7 (u.): Auszahlung des jedem Lagerteilnehmer zustehenden monatlichen Taschengelds durch den Lagermannschaftsführer im KLV-Lager Bochumer Schüler in Senndorf, Nord-Siebenbürgen (Ungarn), 1942

Abb. 8 (o.l.) und 9 (o.r.): Gruppenaufnahmen des KLV-Lagers Slo/41 ›Haus Frank‹ in Käsmarker Tränke, Post Tatra-Matiarenau, in der Slowakei, 1941/1942. Die Jungen waren zwischen 10 und 13 Jahre alte Volksschüler aus Bochum. Die Fotos entstanden vor dem Lagergebäude.

Abb. 10 (u.r.): Im KLV-Lager Slo/41 ›Haus Frank‹ in Käsmarker Tränke, Post Tatra-Matiarenau, in der Slowakei feiern die Volksschüler aus Bochum 1941 das Weihnachtsfest.

Abb. 11 (o.): Die angetretenen 73 Mädchen des KLV-Lagers ›Hotel Kavka‹ in Klein-Skal im damaligen Reichsprotektorat Böhmen und Mähren. Die Schülerinnen kamen aus den 4. und 5. Klassen verschiedener Volksschulen in Bochum. Ihr Lageraufenthalt dauerte vom 6. Mai bis zum 26. November 1942.

Abb. 12 (u.): Flaggenappell im KLV-Lager ›Hotel Kavka‹ Bochumer Volksschülerinnen in Klein-Skal im damaligen Reichsprotektorat Böhmen und Mähren, 1942

Abb. 13 (o. l.): Mittagsrast auf einer Wanderung des KLV-Lagers ›Hotel Kavka‹ Bochumer Volksschülerinnen in Klein-Skal im damaligen Reichsprotektorat Böhmen und Mähren, 1942

Abb. 14 (o. r.): Bochumer Volksschülerinnen bei einer Singstunde im KLV-Lager ›Hotel Kavka‹ in Klein-Skal, 1942

Abb. 15 (u. r.): Die Volksschülerinnen aus Bochum des KLV-Lagers ›Hotel Kavka‹ in Klein-Skal führen das Märchenspiel ›Die Bernsteinhexe‹ auf, 1942.

Abb. 16 (o. l.): Die Mannschaft des KLV-Jungenlagers ›Kloster Miesberg‹ in Schwarzenberg bei Schwandorf in der Oberpfalz hat sich vor dem Lagergebäude mit dem Lagerlehrer (letzte Reihe ganz links), dem Lagermannschaftsführer (letzte Reihe 7. v. l.) und dem Lagermannschafts-Unterführer (letzte Reihe 8. v. l.) für ein Gruppenfoto aufgestellt. Das Lager zählte 110 Jungen, die aus der 3. Klasse einer Bochumer Mittelschule sowie der 2. und 3. Klasse der Franz Dinnendahl-Mittelschule in Bochum Langendreer kamen. Nach der Aussage eines damaligen Schülers erlebten die Jungen einen Lagermannschaftsführer der »übelsten Sorte«. Er ließ nichts aus, um die Jungen »zu schleifen und zu schikanieren, ein wahrer Tyrann«. Der KLV-Aufenthalt dauerte vom Juli 1942 bis zum Februar 1943.

Abb. 17 (u. l.): Wanderungen, wie sie hier die aus drei verschiedenen Volksschulen in Bochum gekommenen 33 Jungen des KLV-Jungenlagers in der Jugendherberge ›Jugendhof Platzhof‹ in Kandern bei Steinen im Wiesental (Kreis Lörrach) in Baden 1943/1944 unternahmen, waren bevorzugte Freizeitbetätigungen in den KLV-Lagern, nicht zuletzt mangels anderer Alternativen.

Abb. 18. (o. r.): Ausmarsch des KLV-Jungenlagers ›Hotel Einsiedl‹ in Walchensee/Oberbayern, 1943. Die ca. 50 Jungen des Lagers kamen alle aus Volksschulen im nördlichen Stadtbezirk von Bochum. Ihr Lageraufenthalt dauerte vom 23. Mai 1943 bis zum 15. Januar 1944.

Abb. 19 (o.l.): Für einen KLV-Transport gemeldete Schülerinnen warten im April 1943 am Hauptbahnhof in Bochum auf die Ankunft des KLV-Sonderzuges.

Abb. 20 (u.l.): Abfahrt am Morgen des 26. Juni 1943 der Franz Dinnendahl-Mittelschule Bochum-Langendreer in die Evakuierung nach Stolp in Pommern.

Abb. 21 (o.r.): Jungen der im Sommer 1943 nach Stolp in Pommern verlegten Franz Dinnendahl-Mittelschule in Bochum-Langendreer vergnügen sich während ihres KLV-Sommerlager-Aufenthalts in Ahlbeck auf Usedom 1944 am Strand.

Abb. 22: Verabschiedung eines KLV-Sonderzugs am Hauptbahnhof/Güterbahnhof in Bochum im April 1943

Abb. 23 (o. l.): Die Sextanerinnen der in Neustettin in Pommern evakuierten Schiller-Oberschule für Mädchen Bochum, 1943/1944

Abb. 24 (u. l.): Zu den im Sommer 1943 nach Neustettin in Pommern evakuierten Sextanerinnen der Schiller-Oberschule für Mädchen Bochum gehörte auch Margret Schröter. Das Foto zeigt sie zusammen mit ihrem im Spätsommer 1943 zu Besuch gekommenen Vater im Park neben der gastgebenden Schule der Bochumer Oberschülerinnen, dem Neustettiner Gymnasium. Hier hatten die Mädchen allerdings nur nachmittags Unterricht.

Abb. 25 (o. r.): Während des KLV-Sommerlager-Aufenthalts 1944 der nach Neustettin in Pommern evakuierten Schiller-Oberschule für Mädchen Bochum in Heringsdorf auf Usedom war ein Teil der Quintanerinnen im ›Baltischen Haus‹ untergebracht. Für dieses Foto haben sich einige der Schülerinnen vor ihrem Lagergebäude aufgestellt.

Abb. 26 (o.): Als Quartanerin der Schiller-Oberschule für Mädchen in Bochum kam Marga Koppka im Rahmen der Schulevakuierung am 30 Juni 1943 nach Neustettin in Pommern. Hier wurde sie von zwei älteren Damen aufgenommen, die sie betreuten und verwöhnten. Als sie in der Nacht des 29. Januar 1945 mit ihrer Schule die Flucht per Bahn nach Westen antreten mußte, gaben ihr die beiden Pflegetanten noch ihr letztes Brot mit. Auf dem Foto steht Marga Koppka ganz rechts neben ihrem zu Besuch nach Neustettin gekommenen Vater, den beiden Pflegetanten und ihrer Mutter (ganz links).

Abb. 27 (u.): Quintanerinnen der nach Neustettin in Pommern evakuierten Schiller-Oberschule für Mädchen in Bochum haben während ihres KLV-Sommerlager-Aufenthalts in Heringsdorf auf Usedom 1944 für ein Erinnerungsfoto auf einer Bank auf der dortigen Seebrücke Platz genommen.

Abb. 28–30 (o. l., u. l., o. r.): Abfahrt der Freiherr-vom-Stein-Oberschule für Mädchen Bochum Ende Juni 1943 vom Hauptbahnhof/Güterbahnhof in Bochum in die Evakuierung nach Belgard in Pommern

Abb. 31 (u. r.): Abfahrt der in Belgard (Pommern) evakuierten Freiherr-vom-Stein-Oberschule für Mädchen Bochum in das KLV-Sommerlager in Heringsdorf auf Usedom, 1944.

Abb. 32 (o.l.) und 33 (u.l.): Abfahrt der in Belgard (Pommern) evakuierten Freiherr-vom-Stein-Oberschule für Mädchen Bochum in das KLV-Sommerlager in Heringsdorf auf Usedom, 1944.

Abb. 34 (o.r.): Die Quarta der seit Sommer 1943 nach Belgard in Pommern ›umquartierten‹ Freiherr-vom-Stein-Oberschule für Mädchen Bochum vor ihrem KLV-Sommerlager ›Sasses Haus am Meer‹ in Heringsdorf auf Usedom, 1944

Abb. 35 (u.r.): Während ihres KLV-Sommerlagers in Heringsdorf auf Usedom 1944 unternehmen Schülerinnen der nach Belgard (Pommern) evakuierten Freiherr-vom-Stein-Oberschule für Mädchen Bochum einen Ausmarsch mit Akkordeonbegleitung.

Abb. 36 (o.l.): Jungen der nach Schönlanke im Netzekreis (Mecklenburg-Vorpommern) verschickten Theodor-Körner-Oberschule für Jungen in Bochum begutachten vor ihrem KLV-Sommerlager-Gebäude in Ahlbeck auf Usedom 1944, der Pension ›Daheim‹, eine Scholle.

Abb. 37 (o.r.): Lehrpersonen der mit in das KLV-Sommerlager 1944 auf Usedom gefahrenen Bochumer Schulen in Ahlbeck

Abb. 38 (u.r.): Auch die seit Sommer 1943 nach Stolp (Pommern) verlegte Goethe-Oberschule für Jungen Bochum mußte an der KLV-Sommerlager-Verschickung 1944 nach Usedom teilnehmen. Auf dem Foto haben sich einige der Schüler am Strand in Ahlbeck mit einem Akkordeonspieler zusammengefunden.

Abb. 39 (o.): Schüler der in Friedeberg in der Neumark (Pommern) evakuierten Bismarck-Oberschule für Jungen Bochum im KLV-Sommerlager 1944 in Ahlbeck auf Usedom

Abb. 40 (u.): Schüler der im Rahmen der Schulverlegung nach Schönlanke im Netzekreis (Mecklenburg-Vorpommern) gekommenen Theodor-Körner-Oberschule für Jungen in Bochum genießen während ihres KLV-Sommerlagers in Ahlbeck auf Usedom 1944 das Strandleben.

Abb. 41 (o.): Mit ihrer Schule, der Annette-von-Droste-Hülshoff-Oberschule für Mädchen in Bochum, kam die damals gerade zwölf Jahre alte Schülerin Inge Rost nach Schneidemühl in Pommern. Das Foto zeigt sie mit ihrer Pflegemutter Carmen Gerlach und deren kleiner Tochter Bärbel.

Abb. 42 (u.): Die Quarta bzw. Untertertia der nach Schneidemühl in Pommern evakuierten Annette-von-Droste-Hülshoff-Oberschule für Mädchen in Bochum während des KLV-Sommerlager-Aufenthalts in Heringsdorf auf Usedom 1944. Die Aufnahme zusammen mit der Lagermädelführerin (hintere Reihe Mitte) entstand auf der Seebrücke in Heringsdorf.

Abb. 43 (o.) und 44 (u.): Die Sexta der am 9. Juli 1943 nach Köslin in Pommern verlegten Hildegardis-Oberschule für Mädchen Bochum. Die beiden Fotos wurden 1944 im Hof der gastgebenden Schule, der Fürstin-Bismarck-Oberschule für Mädchen in Köslin, aufgenommen.

Abb. 45 (o. l.): Schülerinnen der nach Furtwangen im Schwarzwald evakuierten Volksschule an der Castroper Straße in Bochum sammeln im Herbst 1943 Reisig.

Abb. 46 (o. r.): Haarewaschen im KLV-Lager der in Furtwangen im Schwarzwald evakuierten Volksschule an der Castroper Straße in Bochum, 1943

Abb. 47 (u. r.): Appell der im Rahmen der Schulverlegung nach Köslin in Pommern evakuierten Hildegardis-Oberschule für Mädchen Bochum auf dem Schulhof ihrer gastgebenden Schule, August 1943 – Der Herr im Vordergrund ist der Schulleiter der Hildegardis-Schule, Oberstudiendirektor Stratmann.

Abb. 48 (o. l.): Jungen des KLV-Lagers ›Waldschlößchen‹ in Hain im Riesengebirge im örtlichen Strandband, 1943. Die Volksschüler kamen aus ganz Bochum.

Abb. 49 (o. r.): Vor ihrem KLV-Lagergebäude, dem Schloß Lest in Ober-Kauffung, Kreis Goldberg (Niederschlesien), hat sich die Unterstufe (Klasse 1 und 2) der Heinrich-von-Kleist-Oberschule für Jungen Bochum-Gerthe mit den Lehrern, deren Ehefrauen, den Lagermannschaftsführern, der Krankenschwester und der Küchenhilfe aufgestellt, 1944.

Abb. 50 (u. l.): Flaggenappell im KLV-Lager Schloß Lest in Ober-Kauffung, Kreis Goldberg (Niederschlesien), 1944. In diesem Schloß waren die Klassen 1 und 2 der Heinrich-von-Kleist-Oberschule für Jungen in Bochum-Gerthe von Pfingsten 1943 bis Januar/Februar 1945 untergebracht.

Abb. 51 (o.): Anläßlich der Inspektion durch den für Niederschlesien zuständigen HJ-Gebietsführer mit Begleitung hat sich die aus Schülern der Griesenbruch-Volksschule in Bochum bestehende Lagermannschaft des KLV-Lagers Schloß Tiefhartmannsdorf im Kreis Goldberg (Niederschlesien) im Schloßhof versammelt, 1943. Der Eigentümer des Schlosses, Graf Vizthum v. Eckstädt, war einer der größten Grundbesitzer Schlesiens. Die Schlaf- und Unterrichtsräume der Jungen sowie die Waschräume und Toiletten für die Lagerführung und Lagermannschaft befanden sich im Obergeschoß des Schlosses.

Abb. 52 (u.): Bei der allmorgendlichen Flaggenhissung im Schloßhof des KLV-Lagers Schloß Tiefhartmannsdorf im Kreis Goldberg (Niederschlesien), 1943. In diesem Schloß war vom 15. Juni 1943 bis zum 20. Januar 1944 ein KLV-Lager mit Schülern der Griesenbruch-Volksschule in Bochum eingerichtet.

Abb. 53 (o.): Schüler der im Sommer 1943 nach Pollnow in Pommern evakuierten Kreyenfeld-Volksschule Bochum-Werne mit Müttern im Strandbad von Pollnow, 1943/1944

Abb. 54 (u.): Gruppenfoto der Unterstufe (Klassen 1–4) der Von-der-Recke-Volksschule Bochum in der Evakuierung in Groß-Jestin (Pommern), 1944. Am linken Bildrand steht die Lehrerin Elisabeth Hüffner. – Im Frühjahr 1945 wurden die noch am Ort verbliebenen Evakuierten von der sowjetischen Armee überrollt. Elisabeth Hüffner war jedoch bei ihren Schützlingen verblieben. Sie half später auch den ebenfalls ausharrenden Diakonissen, die an Hungertyphus erkrankten Kinder und Erwachsenen zu pflegen. Bei dieser Tätigkeit infizierte sie sich und verstarb. Auf Grund der Zeitverhältnisse erhielt sie nur ein armseliges Begräbnis auf dem örtlichen Friedhof.

Castrop-Rauxel

Abb. 55 (o. l.): Der Volksschüler Wolfgang Kessebohm (r.) aus Castrop-Rauxel mit seiner volksdeutschen Pflegemutter in Bascordacs/ Batschka (Ungarn), 1942/1943. Links von der Pflegemutter steht das neue Pflegekind der Familie. Dieser Junge kam aus Hamburg.

Abb. 56 (o. r.): Gruppenfoto des ›offenen‹ KLV-Jungenlagers in Bascordacs/Batschka (Ungarn), 1942/1943. Die Jungen kamen aus den 5. und 6. Klassen von Volksschulen in Castrop-Rauxel und Herne. Während ihres KLV-Aufenthalts vom September 1942 bis zum April 1943 waren sie alle privat bei volksdeutschen Familien untergebracht.

Abb. 57 (u. r.): Unter eifrigem Winken wird ein im Rahmen der Schulevakuierung der Schulen in Castrop-Rauxel im Sommer 1943 eingesetzter KLV-Sonderzug nach Pommern auf dem alten Castroper Bahnhof verabschiedet, Ende Juli/Anfang August 1943.

Abb. 58 (o. l.): Auf der Fahrt nach Pommern werden die Kinder und Mütter eines KLV-Sonderzugs aus Castrop-Rauxel auf einem Bahnhof von Rot-Kreuz-Schwestern mit Getränken und Broten versorgt, Ende Juli / Anfang August 1943.

Abb. 59 (o. r.): Als 17jährige Oberprimanerin fuhr Adelheid Strunk mit der Oberschule für Mädchen in Castrop-Rauxel am 11. August 1943 in die KLV nach Schneidemühl in Pommern. Sie erinnerte sich (1999) an dieses Ereignis so: »Die Abreise war für mich furchtbar. Die Angst wegen der Bombenangriffe – was passiert mit meinen Eltern. Ich weinte stundenlang im Zug.« Das Foto zeigt sie auf der Brücke über den kleinen Fluß Küddow in Schneidemühl, 1943.

Abb. 60 (u. r.): Schneidemühl in Pommern – Neuer Markt, Postkartenaufnahme vor dem 2. Weltkrieg. Nach Schneidemühl wurde im Sommer 1943 die Oberschule für Jungen in Castrop-Rauxel evakuiert.

Hattingen

Abb. 61 (o.): Die Reichsfrauenführerin Gertrud Scholtz-Klink besichtigt am 23. Juni 1941 in Modra-Harmonia am Fuß der Kleinen Karpaten in der Slowakei das dort untergebrachte KLV-Mädchenlager Slo/181. Hier schreitet sie die Front der angetretenen Mädchen ab. Die Schülerinnen kamen aus verschiedenen Ruhrgebietsstädten, so auch aus Hattingen, und blieben für sechs Monate in diesem Lager.

Abb. 62 (u.): Auf dem Bahnhof in Hattingen warten Kinder im November 1941 auf die Ankunft des KLV-Sonderzugs. Die Mädchen und Jungen tragen vorschriftsmäßig die etwa postkartengroße Verschickungskarte mit ihrem Namen und ihrer Anschrift sowie der Angabe des Zielorts um den Hals.

Abb. 63 (o.): Zur Verabschiedung ihres bisherigen Lagermannschaftsführers ist die Lagermannschaft des mit Jungen aus Hattingen, Herbede, Wengern und Volmarstein besetzten KLV-Jungenlagers Slo/180 in Modra-Harmonia (Slowakei) im Herbst 1941 angetreten. – Der hemmungslose und überzogene militärische Drill dieses Lagermannschaftsführers hat den 12 bis 13 Jahre alten Jungen nach Aussage eines Teilnehmers den sechsmonatigen Lageraufenthalt gründlich »vermiest«.

Abb. 64 (u.): Auf einer Besichtigungsfahrt durch die Slowakei im Herbst 1941 stattete der NS-Reichsinnenminister Dr. Wilhelm Frick auch dem KLV-Jungenlager Slo/180 in Modra-Harmonia einen Kurzbesuch ab. Auf dem Foto wird Dr. Frick (im hellen Mantel) offiziell im Lager begrüßt. Hier waren 59 Jungen im Alter zwischen 12 und 13 Jahren aus Hattingen, Herbede, Wengern und Volmarstein untergebracht, die sechs Monate blieben.

Herne

Abb. 65 (o. l.): Abfahrt vom Bahnhof in Herne von Kindern, die im Rahmen einer von der NS-Volkswohlfahrt durchgeführten Landverschickung von Stadtkindern im Frühsommer 1940 nach Sachsen fuhren.

Abb. 66 (o. r.): Die im Rahmen einer von der NS-Volkswohlfahrt durchgeführten Landverschickung von Stadtkindern im Frühsommer 1940 aus Herne nach Voigstedt in Thüringen gekommene Marianne Heckmann (hinten links) mit den drei Kindern ihrer Pflegefamilie

Abb. 67 (u.): Im Hof des Anwesens ihrer Pflegeeltern in Voigtstedt (Thüringen) spielt die im Rahmen einer von der NS-Volkswohlfahrt durchgeführten Landverschickung von Stadtkindern im Frühsommer 1940 aus Herne hierhin gekommene Marianne Heckmann mit den drei kleinen Kindern ihrer Pflegeeltern.

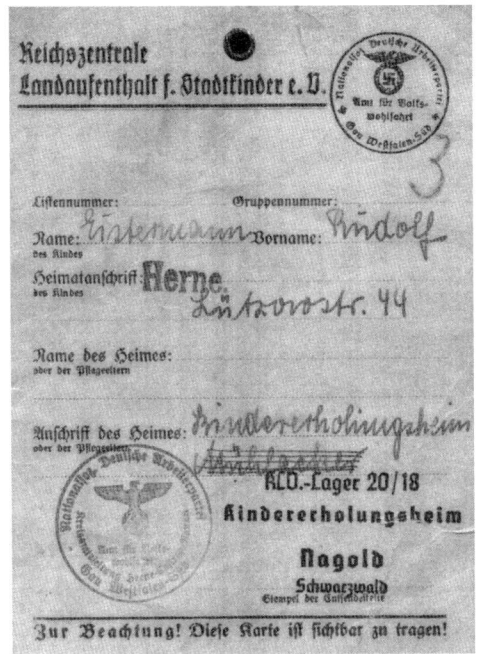
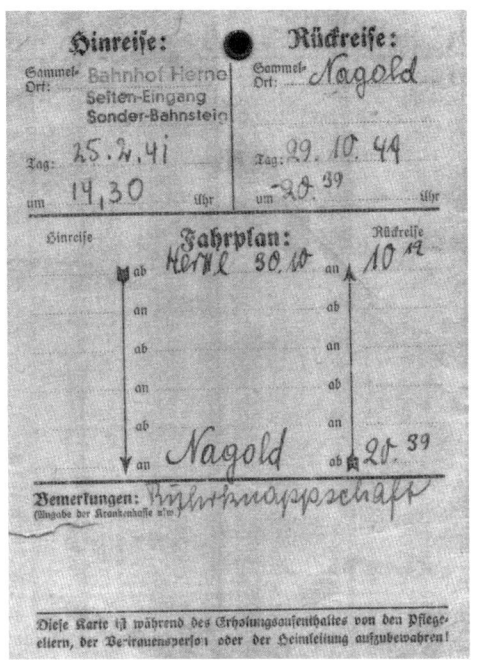

Abb. 68 und 69 (o.): Umhänge-Verschickungskarte eines Volksschülers aus Herne, der am 25. Februar 1941 in ein (geschlossenes) KLV-Jungenlager in Nagold im Schwarzwald fuhr, Vorder- und Rückseite.

Abb. 70 (u.): Vor ihrem Lagergebäude, einem Haus der Kinderhilfe der Methodisten in Nagold im Schwarzwald, ist die aus 56 Jungen aus Herne bestehende Lagermannschaft zum allmorgendlichen Flaggenappell angetreten, 1941.

Abb. 71 und 72: Vor ihrem Lagergebäude, dem Haus der Kinderhilfe der Methodisten in Nagold im Schwarzwald, vollziehen die 56 Jungen aus Herne das allmorgendliche Ritual der feierlichen Flaggenhissung, 1941.

Abb. 73: Aus Herne gekommene Jungen des KLV-Lagers im Haus der Kinderhilfe der Methodisten in Nagold im Schwarzwald schälen Kartoffeln für die Lagerküche, 1941

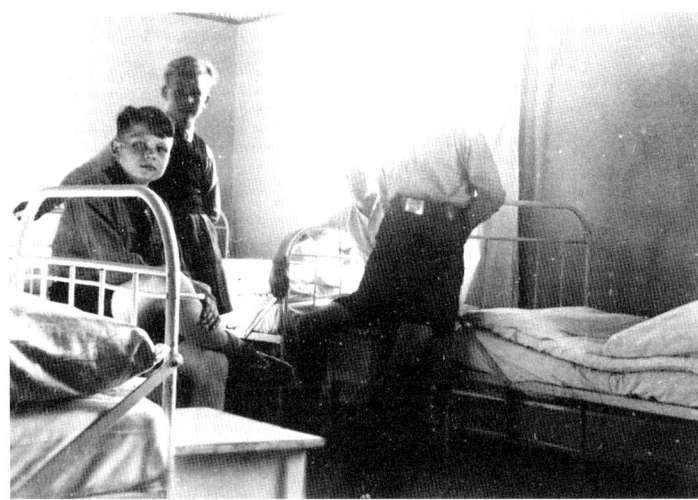

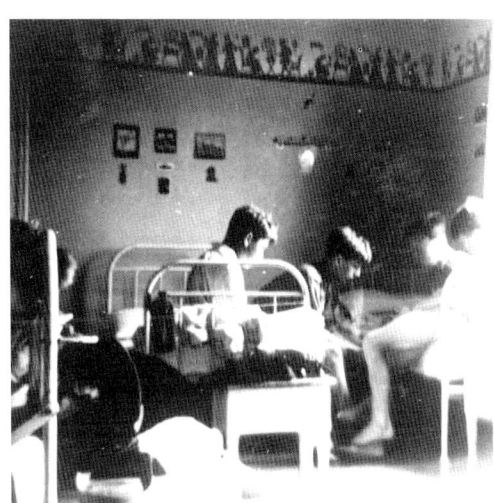

Abb. 74 (o.): Singstunde am Waldrand des KLV-Jungenlagers im Haus der Kinderhilfe der Methodisten in Nagold im Schwarzwald, 1941

Abb. 75 (u.): Aus Herne gekommene Volksschüler des KLV-Jungenlagers im Haus der Kinderhilfe der Methodisten in Nagold im Schwarzwald bei der Arbeit im Garten des Heims, 1941

Abb. 76 (o.) und 77 (u.): Eine ›Stube‹ des KLV-Jungenlagers von Herner Volksschülern im Haus der Kinderhilfe der Methodisten in Nagold im Schwarzwald, 1941

Abb. 78 (o.): Volksschüler aus Herne in dem KLV-Jungenlager im Haus der Kinderhilfe der Methodisten in Nagold im Schwarzwald unternehmen einen der häufigen Ausmärsche, 1941.

Abb. 79 (u.): Volksschüler aus Herne des KLV-Jungenlagers im Haus der Kinderhilfe der Methodisten in Nagold im Schwarzwald stärken sich während einer Rast auf einer Wanderung mit ihrem Proviant, 1941.

Abb. 80 (o.): Unterhaltung im KLV-Lager Herner Jungen in Nagold im Schwarzwald durch einen Komiker, 1941

Abb. 81 (u.): Gruppenaufnahme vom Zusammentreffen in Bad Teinach am 20. Juni 1941 der in Nagold im Schwarzwald im Haus der Kinderhilfe der Methodisten untergebrachten KLV-Lagers Herner Jungen mit den Mädchen sowie den Jungen aus Herne eines damals in Bad Liebenzell eingerichteten KLV-Mädchenlagers bzw. eines dortigen KLV-Jungenlagers

Abb. 82 (o.): Der 1942 in ein KLV-Lager in Ungarn gefahrene Volksschüler Günter Stryzewski aus Herne mit seinen volksdeutschen Pflegeeltern in Budafog, 1942/1943 – Das Pflegekind fand seine Pflegeeltern »sofort sympathisch«, und diese mochten ihn auf Anhieb ebenfalls. Als nach einem Jahr schließlich der KLV-Aufenthalt endete, wollten sie den Jungen daher nur ungern wieder fahren lassen, und auch Günter Stryzewski wäre gerne noch geblieben.

Abb. 83 (u.): Der damals 11 Jahre alte Volksschüler Franz Mrogenda aus Herne (vordere Reihe rechts) im (offenen) KLV-Lager in Hatra (Ungarn) mit seiner volksdeutschen Pflegemutter Leitheiser und deren drei Söhnen, 1942/1943

Abb. 84 (o.): Jungen aus Herne des (offenen) KLV-Lagers in Hatra (Ungarn) beim Melonenessen, 1942/1943

Abb. 85 (u.): Das KLV-Jungenlager Ung/29 in Elek (Ungarn), 1942. In dem Lager befanden sich Schüler aus Herne, die sich freiwillig zur Teilnahme an dieser Verschickung gemeldet hatten.

Abb. 86 (o.): Schüler aus Herne, die sich freiwillig zur Verschickung gemeldet hatten, im KLV-Jungenlager Ung/29 in Elek (Ungarn), 1942

Abb. 87 (u.): Ausmarsch des KLV-Lagers von Herner Schülern in Elek (Ungarn), 1942

Abb. 88: Einige der Jungen aus Herne des KLV-Jungenlagers Ung/29 in Elek (Ungarn) vergnügen sich bei einer Kutschfahrt, 1942.

Abb. 89 (o.): Gruppenaufnahme der Herner Volksschülerinnen des KLV-Mädchenlagers im Kurheim Völkner in Gmünd am Tegernsee mit einer ihrer beiden Lehrerinnen, 1942

Abb. 90 (u.): Herner Volksschülerinnen des KLV-Mädchenlagers im Kurheim Völkner in Gmünd am Tegernsee, 1942

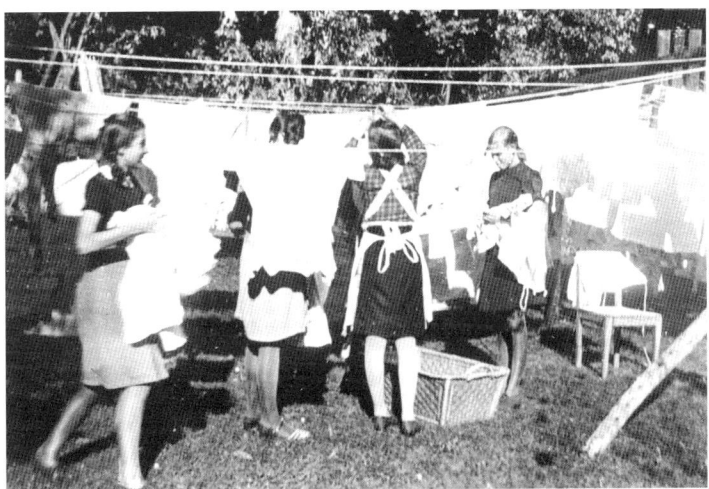

Abb. 91 (o.l.): Herner Volksschülerinnen des KLV-Mädchenlagers im Kurheim Völkner in Gmünd am Tegernsee vergnügen sich beim Baden im See, 1942.

Abb. 92 (u.l.): Waschtag im KLV-Mädchenlager im Kurheim Völkner in Gmünd am Tegernsee, 1942 – In diesem Lager waren Volksschülerinnen aus Herne untergebracht.

Abb. 93 (o.r.): Im KLV-Mädchenlager ›Kurheim Völkner‹ in Gmünd am Tegernsee schälen einige der zum Küchendienst eingeteilten Mädchen aus Herne Kartoffeln, 1942.

Abb. 94 (u.r.): Am 21. Mai 1943 fuhr der damals 12jährige Wilhelm Hübner aus Herne mit seinem jüngeren Bruder in ein (offenes) KLV-Lager in Hoffenheim bei Sinsheim an der Elsens. Er kam hier zu einem verwitweten Bauern, dem er eine ebenso willkommene wie nötige Hilfe auf dem Hof und bei der Feldarbeit war. Das Foto zeigt ihn zusammen mit seinem zu Besuch gekommenen Vater (2. bzw. 1. v. r.) bei einem Ausflug zum Heidelberger Schloß, 1944.

Abb. 95: *Schülerinnen, die zum Teil von ihren Müttern begleitet werden, besteigen im Sommer 1943 auf dem Bahnhof in Herne einen Schulevakierungs-Sonderzug. Die Herner Schulen wurden im Rahmen der KLV damals vor allem nach Pommern gebracht.*

Abb. 97 (o.r.): In den Orten, wo eine Schulevakuierung angeordnet worden war, drängten die Behörden darauf, daß sich die nicht kriegswichtig am Ort gebundenen Mütter zusammen mit ihren kleineren Kindern mitverschicken ließen. So kam im Juni 1943 auch diese Mutter aus Herne mit ihren beiden kleineren Kindern in das Sudetenland. Das Foto wurde 1943/1944 in ihrem Evakuierungsort Chodau bei Eger aufgenommen.

Abb. 96 (o.l.) und 98 (u.l.): Schülerinnen der nach Schivelbein in Pommern evakuierten Oberschule für Mädchen Herne beim Einsatz in der Kartoffelernte auf pommerschen Gütern im Herbst 1943

Abb. 99 (o.) und 100 (u.): Schülerinnen der nach Schivelbein in Pommern evakuierten Oberschule für Mädchen Herne beim Einsatz in der Kartoffelernte auf pommerschen Gütern im Herbst 1943

Abb. 101: Gruppenfoto der im Zuge der Schulverlegung aus Herne nach Stegers, Kreis Schlochau, in Pommern evakuierten Kinder und Mütter, 1943/1944

Nächste Seite
Abb. 102 (o. l.): Diese Gruppe von ca. 80 Schülerinnen aus Herne, Wanne-Eickel, Castrop-Rauxel und Hagen kam im Februar 1944 in ein KLV-Lager in einer Haushaltungsschule in Groß-Meseritsch bei Brunn im damaligen Reichsprotektorat Böhmen und Mähren. Wie sich eine Teilnehmerin im März 2000 noch mit Schaudern erinnerte, erlebten sie dort ein »Biest« von Lagermädelführerin.

Abb. 103 (u. l.): Das Ende einer KLV – Einem Teil der im Rahmen der erweiterten Kinderlandverschickung noch gegen Ende des Zweiten Weltkriegs aus Herne, Castrop-Rauxel und Wanne-Eickel in den Sudetengau evakuierten Schulkinder und Mütter gelang es nicht mehr, rechtzeitig nach Hause zu kommen. Sie wurden an ihren Evakuierungsorten von der Front überrollt. Erst Anfang August 1946 konnten sie schließlich durch Vermittlung des britischen Roten Kreuzes aus dem nun wieder zur Tschechoslowakei gehörenden Gebiet zurückgebracht werden. Das Foto entstand bei der Ankunft des Rückkehrer-Zugs auf dem Hauptbahnhof in Bochum am 4. August 1946.

Abb. 104 (o. r.): Studienrat Ernst Isenbeck – Er fuhr im Sommer 1943 mit der Herner Oberschule für Mädchen in die KLV nach Schivelbein in Pommern. Nach der fluchtartigen Abreise der letzten Schülerinnen und Eltern nach Westen im März 1945 blieb er mit einigen anderen Lehrern in Schivelbein und wurde bei der Einnahme der Stadt durch sowjetische Truppen gefangengenommen. Auf dem Abtransport nach Osten verstarb er am 25.3.1945 in der Nähe von Schneidemühl an Entkräftung.

Abb. 105 (u. l.): Manche der in den Ostgebieten eingerichteten KLV-Lager sind bei Kriegsende von den zuständigen Stellen im Stich bzw. sich selbst überlassen worden. Einzelne Lager und auch eine Reihe von Kindern haben auf eigene Faust die Flucht nach Westen bzw. den abenteuerlichen Weg nach Hause antreten müssen. Doch nicht allen gelang die rechtzeitige Flucht. Die zu lange zögerten oder sich auf die beruhigenden Zusicherungen der zuständigen Stellen verließen, wurden schließlich von der Roten Armee bzw. den mit ihr verbündeten Truppen überrollt. Dieses Schicksal ereilte z. B. die aus Herne seinerzeit in den Sudetengau KLV-verschickten Kinder und die sie begleitenden Erwachsenen. Ihre Rückkehr konnte erst über ein Jahr nach Kriegsende durch Vermittlung der britischen Heilsarmee erreicht werden. Das Foto zeigt die Ankunft des Zuges mit den Rückkehrern aus dem Sudetengau auf dem Hauptbahnhof in Herne am 4. August 1946.

100

Wanne-Eickel

Abb. 106 (o.l.): Einige der 60 Mädchen aus Wanne-Eickel vor ihrer Abfahrt vom Bahnhof in Wanne am 30. April 1941 in ein (geschlossenes) KLV-Lager in Tatra-Lomnitz (Slowakei)

Abb. 107 (u.l.): Abfahrt von Schülerinnen der Unterstufe der Oberschule für Mädchen in Wanne-Eickel am 3. Mai 1941 in die KLV in der Slowakei. Die gesamte Unterstufe wurde damals in den Badeort Piestany verlegt und dort im Hotel ›Zur Linde‹ untergebracht, das für diesen Zweck beschlagnahmt worden war. Die Rückkehr der Schülerinnen erfolgte Ende Oktober 1941.

Abb. 108 (o.r.): Vom 3. Mai bis zum 25. Oktober 1941 war die Unterstufe der Oberschule für Mädchen Wanne-Eickel in einem (geschlossenen) KLV-Lager in Piestany in der Slowakei. Auf dem Foto blickt eine der Schülerinnen aus dem Fenster ihres Zimmers in dem als KLV-Lager genutzten Hotel ›Zur Linde‹ in Piestany.

Abb. 109 (o. l.): Zu den 60 Mädchen aus Wanne-Eickel, die am 30. April 1941 für ein gutes halbes Jahr in ein (geschlossenes) KLV-Lager in Tatra-Lomnitz in der Slowakei fuhren, gehörte auch die damals 12jährige Volksschülerin Elsbeth Caspers. Das Foto zeigt sie (ganz rechts) mit zwei ihrer Mitschülerinnen in Tatra-Lomnitz.

Abb. 110 (o. r.): Zwei Mädchen der vom 3. Mai bis zum 25. Oktober 1941 in ein (geschlossenes) KLV-Lager in Piestany (Slowakei) verschickten Oberschule für Mädchen Wanne-Eickel werfen ihre nach Hause geschriebenen Briefe selbst in einen Briefkasten. In manchen KLV-Lagern mußten die Kinder ihre Post bei der Lagerleitung abgeben, von der eine Postzensur ausgeübt wurde.

Abb. 111 (u.): Mit der Zahnradbahn fahren die aus Wanne-Eickel gekommenen Schülerinnen des KLV-Mädchenlagers ›Villa Bozena‹ in Tatra-Lomnitz (Slowakei) am 3. Juni 1941 bei einem Ausflug zum Steinbadsee zur Station der Seilbahn auf die Lomnitzer Spitze.

Abb. 112: Gruppenaufnahme der Schülerinnen aus Wanne-Eickel vor ihrem KLV-Lager ›Villa Bozena‹ in Tatra-Lomnitz (Slowakei), 1941

Abb. 113 (o.): Trautenau in Nordost-Böhmen (Sudetenland) – Ringplatz/Marktplatz mit Rathaus und der katholischen Kirche, Postkartenaufnahme vor dem 2. Weltkrieg. Die Stadt war von August 1943 bis Februar 1945 Evakuierungsort der Oberschule für Jungen in Wanne-Eickel.

Abb. 114 (u.): Im Rahmen der Schulevakuierung kam die damals 7jährige Ursula Vogt aus Wanne-Eickel im Sommer 1943 in das Dorf Karlklow, Kreis Lauenburg, in Pommern. Auf dem Foto steht sie neben ihrer zu Besuch gekommenen Mutter (r.) zusammen mit einigen der Dorfkinder, 1944.

Abb. 115 (o. l.): Mit der Evakuierung der Schulen in Wanne-Eickel nach Pommern im Sommer 1943 kamen diese Mutter, ihre damals 8jährige Tochter und ihr 5jähriger Sohn in das Dorf Lüllemin im Kreis Stolp. Das Foto zeigt im Hintergrund die Rückseite der Getreidemühle und die Stallungen des Hofes, auf dem sie damals einquartiert worden waren.

Abb. 116 (o. r.): Eine weitere Aufnahme der Mutter aus Wanne-Eickel mit ihrer acht Jahre alten Tochter und deren drei Jahre jüngerem Bruder in ihrem Evakuierungsort, dem Dorf Lüllemin, Kreis Stolp, in Pommern.

Abb. 117 (u. l.): Am 13. August 1943 wurde die damals zwölf Jahre alte Schülerin Ingetraud Magunia der Hildegardis-Volksschule in Wanne-Eickel mit ihrer Schule und zusammen mit ihrer Mutter und ihrem jüngeren Bruder nach Pommern evakuiert. Die drei fanden Unterkunft in Schwartow, Kreis Lauenburg, im dortigen Pfarrhaus, in dessen Garten im Spätsommer 1943 auch dieses Foto entstand.

Abb. 118 (o.): Zwei der in Schwartow, Kreis Lauenburg, in Pommern evakuierten Volksschülerinnen aus Wanne-Eickel vertreiben sich im Winter 1943/1944 die Zeit mit Schneeballwerfen.

Abb. 119 (u.): Schüler aus Wanne-Eickel mit dem Lagermannschaftsführer und Lagermannschafts-Unterführer (hintere Reihe 5. bzw. 4. von rechts) vor ihrem KLV-Sommerlager-Gebäude, der ›Pension Stiehler‹ in Ahlbeck auf Usedom, 1944

Wattenscheid

Abb. 120 (o.): Auf der Mauer hinter ihrem KLV-Lagergebäude in Lutof (Slowakei) haben einige der dort untergebrachten Unterstufen-Schülerinnen der Oberschule für Mädchen in Wattenscheid Platz genommen, 1941/1942.

Abb. 121 (u.): Teile der Quinta und Untertertia der Oberschule für Jungen (Klasse 4 und 5) Wattenscheid des KLV-Lagers ›Trinanon‹ in Piestany (Slowakei), 1941. In der hinteren Reihe rechts steht der Lehrer-Lagerleiter Studienrat Irle.

Abb. 122 (o.): Die Unterstufen-Schüler der Oberschule für Jungen Wattenscheid mit ihren Lehrern Dr. Germing (l.) und Studienrat Wempe (r.) im KLV-Lager in Piestany (Slowakei), April bis Oktober 1941

Abb. 123 (u.): Die im ›Haus Medonski‹ in Piestany (Slowakei) untergebrachten Schüler der Untertertia bzw. Obertertia (Klasse 4 und 5) der Oberschule für Jungen Wattenscheid im Hof des KLV-Lagers mit dem Eigentümer-Ehepaar Medonski, Studienrat Immenkötter und dem Lagermannschaftsführer Bröker, 1941

Abb. 124: Auf diesem Gruppenfoto haben sich die ca. 125 Mädchen aus den Klassen 1 bis 4 (Sexta bis Untertertia) der Oberschule für Mädchen Wattenscheid aufgestellt, die Anfang Mai 1941 in das KLV-Mädchenlager auf dem Gut Janecek in Podluzany in der Slowakei gekommen waren.

Abb. 125 (o. l.): Gutsbesitzer Janecek mit Sohn, Lagermädelführerin und den fünf Lagermädel-Unterführerinnen (alle Führerinnen waren Schülerinnen der 6. Klasse der Oberschule für Mädchen Wattenscheid) in Podluzany (Slowakei), 1941. – Auf dem Gut war seinerzeit ein aus ca. 125 Mädchen der Unterstufe der Oberschule für Mädchen in Wattenscheid bestehendes KLV-Lager untergebracht.

Abb. 126 (o. r.): Schülerinnen der Oberschule für Mädchen Wattenscheid im KLV-Mädchenlager in Tatra Lomnitz (Slowakei), 1941

Abb. 127 (u. r.): Schülerinnen der Oberschule für Mädchen Wattenscheid des KLV-Mädchenlagers ›Villa Bugsch‹ in Tatra Lomnitz (Slowakei) an der Wasserpumpe, 1941

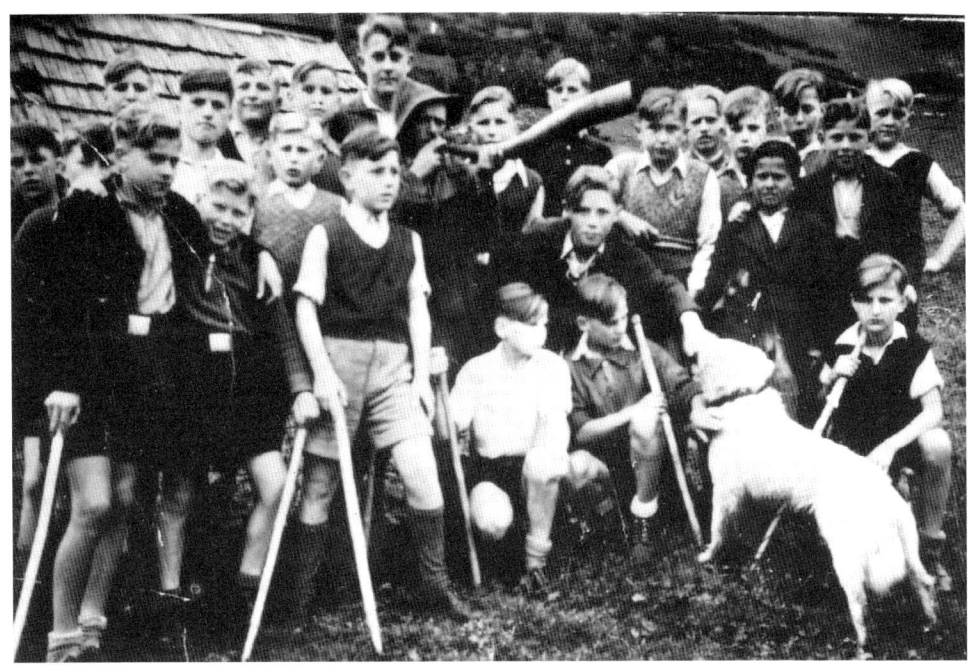

Abb. 128 (o. l.): Auf einer Wanderung in der Hohen Tatra legen die aus Wattenscheid stammenden Jungen des KLV-Lagers ›Villa Loisch‹ in Tatra-Matlarenau (Slowakei) bei einem Ziegenhirten eine Rastpause ein, 1941.

Abb. 129 (o. r.): Vom 27. Mai bis September 1943 fuhren mehrere Klassen der Volksschule in Wattenscheid-Günnigfeld in ein KLV-Lager in der Jugendherberge in Reit im Winkel. Zu ihnen gehörte auch die auf dem Foto zu sehende damals gerade zwölf Jahre alt gewordene Anita Wärisch. Nach ihrer Aussage (1999) waren die beiden betreuenden Lehrerinnen »herzlich, lieb und fürsorglich«.

Abb. 130 (u. l.): ›Wachablösung‹ vor dem KLV-Lager im ehemaligen Kurhaus in Bad Griesebach im Schwarzwald. In diesem Lager befanden sich vom 30. Januar bis zum 21. Oktober 1941 ca. 50 Volksschüler aus Wattenscheid und etwa 200 aus Wanne-Eickel. Nachdem einige Jungen aus dem Lager ausgerissen waren – einige schafften es sogar bis nach Hause, andere wurden wieder ›eingefangen‹ –, richtete man eine eigene Lagerwache ein. Das Verlassen des Lagers war danach nur noch mit besonderer Genehmigung möglich.

Witten

Abb. 131 (o.): Ende Januar 1941 kam der auf diesem Foto zu sehende damals zehn Jahre alte Volksschüler Heinz Carow auf Grund einer freiwilligen Meldung im Rahmen der erweiterten KLV in das Dorf Lauben im Allgäu.

Abb. 132 (u.): Gruppenaufnahme des (offenen) KLV-Lagers Wittener Kinder in Wildpoldsried bei Kempten im Allgäu, 1941. Das Foto wurde auf der Dorfstraße aufgenommen.

Abb. 133 (o.): Gruppenaufnahme des (offenen) KLV-Lagers Wittener Kinder in Wildpoldsried bei Kempten im Allgäu, 1941

Abb. 134 (u.): Die aus Witten in ein (offenes) KLV-Lager in Wildpoldsried bei Kempten im Allgäu verschickten Kinder vertreiben sich im Sommer 1941 die Zeit im Dorf-Schwimmbad.

Abb. 135 (o.): Morgendlicher Fahnenappell mit Fahnenspruch von Volksschülerinnen der 8. Klassen aus Witten im KLV-Lager ›Hotel Hirsch‹ in Zwieselberg bei Freudenstadt im Schwarzwald, 1942. Die NS-ideologische Ausrichtung der einzelnen KLV-Lager hing wesentlich von der persönlichen Haltung der jeweiligen Lehrpersonen und BDM-Führerinnen bzw. HJ-Führer ab und war folglich sehr unterschiedlich.

Abb. 136 (u.): Schülerinnen aus den 8. Klassen von Volksschulen in Witten erhalten im Garten ihres KLV-Lagers ›Hotel Hirsch‹ in Zwieselberg bei Freudenstadt (Schwarzwald) Unterricht durch ihre Lagerleiterin und Lehrerin Fräulein Wohlfahrt (ganz rechts), 1942.

Abb. 137 (o.): ›Maskerade‹ der Schülerinnen der 8. Klassen der Crengeldanz- und Bruchschule in Witten im Garten ihres KLV-Lagers ›Hotel Hirsch‹ in Zwieselberg bei Freudenstadt (Schwarzwald), 1942

Abb. 138 (u.): Reigen von Schülerinnen der 8. Klassen verschiedener Wittener Volksschulen des KLV-Lagers ›Hotel Hirsch‹ in Zwieselberg bei Freudenstadt (Schwarzwald), 1942

Abb. 139: Im Rahmen der erweiterten KLV wurde vom 15. November 1942 bis zum 8. Mai 1943 die Mittelschule in Witten mitsamt den Lehrkräften nach Garmisch-Partenkirchen verlegt. Das Foto zeigt die Jungen der Klasse 4 a der Schule im Hof ihres Lagers, der Pension ›Claushof‹. Hinten rechts steht ihr Klassenlehrer und Lagerleiter Fritz Gorbahn.

Abb. 140 (o. l.) und 142 (u. l.): Nach ihrer Ankunft auf dem Bahnhof in Garmisch-Partenkirchen am 16. November 1942 warten Schülerinnen und Lehrpersonen der Mittelschule Witten auf die Weiterbeförderung in die vorgesehenen KLV-Lager am Ort.

Abb. 141 (o. r.): Schülerinnen der Klasse 2 b der Mittelschule Witten vor ihrem KLV-Lager ›Hospiz Partenkirchen‹ in Garmisch-Partenkirchen, Frühjahr 1943

Abb. 143 (o.): Jungen aus verschiedenen Volksschulen in der Stadt Witten warten am 9. März 1943 mit dem Lehrer und vorgesehenen Lagerleiter Albin Schilling auf dem Wittener Hauptbahnhof auf die Ankunft des regulären Zugs nach Bochum-Langendreer, wo sie den KLV-Sonderzug nach Bayern besteigen sollen. Die ca. 60 Jungen aus Witten kamen in das (geschlossene) KLV-Lager im Kloster Moosen der Armen Schulschwestern in Dorfen am Isen (Oberbayern).

Abb. 144 (u.): Mittagsruhe des KLV-Jungenlagers ›Kloster Moosen‹ in Dorfen am Isen (Oberbayern), 1943. In diesem Lager waren damals ca. 60 Jungen aus Wittener Volksschulen untergebracht.

Abb. 145 (o.): In einem Gasthof in Allmannsdorf nehmen Schüler der im Sommer 1943 nach Konstanz evakuierten Oberschule für Jungen in Witten ihr Mittagessen ein. Am Kopfende des Tisches sitzt der Lager- und amtierende Schulleiter Studienrat Marburger.

Abb. 146 (u.): Schulunterricht der aus Witten nach Baden evakuierten Oberschule für Jungen in einem Schulgebäude in Konstanz-Altstadt, 1943/1944. Bei der Lehrerin handelt es sich um die Ehefrau des Lagerleiters und amtierenden Schulleiters, Studienrat Marburger.

Abb. 147 (o. l.): Schülerinnen der im Sommer 1943 nach Titisee bei Neustadt im Schwarzwald evakuierten Oberschule für Mädchen Witten sägen vor ihrem Quartier Brennholz, 1943/1944.

Abb. 148 (o. r.): Gruppenfoto der Schülerinnen und Schüler zusammen mit Müttern und Pflegeeltern der im Rahmen der Schulevakuierung im Sommer 1943 nach Schlächtenhaus, Kreis Lörrach, im Schwarzwald verschickten Hüllberg-Volksschule in Witten-Annen, 1943/1944. Der genaue Ort und Anlaß der Aufnahme sind unbekannt.

Abb. 149 (u. r.): Kinder, Mütter und Lehrpersonen der im Rahmen der Schulevakuierung im Sommer 1943 nach Schlächtenhaus, Kreis Lörrach, im Schwarzwald verschickten Hüllberg-Volksschule in Witten-Annen bei einem Ausflug auf den Belchen, 1943/1944

Erinnerungsberichte

Täglich eine Tafel Schokolade und Mitbringsel aus dem Allgäu

(Teilnahme an einer KLV-Maßnahme vor Beginn der ›Erweiterten Kinderlandverschickung‹)

Freiwillig gemeldet

Die erste Verschickung im Rahmen der sog. ›KLV-Maßnahmen‹, an der ich teilnahm, führte vom 2. August 1940 für zwei Monate in den ›Gau Nieder-Donau‹ (heute Niederösterreich), in der »Ostmark«, wie es im damaligen offiziellen Sprachgebrauch hieß.

Ich weiß heute noch nicht, was mich seinerzeit bewogen hat, als 10jähriger »Pimpf« mich zu einer solchen Verschickung zu melden, die damals ja noch freiwillig war. Denn ich lebte in einer intakten Familie mit strengen, aber liebevollen Eltern! Auch von meinen Schulfreunden und Jungvolk-Kameraden nahm niemand an dieser ersten Verschickung teil. Später änderte sich das aber.

Am 2. August 1940 trafen sich die Teilnehmer auf dem Humboldt-Platz in Witten. Auf der ausgehändigten Umhängekarte war eine Nummer vermerkt, und hinter dem Schild mit der betreffenden Nummer nahmen alle Kinder dieser Gruppe Aufstellung. Von dort marschierten wir – natürlich in »guter Ordnung und Disziplin« – zum Wittener Hauptbahnhof. Den Eltern war eine Begleitung ihrer Kinder auf den Bahnsteig vorher schon verboten worden.

An die Fahrt – natürlich mit einem Sonderzug, in den unterwegs noch mehr Kinder zustiegen – habe ich wenige Erinnerungen. Ich weiß nur noch, daß wir unterwegs irgendwann von Rot-Kreuz-Schwestern warmes Essen erhielten. Auch Kakao wurde dabei ausgeteilt.

Unterbringung in Alt-Nagelberg

In Schwarzenberg stiegen wir mit unseren Transportleitern und H.J.-Führern, die als Ordnungskräfte mitfuhren, aus und wurden mit Autobussen weiterbefördert. Es war vorgesehen, uns für eine Nacht in Hotels und Gaststätten unterzubringen, da wir am nächsten Morgen, frisch und ausgeruht, an unsere Bestimmungsorte gebracht werden sollten. Da aber alle Gaststätten belegt waren, fuhr man mit uns in ein RAD(Reichs-Arbeits-Dienst)-Lager in der Nähe, wo wir übernachten konnten.

Dort wurden wir am nächsten Morgen mit Kommißbrot und Kakao beköstigt und mit den Bussen in die Kreisstadt Gmünd gefahren. Nach einer Ansprache eines höheren HJ-Führers über Benehmen und Verhalten bei den Pflegeeltern wurden wir in kleinere Gruppen aufgeteilt, die dann in die verschiedenen Orte gebracht werden sollten. Nach meiner Erinnerung wurde dort schon der Name der betreffenden Pflegeeltern auf der Umhängekarte eingetragen.

Mit einem Milchauto fuhren wir, sechs Jungen und vier Mädchen, mit unserem Gepäck von Gmünd aus nach Neu-Nagelberg, einem kleinen Grenzort an der Leinsitz, wo drei Jungen und zwei Mädchen von ihren Pflegeeltern in Empfang genommen wurden. Wir anderen fuhren weiter, und nach etwa 15minütiger Fahrt hielt der Lkw an unserem Zielort, in Alt-Nagelberg, einem kleinen Dorf. Dort, vor einem Hotel-Restaurant, hatte sich eine große Menschenmenge versammelt. Die Frauen und Mädchen hatten zumeist ihre schönen Trachten des ›Waldviertels‹ angetan, wie die Gegend dort heißt, die Männer trugen hauptsächlich ihre SA-Uniform – mit Edelweiß an der Mütze! Alle waren gespannt, die Kinder aus dem »Altreich« zu sehen, wie sie es nannten.

Essen mit Messer und Gabel

Die Leute nahmen nun unsere Umhängekarten in Augenschein, und wenn sie »ihr« Kind gefunden hatten, wurde das notiert, und die Kinder in die Quartiere gebracht.

Zwei größere Mädchen, 16 und 18 Jahre alt, nahmen mich sehr freundlich in Empfang, nachdem sie den Namen ihrer Eltern auf meiner Karte entdeckt hatten, und führten mich und mein Gepäck in das Restaurant, in dem ihre Eltern Pächter waren. Diese begrüßten mich auch sehr freundlich. Mir wurde mein Zimmer im Obergeschoß gezeigt – erstmals ein eigenes Zimmer für mich alleine! –, und dann gab es schon Mittagessen. Zu meinem Schrecken sah ich, daß dort mit Messer und Gabel gegessen wurde. Aber ich guckte ab – und es ging!

Die acht Wochen, die ich dort verleben durfte, zählen zur schönsten Zeit meiner Kindheit, denn ich bin nie wieder so verwöhnt worden wie in dieser Zeit und von diesen freundlichen Menschen! Die ganze Familie tat wirklich *alles*, um mir den Aufenthalt dort so angenehm wie nur möglich zu gestalten! Schon nach zwei Wochen hatten sie mir einen Trachtenanzug gekauft und freuten sich, als ich ihn gerne anzog.

Sie wollten auch unbedingt, daß ich an Gewicht zunahm und so »mußte!« ich täglich eine ganze Tafel Schokolade essen, und sie waren ganz unglücklich, als nach einiger Zeit bei mir ein Gewichtsstillstand eintrat!

Ausflüge mit »*Tante*« und »*Onkel*«

Das Haus war ein sog. ›Werkshotel‹, in dem die leitenden Angestellten der benachbarten Glasfabrik ihre Mahlzeit mittags einnahmen, wie auch die ›Honoratioren‹ des Ortes – der Bahnmeister, Gendarmerie-Inspektor, Braumeister usw.

Da beide Töchter der Familie beruflich tätig waren und nur ein ›Dienstmädchen‹ im Haus tätig war, machte ich mich nützlich, indem ich mittags half, die Gäste zu bedienen. Das sah die Familie anscheinend ganz gerne, denn sie zeigte sich mir gegenüber »erkenntlich«. Mit dem Braumeister durfte ich die Brauerei besichtigen, mit dem Bahnmeister eine Fahrt auf einer Draisine unternehmen, die Glasfabrikation bestaunen und auch vier Trinkgläser nach meinem Wunsch blasen und bemalen lassen usw.

Mit »*Tante*« und »*Onkel*«, wie ich die Pflegeeltern nannte, machte ich Fahrten in die Umgebung, teils mit der Schmalspurbahn, teils mit der Kutsche. Und so kam ich nach Gmünd, nach Litschau (»Schwammel-Stadt«), zum ehemaligen Wasserschloß ›Heidenreichstein‹. Auch in der ehemaligen Tschechei war ich, im damaligen ›Protektorat Böhmen und Mähren‹, das ja ganz in der Nähe war.

Wenn die beiden Töchter abkömmlich waren, suchten wir in den umliegenden Wäldern »*Schwammerl*« (Pfifferlinge). Mit der jüngeren Tochter zusammen sang ich oft am Abend die Volks- und Wanderlieder, die wir kannten, und wir alberten viel herum!

Natürlich traf ich mich auch mit den beiden anderen Jungen aus Witten, die es ebenfalls bei ihren Pflegeeltern gut getroffen hatten! Wir »stromerten« durch die nahe gelegenen Wälder und kletterten auf die aufeinander getürmten Findlingsblöcke, die man dort überall findet.

Ein »Novum« für uns war es auch, den Frauen aus dem Dorf zuzusehen, die damals noch am Dorfteich ihre Wäsche spülten!

In einem kleinen Bach, der in den Teich mündete, fingen wir Krebse – also, wir hatten keine Langeweile!

Tränen beim Abschied

Ursprünglich war der Aufenthalt dort wohl nur für sechs Wochen geplant, für die Dauer der Ferien. Es hieß dann, als bekannt wurde, daß wir länger bleiben sollten, wir müßten dann die dortige Schule besuchen. Aber dieses Vorhaben wurde dann doch nicht realisiert.

Im Laufe der zwei Monate lernte ich auch etliche Verwandte meiner Pflegeeltern kennen, die aus Wien dorthin in die Sommerfrische kamen – alles »gut betuchte« Leute. Und auch sie verwöhnten mich alle!

Jedenfalls schieden wir unter Tränen, als es wieder heimwärts ging. Und daß mich alle ins Herz geschlossen hatten, davon zeugte mancher lieber Brief und manches Paket, das ich in den folgenden Jahren von diesen lieben Menschen erhielt.

Pflegeeltern nicht erschienen

(Zweiter KLV-Aufenthalt – nun im Rahmen der ›Erweiterten Kinderlandverschickung‹)

Durch die guten Erfahrungen bei der ersten Verschickung ermutigt, meldete ich mich Anfang Januar 1941 zu einem erneuten KLV-Aufenthalt an. Diesmal war als Ziel der ›Gau Schwaben‹, das Allgäu, vorgesehen.

Die Eltern einiger Schulfreunde hatten sich sowohl bei mir als auch bei meinen Eltern inzwischen erkundigt, wie es mir bei meinem ersten KLV-Aufenthalt ergangen war. Und da ich so begeistert davon war, meldeten einige nun ihre Kinder ebenfalls an.

Am 22. Januar 1941 fuhren wir – wieder mit einem Sonderzug – »südwärts«. In Ulm sprangen zwei Kinder aus dem anfahrenden Zug, weil sie unterwegs schon von Heimweh überfallen wurden!

Auf der kleinen Bahnstation ›Heising‹ war für uns, eine Gruppe von ca. zehn Kindern, die Endstation erreicht. Dort hatten sich auch die zukünftigen Pflegeeltern eingefunden, um »ihr« Kind in Empfang zu nehmen. Mein bester Freund und seine Schwester wurden von Angehörigen ihrer Pflegefamilien mit einem Pferdeschlitten heimgefahren; von »meinen« Leuten dagegen war niemand erschienen!

Von einer resoluten Frau ›vereinnahmt‹

Der Bürgermeister, der die Registrierung vornahm, rief bei der Familie an, der ich zugeteilt worden war. Doch die antwortete, daß sie nur »ein Mädle« aufnehmen wollte und sonst gar kein Kind! Plötzlich drängte sich eine ältere, resolute Frau zu uns durch, die den Wirbel um mich wohl mitbekommen hatte, und fragte mich, ob ich zu ihr kommen wolle. Ehe ich noch antworten konnte, war sie schon zum Bürgermeister gegangen, zeigte auf mich und sagte zu ihm: »*Du, den Buam nimm i met hoam!*« Die Anschrift der Pflegefamilie auf meiner Umhängekarte wurde kurzerhand geändert. Dann konnte ich meinen Koffer auf einen Rodelschlitten packen und diesen »*hoam ziag'n*«, denn die neue Pflegemutter erklärte mir, daß sie in einem drei Kilometer entfernten Dorf wohne.

So kam ich also nach Lauben, Post Heising bei Kempten im Allgäu, wie die offizielle Adresse lautete.

Ich kam in die Familie des Malermeisters Alex Oberweiler, bestehend aus ihm und seiner Frau Maria (das war die ältere, resolute Dame) sowie der 28jährigen Tochter, die mit ihrem 3jährigen Töchterchen im Hause der Eltern lebte, damals noch ledig.

Lauben war seinerzeit ein kleines Dorf, gelegen an einem Altwasserarm der Iller, mit nur wenigen Häusern, einigen Bauernhöfen, einer Kirche, einer Schule und einem ›Krämerladen‹. Das Dorf war umgeben von großen Weideflächen, aber wenig Wald, und lag im ›Flachland‹. Die Allgäuer Berge, auf die ich mich doch schon so gefreut hatte, sah man nur in der Ferne. Ich bekam auch dort wieder ein eigenes Zimmer zugewiesen, packte meinen Koffer aus und dann gab's in der Wohnstub'n (mit Kachelofen) ein großes Stück Hefezopf und dazu heiße Milch (es war damals sehr kalt!).

Als mich die Frau ermunterte, meine Milch mit so viel (Würfel-)Zucker zu süßen, wie ich wollte, nahm ich fünf Stück! (Davon sollte ich später noch hören!)

Biologie »pur« und »Tatzen«

In der ersten Woche waren wir dort noch vom Schulbesuch befreit, denn wir sollten uns erst »richtig einleben«. So suchte ich in diesen Tagen meinen Freund auf, der bei einem großen Bauern untergebracht war, seine Schwester hatte nebenan ein ›Kötter‹ aufgenommen. Ein anderer Wittener Junge war beim Ortspfarrer, einem würdigen, weißhaarigen ›Patriarchen‹, als Pflegekind, die anderen meines Wissens in Privathaushalten bei Pflegeeltern. (Der Begriff ›Gasteltern‹ war uns damals unbekannt!) Soviel ich weiß, erhielten die Pflegeeltern damals für die Aufnahme der Kinder von der NSV ein (geringes) Pflegegeld.

In der Schule gab es für uns »Stadtkinder« gleich eine große Umstellung: Wir kamen ja alle aus achtklassigen Schulen, und diese Dorfschule war einklassig! So etwas kannten wir doch nicht, und es bedurfte einer gewissen Eingewöhnungszeit unsererseits! Ich muß allerdings betonen, daß uns die Methode, zwei bis drei Jahrgängen zusammen denselben Lehrstoff zu vermitteln, keineswegs geschadet hat! Im Gegenteil! Als wir an unsere Heimatschulen zurückkamen, merkten wir, daß wir lehrstoffmäßig weiter fortgeschritten waren als unsere Klassenkameraden! Auch Unterricht in Biologie pur – am lebenden Objekt – bekamen wir, denn wo sollten wir Stadtkinder vorher gesehen haben, wie ein Bulle eine Kuh bespringt oder wie ein Kälbchen »geholt« wird! Noch etwas war in der Schule für uns neu: Als Bestrafung gab es dort vom »Herrn Hauptlehrer« – der einzigen Lehrkraft an der Schule (!) – statt der Ohrfeigen oder Schläge auf den Hintern die sog. »Tatzen«. Das waren Schläge mit dem Rohrstock auf die Handfläche (tat sehr weh, wie ich aus zweimaliger ›Erfahrung‹ weiß!).

Beinahe Meßdiener geworden

Nach den ersten Raufereien mit den Dorfbuben waren wir auch bei ihnen ›integriert‹! Als ich anfangs meine Freunde besuchte und auf die Frage ihrer Pflegeeltern sagte, bei welcher Familie ich untergebracht sei, hieß es oft: »So, du bist der Bua mit den fünf Zuckerstückchen!« (*Das* hatte sich also »'rumgesprochen«!)

Natürlich mußten wir in dieser Zeit dort auch am Dienst im Jungvolk teilnehmen, der aber dort »auf'm Dorf« viel lässiger durchgeführt wurde.

Mit meinen Pflegeeltern verstand ich mich ganz gut. Ich half der »Tante« im Haus und sogar in der Küche, was sie meinen Eltern gegenüber auch oft lobend erwähnte. Aber ein so herzliches Verhältnis wie bei den Leuten in der ›Ostmark‹ war es nicht! Mit der kleinen Enkeltochter freundete ich mich allerdings sehr an, wenn sie auch acht Jahre jünger war als ich, und noch heute, nach 56 Jahren, haben wir briefliche und telefonische Verbindung!

Von unseren Pflegeeltern wurden wir angehalten, am Sonntag die Messe zu besuchen, obwohl die Mehrzahl der Wittener Jungen doch »andersgläubig« war! Um des lieben Friedens willen gaben wir nach, und so zogen wir am Sonntag – meistens zweimal (!) – mit den »Gläubigen« zur Dorfkirche. Bald kannten wir uns auch mit den kirchlichen Riten und Gebräuchen der Katholiken gut aus, zumal einige unserer ›Spezies‹ aus dem Dorf als Ministranten fungierten. Fast hätte sogar ich selbst als Ministrant ›Karriere‹ gemacht. Denn als wegen Masern alle Ministranten ausfielen, teilte mich der Messner einfach als Ministrant ein! Erst als wir schon aus der Sakristei in die Kirche einziehen wollten – ich angetan mit dem weiß-roten Gewand und mit dem Weihrauchkessel bewehrt –, fragte er mich im letzten Moment beiläufig, ob ich katholisch sei. Und als ich das verneinte, hieß es »Kommando zurück!«

Für uns war es aber auch »toll«, wenn wir in der Kirche die Glocken läuteten und uns mit den Glockenseilen hochziehen ließen, oder am ›Krämerladen‹ den Drahtzug für die Klingel aushängten.

Allgäuer Mitbringsel

Als der neunmonatige Aufenthalt herum war, freute ich mich wirklich sehr, wieder zu meiner Familie zu kommen, denn es war doch eine sehr lange Zeit fern von Vater und Mutter gewesen! Ich muß gestehen, daß ich in diesem Dreivierteljahr doch öfters Heimweh hatte!

Meine Eltern waren allerdings mehr als erstaunt, als ich außer dem angenommenen Allgäuer Dialekt auch noch ein katholisches Gebetbuch, einen Rosenkranz und eine geweihte Medaille vom Kloster Andechs mit heimbrachte!

Bericht von Heinrich Carow, Traunreut, vom 7. Juli 1997

Überzogener militärischer Drill vermieste KLV-Aufenthalt

Zwei Tage Bahnfahrt

[...] Im Frühjahr 1941 veröffentlichte die Hattinger Zeitung einen Aufruf an die Eltern, ihre Kinder zur Kinderlandverschickung mit sechsmonatigem Aufenthalt in der Slowakei anzumelden. Mich reizten damals die weite Reise quer durch Deutschland und der Aufenthalt während der Sommerzeit in einem fremden Land – ohne Fliegeralarm. Acht Schüler der Geburtsjahrgänge 1928/29 allein aus der Weiltor-Schule [in Hattingen] meldeten sich an [...]

Am Sonntag, dem 27. April 1941, war es so weit. Treffpunkt: 9.00 Uhr am Bahnhof Hattingen (Ruhr). Jeder Reisende durfte nur einen Koffer mitnehmen, in dem Kleidung und Wäsche für ein halbes Jahr sowie die Schulutensilien unterzubringen waren. Außerdem hatte jeder Schüler seinen »Brotbeutel« mit Verpflegung für zwei Tage und eine »Feldflasche« umhängen.

Auf dem Südbahnsteig stand bereits der Sonderzug mit sechs D-Zug-Wagen und schwerer Dampflok davor bereit; Ziel: Senkvice (Slowakei). Zunächst traf noch der Personenzug aus Hagen ein, der zahlreiche Schüler aus den Orten Volmarstein, Wengern und Herbede zur Weiterfahrt in die Slowakei mitbrachte. Ein Ordner rief die Jugendlichen namentlich auf und hängte jedem eine Karte um den Hals, auf der die Personalien und die Lageranschrift vermerkt waren. Bei den Jungen der Weiltor-Schule lautete das Ziel übereinstimmend: KLV-Lager Villa Neubauer, Modra-Harmonia, Slowakei [...]

Der Abschied von Eltern, Geschwistern und Freunden fiel allen nicht leicht, denn niemand von uns war schon einmal für ein halbes Jahr von zu Hause fort. Man hörte: Hoffentlich sehen wir uns im Oktober alle gesund wieder; mögen wir in Hattingen vom Bombenkrieg verschont bleiben; der Krieg ist bei eurer Rückkehr vielleicht schon zu Ende. Gegen 10.00 Uhr fuhr der Sonderzug ab; gewunken wurde noch, als der letzte Wagen hinter der Ruhrbrücke in Richtung Bochum-Dahlhausen verschwand [...] Der Zug mit etwa 550 Jugendlichen aus dem Ruhrgebiet dampfte weiter durch Hindenburg (Oberschlesien). Beim Blick auf die dortigen Kohlenzechen und Eisenhütten glaubte ich in heimatlichen Gefilden zu sein [...]

Dann wurde es auf unserer Reise zum zweiten Mal finstere Nacht. Auf der Station Trentschin-Teplitz (Slowakei) stiegen die meisten Schüler aus; sie waren am Ziel. Und die in Hattingen als erste Eingestiegenen fuhren weiter bis zum Dienstagmorgen um 6.00 Uhr. Unsere Endstation hieß Senkvice [...] Ein Bus brachte uns zur Villa Neubauer nach Modra-Harmonia, eine Stadt am Rande der Kleinen Karpaten. In der 46stündigen Fahrt hatten wir 1 464 km zurückgelegt.

Unterricht im Freien und militärischer Drill auf dem Tennisplatz

Unsere Villa stand in einem großen Park, ringsherum große Weinberge und weiter oberhalb viel Mischwald. An unserer Unterkunft schlängelte sich ein Bach vorbei. Die Landschaft war recht idyllisch. 59 Pimpfe, zwei Lehrer und zwei HJ-Führer bewohnten das Gebäude, das die Bezeichnung ›KLV-Lager Slo / 180‹ trug. Elf Jungen aus Hattingen, darunter wir acht Klassenkameraden, schliefen auf einer »Stube« im Obergeschoß. Eine Toilette für den gesamten Schlaftrakt war auf der gleichen Etage, eine weitere und der Waschraum im Erdgeschoß. Die Verpflegung aus der hauseigenen Küche war gut und schmackhaft.

Das Lagerleben verlief nach einem festen Plan: [...] Um 7.00 Uhr Wecken mit der Trillerpfeife und dem Ruf »Lagermannschaft aufstehen!« Eine Dreiviertelstunde später Stubenappell, dann Antreten auf dem Hof und Meldung durch den UvD [Unteroffizier vom Dienst] an den Lagerleiter. Nach dem Frühstück regelrechter Schulunterricht, [...] oft draußen im Park in lockerer Form. Nach dem Mittagessen eine Stunde Bettruhe. Am Nachmittag hatte der Lagermannschaftsführer das Sagen. Meistens stand ein Ausmarsch in den Wald auf dem Programm. Auf einem alten, ganz im Grünen gelegenen Tennisplatz wurden wir mehrmals wöchentlich mit militärischer Disziplin gedrillt. Die Kommandos bei dem Exerzieren lauteten: Hinlegen, Sprung auf, marsch, marsch! Kniebeuge, Liegestütze, Laufen, Singen usw. Den meisten Jungen hing nach zwei Stunden die Zunge zum Halse heraus. Ich verspürte Schmerzen in der Brust, oder die Bronchien gaben Pfeiftöne von sich. Da absoluter Gehorsam verlangt und Widerspruch nicht geduldet wurde, verlief eine Woche nach der anderen in dieser Form [...] Die beiden Lehrer schritten gegen die Schikane des Lagermannschaftsführers nicht ein. Dessen Erziehungsmethode erschien uns überzogen und vermieste allen den Aufenthalt erheblich in der so herrlichen Gegend an den Hängen der Kleinen Karpaten [...]

Lagerleben

An vielen Tagen war aber die Stimmung der Lagermannschaft gut, denn während des halben Jahres schien meistens die Sonne; es regnete kaum. Bei gutem Wetter wurde Fußball gespielt [...] Wir Jungen konnten das Freischwimmerzeugnis und das DJ[=Deutsches

Jungvolk]-Leistungsabzeichen erwerben. Die aus Volmarsteiner Schülern bestehende Lagerkapelle erntete bei ihren Auftritten stets viel Beifall [...]

In angenehmer Erinnerung sind mir die Wanderungen mit der gesamten Lagermannschaft [...]

In den Abendstunden blieb uns Zeit fürs Briefe schreiben. Alle Mitteilungen mußten offen bei der Lagerleitung abgegeben werden; man konnte deshalb nicht alles schreiben, was man dachte. Der Korrespondenzaufsicht unserer Lehrer konnten wir uns durch Benutzung der üblichen Postverbindungen außerhalb des Lagers nicht entziehen, weil wir weder das Lager verlassen durften, noch über Bargeld für Briefmarken verfügten. Einmal wurde im Schulunterricht eine gemeinsame Schreibstunde angesetzt. Es ging dabei um die Einladung unserer Eltern zu einem Treffen in einer Gaststätte, auf dem unser Lehrer gelegentlich seiner Familienheimfahrt den Eltern über das Lagerleben berichten wollte [...]

Gelegentlich wurde in den Abendstunden auch eine Putz- und Flickstunde angesetzt. Dann hieß es Schuhe putzen, Strümpfe stopfen oder mal einen Knopf annähen.

Ein Radio gab es in unserem Lager nicht, eine Zeitung war ab und an mal einzusehen [...]

Wir Kinder erhielten von der Lagerleitung ein monatliches Taschengeld von fünf Mark in slowakischer Währung (Kronen und Heller). Den Betrag bekamen wir aber nicht in bar zur freien Verfügung, sondern jeder von uns erhielt ein kleines Heft, in dem die Ausgaben für die Dinge des täglichen Bedarfs gebucht wurden.

Prägendes Kriegs- und Lebensereignis
Zwei Wochen vor Ablauf des sechsmonatigen Aufenthalts stand der Rückreisetermin noch nicht fest. Da fragte uns der Lagerleiter, ob er mal die Heimreise bei der HJ-Gebietsleitung reklamieren solle und bat um das Handzeichen. Erstaunlich war, daß niemand zur Heimreise drängte. Am 4. November 1941 mittags bestiegen wir aber den Sonderzug nach Hamm (Westfalen). Zwei Tage später trafen wir vollzählig, wohlbehalten und von Kriegsereignissen unversehrt in der Heimat ein.

Zusammenfassend muß ich sagen, daß ich eine schöne Zeit in einem herrlichen Land verbrachte und weder durch Fliegeralarm aus dem Schlaf gerissen wurde, noch vom Beginn des Rußlandfeldzuges am 22. Juli 1941 und seinem weiteren Verlauf etwas zu spüren bekam.

Die Kinderlandverschickung im Jahre 1941 war für mich das erste Kriegserlebnis, das mich für mein weiteres Leben nachhaltig geprägt hat. Die strenge Erziehung und die körperliche Ertüchtigung hatten trotz aller Pein auch etwas Gutes. Die meisten KLV-Kameraden und auch ich wurden drei Jahre später im jugendlichen Alter von 16 Jahren Soldat, mußten in den Krieg ziehen und gerieten in Gefangenschaft. Jetzt kamen mir die erfahrene Härte, Ausdauer, Kameradschaft, das Improvisationsvermögen und vieles andere zugute [...]

Bericht von Gerhard Wojan, Bochum, vom 30. September 1999

Für die Schule keine Zeit

Freundliche Aufnahme
Nach Abschluß des ersten Schuljahres 1941, welches ich als Klassenbester [in einer Volksschule in Bochum] abschloß, wurde ich nach Illertissen [Regierungsbezirk Schwaben, Bayern] im Rahmen einer KLV verschickt. Mein Freund, Nachbarjunge und Klassenkamerad Werner Rüsskamp [...] gelangte mit dem gleichen Transport nach Bellenberg bei Illertissen. Ich erinnere mich, daß er wesentlich früher wieder in Bochum war als ich.

In Illertissen angekommen, stand ich mit mehreren Kindern auf dem Bahnsteig. Wir hatten ein DIN A5 großes Pappschild an einem Bindfaden um den Hals gebunden, auf dem unsere Namen vermerkt waren nebst Namen der Gasteltern. Die Gasteltern suchten dann »ihr Kind« heraus und nahmen es mit. Anmerken muß ich, daß ich nie danach Kontakt zu einem der anderen Kinder hatte. Mir war auch kein anderes Kind vorher bekannt.

Die Aufnahme war sehr freundlich. Ich war im Zimmer der Tochter der Gasteltern in einem Kinderbett untergebracht. Auch die Verpflegung war für mich unbekannt reichlich. In Bochum war längst nicht mehr alles zu bekommen.

Die Gasteltern hatten ein Anwesen mit Gaststätte, Hotel, Viehställen und Vorratsräumen für Viehfutter. Zudem betrieben sie eine Spedition.

Arbeitsreicher Tag
Ich besuchte die dortige Volksschule ab der zweiten Klasse. Die schulische Betreuung und die Zeitgewährung für Hausaufgaben muß ich sehr kritisieren. Von Bochum als Klassenbester abgereist, war ich alsbald einer der schlechtesten Schüler in der Klasse. Die Tochter der Gasteltern mußte mehrfach in der Schule wegen meiner schlechten Leistungen und vor allem wegen fehlender Hausaufgaben vorsprechen. Es änderte sich nichts. Auch in

der dritten Klasse gehörte ich zu den schlechteren Schülern. Verständlich wird diese Situation erst, wenn meine Tagesabläufe bekannt sind:

Bevor es zur Schule ging, mußte ich zehn bis zwölf Kühe auf die sog. Schloßweide treiben. Der Weg führte durch den ganzen Ort bis zum Schloß außerhalb des Ortes. Danach ging es zur Schule. Von der Schule zurückgekehrt, waren Arbeiten auf dem Hof zu erledigen oder aber ich mußte mit dem Fahrrad zu verschiedenen Feldern und Weiden fahren und dort mithelfen. Die Mithilfe war: Korngaben binden und aufstellen, Heu so weit wie möglich aufladen und Verpflegung zu den Feldern und den beschäftigten Erntehelfern bringen. Oft war der Mähbalken zum Schleifen wegzubringen und wieder abzuholen. Wenn die Heu- oder Kornwagen zurückkehrten, bediente ich den elektrischen Kran zum Abladen.

Wenn Bahnsendungen zu transportieren waren, fuhr ich nach kurzer Zeit des Anlernens allein ein Ochsengespann, holte Sendungen vom Bahnhof ab und lieferte sie aus.

Pünktlich um 18.00 Uhr mußten die Kühe zurückgetrieben werden zum Stall. Dort wurden sie gemolken. Die Milch fuhr ich zur gegenüberliegenden Molkerei und nahm auf dem Rückweg Butter und Käse mit. Gelegentlich war Molke für das Schweinefutter zu holen. Danach war das Ausmisten des Stalles angesagt. Exakt um 22.00 Uhr mußte ich einen älteren Gast zum Altenheim begleiten und erhielt dafür immer zehn Pfennig. Zurückgekehrt, sammelte ich Aschenbecher ein und suchte die Zigaretten- und Zigarrenkippen heraus, schnitt Mundstück und verbrannten Rest ab, zerfaserte den Tabak und gab ihn in leere Zigarettenschachteln. Diese verkaufte ich an feste Abnehmer für 50 Pfennig. So kam ich an etwas Taschengeld. Von den Gasteltern erhielt ich kein Taschengeld.

Weitere Tätigkeiten waren Unkraut jäten im Garten, Hühner füttern, Reisig binden und aufstapeln, Holz hacken und ebenfalls aufstapeln. Das gepflückte Obst mußte eingelagert werden.

Im Winter nahm der Umfang der Arbeiten ab. Dafür waren auf dem große Hof Parkplätze und Wege schneefrei zu räumen und zu halten.

Erst im Winter gelang es mir, etwas mehr für die Schule zu leisten. So erfolgte dann auch die Versetzung in die nächsthöhere Klasse, nachdem im Herbst die Versetzung noch gefährdet war.

Keine Schuhe
Bekleidung wurde für mich kaum gekauft. Nie hatte ich z.B. eine Lederhose. Schläge in der Schule mit Rohrstock auf das Hinterteil spürte ich sehr. Eine Lederhose wäre da doch angebrachter gewesen. Meine Mutter schickte oft selbstgestrickte Sachen, die ich anzog. Lediglich einen sog. Marineanzug der Firma Bleyle erhielt ich. Auf der Mütze mit zwei Flatterbändern prangte der Name ›Kriegsmarine‹. Schuhe erhielt ich ebenfalls nicht. Vom Frühjahr bis zum Herbst bin ich barfuß gelaufen. Einzig Holzsandalen wurden für mich gekauft.

Der lange Aufenthalt [ca. zwei Jahre] führte dazu, daß ich den dortigen Dialekt mehr und mehr sprach. Nach Bochum zurückgekehrt, mußte ich erst wieder lernen, hochdeutsch zu sprechen. [...]

Ausgebeutet, aber selbständig geworden
Rückblickend muß ich sagen, daß ich als Kind im Alter von sieben und acht Jahren regelrecht ausgebeutet worden bin. Einzig Unterkunft und Verpflegung bei gelegentlichem Bekleidungskauf war die Gegenleistung. Trotzdem beklage ich mich über diesen Aufenthalt nicht, denn ich lernte viele praktische Dinge und wurde sehr selbständig, so selbständig, daß das eigene Elternhaus mir fremd geworden war. Ein inniges Verhältnis zu den Eltern bestand nicht mehr. Immer wieder hat es mich nach dem 2. Weltkrieg nach Illertissen gedrängt, was leider nur im Urlaub möglich war.

Ergänzen möchte ich noch, daß mein Heimweh 1941 nach Bochum nur von kurzer Dauer war, denn ich war in die Gastfamilie und in eine weitere Familie fest integriert.

Bericht von Günter F. Stirnberg, Bochum, vom 1. November 1999

Mit Reifevermerk aus KLV zurück

Reiseziel war unbekannt
Der 3. Mai 1941 war der Abreisetag für unseren ersten KLV-Aufenthalt. Aus welchem Grund die unteren vier Klassen [der Oberschule für Mädchen in Wanne-Eickel] weggeschickt wurden, weiß ich nicht – vielleicht, um uns eine gewisse Zeit in Sicherheit zu bringen [...] Dieser Aufenthalt sollte eigentlich nur sechs Wochen dauern, und dann wurden sechs Monate daraus.

Die Reise begann auf dem Güterbahnhof [in Wanne-Eickel]. Da waren dann Berge von Koffern und Kisten. Die Eltern, aufgeregt und traurig, gaben den Kindern immer noch letzte Ermahnungen. Und auch wir Kinder waren aufgeregt, aber auch voller Neugierde auf das, was vor uns lag. Schlimm war allerdings, daß das eigentliche Reiseziel unbekannt war. Die Eltern wußten nur, es geht gen

Osten in die Slowakei. Noch ahnten wir nicht, daß über 40 Stunden Bahnfahrt vor uns lagen, die einigen ganz schlecht bekam.

Irgendwann hielt auf dem Nachbargleis ein Zug mit Soldaten. Sie reichten uns von Fenster zu Fenster Stücke Schokolade, wünschten uns alles Gute und sahen uns mitleidig an. Da kam mir zum ersten Mal zu Bewußtsein, wie weit wir schon von zu Hause weg waren. Die Stimmung war jetzt nicht mehr so freudig. In der Nacht hielten wir in einem spärlich beleuchteten Bahnhof, und Helferinnen vom Roten Kreuz reichten uns heißen Tee, süß und mit Zitrone. Für uns war das etwas Besonderes.

Zuerst blieben wir in einem Jagdschloß weit hinten in der Slowakei. Doch Schloß Dvoreć war für so viele Mädchen nur notdürftig hergerichtet worden, und so ging es am 10. Mai weiter in den Badeort Pystian (oder Piestany).

Unterbringung im Hotel
Unsere neue Unterkunft war ein Hotel. Für uns waren es alles tolle Eindrücke, wenn auch die roten Teppichläufer am anderen Morgen aufgerollt waren und der aus einem Gitterkorb bestehende Fahrstuhl stillgelegt war. Was uns für sechs Monate an Beeindruckendem blieb, waren der Kurpark, gut gekleidete Menschen, eben auch im Krieg noch Badeort-Atmosphäre. Dann das fast immer herrliche Sommerwetter und – ganz wichtig – unser »Lagerleben«, die Gemeinschaft. Schülerinnen einer Oberstufenklasse betreuten uns zunächst als Führerinnen. Die Lehrerinnen hielten den Unterricht zum Teil draußen ab. Da wurde dann in einer stillen Ecke des Kurparks z.B. der Satz des Thales mit einem Stöckchen auf den Boden gezeichnet.

Endlich stand auch die briefliche Verbindung nach Hause. Noch kamen aus der Heimat nur ganz vereinzelt schlimme oder traurige Nachrichten [...] Wir genossen jedenfalls die Wanderungen, den Kurpark, die vielen Sportnachmittage in den Waagwiesen [...]

Dank den Lehrerinnen
Heimweh? Ich kannte es nicht, doch andere schon. Bei manchen war es sogar ganz schlimm. Und so hieß es in unserem Lagerlied: *»In des Nachts lautlosen Stillen, faria faria ho, fängt gar eine an zu brüllen, faria, faria, ho. Mutti, Mutti, hol mich heim, faria, faria, ho. Und dann schläft man wieder ein, faria, faria, ho.«* Einen Dank muß man heute noch unseren Lehrerinnen sagen, die uns so relativ unbeschadet durch die sechs Monate brachten [...]

So vergingen die Wochen, ausgefüllt mit Unterricht, viel Sport und Spiel und sonntags »fein« angezogen mit Spaziergängen durch den Kurpark. Dort war es auch, wo wir eines Abends ein Konzert gaben unter dem Motto »*Deutsche Kinder singen für das Slowakische Rote Kreuz*«. Es war ein großer Erfolg.

Jemand hatte entdeckt, daß unsere Eltern uns Antwortscheine schicken konnten. Wenn man Glück hatte, wurden die einem mit einer Krone je Stück eingetauscht. Dafür konnte man sich dann etwas Süßes kaufen, z.B. die begehrten »*Küsse*«, ein mit Schokolade überzogenes und mit Creme gefülltes Bisquit-Gebäck. Das gab es sonst nur, wenn am Geburtstag eine Lehrerin mit dem Geburtstagskind ins Café ging [...]

Doch dann wurde das Verlangen nach Hause immer größer. Endlich, am 25. Oktober 1941, war der Abschied vom ›Hotel zur Linde‹ gekommen. Nach einer langen, langen Fahrt konnten die glücklichen Eltern ihre Kinder in die Arme schließen, manchmal schon erstaunt über eine ganz nette Gewichtszunahme – ja, die leckere slowakische Küche! Im nachhinein nochmals ein Dank an diejenigen, die uns durch diese sechs Monate begleitet haben und uns – bis auf das Heimweh – eine sorglose Zeit bereiteten.

Schulverschickt nach Reichenberg
[...] Nach Ernteeinsatz (*wegen* des Krieges) und Tanzstundenkursen (*trotz* des Krieges) nahmen wir ab dem 25. August 1943 an unserer zweiten KLV teil. Wir wußten wenigstens: Es geht nach Reichenberg in den Sudetengau. Es fuhren die Klassen 1 bis 7. Diesmal kamen zu unserer Betreuung nur Lehrkräfte mit, keine »Führerinnen« [...], und diesmal erfolgte die Unterbringung in Familien. Zu dritt kamen wir in eine der großen, schönen alten Villen am Gondelteich und am Volkspark. Der Unterricht war regelmäßig im Wechsel mit der Reichenberger Mädchenoberschule, mal vor-, mal nachmittags. Unsere Lateinlehrerin, Frau Dr. Fuchs, war Einheimische. Wir hatten gern bei ihr Unterricht. Sie schwärmte förmlich von dem Schick und der Gewandtheit der Pragerinnen. *»Dagegen seid ihr Madels doch a bisserl steif und wenig schick.«* Verpackt in so angenehm klingendes Sudetendeutsch, konnten uns solche Bemerkungen nicht kränken – im Gegenteil!

Zu reizender Familie gekommen
Für uns drei war es eine schöne Zeit. Eine Mahlzeit nahmen wir täglich in dem kleinen, hübschen ›Hotel Schneider‹, uns gleich gegenüber, ein und fühlten uns prima bis – ja, bis unser Fräulein Steltmann (auch Hochwürden genannt) unser Leben als vorgezogene Studentenromantik bezeichnete und Inge und mich in eine auch ganz reizende Familie – Bruder und Schwester – brachte. Nun wurden wir alle drei rundum in Familien versorgt, wie das bei allen anderen Schülerinnen der Fall war. Gut waren die dran, die

im Ländlichen untergebracht waren und auch diejenigen, die ihre Mütter dabei hatten, das gab es auch in einigen Fällen. Was die Zeit für die meisten von uns gut sein ließ: von allen Seiten freundliche Menschen, Sudetendeutsche. Ja, und die Tschechen? Die sah man nicht [...] Wir fragten auch gar nicht danach. Wir genossen das Leben in dieser sympathischen Stadt, in diesem schönen Land [...] Von der Haushälterin, unserer lieben alten Dame, der gnädigen Frau, wurden wir drei Fräuleins liebevoll betreut, genauso wie Inge und ich auch von unseren nächsten Pflegeeltern [...] Dann unser Zusammengehörigkeitsgefühl und auch die wunderbaren Theaterbesuche! [...]

Vierblättrige Kleepflanzen zum Abschied
Unsere Eltern waren bemüht, uns munter klingende Briefe zu schreiben, d. h., uns nicht zu sehr zu beunruhigen. Aber tief drinnen wurde die Sorge um zu Hause immer größer, obwohl die Nachrichten im Radio immer positiver klangen. Unseren Eltern gelang es, jedenfalls einigen, uns zu besuchen. Auch sie waren sehr beeindruckt von »unserer« Stadt. Beim Abschied von ihnen ahnten wir nicht, was im Ruhrgebiet inzwischen los war und was noch geschehen würde.

Mittlerweile war es Sommer 1944. Mitte September erfolgte dann die lange Heimreise, allerdings nur für unsere Klasse. Die anderen mußten aushalten und erlebten dann noch Schlimmeres. Wir hatten dieses Glück mit der Heimreise, weil wir den sog. Reifevermerk bekamen, um dann Kriegseinsatz machen zu können [...] Für manche von uns war es ein tränenreicher Abschied. Unsere Pflegemutter brachte Inge und mir, für jede, ein Töpfchen mit vierblättrigem Klee an den Zug. Dann letzte gute Wünsche (die unseren Pflegeeltern nichts genutzt haben), ein letztes Winken und wieder die lange, lange Fahrt. Endlich kam der Tag, an dem unsere Eltern uns wieder in die Arme schließen konnten [...]

Bericht von Ursula Liebeknecht, Herne, vom März 2000

Ein Stück sorgloser Kindheit

Wunsch nach »fliegeralarmfreier« Zeit
Ich (Geburtsdatum: 8. Dezember 1927) besuchte 1941 die Volksschule Herne, Gneisenau-Straße, in deren Nähe wir auch wohnten. Die Gründe für die Teilnahme an der KLV im KLV-Lager 20/18 in Nagold / Schwarzwald war der Wunsch nach einer »fliegeralarmfreien« Zeit. Am 25. Februar 1941, nachmittags, traten wir die Reise an. Es ging freudig los. Am anderen Morgen kamen wir in Nagold an, in eine wunderschöne Winterlandschaft. Wir waren 56 Herner Jungen gleichen Alters. An unserem Heim stand noch ›Kinderhilfe der Methodisten‹.

Die Unterbringung erfolgte in mehreren »Stuben«. Ich selbst gehörte zur »Stube 1«, die mit acht »Mann« belegt war. Waschgelegenheit war im Zimmer, Toiletten waren auf dem Flur. Das Haus durfte nur mit Haus- bzw. Turnschuhen betreten werden. Im Eingangsbereich des Heimes befand sich ein »Schuhraum« mit numerierten Fächern. Dort wurden die Straßen- und Hausschuhe abgestellt. In und um das Heim wurde sehr auf Sauberkeit geachtet (nach Dienstplan). Die »Stuben« der »Führerschaft« und auch deren Schuhe wurden von uns geputzt. Zum Waschen unserer Leibwäsche hatten wir sog. ›Pateneltern‹. Am Wochenende wurde dort schmutzige Wäsche gegen saubere Wäsche getauscht. Ich selbst hatte eine sehr freundliche Familie [...] Es gab auch an ein paar Tagen »Stadtausgang« zum Einkauf von markenfreien Artikeln. An Sonntagen war der Kirchgang freigestellt.

Gut verpflegt und betreut
Die Verpflegung war gut und sättigend und wurde nett im Tagesraum angerichtet. Zum Kartoffelschälen wurde man eingeteilt (kein Strafdienst). Ich weiß nicht mehr genau, wie es mit der ärztlichen Betreuung war. Ein Zahnarzt sorgte jedenfalls dafür, daß die letzten Milchzähne gezogen wurden. Für die kleineren Schrammen und Wunden war im Haus ein »Feldscher«, der aus der näheren Umgebung kam [...]

Beim Schulunterricht, der im ›Wintergarten‹ des Heimes vom Lagerleiter Paul Lüling durchgeführt wurde, war die Befreiung von Schreibarbeiten sehr angenehm [...]

Vom Heim aus wurden die verschiedensten Wanderungen und Bahnfahrten in die nähere Umgebung gemacht. In Bad Teinach kam es am 20. Juni 1941 zu einem Treffen mit dem Herner Mädchen-KLV-Lager in Bad Liebenzell und dem dortigen Jungen-KLV-Lager. Zur Zeit der Apfelernte konnten wir preiswert Obst kaufen (ohne Marken). In einer Schreinerei wurden die Versandkisten unter unserer Mitwirkung hergestellt, und dann wurde das Schwarzwaldobst nach Herne geschickt.

Über unseren Lagerleiter, Herrn Lüling, kann ich nur Gutes sagen. Er war stets ansprechbar für »seine« Jungen. Die Lagermannschafts- und Zugführer – meist auch aus Herne – wechselten. Das waren Oberschüler (noch ohne Abitur), die aber einen HJ-Rang hatten. Allgemein waren sie sehr kumpelhaft [...]

Unser Aufenthalt in Nagold sollte »bis Kriegsende« dauern. Doch am 29. Oktober 1941, abends, traten wir per Bahn die Heimreise an und trafen am 30. Oktober 1941 morgens in Herne ein, wo wir von unseren Angehörigen freudig empfangen wurden [...] ›Nagold‹ war für mich ein Stück sorgloser Kindheit, an das ich persönlich gerne zurückdenke.

Bericht von Rudolf Eistermann, Herne, vom 13. März 2000

Nonne organisierte Unterbringung und Versorgung

Eine fröhliche Gemeinschaft

Ich bin Jahrgang 1923 und war während des 2. Weltkriegs von Herne aus als Lagermädelführerin 2 1/4 Jahre in der Kinderlandverschickung in Oberbayern eingesetzt.

Am 14. März 1943, vormittags, fuhr unser Sonderzug ab Bielefeld und traf am nächsten Tag nachmittags in Berchtesgaden ein. Es waren 68 Mädchen im Alter zwischen zehn und zwölf Jahren einer Gelsenkirchener Volksschule. Am Zielort erwarteten uns die beiden Lehrerinnen, die schon zwei Tage vor uns dort eingetroffen waren. Mir und meiner Unterführerin waren vor der Reise alle Personen fremd.

Als wir nach der sehr strapaziösen Zugreise endlich in Berchtesgaden-Schönau und schließlich in unserem neuen Zuhause auf Zeit, dem ›Zillnhäusl‹ (heute heißt es ›Zillnhof‹) eintrafen, wo man uns sehr warmherzig willkommen hieß, waren wir alle glücklich.

Das ›Zillnhäusl‹ hatte zwei Häuser, verbunden durch einen großen Saal, den wir auch für fröhliche Feste und Feiern benutzen durften. Alle Eltern – meist waren es die Mütter, weil die Väter in der Regel ja Soldaten waren –, die im Laufe des Sommers ihre Töchter besuchten, sind ruhigen Herzes wieder heimgefahren, weil sie ihre Kinder gut aufgehoben wußten.

Die herrliche Landschaft wurde uns immer zu fröhlichem Dank, und so habe ich den »Jungmädeln« Ganghofers so schönes Wort ans Herz gelegt »Wen Gott lieb hat, den läßt er fallen ins Berchtesgadener Land«. Und wir fühlten uns oft diesem zugehörig.

Wir hatten eine gute Gemeinschaft im ›Zillnhäusl‹ und eine liebevolle Versorgung. Auch das Miteinander der Lehrerinnen hat gut geklappt, was beileibe nicht überall selbstverständlich war. Wir beiden Führerinnen waren gleich vom Wecken an gefordert. Wir mußten das Waschen und Ankleiden beaufsichtigen und hier und da bei den Kleineren helfend eingreifen. Noch vor dem Frühstück war Stuben- und Fahnenappell. Nach dem gemeinsamen Frühstück begann der Schulunterricht, bei dem natürlich die Lehrpersonen gefordert waren. Alle Mahlzeiten nahmen wir gemeinsam ein.

Freizeit und Hiobsbotschaften

Wir Führerinnen waren vormittags jedoch nicht immer gebunden. Hier und da fanden Schulungen statt, und gelegentlich mußten wir Kinder bei einem Arztbesuch begleiten; der Weg zur Stadt betrug immerhin vier Kilometer. Für den Ablauf eines jeden Tages wurde ein [Dienst-]Plan erstellt, der – für alle gut sichtbar – am Schwarzen Brett ausgehängt wurde. Da galt es zu basteln, zu turnen und Heilkräuter zu sammeln, die dann getrocknet von Zeit zu Zeit von den Apotheken abgeholt wurden. Ferner gab es festgelegte Schreibstunden, in denen die Kinder Briefe an ihre Angehörigen schrieben. Auch Bekleidungsstücke brauchten gelegentlich »Überholung«, und dabei waren wir beiden Führerinnen helfend nötig.

Das Haus, in dem wir untergebracht waren, gehörte einer Familie Graßl. »Mutter Graßl« wußte in allen schwierigen Fällen Rat, zum Beispiel, wenn Kleidungsstücke fehlten oder zu klein geworden waren. Einmal im Monat war für alle Kinder, Führerinnen und Lehrpersonen, eine Tageswanderung oder -fahrt angesetzt, worüber alle sehr erfreut waren. Dabei lernten alle die herrliche Landschaft, in der wir leben durften, kennen und lieben.

Und es wurde viel gesungen! Was nicht nur mich sehr froh machte. Zum Singen waren die »Jungmadel« immer bereit. Wenn im Tagesverlauf mal eine Pause entstand, reichte es für einen Kanon allemal. Das muß ich diesem, meinem ersten KLV-Lager, rühmlich nachsagen, daß es in der Lage war, fröhlich zwei- oder dreistimmige Lieder mit Begeisterung zu singen. Das machte auch mich, die ich vom Elternhaus her musikalisch geprägt bin, natürlich sehr glücklich.

Weil ich im Juni 1943 für 14 Tage zu einem Lehrgang der Reichsmusikschule in Sachsen weilte, wurde mein musikalisches Repertoire wesentlich erweitert, und das kam für die Zukunft allen »meinen« Kindern zugute.

Die Kriegsumstände brachten es mit sich, daß immer wieder Hiobsbotschaften eintrafen, daß Angehörige gefallen oder ausgebombt waren. Dann waren wir alle sehr betroffen und nahmen Anteil an dem menschlichen Leid.

Ende September 1943 (nach einem halben Jahr also) mußten alle Kinder erst einmal wieder in ihre Heimatorte zurückkehren, um anderen Kindern die Möglichkeit zu geben, den Kriegszuständen für eine Weile zu entfliehen. Der Abschied war für alle sehr schmerzlich, denn im Laufe der Zeit waren wir zu einer großen Familie zusammengewachsen.

Inzwischen sind 57 Jahre vergangen, aber dieses, mein erstes KLV-Lager, ist mir in liebster Erinnerung geblieben, und noch heute bestehen engste Freundschaften.

»Frau Maria« wußte immer eine Versorgungsquelle

Den Winter 1943/44 erlebte ich mit einer Kindergruppe aus dem Ruhrgebiet in Weißbach bei Reichenhall (an der deutschen Alpenstraße) im ›Alpenhotel‹. Es war ein Winter mit sehr viel Schnee und häufiger Lawinengefahr.

Im Mai 1944 wurde ich nach Frauen-Chiemsee [Frauen-Insel im Chiemsee] versetzt. Die dort früher untergebrachten Internatsschülerinnen waren bereits im Sommer 1943 heimgeschickt worden, um Platz zu schaffen für 250 Dortmunder Schülerinnen mit ihren Lehrerinnen, die nach einem schweren Angriff auf Dortmund in einem Sonderzug sofort in Richtung Prien (Chiemsee) in Sicherheit gebracht wurden.

Als ich dorthin versetzt wurde, traf ich mit meinen beiden Schwestern zusammen, von denen die ältere die Leitung des Lagers innehatte. Die jüngere Schwester war Gastschülerin dort. Die organisatorische Betreuung und Leitung lag weiterhin in den Händen von »Frau Maria«, Angehörige des Benediktinerordens und -Klosters auf Frauen-Chiemsee. Sie war nun mit denselben Aufgaben betraut, wie sie vorher in der Klosterschule bestanden. Sie war sehr freundlich, aber bestimmt und machte klar, daß sie in allen mit der Unterbringung zusammenhängenden und sonstigen organisatorischen Dingen des KLV-Lagers das letzte Wort hatte. Vom Internat her blieb die Unterbringung der »Jungmädel« erhalten, d.h. ein Schlafsaal umfaßte 30 Betten, was einer Klasse entsprach. Die Klassenlehrerin und eine Führerin waren unmittelbar neben dem Schlafraum untergebracht, so daß sie jederzeit in der Nähe der Schutzbefohlenen waren. Der organisatorische Ablauf verlief im gleichen Rhythmus wie zur Internatszeit und erfolgte reibungslos. Manche Mütter kamen für etliche Wochen auf die Insel, um ihren Kindern nahe zu sein. Sie fanden gleichzeitig viel Arbeit vor in der Nähstube; denn manches Kleidungsstück war zu klein geworden oder nicht mehr zu tragen, und manch schönes Kleidungsstück entstand aus mehreren getragenen.

Die Versorgung war sehr gut und liebevoll. »Frau Maria«, die für alles verantwortlich war, wußte immer noch eine Quelle, um die Verpflegung für so viele Menschen zu sichern.

Auch in diesem KLV-Lager ging es meist recht fröhlich zu. Es gab auch öfters unterhaltsame Nachmittage, wo sich alle Gruppen einbringen konnten. Für uns alle war es eine besondere Freude, daß viel gesungen wurde, und ich hatte einen bemerkenswert guten Chor.

Obwohl das Lager eine nationalsozialistische Einrichtung war, verlief das Leben unter der Leitung der benediktinischen Ordensfrauen im Wesentlichen reibungsfrei, wenngleich im Hofe die fast zehn Meter hohe Fahne der Hitlerjugend flatterte.

Bericht von Marianne Rohleff, Herne, vom 22. März 2000

Bei Selbstversorger untergebracht

Im Jahre 1942 wurde ich (Jg. 1936) in der Volksschule Witten-Rüdinghausen eingeschult. Ende 1942 wechselte ich zur Hüllbergschule in Witten-Annen. 1943 kam dann die Kinderlandverschickung nach Baden.

Die Abfahrt erfolgte von der Gasstraße in Witten zwischen 12.00 und 13.00 Uhr. An unserem Zielort (Haltingen in Baden) trafen wir zwischen 9.00 und 10.00 Uhr am anderen Morgen ein. Die Verteilung der Kinder auf die Gasteltern fand in der Gaststätte ›Krone‹ in Haltingen statt.

Die Fahrt mit dem Zug verlief gut, abgesehen von der sehr langen Zeit, doch letztendlich sehr abenteuerlich für uns Kinder. Wir schliefen teilweise in den Gepäcknetzen und bekamen von der Umgebung nicht viel mit. An unsere Begleitpersonen kann ich mich leider nicht mehr erinnern (es müssen wohl unsere Lehrer gewesen sein). Da ich alleine ohne Eltern die Reise machte, gab es bei der Verteilung auf die Gasteltern in Haltingen Probleme. Durch diesen Umstand wurde ich als Letzter meinen Gasteltern zugeteilt, was sich im Nachhinein als Glückslos herausstellte.

Meine Gasteltern waren der Metzgermeister Max Hagin und seine Frau. Zur Familie Hagin gehörten außerdem eine 14jährige Tochter und ein zehn Jahre alter Sohn. Hierdurch wurde mir die Eingewöhnungszeit wesentlich erleichtert.

Ich wurde sehr gut aufgenommen, und es war wie ein zweites Zuhause für mich. Der für mich unvorstellbare Überfluß an Obst, Leckereien und Lebensmitteln war für mich erdrückend. Die Familie Hagin war »Selbstversorger« und hatte neben ihrem Metzgereibetrieb eigene Obstplantagen, Weinberge und einen eigenen Viehbestand sowie eigene Gemüsefelder.

Daß bei einer solchen Vielfalt von Eindrücken, die auf mich wirkten, kein Heimweh entstand, liegt wohl auf der Hand. Es gab hier jeden Tag etwas Neues zu entdecken.

Das halbe Dorf Haltingen war miteinander verwandt. Es gab Bauern, Winzer, Küfer, Bäcker und Gastwirte, ich war bei allen wie Zuhause.

Die schönste Zeit war während der Ernte. Es fing mit der Kirschernte an und hörte mit der Wein- und Walnußernte auf. Bei der Kirschernte hatte ich leider einen bösen Unfall, da ich mit beiden Beinen in eine Obstkiste sprang, aus der Nägel herausragten.

Probleme in der Schule hatte ich anfangs nur mit dem badischen Dialekt. Meine Eltern besuchten mich während des Urlaubs. Mein Vater war bei der Wehrmacht, und meine Mutter war dienstverpflichtet in einem Rüstungsbetrieb in Witten-Annen.

Anfang 1944 wurden wir von den Kriegswirren eingeholt. Haltingen wurde von Luftangriffen heimgesucht, und selbst beim Rebenpflanzen wurden wir von Tieffliegern beschossen.

Da meine Gasteltern Mitte 1944 meine Sicherheit nicht mehr gewährleisten konnten, holte mich meine Mutter Ende 1944 zurück nach Hause. Der Zug wurde durch Militärbegleitung geschützt. Bei der Ankunft im Dortmunder Hauptbahnhof gerieten wir in den ersten größeren Luftangriff auf Dortmund. Das war wirklich ein böses Erwachen nach dem Paradies.

Meine Gasteltern sind inzwischen verstorben, aber der Kontakt zu dem noch lebenden Sohn besteht noch heute.

Zum Abschluß möchte ich noch betonen, daß ich diese Zeit als eine der besten in meinem damaligen jungen Leben betrachte.

Bericht von Hans-Joachim von der Heidt, Witten, vom 7. August 1997

Das erste Mal den Ausdruck »Saupreiß« gehört

Wie aus dem Schaufenster ausgesucht

[...] Etwa im Februar oder März 1943 wurden wir in der Schule [Bredde-Volksschule in Witten] gefragt, wer sich für die Verschickung anmelden wolle. Nach Rücksprache mit meiner Mutter (mein Vater war Soldat) und meinen Großeltern meldete ich mich. Ich weiß nicht mehr, ob uns gesagt wurde, wohin die Reise gehen würde.

Am 14. April 1943 ging es los. Zusammen mit meinem Vetter Horst, der damals im ersten Schuljahr war, ging es zum Hauptbahnhof, wo wir links vom Gebäude, wo heute die Bushaltestelle ist, mit unseren Koffern warten mußten. Dann kam die Verabschiedung von der Familie – mir war nicht wohl, weil ich noch nie ohne meine Mutter und die Brüder gelebt hatte; aber ich hatte ja Horst zu betreuen, der acht Monate jünger als ich (Jg. 1935) war.

Wir wurden auf die Abteile verteilt, sechs bis acht Kinder jeweils zusammen. Kaum fuhren wir los, als die Butterbrote herausgeholt und vertilgt wurden, wahrscheinlich zum Trost.

Die Fahrt dauerte die ganze Nacht und den halben nächsten Tag. Am 15. April gegen Mittag kam der Zug in Radolfzell am Bodensee an. Dort stiegen wir aus und bekamen warme Milch zu trinken. Mich packte das Heimweh und ich habe geweint. Auf die Frage einer Betreuerin sagte ich, ich hätte Halsschmerzen.

Von Radolfzell aus fuhren wir mit dem Bus weiter. Mit dem größeren Teil der Gruppe stiegen Horst und ich in Volkertshausen aus, die anderen fuhren nach Aach, das nächste Dorf. Diese Dörfer liegen im Hegau, in der Nähe von Singen am Hohentwiel.

Wie saßen auf unseren Koffern vor dem Kindergarten, und die Dorfbewohner suchten sich ihren »Familienzuwachs« wie aus einem Schaufenster aus. Ich wurde von einer Frau gefragt, ob ich mitgehen wolle. Da sie meinen Vetter nicht auch mitnehmen konnte, blieb ich auf dem Koffer sitzen. Später nahm mich meine Pflegemutter mit und brachte Horst in der Nachbarschaft unter. Der Mann meiner Pflegemutter war Zahnarzt, damals aber Soldat.

Abends brachte meine Pflegemutter mich ins Bett. Man legte sich nicht einfach unter das Oberbett, sondern unter ein Laken, das unter einer Wolldecke (Teppich genannt) lag. Ich bekam ein eigenes Zimmer im Dachgeschoß. Das war ungewohnt, ich hatte Angst, zumal auf dem Dachboden neben meinem Zimmer das Feuerholz lagerte und in warmen Nächten knisterte [...]

Unterricht in zweiklassiger Volksschule

Nach einem Ruhetag ging ich allein zur Schule, um mich anzumelden. Wir waren viele Kinder im zweiten Schuljahr, so daß wir nicht zu unseren Altersgenossen kamen, sondern mit dem 7. und 8. Schuljahr in einem Raum saßen. Die Großen lernten damals gerade Schillers ›Glocke‹, und ich gleich mit. Das kam mir später zugute, als ich etwa zwölf Jahre alt war.

Die Schule bestand aus zwei Räumen. Außer dem Schulleiter gab es noch eine ältere Lehrerin, die bei einer Familie im Dorf ein Zimmer bewohnte. Über dem Eingang der Schule stand in großen Buchstaben ›Lehranstalt‹. Der Schulleiter erzählte uns, daß wir aus dem Kohlenpott kämen. Diesen Ausdruck hatte ich vorher nie gehört. Wir mußten aufschreiben, woher wir kamen und wie unsere neue Heimat uns gefiel. Nachdem die Großen beschäftigt waren, wendete sich der Lehrer wieder an uns. Wir mußten angeben, von welchen Schulen wir kamen. Am Ende des ersten Schultages kannte er sicherlich die Namen aller Wittener Volksschulen.

Obwohl wir nicht mit den gleichaltrigen Dorfkindern in die Schule gingen, ergaben sich durch Nachbarschaft und familiäre Beziehungen der Pflegefamilien Kontakte.

Meine Freundschaft mit Lydia, der Tochter der Nachbarn, besteht noch heute, nach mehr als 54 Jahren. Sie fragte mich gleich am ersten Tag: »Gell, du bisch en Saupreiß?« Ich wußte nicht, was ein Saupreiß ist.

Badische Spezialitäten und Dialekt
Sonntags packte meine Pflegemutter ihre damals zweieinhalbjährige Tochter auf den Kindersitz ihres Fahrrades und mich auf den Gepäckträger, dann ging es zu den Großeltern am anderen Ende des Dorfes zum Mittagessen. Meistens gab es Kartoffelsalat mit Gurkenscheiben und Salatblättern, Nudeln, gebackenen Leberkäse, zum Nachtisch Pudding.

In dieser Zeit lernte ich auch Grießschnitten, Spätzle, Habermus und zu Weihnachten »*Springerle*« kennen. Meine Pflegemutter war eine gute Köchin, meistens schmeckte mir das Essen; aber Schulbrote mit Marmelade waren neu für mich. Wenn es etwas besonders Leckeres gab, hätte ich manchmal gern einen Nachschlag gehabt, traute mich aber nicht, darum zu bitten.

Meine Freizeit verbrachte ich bei Lydia, die zwei Jahre älter war als ich. Ich hatte keine Schwierigkeit, sie zu verstehen, weil ich vom Schwarzwald her die alemannische Sprache kannte.

Manchmal durfte ich aufs Feld zum Heuwenden, Kartoffelauflesen, Getreidegarben binden. Wahrscheinlich war ich keine große Hilfe. Dafür bekam ich beim Vespern (nachmittags gegen 17.00 Uhr) selbstgebackenes Brot mit Speck, Tomaten und Rettiche aus dem Garten und Mineralwasser mit einem Hauch von Most.

Am 10. Juni 1943 kam meine Mutter mit meinen Brüdern nach und bezog mit meiner Tante und Horst zwei Zimmer bei einer Frau, deren Mann und älterer Sohn auch Soldaten waren.

Nun hielt ich mich oft bei meiner Familie auf. Mit meiner Mutter sprach ich Hochdeutsch, mit meiner Pflegefamilie einen gemäßigten Dialekt und beim Spielen im Dorf reines Alemannisch.

Viele neue Erfahrungen
Zu Beginn des 3. Schuljahres waren schon einige Wittener Kinder wieder zu Hause, so daß der Rest zu unseren Altersgenossen in die Klasse kam. Wir gehörten einfach dazu, es gab keine Unterschiede.

Ich habe – was in Witten nie möglich gewesen wäre – gesehen, wie das Obst und Gemüse wuchs, wie ein Kälbchen geboren wurde, ich kann die Getreidesorten unterscheiden, habe Kartoffelkäfer gesammelt, das Schwimmen im ›Badloch‹ gelernt, im Winter Pantoffeln und Ofenholz mit in die Schule gebracht. Und ich habe in meiner zweiten Heimat heute noch viele liebe Freunde, die uns ehemalige KLV-Kinder, als wir 60 Jahre alt geworden waren, mitgenommen haben auf die dort übliche Klassenfahrt.

Während meines Aufenthaltes im Hegau war ich zweimal in Witten zu Besuch: Im Dezember 1943 / Januar 1944 mit meiner Mutter und den Brüdern (dabei erlebte ich meinen ersten Bombenangriff) und mit meiner Tante und Horst im Sommer 1944. Ich traf in Witten kaum noch Freunde, weil inzwischen fast alle über die NSV / KLV oder privat vor den Bomben in Sicherheit gebracht worden waren.

Im Jahre 1944 kam eine Wittener Lehrerin nach Volkertshausen, die wir alle sehr liebten, auch die Dorfkinder. Nach Schulschluß ging sie immer mit einer Horde von Kindern über die Dorfstraße nach Hause.

Diese Lehrerin veranstaltete mit allen Klassen einen Elternabend. Wir Wittener sangen das Westfalenlied (»*Ihr mögt den Rhein, den stolzen, preisen...*«), das ich seitdem nicht vergessen habe.

Da ich erst nach Kriegsende zehn Jahre alt wurde, bin ich nicht mehr im BDM gewesen.

Kriegsende und Rückkehr im offenen Viehwaggon
Nach Einzug der französischen Soldaten mußten an alle Haustüren Verzeichnisse der Hausbewohner, unterteilt nach Einheimischen und Evakuierten, geheftet werden. Später wurden wir aufgefordert, in unsere Heimat zurückzukehren. Anfang Juli 1945 ging es an einem Sonntagmorgen los, auf einem Lastwagen. Wir kamen bis Karlsruhe in ein Auffanglager, Unterbringung in abgestellten Personenwagen. Nach zwei Übernachtungen ging es weiter mit Güterwagen nach Mannheim. Dort sammelten wir Kinder leere Fleischdosen, die amerikanische Soldaten weggeworfen hatten. Aus den Fettresten wurde auf Trockenspirituskochern Suppe gekocht, die unter den Bewohnern »*unseres*« Waggons verteilt wurde.

Im offenen Viehwagen fuhren wir weiter bis Köln. Dort hörten wir, daß von Deutz aus am nächsten Tag ein Zug in Richtung Ruhrgebiet fahren sollte.

Irgendeine Organisation verteilte Bohneneintopf, der aber in der Hitze sauer geworden war. Mit einem Pferdewagen fuhren wir und mehrere befreundete Familien nach Deutz und fanden einen Zug. In der Nachbarschaft verkauften uns Leute Trinkwasser, Preis -,50 RM je Tasse.

Endlich ging es weiter bis Hagen, von dort nach längerem Warten nach Witten. Das Haus, in dem wir gewohnt hatten, war ausgebrannt.

Wir trafen meine Großeltern, die auf dem Weg zum Bahnhof waren, um wieder nach Unna zu fahren, wo mein Großvater bei Kriegsende gearbeitet hatte. Ich weiß nicht mehr, wie wir – die Großeltern, meine Mutter, drei Kinder – die nächsten Tage in zwei Zimmern und zwei Betten verbracht haben. Schließlich wurden wir Kinder vorübergehend auf die Verwandtschaft verteilt, bis unsere Mutter in den Trümmern eine Notwohnung zurechtgezimmert hatte. Nach den Osterferien 1946 kam ich nach Witten zurück.

Bericht von Ingeborg Hebell, Witten, vom 14. September 1997

Hoffenheim wurde zur zweiten Heimat

Auf Bauernhof untergebracht
Ich (Jg. 1931) besuchte die Volksschule an der Hermannstraße in Herne. Nachdem diese durch Fliegerbomben im 2. Weltkrieg schwer beschädigt wurde, mußten wir zur Schule an der Düngelstraße. Der Schulweg verlängerte sich dadurch um 30 Minuten. Wegen dieser Bombenangriffe wurden wir Kinder aus dem Ruhrgebiet evakuiert. Es waren einleinhalb Jahre vorgesehen. Am 21. Mai 1943 wurde ich mit meinem drei Jahre jüngeren Bruder in Richtung Süddeutschland verschickt.

Da mein Bruder unter zehn Jahren war, wurde ich als Begleiter anerkannt, somit blieb mir das KLV-Lager erspart. In Heidelberg wurde der Haupttransport in verschiedene Vorortzüge aufgeteilt.

Unser Zug fuhr Richtung Heilbronn, und an jeder Bahnstation wurden kleine Gruppen abgesetzt.

In Hoffenheim bei Sindheim an der Elsens war für uns Endstation. Wir wurden mit zehn Kindern dem Ortsgruppenleiter übergeben. Der teilte uns den Pflegeeltern zu, die uns in Empfang nahmen.

Ich wurde dem Landwirt Georg Schüle zugeteilt. Auf dem Bauernhof fühlte ich mich gleich wohl. Der Landwirt bewirtschaftete den Hof mit seiner Tochter, einem behinderten Knecht und einer Ukrainerin.

Seine Frau war verstorben und der einzige Sohn gefallen. Wir hatten von Anfang an ein sehr gutes Verhältnis und von Heimweh war nie die Rede. Über die Verpflegung konnte ich auch nicht klagen; hier wurde nicht mit Lebensmittelmarken gerechnet wie daheim. Da waren ja Kühe, Schweine und Hühner. Im Keller lagerten Kartoffeln und auf dem Speicher Getreide.

Der Müller nahm es beim Mahlen nicht so genau mit der amtlichen Zuteilung. Es wurde Brot und Kuchen gebacken, so daß es an nichts fehlte. Die Volksschule besuchte ich dort bis zu meiner Entlassung.

In der Zwischenzeit war meine schwangere Mutter mit meinem jüngsten Bruder wegen der immer schwerer werdenden Bombenangriffe aufs Ruhrgebiet nach Pommern evakuiert. Nach der Geburt meiner Schwester in Lauenburg in Pommern holte mein Vater sie wieder nach Herne zurück. Ihre schlechte Unterkunft trug auch dazu bei.

Ich besorgte einen Pflegeplatz für meinen jüngsten Bruder. So waren wir drei Brüder zusammen in einem Ort. Gebracht wurde er von unseren Eltern, die uns gleichzeitig unsere kleine Schwester vorstellten.

Zu den Schulkameraden und Ortsbewohnern hatte ich einen guten Kontakt.

Bis Kriegsende nicht viel vom Krieg bemerkt
Nach einiger Zeit hatte ich auch den Dialekt angenommen und Hoffenheim wurde meine zweite Heimat. Aus dem geplanten Aufenthalt von einem halben Jahr waren inzwischen fast zwei Jahre geworden. Die Arbeit auf dem Bauernhof war für mich zum Hobby geworden. Ob Arbeit mit den Pferden oder Handarbeit, alles war mir recht. Im Sommer auf den Feldern, und im Winter beim Stammholztransport aus dem Wald, ich war immer mit großem Eifer dabei. Einmal hatte ich die Gelegenheit, mit einer Nachbarin aus Herne, deren Tochter ein paar Ortschaften weiter evakuiert war, nach Herne zu fahren und die Eltern zu besuchen.

Die Straßen waren wie ausgestorben. Keine Kinder, nur zwei Mädchen aus meiner Klasse, die auch zum Kurzurlaub bei ihren Eltern weilten. Vom Urlaub konnte keine Rede sein. Jede Nacht, auch am Tage Fliegeralarm. Dann ging's mit Notgepäck in den Bunker. Oft zwei-, dreimal pro Nacht. Ich war froh, nach zehn Tagen wieder nach Hoffenheim zu kommen. Hier lief das Leben weiter ohne große Ereignisse. Vom Krieg merkten wir nicht viel. Bomber überflogen die Ortschaft in großer Höhe, ohne uns zu behelligen.

Gegen Ende des Krieges sah es plötzlich anders aus. Die Jagdbomber (genannt Jabos) der Amerikaner und Engländer beherrschten den Luftraum von morgens bis zur Dunkelheit. Geschossen wurde auf alles, was vor die Rohre kam [...]

Sogar einzelne Bauern auf dem Feld waren nicht mehr sicher. Auch unser Fuhrwerk wurde auf dem Weg zur Feldarbeit am Ortsausgang angegriffen. Dabei wurde ein Pferd getötet. Der Wagen stürzte um. Dabei wurden der Knecht und eine Frau so schwer verletzt, daß beide im Krankenhaus starben. Danach wurde die Bestellung der Felder gegen Abend und bei Nacht vorgenommen.

Nach dem Einmarsch der Amerikaner Ostern 1945 verließen die gesamten Ostarbeiter den Ort, um wieder in ihre Heimat zu gelangen.

Nun lag die ganze Arbeit beim Bauern, seiner Tochter und mir. Ich melkte die Kühe, fütterte Pferde und das Vieh, bevor ich zur Schule ging, und nach der Schule wurde die Feldarbeit gemacht. Abends wurde wieder gemolken und gefüttert und die Milch zur Zentrale gebracht.

Bei der Ernte hatte ich dann einen schweren Unfall. Auf einem abschüssigen Acker fiel ich vom Ablegersitz der Mähmaschine vor das laufende Messer, und ehe die Pferde anhielten, hatte ich eine 12 Zentimeter lange Schnittwunde im rechten Unterschenkel. Man brachte mich, nachdem man die Wunde abgebunden hatte, zur Sanitätsstation der Amerikaner, die Erste Hilfe leisteten. Die brachten mich ins Kreiskrankenhaus nach Sinsheim. Hier wurde ich von Dr. Fischer operiert und war vom 27. Juli bis 5. Oktober 1945 in stationärer Behandlung.

Tränenreicher Abschied

In der Zeit kam meine Mutter im offenen Güterwagen, um die Kinder zu holen. Ihr Schreck war natürlich groß, mich im Krankenhaus zu finden. Da die Post noch nicht ging, war sie auch nicht benachrichtigt worden.

So fuhr sie nach einigen Tagen mit meinen beiden Brüdern zurück. Da bei dem Unfall auch die Sehnen durchtrennt worden waren, dauerte es über ein Jahr, bis ich wieder einigermaßen laufen konnte.

Am 7. April 1946 wurde ich dann mit meiner Klasse konfirmiert. Die Schulentlassung war am 26. Juli 1946.

Nun war ich ganz Landwirt. Ich wäre gerne dabei geblieben, doch meine Eltern waren dagegen. So holte mich meine Mutter im Frühjahr 1947 zurück. Es gab einen tränenreichen Abschied bei allen Beteiligten. Der Kontakt zu Hoffenheim und besonders zu einem Schulkameraden besteht bis heute [...]

Bericht von Wilhelm Hübner, Herne, vom März 2000

»Holt mich holen«

Oft in den Schlaf geweint

Ich bin wahrscheinlich 1943 mit sieben Jahren [als Schülerin der Hildegardis-Volksschule in Wanne-Eickel] mit der KLV nach Pommern gekommen. Meine Eltern brachten mich zum Zug. Ich glaube, der Zug stand auf dem Güterbahnhof Wanne-Eickel. Um mir den Abschied zu versüßen, hatte ich eine Butterbrottasche mit Süßigkeiten um den Hals. Ich kam für die Fahrt in die Obhut einer freundlichen Frau, die mit in die Evakuierung fuhr.

Nachts kamen wir auf dem Bahnhof in Tauenzin, Kreis Lauenburg, an. Wir Kinder wurden von Gasteltern abgeholt. Ich kam als einzige nach Karlkow, zwei Kilometer von Tauenzin entfernt, zu der älteren Frau Stach (das war die Oma) und Frau Gaul, ihrer Tochter, die den Sohn Bübi hatte.

Karlkow war ein Straßendorf, rechts einige, links einige kleine Häuser. Es gab einen kleinen Bahnhof, rechts davor ein Backhaus, wo an bestimmten Tagen Brot und Plattenkuchen zum Backen hingebracht wurden. Eingekauft wurde in einem kleinen Geschäft im Nachbardorf Reckow.

Obwohl ich schnell Freundinnen im Dorf hatte [...], waren das Heimweh und die Sehnsucht nach den Eltern groß. Abends weinte ich mich oft in den Schlaf. Die ältere Frau Stach habe ich in guter Erinnerung, die jüngere Frau Gaul war recht hart.

Wunderbar war für mich die Zeit, als der lustige Mann von Frau Gaul Heimaturlaub hatte. Er war sehr nett zu mir und scherzte gern.

Als erwachsene Frau fand ich später im Wäscheschrank meiner Mutter einen Stapel Postkarten, die ich in dieser Zeit – noch nicht ganz mächtig der deutschen Sprache – geschrieben hatte: *»Bitte, liebe Mammi, lieber Papi, holt mich holen, Eure Uschi«*. Immer wieder den gleichen Inhalt [...]

Ich erinnere mich, daß ich in Tauenzin zur Schule ging, knapp zwei Kilometer von Karlkow entfernt. Wir wurden mal vom Ortsgruppenleiter Hohm, einer Lehrerin, aber auch von Arbeitsmaiden unterrichtet [...]

Zigaretten ermöglichten Fahrt nach Herne

Meine Mutter hat mich zwei- oder dreimal in Pommern besucht. Im Januar 1945 war sie in Karlkow und bekam dann mit, daß ich für die beiden Frauen eine große Belastung war (inzwischen waren der Sohn der alten Frau Stach und der junge Ehemann von Frau Gaul im Krieg gefallen, und sie hatte noch ein Baby bekommen).

Ich wurde dann von der Familie des Bürgermeisters von Pusitz (auch ein Nachbarort) aufgenommen. Es war eine sehr warmherzige und in meinen Augen wohlhabende Familie, denn die jüngere Tochter und ich wurden mit dem Pferdeschlitten zur Schule gebracht. Es gab noch eine ältere Tochter. Meine Mutter wurde aufgefordert, noch zu bleiben, bekam aber dann einen Anruf von Ortsgruppenleiter Hohm aus Tauenzin, die Russen seien nicht mehr weit entfernt. Sie solle versuchen, sofort mit mir in ihre Heimat zurückzukommen. Das machten wir dann auch. Ich wurde ohne Fahrkarte unter der Sperre durchgeschoben. Es war schon ein regelrechter Flüchtlings-Treck unterwegs. Nur durch Bestechung mit Zigaretten wurden wir oft von Soldaten in die völlig überfüllten Züge durch die Fenster gehoben. Ich erinnere mich, daß die Leute starben und einfach aus dem Fenster geworfen wurden. Unterwegs trafen wir auf einen Herrn Meyer aus Wanne-Eickel, der ebenfalls aus Pommern kam. Die letzten Tage verbrachten meine Mutter, Herr Meyer und ich wieder dank Zigaretten auf einem Kübelwagen, der auf einem offenen Waggon festgeschnallt war. Meine Mutter und Herr Meyer setzten sich wegen der Kälte gegenseitig auf ihre Füße Sie waren froh, daß ich viel geschlafen habe. Die Fahrt hat fünf Tage und fünf Nächte gedauert.

Als wir nachts bei meinem Vater in Wanne-Eickel ankamen, weinte er und sagte, er habe nicht geglaubt, uns wiederzusehen. Ich hatte Erfrierungen an Händen und Füßen [...]

Ich möchte noch sagen, daß ich mich durch die Zeit der KLV auch etwas kriegsbeschädigt fühle. Ich habe eine lange Zeit ohne Liebe, Zuwendung, Förderung in einer besonders wichtigen Lebensphase gehabt. Ich habe dort in der Schule fast nichts gelernt.

Bericht von Ursula Kuhlmann, geb. Vogt, Herne, vom März 2000

Pflegetanten gaben ihr letztes Brot mit

Betreut und verwöhnt

Ich war damals 13/14 Jahre alt und Schülerin der Schiller-Oberschule für Mädchen in Bochum. Die gesamte Schule wurde im Juni 1943 [30. Juni 1943] nach Neustettin/Hinterpommern verschickt [...] Wir hatten keine Wahl. Ab ging es nach Pommern. Unter herzzerreißenden Abschiedsszenen dampfte der Zug los. Die Fahrt schien endlos. Am Bahnhof Neustettin angekommen, wurden wir eingeteilt. Ich hatte Glück und kam zu zwei älteren Damen, die ein hübsches Häuschen bewohnten. Ich wurde betreut und verwöhnt und hatte vollen Familienanschluß. Andere hatten es nicht so gut und mußten zum Beispiel in der Gemeinschaftsküche essen.

Wir hatten Heimweh. Doch unsere Lehrerinnen und Lehrer kümmerten sich rührend um uns [...] Neustettin ist [....] am zauberhaften Streitzigsee gelegen. Die Schule lag ebenfalls am See. BDM (=Bund Deutscher Mädel) war damals Pflicht. Ich war bei den Jungmädeln. Wir lernten schwimmen, machten unser Sportabzeichen, sangen unter uns unter anderem auch die schönen alten Volkslieder. Es war auch eine schöne Zeit – nur, wir konnten nicht nach Hause. Wenn Bomben auf unsere Städte [im Ruhrgebiet] fielen, bekam man monatelang keine Post [...]

Trockene Schnitten und Wassersuppe

Im Sommer 1944 schickte man uns für drei Monate nach Heringsdorf auf Usedom. Die Jungen von der Bismarck-Oberschule [Bochum] kamen nach Ahlbeck. Wir wohnten in Villen, in denen früher nur die Reichen Urlaub machen konnten. Das Lagerleben gefiel uns nicht. Früh um halb sieben mußte das »*Mädel vom Dienst*« uns wecken und dann draußen antreten lassen. Anschließend Fahne hissen, stramm stehen, singen.

Die Lehrerinnen und Lehrer waren auf die einzelnen Häuser verteilt. Sie mußten, die Bücher unterm Arm, von einer Klasse zur anderen wandern. Ein Lehrer und eine Lehrerin (die »*Lagermutti*«) wohnten in unserem Haus. Unser Lehrer, genannt Toto, wurde von uns verehrt. Der Unterricht war schön, eben familiär. Es war eine tolle Kameradschaft zwischen den Lehrpersonen und den Schülerinnen Wir teilten Freud und Leid.

Zum Frühstück gab es trockene Schnitten und Wassersuppe, mittags Fisch ganz, abends Fisch durch den Wolf gedreht. Pellkartoffeln aßen wir samt Pelle. Wir mußten die Zimmer putzen, Kartoffeln schälen und Spülen. Ausgang hatten wir nur am Sonntag. Mittwochs konnten wir für zwei Stunden Arbeitsgemeinschaften besuchen, z.B. Basteln und Schwimmen, außerdem die Kinder der [BDM-]Bannführerin verwahren. Mit den Jungen der Bismarck-Oberschule in Ahlbeck durften wir nicht zusammenkommen. Doch es gab eine Möglichkeit: Der spätere Schauspieler Hans Korte gründete in Ahlbeck den Bochumer Jugendchor, und wir sangen alle begeistert mit. Mädchen und Jungen trafen sich auf dem Thingplatz, wo der Bismarck stand. Wenn der Kriegshafen Swinemünde durch Flieger bedroht war, gab es auch für uns Alarm. Manchmal mußten wir sogar auf den Turm steigen und den Drahtfunk abhören und die ankommenden Flieger melden. Das war ganz schön brenzlig.

Über 20 Stunden auf Zug gewartet

Es wurde Herbst [1944] und wir fuhren zurück nach Neustettin. Der Russe kam näher und [...] die Ostpreußen flüchteten. Wir machten Bahnhofsdienst, ohne uns der Gefahr bewußt zu werden. Wir mußten beim Bauern (wo wir auf Stroh schliefen) auf den Feldern bei der Kartoffellese helfen und in der Konservenfabrik Möhren putzen. Dann kam der bitterkalte Winter 1944 / 1945 mit über 20 Grad Kälte. Wir wurden auf offenen Lastwagen zum Vilmsee gebracht, um Panzerfallen zu bauen. Anschließend schippten wir am Ostwall [Pommernwall]. Ich stand mit der Spitzhacke im Graben, und meine Freundin wartete oben, daß Erde ankam.

Der Streitzigsee war zugefroren. Manche fuhren Schlittschuh. Doch ich hatte keine Schlittschuhe und auch keine lange Hose. Ich schlitterte mit den Pflegetanten über den See, um Reisig und Holz zu holen. Es war bitterkalt.

Anfang Januar 1945 hörten wir von ferne die Geschütze der Russen; sie standen kurz vor Schneidemühl. Wir versammelten uns jeden Morgen in der Schule. Unser Direktor Dr. Rothe tröstete uns. Der pommersche Gauleiter Schwede-Coburg hatte uns einen Sonderzug nach Westfalen versprochen. Daraufhin standen wir über 20 Stunden am Bahnhof und froren. Meine Pflegetanten weinten beim Abschied; sie gaben mir ihr letztes Brot mit. Endlich kam der Zug – brechend voll. Aber es war nicht unser Zug. Doch die Mutter meiner Freundin schob uns hinein [...] Wir drängten uns zu dritt in ein Abteil: zwei Holzbänke, ein Abort. So standen wir dann mehrere Tage. Der Abort war zugefroren – das war auch gut so. Mit dem Sitzen wechselten wir uns ab. Dann stand der Zug wieder; die Lokomotive war weg. Soldaten gaben uns Brot. Irgendwann verfrachtete man uns in einen Güterwagen. Es ging in Richtung Berlin über Neubrandenburg. Wir kamen raus, denn Stettin war noch nicht besetzt. Nach etwa zehn Tagen kamen wir in Hamburg an. Wir bekamen eine warme Mahlzeit und saßen dann in einem beheizten Zug, der auch nach Bochum fuhr. Wir schliefen sofort ein. Am Bochumer Hauptbahnhof nahm man uns in Empfang. Man brachte uns in den großen Rundbunker und informierte uns, daß die Straßenbahn noch fahre. So kam ich wieder nach Bochum-Stiepel. Als ich vor der Haustür stand und klingelte, war die Überraschung natürlich groß [...]

Unsere Schule bekam wirklich einen Sonderzug. Die Schülerinnen und Erwachsenen landeten aber erst einmal in Mohringen im Harz und wurden dort in einer Schule untergebracht. Sie kamen erst viel später nach Hause.

Vergessen werde ich die KLV-Zeit nie.

Bericht von Marga-Rosenthal-Koppka, Bochum, vom Oktober 1999

Wie eine Tochter aufgenommen

Keine Wahl

Ich wurde am 12. August 1931 in Bochum geboren. Meine Eltern, Erich Rost und Luise Rost, geb. Büscher, hatten in Bochum-Weitmar, Hattingerstr. 447, eine Gastwirtschaft, die vorher schon im Besitz meiner Großeltern war. Ich wuchs dort als einziges Kind auf.

Nach Ausbruch des 2. Weltkrieges wurde mein Vater (1902 geboren) zur Hilfspolizei eingezogen. Meine Mutter (1910 geboren) erkrankte wenige Zeit später an Krebs und starb Anfang September 1941. Ich war gerade zehn Jahre alt und besuchte die Volksschule. 1942 wechselte ich von der Volksschule zur Annette-von-Droste-Hülshoff-Schule (Mittelschule für Mädchen, an der ABC-Straße in Bochum) über.

Im Frühjahr 1943, viele Bochumer Schulen waren inzwischen durch Bombenangriffe beschädigt, hieß es: alle Bochumer Schüler werden evakuiert. Es gab keinen Schulunterricht mehr. Alle schulpflichtigen Kinder mußten an der Evakuierung teilnehmen oder zu Verwandten in nicht so bombengefährdete Gebiete fahren. Für unsere Schule war Schneidemühl in Pommern vorgesehen, eine Stadt von 35 000 Einwohnern im äußersten Osten Deutschlands, 1 000 km von Bochum entfernt. Ich hatte keine Wahl. Verwandte außerhalb Bochums hatte ich nicht, also mußte ich mitfahren. So brachte mein Vater mich eines Morgens zu einem Sonderzug, der eingesetzt wurde, um uns nach Schneidemühl zu bringen. Von den meisten meiner Mitschüler fuhren die Mütter mit, oder ältere Schwestern. Wir waren alle sehr traurig, besonders die Kinder, die alleine fuhren. Der Zug fuhr den Tag und die ganze Nacht. Ich glaube, am nächsten Mittag waren wir in Schneidemühl.

Herzlichkeit ließ Heimweh vergessen

Dort wurden wir verteilt. Mütter mit Kindern bekamen ein Zimmer mit Kochgelegenheit, die einzelnen Kinder wurden in Familien untergebracht. Ich kam zu einer Familie, einem Hausmeisterehepaar mittleren Alters und kinderlos in einem Lehrerinnen-Seminar. Sie bewohnten dort eine Kellerwohnung. Ich bekam sogar ein eigenes, kleines Zimmer. Aber durch die Fenster sah man nur in Kellerschächte. Die ganze Wohnung war so düster, daß ich mich wie in einem Gefängnis fühlte. Ich weinte und war todunglücklich vor Heimweh.

In diesem Zustand fanden mich meine Freundin Gerda mit ihrer Mutter, die gegen Abend kamen und nach mir sehen wollten. Die Mutter meiner Freundin fand meine Unterbringung wohl auch nicht so ganz passend und sorgte dafür, daß ich ein anderes Quartier bekam. So kam ich zu einer jungen Frau mit einer 3jährigen Tochter, deren Mann Berufssoldat im Krieg war. Sie war sehr herzlich und nahm mich wie eine Tochter auf. Sie bewohnte eine Dreizimmerwohnung mit kleiner Küche. Durch ihre Herzlichkeit und Wärme vergaß ich mein Heimweh etwas und fühlte mich dort wohler. Unser Schulunterricht fand in der Freiherr-vom-Stein-Schule statt, die wir uns mit den Schneidemühlern teilten, ich glaube im wöchentlichen Wechsel, einmal vormittags und einmal nachmittags. Wir hatten ja unsere eigenen Bochumer Lehrer.

Lied der Bochumer Evakuierten
Die Schule war ziemlich neu und verfügte über eine sehr schöne Aula. Da wir einen Schülerchor hatten, veranstalteten wir dort einen Konzertabend, der großen Anklang fand. Unser Musiklehrer Hans Pütz textete und komponierte auch ein Lied für uns. Mit diesem Lied zogen wir singend durch Schneidemühl. Ich versuche es wiederzugeben. Es lautete:

> Vom Westen zogen wir hierher
> ins Pommerland hinein,
> und fiel der Abschied uns auch schwer,
> es konnt' nicht anders sein.
> Obgleich in weiter Fern,
> gedenk ich meiner Heimat gern.
>
> *Refrain:*
> Ich liebe dich mein Heimatland,
> du Land von Stahl und Eisen,
> du Land, wo meine Wiege stand,
> dich will ich immer preisen.
> Wenn einmal ist der Krieg zu End',
> wir reichen wieder uns die Händ.
> Westfalen, Glück auf, Westfalen, Glück auf.
>
> Im Osten, wo der Krieg entbrannt,
> lag unser Reiseziel.
> Ein Städtchen, vielen unbekannt,
> das schöne Schneidemühl.
> Obgleich ich traurig bin,
> mein Bochum liegt mir stets im Sinn.
>
> *Refrain:*
> Ich liebe dich mein Heimatland...

Ich glaube, es gab noch eine dritte Strophe, sie ist mir leider entfallen. Anmerkung: »*Das schöne Schneidemühl*« sangen wir besonders laut.

Heimfahrt zu Weihnachten 1943
Weihnachten 1943 nahte. Meine Pflegemutter hatte mit ihrer kleinen Tochter eine Einladung ihrer Mutter nach Eutin. Ich glaube, sie lebte noch nicht lange in Schneidemühl, denn es gab keine Verwandten und auch keine Freunde. Da die Mutter sehr beengt wohnte, konnte sie mich nicht mitnehmen. Das bedeutete für mich, daß ich Weihnachten bei einer anderen, fremden Familie untergebracht werden mußte. Meiner Pflegemutter war das auch nicht recht, und wir überlegten, was zu tun sei. Mein einziger Gedanke war nach Hause, nach Hause. Das war aber gar nicht so einfach. Von Schneidemühl bekam ich keine Fahrkarte nach Bochum. Der Bahnhof wurde überwacht, damit keiner nach Bochum zurückkehren konnte. Sonst hätten viele davon Gebrauch gemacht, und das wollte man verhindern. So beschlossen wir, daß meine Pflegemutter für mich eine Fahrkarte nach Hamburg kaufte und mich mitnahm, damit ich von Hamburg Richtung Bochum weiterfahren konnte. Kurz vor Weihnachten fuhren wir drei los Richtung Hamburg, das war unverfänglich. Meine Pflegemutter stieg mit ihrer Tochter vor Hamburg aus, um in Richtung Lübeck-Eutin weiterzufahren. Jetzt war ich allein. Es war schon Abend. Kurz vor Hamburg hielt der Zug – Fliegeralarm. Es war unheimlich, die Fenster des Zuges waren verdunkelt, damit kein Lichtstrahl hinausfiel. Während des Alarms gab es nur eine Notbeleuchtung. Wir atmeten auf, als der Alarm vorbei war und der Zug in Hamburg einfahren konnte.

Dort mußte ich umsteigen. Der Bahnhof war überfüllt mit Menschen. Im Wartesaal lagen viele verwundete Soldaten. Ich war froh, einen Zug zu finden, der Richtung Hamm fuhr. Von dort hatte ich Anschluß nach Bochum. In Hamm stieg ich in einen Zug (Bummelzug) mit zerstörten Fensterscheiben. Es war sehr kalt. Nur wenige Fahrgäste befanden sich im Zug. Zuletzt saß ich noch ganz alleine da. Als ich in Bochum ausstieg, fiel der erste Schnee. Ich ging mit meinem kleinen Köfferchen zur Haltestelle und wartete auf die erste Straßenbahn, die nach Weitmar fuhr. Es war alles so ruhig, und der Schnee verstärkte diese Ruhe noch.

Ich rief zu Hause an. Mein Vater war inzwischen versetzt worden und nicht mehr in Bochum. Eine Großtante von mir führte vorübergehend die Gaststätte, und eine Familie (kinderloses Ehepaar), die in unserem Hause wohnte und sich nach dem Tod meiner Mutter um mich gekümmert hatten, erwartete mich. Sie waren froh, daß ich heil angekommen war, und ich war überglücklich, wieder zu Hause zu sein. Mein Vater konnte sich für drei Tage beurlauben lassen. Dann mußte er wieder fort, und auch meine Ferien gingen zu Ende. Ich mußte zurück nach Schneidemühl. Es war für mich ein Alptraum.

Kurz vor meiner Abreise erkrankte ich, Grippe, Bronchitis mit hohem Fieber. Ich mußte meine Pflegemutter benachrichtigen. Sie sorgte sich, wenn ich nicht rechtzeitig zurückkam. Telefonieren war nicht möglich, da sie keinen Telefonanschluß hatte. Es hatten nur wenige Leute ein Telefon. So telegrafierten wir und baten sie gleichzeitig, mich in der Schule zu entschuldigen. Ich wurde wieder gesund und mußte die Rückreise antreten. Ich hoffte auf ein Wunder, aber der Tag meiner Abreise kam, und wieder saß ich in einem Zug, der nach Schneidemühl fuhr. Ich war jetzt zwölf Jahre alt.

Sommerlager 1944 auf Usedom

Dieses Mal fuhr ich über Berlin. Ich war nicht nur traurig, sondern auch voller Angst, daß man meinen Ausflug nach Bochum entdeckt hätte. Es war zwar nicht so schlimm, wie bei den Soldaten, die sich unerlaubt von der Truppe entfernt hatten, aber ich hätte mächtig viel Ärger bekommen. Aber in Schneidemühl hatte keiner etwas bemerkt, nur meine engsten Freundinnen wußten Bescheid. Irgendwie war aber die Stimmung auf dem Tiefpunkt angelangt. Die Evakuierung dauerte zu lange. Die Bochumer Frauen wollten mit ihren Kindern wieder nach Hause, und die Schneidemühler wären froh gewesen, die »Bombenweiber«, wie sie manchmal genannt wurden, wieder loszuwerden. Durch die Aufnahme der Evakuierten waren sie in ihren Wohnverhältnissen sehr eingeengt. Der lange kalte Winter hatte alle mürbe gemacht. Im Sommer konnte man hinaus in die schönen Wälder mit ihren herrlichen Sand-Seen, in denen man baden konnte. Der Winter war trostlos. Eine Freundin schrieb nach Hause, wenn ihr mich nicht bald holt, sterbe ich vor Heimweh.

Im März kam ein Lichtblick. Plötzlich hieß es, alle Bochumer Schüler werden in den Sommermonaten auf die Insel Usedom gebracht. Ich glaube, es war im Mai, als wir in Sonderzügen dorthin fuhren. Nur die Kinder, die Mütter kehrten nach Bochum zurück. Auf der Insel Usedom angekommen, wurden wir auf die schönsten Orte Ahlbeck, Heringsdorf und Bansin verteilt. Die Jungen kamen nach Ahlbeck und die Mädchen nach Heringsdorf und Bansin. Klassenweise wurden wir in kleineren Hotels oder Pensionen untergebracht.

Wir wohnten mit unserer Klassenlehrerin und der Lagermädelführerin im Terrassenhotel in Heringsdorf. Sechs Zimmer waren mit je vier Betten ausgestattet, dazu zwei Einzelzimmer für unsere Lehrerin und Lagermädelführerin. Vom Fenster sahen wir auf die Ostsee. Der Speiseraum diente auch als Unterrichtsraum. Manchmal hatten wir auch Unterricht in unserer großen Sandburg, die wir am Strand gebaut hatten. Zum Küchendienst wurden wir zimmerweise eingeteilt. Das hieß: dreimal täglich den Tisch eindecken und abräumen und das Essen auftragen. Es gab oft Milchsuppe, und auch an Quark mit Pellkartoffeln kann ich mich noch gut erinnern. Aber wir wurden satt und waren ja bezüglich Essen nicht verwöhnt, da es schon lange Lebensmittelkarten gab. Die ›Highlights‹ waren, wenn Päckchen von zu Hause kamen mit Kuchen und Plätzchen, die wir redlich teilten.

Die Freizeit verbrachten wir mit unserer Lagermädelführerin Ellen am Strand oder mit Spielen. Wir bummelten auf der Seebrücke, manchmal kamen wir auch mit anderen Klassen zusammen. Zu Veranstaltungen trugen wir unsere BDM-Kleidung. Für mich war es eine schöne Zeit. Alle Kinder waren alleine dort, und wir waren zu einer verschworenen Gemeinschaft zusammengewachsen. Der einzige Wermutstropfen war die Angst um zu Hause. Würden wir unsere Eltern und unser Zuhause je wiedersehen? Wir hörten im Radio von den Bombenangriffen im Ruhrgebiet, von zerstörten Häusern und Städten. Ängstlich warteten wir auf Post und waren glücklich, wenn unsere Elternhäuser von den Bomben nicht betroffen waren. Die Angstverluste haben mich ein Leben lang begleitet.

Angebliche Zahnarztbehandlung ermöglichte Rückkehr

Der Sommer ging zu Ende. Im September fuhren wir leider wieder zurück nach Schneidemühl. Dort war irgendwie Aufbruchstimmung. Die Mutter meiner Freundin kam aus Bochum, um ihre Tochter nach Hause zu holen. Die Reisebestimmungen waren gelockert worden. Etliche fuhren nach Hause. Ich nutzte die Gunst der Stunde, gab eine dringende Zahnarztbehandlung in Bochum an und ließ mich von der Schule beurlauben. So fuhr ich mit einem Fronturlauberzug zurück nach Bochum. In dem Zug waren sehr viele Soldaten. Es war kaum noch Platz. Aber alle waren guter Stimmung und voller Freude, weil es nach Hause ging. Die Soldaten mußten nach dem Urlaub ja wieder zurück an die Front, aber für mich stand fest, daß ich nie wieder nach Schneidemühl zurückkehren wurde. Lieber nahm ich die Bombenangriffe in Kauf.

Die setzten jetzt erst richtig ein. Im Oktober [1944] war ein schwerer Angriff, bei dem Weitmar viel abbekam. Am 4. November wurde Bochum platt gemacht. Ich überlebte diese Angriffe in einem Stollen, 15 Meter unter der Erde. Weitmarer Bergleute hatten den Stollen nach Feierabend gebaut.

Mitte November [1944] bekam ich einen Brief von meiner Schule aus Schneidemühl. Man drohte mit Entlassung, wenn ich nicht binnen acht Tagen wieder zurück sei. Da die Russen im Osten schon im Vormarsch waren, beschlossen meine Verwandten, mich nicht mehr fahren zu lassen. Noch vor Weihnachten kam mein Vater im Westen in amerikanische Gefangenschaft. Er wurde den Franzosen übergeben und mußte an der Mittelmeerküste Minen entfernen und später im Weinberg arbeiten.

Es hat drei Jahre gedauert, bis wir uns wiedersahen.

Bericht von Inge Kappel, geb. Rost, Bochum, vom 10. März 2000

Aus Angst vor Mäusen in das Oberbett eingewickelt

Mit einem der letzten Schultransporte verschickt

Im August 1943 wurden auch wir evakuiert. Wir, das waren meine Mutter und sechs Kinder. Dabei waren mein Bruder Helmut, damals 14 Jahre und ich, fast 16 Jahre [...] Meine Mutter hatte sich geweigert, ohne uns Herne zu verlassen. Schließlich bekam sie die Erlaubnis, uns mitzunehmen. Wir waren bei den letzten Schulen, die Herne verließen. Der Transport ging vom Herner Güterbahnhof aus. Endlos lange dauerte die Fahrt. Welche Städte wir durchfuhren, ist mir nicht mehr bekannt. Meinem Bruder und mir ist nur noch Stettin in Erinnerung. Abends kamen wir in einem kleinen Städtchen in Pommern an. Woldenburg hieß die kleine Stadt. Von dort wurden wir mit Pferdewagen in ein vier Kilometer entferntes Dorf gefahren. Das Dorf hieß Wutzig. Zu dem Dorf gehörte auch ein Schloß, das der Familie ›von Brand‹ gehörte.

Familie wurde aufgeteilt

Im Dorf Wutzig angekommen, wurden wir aufgeteilt. Meine Mutter kam mit den beiden jüngsten Kindern zu Frau Kelm, die ein Zimmer abgegeben hatte. Wir vier älteren Geschwister kamen in ein drei Kilometer entferntes Dorf, das Brandheide hieß. Meine Brüder Helmut und Werner kamen zu der Familie Zastrow. Meine Schwester Ingeborg und ich kamen auf den Bauernhof gegenüber zu einer Familie Müller. Für uns war alles neu und interessant. Natürlich mußten wir uns erst eingewöhnen. Die Landschaft war schön. Die weiten Felder und Wälder waren für uns Städter fremd. Wir haben Gänse gehütet und bei der Kartoffelernte geholfen. Jeden Tag gab es Neues zu erleben. Oft liefen wir die drei Kilometer nach Wutzig zu unserer Mutter und abends wieder zurück.

Zimmer war ein Horror

Dann kam die Zeit, wo wir nicht mehr zurück nach Brandheide wollten. Weil wir aber nicht alle in dem einen Zimmer Platz hatten, mußten meine Brüder noch in Brandheide bleiben. Nur meine Schwester konnte in Wutzig bei unserer Mutter bleiben. Ich kam auf einen anderen Hof, der ganz einsam lag und sich Vorwerk nannte. Der Bauernhof gehörte einer alten Bäuerin, deren Tochter und Sohn den Hof bewirtschafteten. Als Knecht und Magd arbeitete ein polnisches Paar, die Zwangsarbeiter waren. Mit denen konnte ich mich leider nicht unterhalten. Die ganze Familie war mir etwas unheimlich. Sie sprachen nur leise und schlichen durchs Haus. Das Zimmer, in dem ich untergebracht war, war ein Horror. Es war muffig, und die Tapeten hingen an manchen Stellen von der Wand ab. Nachts liefen die Mäuse im Zimmer herum. Ich wickelte mich immer in das klamme Oberbett aus Angst vor den Mäusen. In diesem Haus wollte ich nicht bleiben und ging wieder nach Wutzig zu meiner Mutter.

Fünf Personen in einem Raum

Ich weigerte mich, auf den Hof zurückzugehen. So hielten wir uns, vier Geschwister und meine Mutter, in einem Zimmer auf. Oma Kelm, die uns bei sich wohnen ließ, war eine gute Frau. Sie hatte eine Ziege, von der wir Milch bekamen, und wir konnten in ihrer Küche kochen. Meine Mutter hatte sich mit einigen Dorfbewohnern und evakuierten Frauen angefreundet. Sie gingen zusammen nach Woldenberg einkaufen. Manchmal nahm sie auch der Milchtrecker mit. Auch wir Kinder hatten uns mit den Kindern im Dorf angefreundet. Es waren auch Frauen und Kinder aus Bochum in Wutzig. Dann wurde eine Gutsarbeiterwohnung auf der Schäferei frei. Die bekam meine Mutter. Endlich konnten wir alle in einer Wohnung leben. Die Schäferei lag zwischen Wutzig und Brandheide hinter einem Wald. Der Schäfer war auch der Ortsgruppenleiter. Wenn wir ins Dorf wollten, mußten wir durch den Wald oder über die Landstraße am Schampsee vorbei. Im Schampsee konnten wir baden. Dort war extra ein Steg gebaut und eine Wiese zum Liegen. Es war eine schöne Zeit in Wutzig. Wir konnten nachts ruhig schlafen und hatten genug zu essen.

Als Küchenhilfe und Zimmermädchen im Schloß gearbeitet

Dann kam plötzlich eine Veränderung ins Dorf. Frau von Brand mußte mit ihren Kindern und der Erzieherin ins Forsthaus ziehen.

In das Schloß zogen Leute aus Berlin, Angestellte und Abteilungsleiter einer Behörde. Es waren 30 Personen, Männer und Frauen. Sie waren bei der ›Hauptvereinigung der Deutschen Getreide- und Futtermittelwirtschaft‹ angestellt. Sie brachten eine eigene Köchin mit. Ich konnte bei den Leuten im Schloß als Küchenhilfe und Zimmermädchen arbeiten. Nun lernte ich auch das Schloß von innen kennen. Es gab eine Ahnengalerie, große in Öl gemalte Bilder hingen an den Wänden. Alles war groß und riesig. Ich habe dort gerne gearbeitet. Mein Bruder Helmut konnte in der Schloßgärtnerei arbeiten.

Beim Bau des Ostwalls eingesetzt

Eines Tages bekamen wir den Bescheid, den Ostwall [Pommernwall] zu bauen. Mein Bruder und ich wurden mit anderen Jugendlichen mit Lastautos in eine weit entferntes Dorf gebracht. Irgendwo im Dragebruch. Der Name des Dorfes ist uns nicht mehr bekannt. Die Jungen kamen in einen großen Saal, und wir BDM-Mädchen aus verschiedenen Dörfern kamen in die Dorfschule. Dort waren Strohsäcke und Decken. Waschen mußten wir uns draußen unter einer Pumpe. Verpflegt wurden wir wie Soldaten. Morgens zogen wir mit Spitzhacken, Spaten und Schüppen los, um 1,80 Meter tiefe Gräben auszuheben. Als es kälter wurde und die Russen immer näher rückten, wurden wir nach Hause geschickt. Durch Wutzig sind auch viele Flüchtlingswagen aus Ostpreußen gekommen. Vor Weihnachten 1944 sollten auch wir mit einem Treck Wutzig verlassen. Aber dann wurde alles wieder abgeblasen.

Von den Russen eingeholt

Anfang Januar 1945 ging dann der Treck los. Weil keine Pferde mehr da waren, wurden Ochsen vor die Wagen gespannt. Bei eisiger Kälte und Schneefall ging es dann von der Schäferei ins Dorf. Unsere Freunde aus Herne, Frau Cronacker mit ihren Kindern, waren von deutschen Soldaten mit Lastautos mitgenommen worden. Unser Treck kam nicht weit. Als wir in Lauchstedt übernachteten, hatten russische Panzer uns eingeholt. Wir wurden mehrere Tage und Nächte in einem großen Saal zusammengepfercht. Was da alles geschah, will ich mir in den Einzelheiten ersparen.

Nach einiger Zeit sollten wir zurück in unser Dorf. Aber alle Leute gingen in das nahegelegene Hermsdorf. Dort waren wir immer mit mehreren Frauen und Kindern in einer Wohnung. Vergewaltigungen und Mißhandlungen waren an der Tagesordnung. Eine Freundin, mit der ich im Schloß gearbeitet habe, erhängte sich. Zum Glück für uns konnte meine Mutter die polnische Sprache perfekt und sich gut mit den Russen verständigen. Wir mußten für die Russen auf den Feldern arbeiten. Zur Belohnung bekamen wir Schrot und Kleie. Daraus backten wir Brot. Weil auf den Feldern viele Kartoffelmieten waren, haben wir uns hauptsächlich von Kartoffeln ernährt. Bei der Feldarbeit bewachten uns ehemalige polnische Zwangsarbeiter mit Gewehren. So manche Frau, die nicht bei der Arbeit mitkam, kriegte den Gewehrkolben ins Kreuz […]

Vier Wochen unterwegs

Dann kam der Juni 1945 und wir wurden mit unseren Habseligkeiten auf die Landstraße geschickt. Von Pommern bis Berlin zu Fuß. In Küstrin konnten wir nicht über die Oder, weil die Brücke kaputt war. Wir mußten bis Frankfurt, um über die Oder zu kommen. In Magdeburg hielten wir uns ein paar Tage auf. Wir zogen durch den Harz bis nach Erfurt und versuchten immer, irgendwo über die [Zonen-]Grenze zu kommen. In Erfurt waren wir mehrere Tage im Wartesaal. Erst in Walkenried ist es gelungen, über die [Zonen-]Grenze zu kommen. Nun konnten wir auch manche Strecke mit dem Zug fahren. Vier Wochen waren wir unterwegs, bis wir Ende Juli 1945 in Herne ankamen. Unsere Wohnung war zum Teil ausgebombt. Mein Vater, mein älterer Bruder und alle Nachbarn glaubten, wir wären nicht mehr am Leben. Die Wiedersehensfreude war natürlich groß […]

Bericht von Elfriede Cremer, geb. Furch, Herne, vom November 2000

Erst nach sechs Jahren war Familie wieder vereint

Als 10jähriger Schüler der Klasse Ia der Hauptschule in Wanne-Eickel wurde Horst Schade im Sommer 1943 mit seiner Schule und begleitet von seiner Mutter nach Stolp in Pommern evakuiert.

Zu Fuß nach Stolpmünde

Am Nachmittag des 6. März 1945 kam der Räumungsbefehl für Stolp. Die Lehrerschaft beschloß, den Weg über die Ostsee zu nehmen. Am 7. März sollten wir uns um 6 Uhr am Bahnhof treffen. In der Kürze der Zeit konnten nicht alle Schüler benachrichtigt werden. Als sich am Morgen alle mit ihrem Gepäck eingefunden hatten, kam die Meldung: »*Es fährt kein Zug mehr.*« Nun wurde beschlossen, das Gepäck nach Hause zu bringen und zu Fuß nach

Stolpmünde an die Ostsee zu gehen. Treffpunkt 8.00 Uhr, Stolpmünder Chaussee. In aller Eile holte ich vom Nachbarhof einen großen Schlitten. Alle, die ihr Gepäck nicht nach Hause bringen wollten, stellten es in unserer Wohnung ab, um es dort später wieder abzuholen. Wir wollen den Krieg ja noch gewinnen!

Nachdem sich um 8.00 Uhr alle eingefunden hatten, machten sich drei Schulklassen, drei Lehrer und mehrere Mütter auf den Weg nach Stolpmünde. Die Straße war vereist und glatt. Je näher wir Stolpmünde kamen, desto größer war das Chaos. Rechts und links der Straße standen leere Trecks, lagen tote Pferde und Menschen, angespannte Pferdewagen standen herrenlos herum. Nach 18 km Fußmarsch kamen wir um 15.00 Uhr in Stolpmünde an. Hier waren viele tausend Menschen versammelt. Das schmale Hafengebiet wurde bewacht und war durch dicke Taue abgesperrt. Nachdem unser Rektor interveniert hatte, durfte unsere Gruppe die Sperre passieren. Jetzt wurde ein Schiff gesucht. Wir durften auf den 900-t-Frachter ›Karlsruhe‹. Er war eigentlich für [Reichs-]Arbeitsdienstler reserviert. Frauen mit kleinen Kindern und alte Leute mußten sich über eine schmale Leiter in den Laderaum begeben. Wegen des starken Sturms konnten wir nicht sofort auslaufen. Nach Rücksprache mit dem Kapitän durfte ich das Schiff noch einmal verlassen. Ich wollte meine in 300 m Entfernung wohnende Tante auf unser Schiff holen; doch sie war am Vortag schon abgereist. Da es sehr kalt war, ließ der Chef des Arbeitsdienstes aus einem neben dem Schiff stehenden Güterwagen Arbeitsdienstkleidung verteilen. Jeder auf dem Oberdeck bekam einen Mantel, eine Hose und eine Jacke sowie jede Menge Wolldecken. Der Geschützdonner kam immer näher. Die mit den Trecks angereisten Flüchtlinge brachten in der Nacht ihr Gepäck an Bord; Pferde und Wagen blieben am Kai zurück. Als es hell wurde, war das Oberdeck voller Menschen. Der Sturm hatte nicht nachgelassen. Die Funkstation in Stolpmünde war schon gesprengt worden. Gegen 8.00 Uhr legten wir endlich ab […]

Unbeschreibliche Verhältnisse auf dem Flüchtlingsschiff
Als wir den Molenkopf erreicht hatten, waren wir dem stürmischen Ostwind ausgesetzt. Die ersten Wellen schlugen über Bord. Schon nach wenigen Minuten setzte bei vielen die Seekrankheit ein. Diese Seekrankheit und der hygienische Zustand (eine Toilette für 1 100 Menschen an Bord) sorgten in den nächsten Tagen auf Deck, aber vor allem im Laderaum für Verhältnisse, die in einem Bericht nicht zu beschreiben sind.

In der folgenden Nächten hatten wir Motorschaden. Es wurden rote Leuchtkugeln abgeschossen. Um das Schiff zu erleichtern, wurde alles Gepäck über Bord geworfen. Bei den Flüchtlingen aus Ost- und Westpreußen, die ihr Gepäck erst vor wenigen Stunden aus ihren Pferdewagen auf Deck gebracht hatten, löste diese Maßnahme Entsetzen und große Traurigkeit aus. Da wir bisher wegen Platzmangel nur gestanden oder gesessen hatten, konnten wir uns, da jetzt Platz geschaffen war, nachts auf die Planken legen.

Am Tage tauchte plötzlich ein deutsches U-Boot neben uns auf. Die Kapitäne verständigten sich mit der Flüstertüte. Der U-Boot-Kommandant wünschte uns weiterhin gute Fahrt und tauchte mit seinem Boot wieder ab. Abends sprang der reparierte Motor wieder an. Die Fahrt ging langsam weiter.

Etwas später mußten wir drei Tage ankern. Der Seeweg war vermint worden. Nachdem die Minen geräumt waren, fuhren wir mit mehreren Schiffen im Geleitzug weiter gen Westen.

Die täglich verstorbenen alten Menschen wurden in Leinen eingenäht, auf ein Brett gelegt und mit der Hakenkreuzfahne bedeckt. Nachdem der Kapitän ein paar Worte und ein Gebet gesprochen hatte, wurden die Toten von den Mitreisenden mit dem deutschen Gruß verabschiedet. Das Brett wurde angehoben und die Toten der See übergeben. Es wurden auch einige Kinder geboren.

Viele auf dem Oberdeck, auch ich, hatten leichte Erfrierungen. Während der ganzen Zeit gab es nichts zu essen. Es gab täglich nur etwas Wasser. Nach sieben Tagen erreichten war statt Swinemünde Wismar […]

Mäntel, Jacken und Hosen mußten nach der Fahrt in Wismar wieder abgegeben werden. Danach konnten wir das Schiff ›Karlsruhe‹ wieder verlassen […]

Endstation in Leer
Unser Rektor wurde in das Krankenhaus Wismar eingeliefert, wo er nach wenigen Tagen verstarb.

Die Mitschüler, die ohne Mütter waren, wurden auf ein anderes Schiff verladen und nach Dänemark gebracht. Wir, die mit ihren Müttern unterwegs waren, wurden mit anderen Flüchtlingen auf mehrere Lkws verladen und nach Grevesmühlen in ein Arbeitsdienstlager gebracht. Hier war alles gut vorbereitet. Es gab Essen und Trinken sowie ein schönes Strohlager. Leider haben viele die gute Erbsensuppe nach sechs Tagen ohne Nahrung nicht vertragen. Bei vielen trat die Ruhr auf. Das Schlimmste war, daß die Toilettenbaracke mit dem ›Donnerbalken‹ mehr als 150 m entfernt war.

Nach weiteren fünf Tagen wurden wir zum Bahnhof Grevesmühlen gebracht. Der bereitstehende Zug brachte uns nach zweitägiger Fahrt nach Leer in Ostfriesland […]

Wir wurden in das Tivoli-Kino gebracht und von dort auf Familien verteilt. Uns wurde ein Zimmer in der Annenstraße zugewiesen. Da der Vermieter der Parteiführer der Stadt Leer war, hatten wir es dort sehr gut getroffen. In den nächsten Wochen wurden wir von der Parteiküche mit Essen versorgt. Wir bekamen Kleidung und Schuhe zugeteilt. Schon nach zwei Tagen wurde uns ein eigener Herd aufs Zimmer gestellt. Porzellan, Hausrat, Besteck und andere Sachen konnten wir bei einer Sammelstelle abholen. Die Bevölkerung war zu Spenden aufgerufen worden. Es war die sog. Volksopfersammlung [...]

Nun begann der Kampf um Leer. Unsere Vermieter zogen aufs Land [...] Wir haben den Einmarsch der Amerikaner [in Leer] mit vielen anderen in einem alten Brauereikeller abgewartet. Noch am Abend des 20. April wurde uns die Radiorede von Goebbels zum Geburtstag von Adolf Hitler vorgespielt. Da alle Brücken von deutschen Soldaten gesprengt worden waren, dauerte es mehrere Tage, bis die amerikanischen Truppen Leer besetzten. In der ganzen Zeit wurde Leer von Artillerie beschossen und mit Bomben belegt.

Unser Zimmer konnten wir schnell wieder aufsuchen. Die Wohnung unserer Vermieter wurde von ›lieben‹ Nachbarn aus Rache leergeräumt. An der nun einsetzenden Plünderung der Geschäfte in Leer habe auch ich mich mit viel Erfolg beteiligt. Nach seiner Rückkehr wurde unser Vermieter von der MP [Militär-Polizei] abgeholt. Er kam in ein Umerziehungslager ins Emsland, wo er nach wenigen Wochen verstarb.

Nach der Kapitulation am 8. Mai 1945 begann wieder ein fast normales Leben.

Da die Molkerei noch geschlossen war, konnten wir uns bei den Bauern der umliegenden Ortschaften mit Milch und Milchprodukten versorgen. Zum Fischfang (mit gefundenen Eierhandgranaten) sind wir auf Ems und Leda hinausgefahren [...] Im Sommer mußten alle Kinder über zwölf Jahre zum Ernteeinsatz. Mit amerikanischen Lkws wurden wir auf die Felder rund um Leer gebracht. Es wurden Bohnen, Dickebohnen und Erbsen geerntet.

Im August versuchten wir, wieder nach Wanne-Eickel zurückzufahren. Die Züge fuhren erst ab Lingen. Bis Lingen sind wir zu Fuß, mit dem Trecker und einem Lkw gekommen. Da wir in Wanne-Eickel keine Wohnung vorweisen konnten, aber aus einem »gesicherten« Gebiet kamen, wurde uns die Zuzugsgenehmigung verweigert. Ohne Wohnung gab es keine Lebensmittelmarken. Nach 14 Tagen, die wir bei Bekannten verbrachten, sind wir wieder nach Leer zurückgefahren. Im Januar 1946 wurden wir von einer Tante aufgenommen, ohne Wohnraum zu beanspruchen. Erst im Mai 1946 wurde uns ein Zimmer im Dahlienweg in Wanne-Eickel zugewiesen. Am 17. September 1946 kam mein Vater aus russischer Kriegsgefangenschaft zurück. Nun war die kleine Familie nach mehr als sechs Jahren Trennung wieder vereint. Noch bis 1949 mußten wir auf eine eigene Wohnung warten.

Für mich persönlich kann ich heute sagen: Es war außer der Flucht aus Pommern eine schöne Zeit [...], an die ich mich gern zurückerinnere. Von der allgemeinen und politischen Lage der damaligen Zeit hatten wir ja als 10- und 11jährige Kinder wenig Ahnung [...]

Bericht von Horst Schade, Herne, vom März 2000

Erster Fluchtversuch nach Westen scheiterte

Christiane Pohl, geb. Habighorst, kam im Sommer 1943 als 13jährige Schülerin der Freiherr-vom-Stein-Oberschule für Mädchen, Bochum, nach Belgard in Pommern.

Zugfahrt endete in einem Wald

[...] Im Februar 1945 kamen die Flüchtlingstrecks durch Belgard [in Pommern]. Die Flüchtlinge wurden, soweit möglich, im Kinosaal mit warmem Essen versorgt. Trotz dieser Vorboten des nahenden Zusammenbruchs war das Vertrauen unseres Direktors auf das Funktionieren der KLV-Organisation groß, und so erwartete er täglich die Bereitstellung eines Sonderzuges für den Rücktransport seiner Schülerinnen nach Bochum. Jeden Morgen mußten wir weiterhin an der Schule erscheinen, um die neueste Lage zu erfahren, und weiterhin bestand das Verbot, Belgard eigenmächtig zu verlassen.

Am 1. März 1945 starteten trotz Verbot meine Mutter, meine Freundin und ich – auch viele andere – einen Versuch, uns auf eigene Faust aus Belgard abzusetzen. Wir konnten uns in einen völlig überfüllten Güterzug quetschen. Der Zug fuhr Richtung Westen, kam aber nur bis Schivelbein (ca. eine Stunde weit). Die Strecke war bereits durch von Süden vorgedrungene russische Truppen gesperrt. Am nächsten Abend erst fuhr der Zug wieder zurück nach Belgard. Nunmehr versuchte der Zugführer einen Ausbruchsversuch nach Norden Richtung Kolberg. Die russischen Panzer waren schon bis in den Bereich Belgard vorgedrungen. Auch Kolberg war jetzt mit dem Zug nicht mehr erreichbar, und so endete die Zugfahrt irgendwo im Wald. Wir liefen zu Fuß im Schutz des Bahndamms bis nach Kolberg. Unsere Koffer blieben im Zug; mein Schulranzen mit etwas Proviant und einigen Fotos war meine letzte Habe.

Platz auf einem Fischkutter gefunden

Wir erreichten Kolberg. Es war ein einziges Heer- und Flüchtlingslager. Alle warteten auf rettende Schiffe. Die erste Nacht verbrachten wir in einer Turnhalle; dort trafen nach und nach weitere Bochumer ein. Das Dröhnen der Artillerie war bereits zu hören. In der zweiten Nacht versuchten die Bochumer, einen Platz auf einem Flüchtlingsschiff zu erkämpfen. Wir hatten Glück und gelangten auf einen Fischkutter, der uns in Dunkelheit und Schneegestöber bis nach Swinemünde brachte [...] Swinemünde bot das gleiche Bild wie Kolberg: angefüllt mit Flüchtlingen und Soldaten.

Unsere Weiterreise nach Westen erfolgte in vielen Etappen mit der Eisenbahn. Unser größtes Glück war ein warmer Wartesaal und eine warme Suppe von der Bahnhofsmission. In der letzten Nacht unserer Flucht nach Westen trafen wir in Dortmund ein. Wir liefen zu Fuß durch das brennende Dortmund und erreichten einen Zug, der bis Herne fuhr. Von dort konnten wir mit der Straßenbahn Linie 8 nach Bochum fahren. Es war der 14. März 1945.

Bericht von Christiane Pohl, geb. Habighorst, Wesseling, 1999

Erst Ende Oktober 1945 aus der KLV zurück

Unterbringung im Wartezimmer

Nach Belgard [in Pommern] fuhren wir [=Schülerinnen der Quinta – heute 6. Klasse – der Freiherr-vom-Stein-Oberschule für Mädchen, Bochum] ins Ungewisse, einige mit Mutter, einige ohne. Ich hatte außer meiner Mutter auch noch Tante Grete und Kusine Gisela bei mir, also vollen Klan. Mutter und Tante wurden wegen ihrer Eleganz [in Belgard] sofort von Fräulein Schulz und Frau Soldat [=Quartiergeberinnen in Belgard] herausgepickt aus dem nicht enden wollenden Strom von Bombenflüchtlingen und in ihr Haus Heerstraße Nr. 6/7 mitten in der Stadt gebracht. Wir bekamen das Wartezimmer der Zahnarztpraxis von Dr. Soldat mit Bad, das ganz modern mit Schlafcouchen ausgestattet war, und meine Tante eine Mädchenkammer unter dem Dach mit einer Art Küche. Unser Zimmer war ausgesprochen elegant. Aber meine Mutter befand, daß ihre Schwester nicht so primitiv in einer Rumpelkammer hausen sollte mit dem kleinen Kind, das in einem riesigen altmodischen Eisenkinderbett stand und furchtbar brüllte. Sie machte sich also auf den Weg, etwas anderes zu suchen, mich immer fest an der Hand haltend. Wir bekamen dann einen netten Querschnitt von Belgards Behausungen und die Ansichten der Bewohner geboten. Der eine offerierte uns ein Einzelbett mit dazugestellter Gartenbank als Doppelbett, der andere meinte, drei Büroräume im Alten Amt mit nichts als einem Kachelofen versehen, seien das Ziel unserer Träume. Recht deprimiert kam meine Mutter zur NSV [=Nationalsozialistische Volkswohlfahrt] zurück, um dort einen fürchterlichen Spektakel zu machen – und sie hatte Erfolg. Fräulein Schulz gab ein weiteres Zimmer ihrer 6-Zimmer-Wohnung ab, und meine Tante brauchte nach einiger Zeit nicht mehr in der unbeheizbaren Mansarde zu wohnen, sondern bekam ein schönes Zimmer, das mit dem Scharm der Jahrhundertwende möbliert war, und mit Küchenbenutzung. Jetzt hatten wir alles, was wir brauchten [...]

Nachmittagsunterricht und Fürsorge

Das Nächste war nun die Schule. Als Mädchenoberschule konnte man uns nicht so einfach irgendwo unterbringen, sondern nur in einer Mädchenoberschule, wozu ziemliche Verhandlungen nötig waren, denn von seiten der Belgarder sah man diese Notwendigkeit zunächst nicht ein. Unser Direx, Herr Dr. Heinrich Lotz, muß sich da ganz schön ins Zeug gelegt haben. Aber wir hatten immer nachmittags Unterricht. Zu weiteren Konzessionen war man nicht bereit. Die »Bombenweiber« sollten froh sein, daß man sie überhaupt aufnahm. Ansonsten war alles ganz normal. Der Lehrkörper, wenn er auch aus lauter alten »Schachteln« bestand, weil die Jüngeren kriegswichtige Dinge auszuüben hatten, war vollständig mitgekommen. Diese Männer und Frauen, die ca. 60 Jahre alt waren und die wir fast als scheintot ansahen, hatten bei all den elternlosen Kindern nun auch noch fürsorgerische Aufgaben. Ich erinnere mich an die Sache mit dem Haushaltsbuch, das jede Schülerin führen sollte. In meinem war vielleicht ein Umsatz von 2,50 Mark zu verzeichnen, während sich bei Hedel K. eine Seite an die andere reihte. Selma Cramer, unsere Klassenlehrerin, stutzte, setzte ihre Brille zurecht und begann, diese Ergüsse zu lesen, während sie bei den anderen nur mal so eben hineingeschaut hatte. Da stellte sich heraus, daß sich Hedels Pflegeeltern überhaupt nicht um sie kümmerten und sie sich selbst versorgen mußte. Sofort wurde die 11jährige von [der Pflegefamilie] P. weggenommen und anderweitig untergebracht. Bei Ilse und Hermann R. war es so ähnlich. Verpflegt wurden sie zwar, aber wenn Ilse mittags in die Schule ging, schickte man den 6jährigen auf die Straße »spielen«. Er trieb sich dann immer am Bahnhof herum, immer in der Hoffnung, daß seine Mutter aus dem Zug steigen würde. Erst als dies den anderen Bochumer Müttern auffiel, erhielt er eine andere Ziehmutter, die ihn wirklich verwöhnte.

Unsere Mütter schlossen sich zu einem Kränzchen zusammen, das nach der Rückkehr in die Heimat »Pommernkränzchen« genannt wurde […]

Den Sommer über fuhren wir jeden Sonntag mit der Eisenbahn nach Kolberg. Strand war etwas ganz Neues für uns. Der Sand war so weiß wie Zucker und das Meer sehr salzig. An den Geschmack mußte man sich erst gewöhnen, ehe man die Wellen richtig genießen konnte. Gisela lief splitternackt am Strand herum und war nahtlos braun. Wenn sie ins Wasser geriet und sich dann im trockenen Sand wälzte, sah sie aus wie ein Berliner Ballen […] Hier in Belgard vergaßen wir so ziemlich, daß Krieg war. Nur das Radio (wir hörten heimlich immer BBC London) und die Lebensmittelmarken erinnerten daran. Vorbei waren die Bombennächte, in denen man zitternd im Keller saß […]

Kartoffelernte
Wir waren schon einige Monate im Pommern, als es hieß: »*Kartoffeleinsatz auf einem Rittergut*«. Meine Mutter geriet außer sich. Ihr dünnes, blasses, hohläugiges Ingelein sollte auf dem Feld arbeiten? […] Sie setzte alle Hebel in Bewegung, mich davor zu bewahren, und versuchte, mich in die einheimische Oberschule zu stecken, und das für eine Woche! Aber es gelang ihr nicht zu meiner großen Erleichterung, denn ich wollte zu gern mitfahren. Ein Rittergut! So etwas durfte man sich doch nicht entgehen lassen, ganz gleich, was man da tun mußte! Der Zug brachte uns nach Schivelbein, wo wir mit Pferdewagen abgeholt wurden – nach Grössin! Es war eine lustige Fahrt. Unterwegs sangen wir: »*Klotz, Klotz, Klotz am Bein, wie lang ist die Chaussee? Links 'ne Pappel rechts 'ne Pappel, in der Mitte Pferdeappel. Klotz, Klotz...*«

Wir kamen an und staunten. Die Gutsgebäude waren in typisch ostelbischer Manier angeordnet: In der Mitte das Herrenhaus mit der Freitreppe. Hinter dem Haus ein ausgedehnter Park. In U-Form vom Haus ausgehend rechts Wirtschaftsgebäude und links Ställe, die zusammen einen Riesenhof umgaben. Die vielen Fenster ließen uns in dem Glauben, daß wir jetzt zu dritt oder viert niedliche Mädchenzimmer bekämen und bedauerten diejenigen, die in die Insthäuser [=Gutstagelöhnerhäuser] gegenüber der Straße kamen. Man verpflegte uns erst einmal mit Butterbroten an einem großen Tisch unter den Bäumen und wir fingen schon an zu schwärmen (mit Trotzkopf, Elke und Goldköpfchen im Sinn [=Heldinnen damals sehr beliebter Mädchenbücher]). Man erklärte uns, was wir zu tun hätten, nämlich Kartoffeln auflesen, die von Traktoren ausgebuddelt wurden, je Korb zehn Pfennige. Das störte uns alles noch nicht, auch nicht, daß die Gutsherrin bedauerte, 11jährige statt 14jährige bekommen zu haben. Doch dann kam der Hammer – unsere Schlafstätten! Man hatte in den Kartoffelkeller Stroh geschüttet und Pferdedecken draufgelegt. Der Keller war so klein, daß auf jede von uns höchstens 50 cm Liegefläche kam. Als ich in der ersten Nacht aufstand, um auf den Pappeimer zu gehen, kam ich anschließend nicht mehr dazwischen und verbrachte den Rest der Nacht auf dem Tisch hockend. Nach einiger Zeit kam noch Hedel dazu, der das gleiche passiert war. Am anderen Morgen waren wir total erledigt. Der Pappeimer war ineinander gegangen und hatte seinen Inhalt in den Raum fließen lassen. Es stank. Das Stroh war durchweicht. Keiner war ausgeschlafen, und wir wurden noch von dem Gutspersonal als »*Schweine*« tituliert, weil wir uns nicht draußen im Kalten an der Pumpe waschen wollten. Ich weiß nicht mehr, wer es war, eine Lehrerin oder eine BDM-Führerin, die sich für uns stark machte mit der Drohung, sofort wieder abzureisen, wenn sich die Zustände nicht ändern würden. Wir seien keine Straßenkinder, sondern Oberschülerinnen. Es änderte sich auch sofort etwas, zwar nicht viel, aber ausreichend. Einige Schülerinnen wurden aus dem überfüllten Stall herausgenommen und auch in die Insthäuser gesteckt, nun von uns heftig beneidet. Wir durften uns in der Waschküche waschen und plötzlich war auch eine Toilette da, zwar nur ein Plumpsklo, aber das störte uns nicht. Dann ging es auf's Feld. Einen halben Tag hatten wir schon mit Protesten verbracht, und unsere Arbeitslust war entsprechend. Es hatte geregnet, und die nasse Matsche drang durch den Sack, den wir als Schürze umhatten. Unsere Hände waren nach einiger Zeit gefühllos vor Kälte, und der Rücken drohte durchzubrechen. Aber in dieser Nacht schliefen wir wie die Murmeltiere.

Am anderen Morgen sah alles schon anders aus. Die Sonne schien, und die kanadischen Kriegsgefangenen, die die Trecker fuhren, sprachen uns auf Englisch an – und siehe da, diese Kinder konnten ihnen antworten. Zwar waren unsere Kenntnisse nach eineinhalb Jahren Englischunterricht noch gering, aber die Kanadier genossen es so richtig, mit Kindern in ihrer Muttersprache sprechen zu können und brachten uns Schokolade mit, die wir kaum noch kannten. Sie wurden nämlich extra gut verpflegt als einzige Männer unter Greisen und Jungen.

Mittags kam die Gulaschkanone, gezogen von einem Ochsengespann, auf's Feld, und wir konnten essen, so viel wir wollten. Sogar Fleisch war in der Suppe […]

Allmählich gewöhnten wir uns an die schwere Arbeit. Viel herausgekommen ist aber nicht dabei. Ich hatte 6,60 Mark verdient und die anderen so ähnlich. Nur Erna M. war an ca. 20 Mark gekommen. Sie grapschte die braunen Knollen wie verrückt und wurde von uns gehänselt, wofür sie wohl so viel Geld brauche. Auch die Stimmung hatte sich gebessert [...] Am letzten Abend saßen wir noch mit der Gutsherrin zusammen, und sie erzählte uns Spukgeschichten von Grössin. Es ging da um einen Grabstein, der öfter mal seinen Standplatz im Park wechselte. Fröhlich fuhren wir von dannen und haben diese Woche immer in guter Erinnerung behalten.

Heringsdorf

Wir hatten natürlich immer Heimweh, besonders die, die allein in Belgard waren. Ständig sangen wir irgendwelche Heimatlieder wie z. B. »Westfalen Glück-auf, Ost-Pommern versauf...« [...] Wir gingen oft zum Bahnhof und stellten uns vor, wir würden jetzt in den Sonderzug nach Bochum einsteigen. Einmal hatte eine von uns das Wort ›Bochumer Verein‹ an einer Eisenbahnschiene auf einem Bahnübergang fast im Wald gefunden. Diese Schiene wurde dann zum Wallfahrtsort für viele Kinder [...]

Als wir ein Jahr in Belgard waren, teilte man uns mit, daß wir den Sommer in Heringsdorf [auf Usedom] verbringen würden. Welch eine Begeisterung! Monate sollten wir am Meer verbringen, und ich kam endlich mal von meiner Mutter los. Sie kam dann zwar doch mit, als Stopf- und Flickfrau, aber für eine andere Klasse.

In Jungmädelkluft reisten wir in das schöne Seebad und marschierten in Reih und Glied zu ›Sasses Haus am Meer‹, direkt an der Strandpromenade, das unsere Quarta mit den Primanerinnen teilte.

›Sasses Haus am Meer‹ war ein altmodisches Holzhaus mit allem Komfort, den man um die Jahrhundertwende schätzte. Wir wurden aufgeteilt in die, die schon ihre Tage hatten und die »Kinder«, zu denen Hedel und ich gehörten. Wir hatten ein Dreibettzimmer [...] im Oberflur mit einem riesigen Balkon. Das Zimmer war [...] schön groß und hübsch eingerichtet und der Balkon ein Traum mit weißen Korbmöbeln [...]

Bis zu den großen Ferien hatten wir natürlich auch Schulunterricht. Normalerweise fand er im Eß-Saal statt, wo auch die Hausaufgaben gemacht wurden [...] Neben Schule hatten wir noch nationalpolitischen Unterricht im BDM und Katechumenenunterricht, das eine wie das andere schrecklich langweilig. Wir leierten so daher: »*Adolf Hitler wurde am 20. April 1889 in Braunau am Inn als Sohn eines Zollinspektors geboren...*« Im Katechumenenunterricht, der in einer großen Kirche stattfand, wo man kaum etwas verstand, machten wir allerlei Blödsinn. Wir kitzelten uns oder steckten uns große Propeller aus Papier in die Haare [...]

Unser Tag war also ziemlich ausgefüllt vom morgendlichen bis zum abendlichen Fahnenappell, so daß für Schwimmen im Meer nur fünf Minuten blieben. Wenn dann noch ausgerechnet Fliegeralarm kam, der sich dadurch ankündigte, daß Swinemünde eingenebelt wurde, machten wir immer einen Riesenspektakel, damit Selma Cramer, unsere Klassenlehrerin, das nicht hörte. Sie war dann immer ganz verwundert und sagte ein um das andere Mal: »*Kinderchen, was habt Ihr heute für einen Spaß!*« Erst wenn die ersten Abfangjäger erschienen, rannten wir ins Haus. Anschließend durften wir dann am Strand »spielen«. Was spielten wir? – Völkerball und römisches Wagenrennen, weil man dabei immer so schön in den Sand flog. Abends saßen wir oft in der Runde am Strand, und Fräulein Hermanns, unsere Schulsekretärin, sang uns mit wunderschöner Stimme etwas vor. Das war immer ein Erlebnis, das Meer rauschte, die Wellen klatschten an den Strand, am Horizont segelte ein einsames Fischerboot, und über uns zogen die Wolken [...]

Flucht auf einem Kohlefrachter

Als wir im September [1944] wieder nach Belgard zurückkehrten, fingen die ersten Flüchtlingstrecks an. Wir sahen wohl diese Panjewagen, die aus dem hintersten Ostpreußen kamen, aber die Realität ging uns noch nicht auf [...] Erst im Januar 1945, als immer mehr Flüchtlingszüge hielten und wir Waschkörbe voller Butterbrote zum Bahnhof brachten, bekamen wir es mit der Angst zu tun. Die größeren Mädchen, die allein in Belgard waren, setzten sich so allmählich ab, obwohl es streng verboten war. Ich wäre wahrscheinlich auch gegangen, aber Mulli und Tante Grete warteten immer noch auf den Sonderzug, den uns der Direx versprochen hatte. Endlich, am 2. März [1945] bekamen wir grünes Licht zum Abtransport. Die Russen standen schon vor Stettin, und die einzige Möglichkeit war, nach Kolberg auszuweichen. Mit drei Schrankkoffern quetschten wir uns in bereits überfüllte Viehwaggons. Die Leute, die drin saßen, schimpften wie die Rohrspatzen und prophezeiten uns den baldigen Verlust unseres umfangreichen Gepäcks. Wir saßen nun steif wie Marionetten auf unseren aufgetürmten Koffern und hatten keine Möglichkeit, uns hinzulegen – vier Tage lang! Der Zug dampfte erst mal nach Schivelbein ab, aber da waren schon die Russen. Also wieder zurück. Kurz vor Kolberg hielt er endgültig in einer Schlucht [...] Man setzte sich [...] nach Kolberg in Bewegung, immer unten am Bahndamm entlang, und über uns pfiffen die Kugeln. Kolberg war von Land schon ganz von den Russen eingekesselt, und wir hatten schreckliche Angst [...] In Kolberg angekommen, das bis dahin noch einigermaßen intakt war, wurden wir in einer Pension mit »*Rennfahrersuppe*« verpflegt. Schlafen konnten wir in einer Schule, in der etwas Stroh auf der Erde lag. Meine Mutter hatte Gott sei dank ihren Pelzmantel an, unter den wir nachts kriechen konnten [...]

Wir saßen nun in Kolberg fest, weil noch kein Schiff kam [...] Noch eine Nacht schliefen wir in unserer Schule [...] Am nächsten Morgen hörten wir schon ganz früh den Ruf »*Ein Schiff, ein Schiff!*« Wir rannten zum Hafen. Gepäck hatten wir kaum noch. Die Schrankkoffer, über die die Leute so geschimpft hatten, waren im Zug geblieben. Am Hafen stand schon eine riesige Menschenmenge, die ausnahmslos auf diesen Kohlenfrachter ›Theseus‹ wollte, der noch gewagt hatte, die Blockade zu durchbrechen. Wir standen und standen. Es wurde Mittag, es wurde Abend. Die Lagerschuppen hinter uns brannten durch den ständigen Beschuß aus der Maikuhle. Die Geschosse pfiffen Gott sei Dank über uns hinweg. Tante Grete brachen unter der Last des 3jährigen Kindes fast die Arme ab. Ich hatte schon ihren kleinen Koffer mit übernommen. Gisela schrie und schrie, bis uns ein Sanitäter aufs Schiff durch die furchtbare Enge geleitete [...] Dann ging es eine ca. zehn Meter lange Leiter hinab in den Bauch des Frachters. Die Matrosen halfen uns. Aber es war trotzdem schlimm, mit Rucksack und Koffer da hinunterzuklimmen. Unten lag, wie schon gewohnt, etwas Stroh, auf dem wir uns einrichten konnten. Etwas anderes gab es nicht. Nur einige bekamen Kajüten [...] Vier Tage dauerte unsere Odyssee auf der Ostsee. Wir lagen schon vor Dänemark, aber da nahm man uns nicht auf [...] Nach vielem Hin und Her – einmal gerieten wir in ein Minenfeld – landeten wir in Swinemünde – 24 Stunden vor dem großen Luftangriff dort [...] Weil Gisela jetzt hohes Fieber hatte, durften wir in den Lazarettzug einsteigen. Wir waren überglücklich. Aber dafür bestand gar kein Grund, denn die anderen Schülerinnen wurden mit Bussen nach Westfalen gefahren, und wir landeten in Parchim in Mecklenburg, wo Mutti mit Ruhr und Gisela mit Scharlach ins Krankenhaus kamen. Ein halbes Jahr vegetierten wir so dahin, immer bedroht von den Russen, die uns Anfang Mai [1945] überrollten. Mutti und Tante Grete versteckten mich immer, damit kein Russenauge wohlgefällig auf meiner nun 13jährigen Erscheinung ruhen und die Bestie in ihm wecken konnte [...] Im Oktober [1945] entschlossen wir uns, »schwarz« über die Grenze zu gehen, weil wir in unserem dritten Domizil [...] nur ein Bett für vier Personen und keinen Ofen hatten [nach vielen Mühen kamen alle vier Ende Oktober 1945 schließlich in Bochum an].

Bericht von Inge Witt-Heyer, Bochum, 1992

Mädchen erwünscht

Quartierzuweisung unterwegs

Die Verschickung der Franz-Dinnendahl-Mittelschule in Bochum-Langendreer erfolgte nach meiner Erinnerung am 26. Juni 1943 [die Schule wurde in der Tat an diesem Tag mit dem 20. Schultransport evakuiert]. Wir wurden am Morgen vom Güterbahnhof in Bochum-Langendreer »verfrachtet«, d.h. zu je sechs Personen in einem Abteil. Nach einer Fahrt von ca. 24 Stunden kamen wir in Stolp (Pommern) an. Es war uns bis dahin nicht bekannt, ob wir in ein Lager kämen oder privat, d.h. bei Familien, untergebracht würden. Am nächsten Tag, als wir uns schon in Pommern befanden, stiegen in Köslin mehrere Personen unserem Zug zu. Es waren Vertreter der Stolper Verwaltung, die jedem von uns einen Quartiernachweis gaben. Wir wurden somit privat untergebracht.

Von Pflegefamilie abgewiesen

Ein Kuriosum war aber, daß die meisten Familien gerne ein Mädchen aufnehmen wollten. Ich war in jenen Tagen 14 Jahre alt, und mein Quartiernachweis enthielt den Vermerk: »*Mädchen von zehn bis zwölf Jahren*«. Am Stolper Bahnhof wurden wir bei unserer Ankunft von einem Schwarm von Menschen in Empfang genommen, die aus verschiedenen Gruppen der Partei [=NSDAP] kamen. Ein Mitschüler und ich wurden von einer Dame, die aus der NS-Frauenbewegung [Frauenschaft] kam, empfangen und zu den angegebenen Quartieren gebracht. Doch dann kam das Fiasko: Ich konnte mein Quartier nicht beziehen, da ich mit der Tochter zusammen in einer kleinen Kammer schlafen sollte. Ebenso wurde mein Mitschüler bei einer anderen Familie abgewiesen, die sich auch auf ein Mädchen eingestellt hatte. Während ich bis dahin noch ziemlich sorglos war, kamen nun doch die Gedanken: Was wird nun? Die ältere Dame war auch ein wenig ratlos und nahm uns erst einmal mit zu ihrem Haus. Kurz darauf kam auch ihr Mann heim. Er war Blockleiter der NSDAP und hatte auch Schüler zu den vorgegebenen Unterkünften gebracht.

Wir beiden Jungen bekamen erst einmal einen großen Teller Erdbeeren mit Milch. Zwischenzeitlich war aber die Familie, die meinen Mitschüler aufnehmen sollte, erschienen und holten diesen ab. Sie hatte es sich doch inzwischen anders überlegt. Ich blieb übrig und hatte doch schon ein flaues Gefühl. Bei der Unterhaltung mit dem Ehepaar wurde ich ganz dezent nach meinen Familienverhältnissen befragt mit dem Ergebnis, das lautete: »*Wenn du willst, kannst du bei uns bleiben.*« Ich war erleichtert und sagte aus vollem Herzen »ja«. Ich übernahm das Zimmer des Sohnes, der Soldat war.

Zum Einsatz bei der Flak zurück

In den nächsten Tagen ging unser Leben wieder in den normalen Bahnen. Es war auch ein Großteil unserer Lehrer mitgekommen, und wir mußten uns eine Schule mit den Einheimischen teilen.

Wir waren weit ab vom Kriegsgeschehen und fast alle zufrieden. Sicher kam hier und da auch das Heimweh mal durch; doch das war selten. Die Ostsee mit dem Ostseebad Stolpmünde war nur 18 km entfernt, und bei schönem Wetter war der Ostseestrand dort ein idealer Tummelplatz.

Im Dezember 1943 bekamen alle Schüler unserer Klasse bis Jahrgang 1928 einschließlich einen Stellungsbefehl zum 5. Januar 1944 als Flakhelfer [Luftwaffenhelfer]. Da hieß es Koffer packen und Abschied nehmen. Am 14. Dezember 1943 fuhren wir ganz ›normal‹ mit der Reichsbahn wieder in die Heimat.

Bericht von Gerhard Fornefeld, Bochum, vom Oktober 1999

Heimreise beinahe am Widerstand des Direktors gescheitert

Bei kinderlosem Ehepaar untergebracht

[...] Ich hatte gerade [1943] mit einigen anderen 10/11jährigen Mädchen die Aufnahmeprüfung für die Schiller-Oberschule [in Bochum] erfolgreich abgelegt, als in den Tageszeitungen die Termine für die Evakuierung der einzelnen Schulen veröffentlicht wurden. Da das Schuljahr erst nach den großen Ferien begann, wurden wir ›Kleinen‹ als Klasse 0 mitgenommen. Bald hieß es Abschied nehmen. So manche Mutter fuhr mit, da die Männer im Feld waren. Aber viele wurden allein auf die Fahrt geschickt, u. a. auch ich, und ich war zehn.

Im Zuge, beileibe nicht komfortabel ausgestattet, lernten wir uns alle schon einmal kennen – die Fahrt dauerte schließlich ca. zwei Tage. Wir fuhren nach Neustettin in Ostpommern, eine hübsche Kleinstadt, am Streitzigsee gelegen. In Neustettin wurden wir einzelnen Gastgebern zugeteilt. Ich glaube, ich hatte viel Glück: Ich wohnte bei einem kinderlosen Ehepaar mittleren Alters und wurde bemuttert und verwöhnt. Heimweh kam bei mir gar nicht erst auf. Aber schön war es schon, wenn Post von zu Hause kam.

Alltag und Lagererfahrung

Nach Ende der großen Ferien wurden wir ›Kleinen‹ dann als Sextanerinnen in die Schule aufgenommen. Wir hatten regelmäßigen Unterricht in der Fürstin-Hedwig-Schule. Natürlich wurden wir auch in den BDM [NS-Bund Deutscher Mädel] übernommen; wir jüngeren gehörten zu den Jungmädeln. Ein- oder zweimal wöchentlich – genau weiß ich das nicht mehr – trafen wir uns, natürlich in Uniform, zu sogenannten Heimabenden in unserem Schulgebäude. Dort wurden Volks-, aber auch Marschlieder gelernt, wir haben gebastelt und gestrickt für die »Winterhilfe« und mußten aber auch das Marschieren lernen. Ab und an marschierten wir auch durch den Ort, wie es sich gehörte, penibel ausgerichtet und mit exaktem Schritt und Tritt.

Im Sommer 1944 wurden wir in die geschlossene KLV nach Heringsdorf auf Usedom verschickt. Wir sollten uns wohl in der frischen Seeluft erholen. Dort wohnten wir klassenweise in Hotelpensionen, wurden beaufsichtigt von einer Lagerleiterin (Klassenlehrerin) und einer Lagermädelführerin (vom BDM). Wir hatten recht gelockerten Unterricht. Unsere Lehrerinnen mußten von Haus zu Haus gehen, um in den einzelnen Klassen zu unterrichten. Das Zusammenleben war streng geregelt: Morgens, ich glaube um 7.00 Uhr, weckten einige Mädchen mit einem Lied das ganze Haus. Manchmal klang das »Wacht auf, ihr Schläferinnen, der Kuckuck hat geschrien« schon ein wenig kratzig wegen der verschlafenen Stimmen. Nach der Morgentoilette war Fahnenappell im Hof.

Das »Mädel vom Dienst« machte der Lagermädelführerin Meldung über die Zahl der angetretenen Mädel und der evtl. erkrankten. Dann wurde gefrühstückt, danach war der Bettenbau an der Reihe, und anschließend ging die Lagermädelführerin durch die Schlafräume und überprüfte die Ordnung, oft genug auch in den Schränken. Wir haben aber dort nicht nur Ordnung gelernt, sondern auch Kameradschaft und das Teilen. Nach dem Unterricht am Vormittag und dem Mittagessen ging es meistens an den Strand oder zum Blaubeerpflücken in die Wälder.

Es waren unbeschwerte Wochen, obwohl wir auch dort etwas vom Krieg mitbekamen. Feindliche Flugzeuge überflogen die Insel, wohl auf der Suche nach den Fertigungsstätten für die Raketen V 1 und V 2 des Wernher von Braun. Die aber nebelten sich jedes Mal ein; für uns ein Zeichen, den Strand zu verlassen.

Flucht endete in Eisleben

Ende September 1944 packten wir wieder unsere Koffer und fuhren zurück nach Neustettin. Dann mußten wir feststellen, daß der Krieg immer näher rückte. Mit dem vorrückenden Winter kamen immer mehr Flüchtlingstrecks aus Ostpreußen durch die Stadt, Planwagen oder offene Gefährte, gezogen von kleinen Panjepferdchen. Und es wurde bitterkalt. Immer häufiger klopfte nachts jemand aus diesen Trecks an die Haustür und bat um eine Schlafstelle. Meine Pflegemutter tat ihr Bestes. Bald kamen auch die ersten deutschen Soldaten auf ihrem Rückzug durch, und wir hörten immer deutlicher den Geschützdonner. An Schule war nicht mehr zu denken. Die ersten Mitschülerinnen gingen mit ihren Gastgebern auf die Flucht. Wir anderen und auch unsere Lehrerinnen kamen in regelmäßigen Abständen zum Schulappell zusammen, um zu hören, wann unser Direktor für uns einen Rücktransport zum Westen organisiert hatte. Einmal warteten wir abends bei schneidender Kälte vergeblich auf den versprochenen Zug. Der war unterwegs beschlagnahmt worden für verwundete Soldaten. Dann endlich, am 29. Januar 1945, klappte es. Wir nahmen Abschied von unseren Gastgebern und stiegen zusammen mit Schülern der Bochumer Harkort-Schule in einen Personenzug, in dem wir dann zehn Tage leben mußten – so lange hat es nämlich gedauert, bis wir Eisleben erreichten. Unterwegs wurden wir von russischen Tiefffliegern beschossen und standen bei Vollalarm in Berlin neben einem Munitionszug im Bahnhof. Aber wir haben alle überlebt, mußten dann aber in Eisleben in einem Auffanglager in einer Schule hausen. Man hatte die Klassenzimmer geräumt und Stroh auf den Boden geworfen, auf dem wir schliefen.

Inzwischen waren zu Hause die Luftangriffe immer schlimmer geworden, und Bochum lag in Schutt und Asche [...] In Eisleben hörten wir kaum noch etwas von daheim. Aber trotz des Chaos sickerten immer noch Nachrichten durch. So hörte meine Großmutter, die in Witten wohnte, eines Tages im Radio, daß die Bochumer Schiller-Schule auf ihrer Flucht in Eisleben gelandet war. Oma rief meinen Vater an, der nicht eingezogen war, weil er in einem kriegswichtigen Betrieb arbeitete. Der wiederum fuhr am Wochenende mit dem Fahrrad, eine andere Möglichkeit bestand nicht mehr, ins Sauerland, wohin meine Mutter sich mit meiner 4jährigen Schwester in Sicherheit gebracht hatte, um ihr diese Nachricht zu überbringen. Meine Mutter wiederum hat sich um eine Reiseerlaubnis bemüht, die mußte man damals nämlich haben, und stand eines schönen Morgens in der Eislebener Schule, um mich abzuholen. Das Vorhaben wäre aber fast an der Hartnäckigkeit unseres Direktors gescheitert, der mich nicht reisen lassen wollte, denn ›Räder mußten rollen für den Sieg‹. Doch letztendlich war der Wille meiner Mutter stärker und ich konnte mitgehen, sollte aber nach siegreichem Ende des Krieges nicht mehr in die Schule aufgenommen werden.

Die anderen Mitschülerinnen, so weiß ich aus Erzählungen, landeten noch in einem weiteren Lager in Moringen am Solling, wo sie den Einzug der Amerikaner erlebten, und sind erst im Juni 1945 nach Bochum zurückgekehrt.

Bericht von Else Daniels, geb. König, Bochum, vom 27. September 1999

Zehn Tage mit dem Zug bis Berlin gebraucht

Erst unterwegs Reiseziel erfahren
[...] Am 1. Juli 1943, einem heißen Sonnentag, wurden wir [=Schülerinnen der Schiller-Oberschule für Mädchen in Bochum] in einen Sonderzug verfrachtet.

Von den neuen Sextanerinnen hatten einige ihre Mütter dabei, wie ich, andere mußten allein fahren. Die Schülerinnen der höheren Klassen waren fast alle allein. Niemand konnte wissen, ob man die Eltern je wiedersah [...]

Unterwegs erfuhren wir, daß unsere Schule in Neustettin untergebracht werden sollte. Die Fahrt dauerte zwei Tage, und so schmale Kinder wie ich wurden zum Schlafen ins Gepäcknetz gepackt.

Am 2. Juli, in der Abenddämmerung, standen wir etwas hilflos am Neustettiner Bahnhof, und es las jemand lange Listen vor, wer bei wem wohnen sollte. Als so ziemlich letzte wurden wir einer Arztfamilie mitten in der Stadt zugeteilt.

Im Gästezimmer untergebracht
Wir hatten es gar nicht schlecht getroffen. Die Leute, Dr. Lewin und Familie, waren sehr nett, wir bewohnten deren Gästezimmer, das abseits der Wohnung und Praxis lag. Meine Mutter konnte die nebenan liegende Küche benutzen, und wir mußten uns das Bad mit dem Dienstmädchen Grete teilen. Sie hatten einen Sohn, Wolfgang, gut ein Jahr jünger als ich, mit dem ich fortan viel gespielt habe.

Irgendwann später mußten wir allerdings eine Etage höher zu der Mutter und Schwester von Dr. Lewin umziehen, da ›unser‹ Zimmer vom Militär beschlagnahmt wurde. Die alte Dame mußte mit »Frau Sanitätsrat« angeredet werden, war aber recht nett, während ihre Tochter, das »Fräulein Marianne«, die Klavierlehrerin war, ständig an allem etwas auszusetzen hatte.

Nachmittagsunterricht und Rübenernte

Gegenüber dem Haus, in dem wir nun wohnten, ging eine kleine Straße, kürzer als die Helenenstraße, in Richtung Streitzigsee, den man von einigen Fenstern der Lewinschen Wohnung aus sehen konnte. Die Straße endete an einer Parkanlage am See und gleich rechts lag das Neustettiner Gymnasium, in dem wir dann immer nachmittags ab 14.00 Uhr Unterricht hatten. Vormittags wurde es von unseren Gastgebern wie bisher genutzt. Es war landschaftlich sehr schön dort, alles ruhig und idyllisch, vom Krieg merkte man (fast) nichts [...]

Wir waren gerade ein paar Wochen in Neustettin, da mußten wir zum Bauerneinsatz ausrücken. An diesem Tag fiel für uns die Schule aus, und wir wurden mit Lastwagen auf ein Rübenfeld irgendwo außerhalb der Stadt gefahren. Dort kriegten wir jede eine Reihe zugewiesen, die so lang war, daß wir das Ende nicht sehen konnten. Wir sollten das Unkraut, das so etwa einen halben Meter hoch war, ausziehen und gleichzeitig kontrollieren, daß immer nur eine Rübe allein stand. Sollte es gelegentlich eine zweite, kleinere, geben, mußten wir sie rausziehen. Es war Mittagszeit und unglaublich heiß, die Erde knochentrocken und das, was wir ausrupfen sollten, war wie einzementiert. Nach einer Weile bin ich umgekippt. Irgendwer hat mich vom Feld geschleppt, und ich mußte mich übergeben. Dann kriegte ich mit, daß ich wohl einen Sonnenstich hätte und wurde unter einen Baum gepackt, wo ich schrecklich gefroren habe trotz der Hitze. Abends wurden alle fleißigen Helferinnen von dem Bauern mit Butterbroten versorgt. Ich kriegte aber nichts runter, ich dachte nur noch mit Ekel an die Leber vom Mittag, die ich dann auch nie wieder essen konnte.

[...] Der Schulunterricht wurde von mehreren Studienrätinnen und dem schon recht alten Musiklehrer Klinkhardt, der auch Mathematik unterrichtete, ganz gut aufrechterhalten. Ich kann mich nicht erinnern, daß mir irgendein Fach gefehlt hätte. Da wir alle in der gleichen Fremdheitssituation waren, war der Kontakt zu den Lehrerinnen persönlicher, als das wohl sonst üblich war. Allerdings hatten sie auch schnell Zugriff auf die wenigen mitgereisten Mütter. Man durfte nichts anstellen, das wurde sofort bekannt.

BDM-Dienst

Zu dem geregelten Leben, das uns durch die Evakuierung ermöglicht werden sollte, gehörte auch, daß wir jeden Samstagnachmittag zum ›BDM‹ [NS-Bund Deutscher Mädel] gehen mußten [...] Normalerweise waren diese Zusammenkünfte auch Mittwochnachmittags, aber da hatten wir ja Schule. Wir hörten Nazi-Geschichten, ›Helden-‹Geschichten in der Regel, lernten Nazi-Lieder und wurden im Allgemeinen mit dem Gedankengut der Nationalsozialisten vertraut gemacht. Uns wurde beigebracht, daß die Deutschen ein »*Herrenvolk*« seien. Im Sommer trainierten wir auch für Leichtathletik-Sportveranstaltungen, die in der Regel Massenveranstaltungen waren [...] An bestimmten Tagen, z. B. »*Führers Geburtstag*«, mußten alle antreten – dafür war der Schulhof manchmal etwas klein – und singend durch die Stadt marschieren [...]

Statt Sommerferien KLV-Lager

Die Zeit in Neustettin gefiel mir gut. Außer daß es einige Lebensmittel gar nicht, andere nur ganz selten gab, merkten wir nicht viel vom Krieg. Aber wir hatten keinen Hunger, und es gab auch nur ein- oder zweimal Fliegeralarm.

Im Frühjahr 1944 erfuhren wir, daß alle Kinder im Sommer ins KLV-Lager sollten. Als ich hörte, daß unsere Schule nach Heringsdorf auf der Insel Usedom sollte, drehte sich bei dem Namen mein Magen um, ich mochte doch keine Heringe! Andererseits hatte ich nichts gegen das Lager, da entkam ich meiner Mutter und hatte stets Gleichaltrige um mich. Etwa Mitte Juni 1944 ging es los. Große Ferien gab es nicht in diesem Jahr, wohl aber Zeugnisse zur Versetzung. Im September sollten wir wieder nach Neustettin zurückkommen [...]

Wir wohnten [in Heringsdorf] in einer ehemaligen Pension, dem ›Baltischen Haus‹ [...] Wir waren zu dritt oder viert in einem Zimmer untergebracht. Morgens begann der Tag mit »*Morgenappell*«. Von der Lagerleiterin wurde täglich eine von uns zum »*Mädel vom Dienst*« bestimmt, das beim Appell melden mußte, wie viele von uns angetreten waren, dann wurde die »*Fahne gegrüßt*« und ein Nazi-Lied gesungen. Das ganze ging nach bestimmtem Ritus bzw. auf Kommando der Führerin und zackig, zackig vor sich. Dann erst konnten wir zum Frühstück. Natürlich gab es einen Küchendienst, Spüldienst usw. [...]

Die Klassen unserer Schule waren mit ihren Klassenlehrerinnen auf verschiedene Hotels und Pensionen in Heringsdorf verteilt. Es waren höchstens vier Unterrichtsstunden möglich, da die Lehrerinnen von Unterkunft zu Unterkunft wandern mußten [...]

Als Sextanerin war ich nach Heringsdorf gefahren, als Quintanerin kam ich im September 1944 nach Neustettin zurück [...] Es begann dann wieder der normale Unterricht [...] Nach etwa zwei Wochen wurde uns mitgeteilt, daß aller Unterricht ausfallen müsse, auch für die Neustettiner, da die Schule als Lazarett für die Verwundeten von der Ostfront gebraucht würde [...] Weihnachten 1944 wurde nur davon gesprochen, daß die Ostfront näher käme und wohin wir dann vor den Russen fliehen müßten [...] Manchmal hörten wir entfernten Kanonendonner und konnten uns vorstellen, was uns bevorstand [...] Eines Tages hieß es, für uns würde an einen Lazarett-Transport ein Waggon angehängt, so daß wir nach Westen kämen. Trotzdem könnten wir nur mitnehmen, was wir auch tragen konnten. Nun mußte also endgültig entschieden werden, was zurückbleiben mußte. In einen Koffer kam ein Federbett, das war leicht, konnte trotz der Koffergröße aber von mir getragen werden und erwies sich später als lebensrettend bei der grimmigen Kälte. Den anderen Koffer nahm meine Mutter. Dazu zogen wir drei Garnituren Unterwäsche an, zwei Paar Strümpfe, zwei Trainingshosen, drei Pullover und auch Mützen, Handschuhe, Mäntel doppelt. Mit den Schuhen ging das leider nicht. Alles, was meine Mutter für mich zum »Reinwachsen« besorgt hatte, kam oben drüber. Ich stand da wie ein Teddybär mit abgespreizten Armen und konnte mich kaum bewegen, aber es hielt vorerst warm. Mit Hilfe eines normalen Holzschlittens brachten wir am eiskalten Spätnachmittag des 28. Januar 1945 unsere beiden Koffer zum Neustettiner Bahnhof. Da trudelten auch die anderen ein, die noch von unserer Schule da waren. Zwei Gruppen waren vor uns in Begleitung je zweier Lehrerinnen schon weggekommen. Da standen wir dann, aber es kam kein Zug. Gegen Abend hieß es, daß es erst am anderen Morgen losgehen sollte, wir sollten alle noch mal in unser Quartier gehen und in einem warmen Bett schlafen [...]

Irrfahrt endete in Eisleben
Am Mittag des 29. Januar 1945 wurde tatsächlich ein Waggon an einen Truppentransportzug für uns angehängt, und wir wurden erst einmal Richtung Norden nach Belgard gezogen. Wie es hieß, waren zu diesem Zeitpunkt die Russen im Süden von uns schon bis kurz vor Stargard vorangekommen, das eigentlich unser erstes Ziel sein sollte, da es Eisenbahnknotenpunkt war. So mußte dieser Zug einfach Gleise benutzen, die noch intakt waren, was, rückwirkend betrachtet, keineswegs selbstverständlich war [...] Auf einmal blieben wir stehen, wie wir meinten auf freier Strecke, aber die Lok hatte gerade den Kleinbahnhof Schivelbein erreicht. Da standen wir dann 33 Stunden lang. Anfangs wurden wir von Wehrmachtshelferinnen mit dicken Kniften versorgt, später nicht mehr. Da ihre Kinder Hunger hatten, entschied sich nach dem langen Warten eine Frau, bei dem Bäcker, den wir vom Zug aus sehen konnten, nach Brot zu fragen. Wenige Minuten später fuhr der Zug weiter – ohne die Frau. Wie wir später erfuhren, gab es nur noch eine schmale Stelle südlich von Stettin, durch die wir zu diesem Zeitpunkt noch aus Pommern herauskonnten [...] Wir waren schon einige Tage unterwegs und wurden nun Richtung Berlin gefahren, bis dahin sollten es zehn Tage werden. Dort wurden die verwundeten Soldaten ausgeladen und in die Krankenhäuser gebracht. Unser Waggon wurde auf ein Abstellgleis gelenkt [...] Daß in dieser Nacht auf dem Abstellgleis des Bahnhofs Berlin-Neukölln gerade ein Bombenangriff auf Berlin stattfand, ließ sich allerdings nicht überhören und übersehen. Der Feuerschein färbte alles glutrot, die Bomben schlugen um uns herum ein. Wir lagen alle auf dem Boden des Waggons mit dem Gesicht nach unten [...] Getroffen wurde unser Waggon Gott sei Dank nicht [...]

Danach hieß es, wir sollten nach Elsterwerda verfrachtet werden. Als wir da ankamen, wollte man uns nicht, oder der Russe war da auch schon nahe, ich weiß es nicht. Nächstes Ziel: Risa, etwas weiter südwestlich. Da konnten wir aber auch nicht aussteigen, wurden gelegentlich irgendwo abgestellt, dann wieder weitergezogen, bis wir endlich in Eisleben aussteigen konnten und dort in zwei Klassenzimmern einer Schule »vorläufig« untergebracht wurden. Es muß der 11. oder 12. Februar [1945] gewesen sein [...] In die Klassenräume war Stroh geschüttet worden [...] Aus der vorläufigen Unterkunft sollten sieben Wochen werden [...]

Von der Welt abgeschnitten
Mit uns war noch unser Schulleiter, Herr Oberstudiendirektor Dr. Rothe, genannt Direx. Er war Parteimitglied, wir haben aber nie ein Nazi-ideologisches Wort von ihm gehört. Jetzt nutzte er seine Parteikontakte, um eine Möglichkeit für uns zu finden, näher nach Hause zu kommen [...] Irgendwann gelang es ihm, einen Eisenbahntransport für uns zu organisieren, der uns in den Solling, wieder ein bißchen mehr nach Westen, bringen sollte.

Am 28. März [1945] fuhren wir – das übrig gebliebene Häuflein ohne »Direx« – los, erst einmal bis Northeim. Nach einer Übernachtung dort [...] wurden wir nach Moringen gebracht, einem kleinen Ort in der Nähe. Dort sollten wir in ein Landjahrlager einziehen, das aufgegeben werden sollte. Als wir dort ankamen, wirkte alles sehr friedlich und gepflegt – nur die Landjahrleitung verteidigte ihr Domizil mit Klauen und Zähnen und ließ uns nicht hinein [...] Irgendwie hatten die Verhandlungen mit der Lagerleitung des Landjahrheimes dann doch Erfolg, wir konnten dort unterkommen, und sie zogen sich zurück [...]

Wir waren erst wenige Tage im Haus, als fremde Soldaten auftauchten, Belgier, wie wir erfuhren [...] Wir hatten alle Angst, weil uns vorher schreckliche Greueltaten der feindlichen Soldaten geschildert worden waren. Diese waren aber recht freundlich, verhandelten schlecht und recht mit den Lehrerinnen und zogen wieder ab. Auch etwa um die Zeit hörten wir, daß der amerikanische Präsident Roosevelt gestorben war [...] Andererseits fühlten wir uns von der Welt abgeschnitten. Wir wußten nicht, ob unsere nächsten Verwandten im Ruhrgebiet noch lebten, nur, daß dort heiß gekämpft wurde [...] Telefon gab es natürlich nicht, und die Post funktionierte nicht mehr [...]

Irgend jemand hat es dann geschafft, einen Lastwagen und den dazugehörigen Kraftstoff zu besorgen, um uns kümmerliches Häuflein nach Bochum zu holen [...] Wir kamen am 8. Juni 1945, einem wunderschönen Sonnentag, am frühen Nachmittag in Bochum am Rathaus an. Alles war kaputt. Die Rathausuhr hing zwar da, wo sie heute noch hängt, hatte aber weder Zeiger noch Glas, und über allem wölbte sich ein klarer blauer Himmel [...]

Bericht von Margret Schröter, Bochum, 1999

Mit Viehtreck in Richtung Westen

Infolge der Wiederverheiratung seiner verwitweten Mutter kam Bruno Vahl als 7jähriger 1937 von Treptow in Pommern nach Herne. Durch Bemühungen einer Tante wurde er 1943 im Rahmen der KLV nach Treptow verschickt. Obwohl Anfang 1945 die Ostfront immer näher rückte, schloß er sich keinem der Evakuiertentrupps und Flüchtlingstrecks in Richtung Westen an, sondern blieb in Treptow, weil er seine Tante beschützen wollte.

Geburtstag auf dem Marsch in die Gefangenschaft
Ich erlebte den Einmarsch der Russen in Treptow und wurde dort gefangengenommen. Von dort begann der große Fußmarsch. In unserer Kolonne waren Männer von 14 bis 75 Jahren. Ich möchte mich nicht in Einzelheiten verlieren, aber ich habe es selbst erlebt, daß Männer, die nicht mehr laufen konnten, erschossen wurden. Meinen 15. Geburtstag am 22. März 1945 verlebte ich auf der Landstraße auf dem Marsch in die Gefangenschaft. Der Marsch endete in Schneidemühl. Dort wurden wir in einer ehemaligen Kaserne untergebracht. Es war ein Durchgangslager, weil von dort auch viele nach Sibirien kamen. Ich hatte Glück und blieb in Schneidemühl. Dort erlebte ich das Kriegsende im Mai 1945 und wurde entlassen.

Für mich gab es jetzt nur ein Ziel: die Heimat in Herne. Im Raum Deutsch-Krone traf ich auf einen Trupp ehemaliger deutscher Landwirte. Diese mußten für die Russen auf den großen Gütern das Vieh zu einem großen Treck zusammentreiben. Es waren viele Schafe, Kühe und auch Pferde. Diesem Treck habe ich mich angeschlossen und Schafe getrieben. Es war ein Glück, daß der Sommer 1945 so schön war, denn wir haben nur im Freien geschlafen. Der Weg dieses Viehtrecks ging von Deutsch-Krone nach Frankfurt/Oder und von dort durch das Spreewaldgebiet über Luckenwalde, die Lutherstadt Wittenberg bis nach Zerbst in Sachsen. Von Zerbst aus wurde das Vieh in kleinen Kolonnen nach Halberstadt zu den Schlächtereien gebracht. In Zerbst habe ich mich von meinem Viehtreck verabschiedet und mich weiter in Richtung Westen durchgeschlagen. In Höttensleben gelangte ich im Braunkohlentagebau mit einem Kohlenzug über die Zonengrenze. Ich war im Westen. Von nun an ging es mit der Bahn nach Hause. Bei einem Stopp in Braunschweig war große Entlausungsaktion.

Am 31. Oktober traf ich gegen 22.00 Uhr in Herne ein. Da Sperrstunde war, mußte ich die Nacht in der Bahnhofshalle verbringen. Am Allerheiligen-Tag ging ich dann morgens über die Bahnhofstraße und war bald bei meinen Angehörigen [...]

Bericht von Bruno Vahl, Herne, vom Mai 2000

Gefühl des Fremdseins und des Gnadenbrotes

Kaum die Hälfte der Kinder mitgefahren
[...] Mit sehr gemischten Gefühlen wurde seitens der Elternschaft und auch seitens des Lehrkörpers [im Frühsommer 1943] die Nachricht von der Evakuierung [der Goethe-Volksschule in Castrop-Rauxel-Ickern] nach Pommern aufgenommen: Die weite räumliche Entfernung und die ganz anders gelagerten Verhältnisse des deutschen Ostens riefen dieses Mißbehagen hervor. Eine Unterbringung im Sauerland oder in Mitteldeutschland (Thüringen), Gegenden, die auch einmal in Erwägung gezogen waren, hätten bei der Bevölkerung mehr Anklang gefunden. Die Auswirkungen davon zeigten sich sofort, als die Anmeldungen zur Verschickung erfolgen sollten. Von den 380–400 Schulkindern wurde kaum die Hälfte gemeldet. Viele Eltern zogen es vor, ihre Kinder bei Verwandten oder Bekannten unterzubringen. Manche täuschten auch nur eine solche Unterbringung vor und hielten dann einfach ihre Kinder zurück. Manche suchten durch Umschulung in Nachbargemeinden, die nicht evakuiert wurden, dasselbe zu erreichen. Als

am 4. August 1943 der Abtransport erfolgte, gingen nur 180 Kinder der Goethe-Schule mit nach Pommern; dazu aber eine größere Anzahl von Müttern mit Kleinkindern oder anderen Angehörigen. Der begleitende Lehrkörper bestand aus Rektor Wollens, Lehrer Herget, Lehrer Wiemhoff, Lehrerin Wille und der technischen Lehrerin Unverhau.

Auf acht Gemeinden verteilt
Am 5. August 1943 wurden die Aussteigebahnhöfe Blumberg und Dölitz im Kreis Pyritz erreicht. Schon jetzt zeigten sich die ersten Schwierigkeiten: Die Verteilung auf die einzelnen Orte war nicht so weitgehend vorbereitet, daß sie ohne Reibung und ohne großen Zeitverlust vor sich gegangen wäre. U. a. war nicht bekannt, daß mit diesem Transport auch Lehrpersonen mitkamen, und man wußte nicht, wo man sie lassen sollte und wies sie zunächst geschlossen nach Sallentin, dem größten Ort der acht Aufnahmegemeinden. Vom Bahnhof Blumberg erfolgte die Zuteilung für die Gemeinden Blumberg, Sallentin und Klemmen; vom Bahnhof Dölitz die Zuteilung für die Gemeinden Muscherin, Ückerhof, Lübtow, Pumptow und Suckow a. d. Plöne. Die Verteilung wurde durch die örtlichen Stellen der NSV [Nationalsozialistische Volkswohlfahrt] mit Unterstützung der Gemeindevorsteher (meist örtliche Hoheitsträger) und der [NS-]Frauenschaftsleiterin vorgenommen. Schwere pommersche Gutswagen, mit Stroh bepackt, brachten uns in die Aufnahmegemeinden, wo dann die endgültige Einweisung in die Familien oder in die Unterkünfte erfolgte. [Die Lehrpersonen verteilte man] in Sallentin ganz willkürlich, wo sich gerade eine Unterkunftsmöglichkeit ergab. Erst nach eingehenden Feststellungen der schulischen Notwendigkeiten ergab sich folgende Verteilung: Herr Wiemhoff übernahm die einklassige Schule in Pumptow, Frl. Wille die einklassige Schule in Muscherin, Rektor Wollens, Herr Herget und Frl. Unverhau blieben in Sallentin. Ihrer schulischen Betreuung unterstanden 105 pommersche und 98 Castrop-Rauxeler Schulkinder. Die Bemühungen gewisser einflußreicher Stellen, besonders aus den Kreisen der Gutsbesitzer, um Miteinreihung der pommerschen Schulkinder in die schulische Betreuung waren bedeutend intensiver als die um eine einigermaßen menschenwürdige Unterbringung der Evakuierten, besonders auch der Lehrpersonen.

Schon bald ergaben sich viele Unzuträglichkeiten, die von manchen Müttern einfach in der Weise gelöst wurden, daß sie mit ihren Kindern nach Castrop-Rauxel zurückfuhren. Andere versuchten die Lösung, daß sie sich möglichst in allem ganz unabhängig zu machen versuchten; aber nur wenigen gelang die Überbrückung so weit, daß ihnen das Gefühl des Fremdseins und des Gnadenbrotes verwischt wurde.

Ungünstige Schulverhältnisse
Durch die erwähnte Verteilung der Lehrkräfte, die in Erkenntnis der gegebenen Notwendigkeiten durchweg freiwillig und ohne behördliche Einwirkung erfolgte, war gewährleistet, daß fast alle unsere evakuierten Kinder einen ziemlich geordneten Unterricht erhielten. Auch die noch vorhandenen pommerschen Lehrkräfte übernahmen die zugeteilten Kinder aus Westfalen in ihre Klassengemeinschaften, wenn auch nicht selten dadurch eine starke Überfüllung der Klassen eintrat. Durch die Übernahme der pommerschen Kinder in den Orten mit westfälischen Lehrern wurde der einheimischen Lehrerschaft bedeutende Arbeit, besonders die Beschulung der lehrerlosen Nachbargemeinden, erspart.

Die Verlagerung unseres Arbeitseinsatzes zu Gunsten Pommerns gewann von Monat zu Monat an Bedeutung, da infolge der langen Dauer der Evakuierung immer mehr Familien und auch einzelne Kinder nach dem Westen zurückkehrten, andererseits Pommern aber allmählich selbst dazu übergehen mußte, seine Kinder aus den Städten infolge der häufigeren Bombenangriffe zu evakuieren. Im Spätsommer 1944 kam zu den Evakuierten aus dem Westen ein größerer Schub aus Ostpreußen, besonders aus Treuburg und Umgebung. Meist waren es nur Frauen, die mit ihren Kindern die Heimat ziemlich überstürzt hatten verlassen müssen, um nicht in der Kampfzone von Kriegsereignissen überrascht zu werden. Sallentin mußte über 60 Personen aufnehmen, darunter waren über 20 schulpflichtige Kinder.

Die Schulverhältnisse [in Sallentin] waren ziemlich ungünstig. Ein eigentliches Schulgebäude war auch vorher nicht vorhanden; das frühere evangelische Pfarrhaus war dazu notdürftig hergerichtet worden. Die zwei vorhandenen Klassenräume waren klein. Der kleinere faßte nur 21 zweisitzige Bänke, also 42 Sitzplätze; damit war die Klasse bereits überfüllt, und doch mußten darin annähernd 60 Kinder des 3. und 4. Schuljahres zugleich unterrichtet werden. Die Kinderzahl war auf beinahe 160 [angewachsen], die in drei Klassen aufgeteilt waren: das 1. und 2. Schuljahr mit über 40 Kindern, das 3. und 4. Schuljahr mit annähernd 60 Kindern und die Oberstufe mit mehr als 50 Kindern. Eine wesentliche Erschwerung trat ein, als im Herbst 1944 die Heimatstadt Castrop-Rauxel evakuierte Lehrkräfte zur Betreuung der nicht verschickten Kinder oder bereits zurückgekehrter Kinder aus Pommern zurückrief. Dazu gehörte auch Frl. Wille, die bis dahin die einklassige Schule in Muscherin verwaltet hatte, deren

Kinderzahl von 76 auf 58 zurückgegangen war. Der zuständige Schulrat ordnete an, daß Frl. Unverhau die Verwaltung der verwaisten Schulstelle zu übernehmen hätte, wodurch die Arbeitskraft in Sallentin fortfiel.

Mit einer Ausnahme alle wohlbehalten zurückgekehrt

Trotzdem konnte noch ein ziemlich geordneter Schulbetrieb aufrechterhalten werden bis zum 23. Januar 1945, an dem Pommerns Volkssturm aufgeboten wurde. Trotz gegenteiliger Anordnung, die man aber verschwiegen hatte, wurde eine größere Anzahl evakuierter Lehrer zum Volkssturm einberufen, darunter auch Lehrer Herget. Und nun überstürzten sich die Ereignisse: Der Russe war durchgebrochen, und in wenigen Tagen überflutete er ganz Hinterpommern. Alles strömte in wilder Flucht westwärts, teils in großen Trecks, teils mit der Eisenbahn, teils zu Fuß.

Am 3. Februar 1945 verließen auch unsere Castrop-Rauxeler Sallentin mit der einheimischen Bevölkerung in Richtung Kollin. Dort blieben die Sallentiner Bauern zurück in der Hoffnung, bald nach Sallentin zurückkehren zu können. Die Gutsherrschaft mit ihrer gesamten Gefolgschaft fuhr am folgenden Tage weiter nach Schellin, und alle Evakuierten schlossen sich an. Die endgültige Trennung erfolgte am 6. Februar, als alle Evakuierten nach Stargard abgeschoben und dort auf die Eisenbahn verladen wurden, die sie nach dem Westen bringen sollte.

Damit erreichte ein Unternehmen sein Ende, das wohl in guter Absicht, aber nicht in genügender Planung begonnen worden war, und dem auch noch Sorge und Leid und Verbitterung anhafteten. Das Problem war zu groß, die Durchführung stümperhaft, und doch weist es die erfreuliche Tatsache auf, daß, so weit bekannt ist, fast alle Kinder der Goethe-Schule zurückkehrten mit Ausnahme von Rosemarie R. [...], die auf dem Wege von Lübtow nach Sallentin schwer verwundet wurde und erst im Oktober zu ihren Eltern zurückkehrte. Die geflüchteten Evakuierten hatten den Verlust fast aller Habseligkeiten zu beklagen; viel blieb schon in Pommern zurück; viel ging noch auf der Flucht verloren, selbst auf der Eisenbahn wurde bei Fliegeralarm noch gestohlen. Und doch waren alle froh, als sie ihre westfälische Heimat wieder erreichten, wenn sie auch kaum mehr als das nackte Leben gerettet hatten.

Bericht über die Evakuierung der Goethe-Volksschule in Castrop-Rauxel-Ickern nach Pommern, erstattet von dem Lehrer Franz Herget, der damals dem Kollegium der Goethe-Schule angehörte und die Evakuierung nach Pommern mitgemacht hatte; aus: Protokollbuch der Goethe-Schule (Marktschule) 1. Oktober 1926 – 2. Juni 1976, S. 52–55

Briefe nach Hause mußten den Lehrern vorgelegt werden

Bis ins Detail geplante ›Freizeit‹

[...] Ich bin während meiner zwei Jahre Katechumenen- und Konfirmanden-Unterricht in der Kinderlandverschickung in der Hohen Tatra in der Slowakei gewesen. Zuerst war ich in Livoca (zu Deutsch: Leutschau), dann kamen wir nach Toplcanie, nördlich von Bratislava (Preßburg) gelegen. Von dort wurden wir wieder zurück in die Hohe Tatra bis kurz vor die polnische Grenze verlegt, nach Transka-Kotlina (Höhlenhain). Von April 1943 bis Dezember 1943 machte ich diese Odyssee in den Lagern der KLV mit [...] In diesen Lagern waren nicht nur Hattinger, sondern auch Kinder aus Welper, Wetter, Wengern und anderen Orten aus dem Ennepe-Ruhr-Kreis. Die Kinderlandverschickung war übrigens freiwillig.

Wir waren während dieser Zeit in verschiedenen Häusern untergebracht. In Bad Leutschau wohnten wir in einer riesigen Pension. In drei Etagen waren 160 Jungen untergebracht. Vier, fünf oder sechs Jungen schliefen auf einem Zimmer, gerade so, wie die Größe es zuließ. Morgens um 6.00 Uhr wurden wir durch den Wachhabenden mit der Trillerpfeife geweckt. Ruck zuck rannten alle Jungen in den Keller, weil dort die Waschräume waren. Nach dem Anziehen war die Stubenabnahme, dabei mußte der Stubenälteste Meldung machen. Dann ging es vor das Haus zum Appell. Die Tageslosung wurde ausgegeben. Das machte der Lagerleiter Lehrer August Fuhrmann aus Hattingen. Dem Lagermannschaftsführer oblag die politische Betreuung der Jungen, während sich der Lagerleiter um die schulischen Belange kümmerte. Lagermannschaftsführer kamen von den Adolf-Hitler-Schulen oder von den Napolas [Nationalpolitische Erziehungsanstalten]. Wir Jungen redeten despektierlich nur vom »naßgepißten Eselarsch«. Nicht auszudenken, wenn das der Lagermannschaftsführer gehört hätte. Vormittags hatten wir Schule und nachmittags Freizeit, allerdings bis ins Detail geplant vom Lagermannschaftsführer. Das Besondere an diesem Lager war, daß wir alle besondere Uniformen trugen. Die Wehrmacht hatte bei einem Angriff ein Lager mit englischen Stoffen erbeutet, Millionen Meter dunkelbeigen Stoffes. Daraus bekamen wir HJ-Uniformen geschneidert, Überfallhosen und Blousons.

Briefzensur

In diesem großen Haus gab es eine Küche, die der Besitzer dieses Hauses leitete. Dort wurde die Verpflegung für uns zubereitet. Von Vorteil war es, sich mit der Küche gut zu stehen. Durch einige gute Diktate fiel ich auf und wurde prompt mit einer Sonderstellung »belohnt«: Ich wurde einer der Verbindungsjungen zwischen dem Lager, der Post und slowakischen Kaufleuten. Das bedeutete, daß ich zwei- bis dreimal pro Woche in die Stadt zum Postamt mußte. Ich gab dort Briefe von uns für die Heimat auf und holte die Post von zu Hause ab. Hin und wieder wurde ich in Geschäfte geschickt, um besondere Artikel zu kaufen, die wir sonst nicht hatten. Lebensmittel besorgte allerdings der Hausbesitzer. Da wir dort nur in Uniform außerhalb des Lagers herumliefen, nahm ich mir meist zwei oder drei Jungen mit, damit ich nicht allein in der fremden Stadt war.

Eine Briefzensur gehörte zur Normalität eines solchen Lagers. Jeden Brief, den wir schrieben, mußten wir bei den Lehrern vorlegen. Es ist vorgekommen, daß entweder Stellen im Brief überpinselt, also unleserlich gemacht wurden, oder aber der ganze Brief mußte neu geschrieben werden. Briefe, die von zu Hause zu uns kamen, waren schon durch die Zensurstelle des Oberkommandos der Wehrmacht zensiert worden. Durch einen entsprechenden Stempel auf der Rückseite und die Neuversiegelung des Briefes konnten wir das jedes Mal feststellen. Sicherlich ging es auch bei unseren Briefen schon darum, Wehrkraftzersetzung frühzeitig zu erkennen.

Politisch wurden wir in dieser Zeit nur auf ein Ziel getrimmt: den deutschen Sieg. Durch die Siegesmeldungen im Rundfunk und in den Zeitungen waren wir natürlich stolz auf unsere Soldaten und auch auf Adolf Hitler, unseren Führer. Wir hörten doch nichts Gegenteiliges.

Abenteuerliche Rückfahrt
Die Rückfahrt in die Heimat gestaltete sich auch recht abenteuerlich. Mehrere Lager wurden zu einem Sonderzug dort unten zusammengefaßt. Dann ging es quer durch Mähren und Böhmen in Richtung Oberschlesien. Durch die dauernden Aufenthalte auf offener Strecke oder in Bahnhöfen, unser Zug mußte die planmäßigen Zivil- bzw. Militärzügen immer vorlassen, dauerte die Fahrt letztlich drei Tage. Wir durchfuhren Sachsen mit Dresden und auch Leipzig, um über Kassel ins Ruhrgebiet zu gelangen. Während dieser drei Tage lebten wir im Abteil. Schlafwagen gab es natürlich nicht, wir schliefen in unserem Sitz. Die Verpflegung hatten wir bei der Abfahrt aus dem Lager mitbekommen: jede Menge Butterbrote und Äpfel. Unterwegs, wenn wir in einem Bahnhof hielten, bekamen wir vom Roten Kreuz einmal Erbsensuppe zu essen und etwas zu trinken. Wir kamen uns richtig wichtig vor. Also schmetterten wir während der Fahrt zum Zeitvertreib die Marschlieder, die wir gelernt hatten. Wir gingen auch schon mal zu dem einen oder anderen Ende des Zuges, aber aussteigen durften wir nicht, nicht auf freier Strecke und auch nicht in Bahnhöfen. Wir waren praktisch die drei Tage eingesperrt.

Unser Sonderzug hielt in Hagen, um uns herauszulassen. Wir kamen aber mit großer Verspätung in Hagen an und wurden von dem dort auf uns wartenden letzten fahrplanmäßigen Personenzug dieses Tages mit nach Hattingen genommen. Die übrigen Fahrgäste waren natürlich davon nicht begeistert. Genauso war es in Hattingen auf dem Bahnhof. Kein großer Empfang durch Parteiobere, lediglich die Eltern bzw. Geschwister hatten in der Kälte bis in die Nacht ausgeharrt, es war immerhin Dezember 1943. Vom Bahnhof aus strömten in dieser Nacht sehr viele Menschen in die Stadt. Als wir, meine Mutter und ich, in der Kleinen Weilstraße die Treppe zu unserer Wohnung hochgestiegen waren, blieb ich erst einmal stehen. Meine Mutter hatte über der Etagentür ein Schild angebracht, auf dem »Herzlich Willkommen« stand. Es war umrahmt von einer Girlande. Bestimmt habe ich meiner Mutter noch bis in die Nacht von meinen Erlebnissen berichtet. Daß für Hattingen wichtigste Ereignis damals, das Ruhrhochwasser im Zusammenhang mit der Sprengung der Möhnetalsperre, war uns Jungen bekannt, es hatte in den slowakischen Zeitungen gestanden.

Bericht von Hermann Tyralla, Hattingen, 1991

Lehrerinnen und Lehrer als ›Ersatzeltern‹

1. Schneidemühl
Am 11. August 1943 setzte sich ein Sonderzug mit den beiden Oberschulen Castrop-Rauxels vom Bahnhof Castrop in Richtung Schneidemühl in Bewegung. Lehrer und Schüler mußten ihre Heimatstadt verlassen. So bestimmte es die Organisation der ›Kinderlandverschickung‹. Schwere und häufige Luftangriffe auf das Ruhrgebiet machten diese Maßnahme notwendig. Für Eltern und Kinder begann nun eine Trennung, die fast zwei Jahre dauern und die sich wegen der großen Entfernung äußerst schwierig gestalten sollte.

Umfangreiche Vorbereitungen gingen dem Unternehmen, die ganze Schule zu evakuieren, voraus. Große verschließbare Kisten wurden von der Stadt Castrop-Rauxel für Geräte, Bücher und für den Unterricht notwendige Utensilien bereitgestellt. Sogar Turngeräte und Nähmaschinen wurden mitgenommen. So schloß sich dem Sonderzug mit den Lehrern und Kindern ein langer Güterzug mit dem Gepäck und den riesigen Kisten an.

Am Nachmittag des 12. August, nach fast 24stündiger Fahrt, kam der Zug in Schneidemühl an. Die Unterbringung der Kinder sollte in Privatquartieren erfolgen. Herr Dr. Hartung war vorausgefahren und hatte versucht, für alle Schüler eine Unterkunft zu finden. Er fand jedoch wenig Entgegenkommen bei der Bevölkerung, und es war ihm nicht gelungen, für jedes Kind ein Bett zu finden. Noch am späten Abend irrten einige in den Straßen umher und wurden von den Eltern, die ihre Kinder begleitet hatten, in die eigenen Quartiere mitgenommen, die oftmals schon überfüllt waren.

Lange dauerte es, bis alle Kinder bei den einheimischen Familien ein Bett gefunden hatten, die wenigsten bekamen ein eigenes Zimmer. Die Eltern konnten dann mehr oder weniger beruhigt nach Castrop-Rauxel zurückfahren. Einige Mütter blieben allerdings in Schneidemühl bei ihren Kindern.

Da die Zimmer fast ausschließlich von der ärmeren Bevölkerungsschicht bereitgestellt wurden, kam es immer wieder zu Schwierigkeiten, da auch die Verpflegung von den einzelnen Familien aufgebracht werden mußte. So wurde es oft notwendig, ein Kind umzuquartieren. Die Lehrer hatten ständig damit zu tun, die Schüler immer wieder vernünftig unterzubringen.

Schließlich war auch wieder an Unterricht zu denken, die Kisten waren ausgepackt, und das Schneidemühler Gymnasium stellte für unsere Schule Räume zur Verfügung. Da das Gymnasium überbelegt war, mußten wir als Gastschule am Nachmittag zum Unterricht. Viele Kinder hatten weite Schulwege zurückzulegen, oftmals war es schon dunkel, wenn sie am späten Abend aus der Schule kamen. Viele Tränen mußten die Lehrer trocknen, Heimweh und die zum Teil unwirtlichen Verhältnisse in den Quartieren machten den Kindern schwer zu schaffen.

Trotz aller Widrigkeiten wurde Unterricht gegeben und versucht, den Kindern die Lage, so gut es ging, zu erleichtern. Zu Ostern 1944 machte sogar ein Jahrgang in Schneidemühl das Abitur, für die Lehrer ein großer Erfolg, leider wurde es später nicht anerkannt.

Zu Weihnachten 1943/44 durften einige Mädchen mit besonderer Genehmigung nach Hause fahren, einige kamen dann aber nicht nach Schneidemühl zurück.

2. Heringsdorf

Der Sommer 1944 brachte eine willkommene Abwechslung für uns Kinder. Am 6. Juni fuhren Lehrer und Schülerinnen an die Ostsee nach Heringsdorf. Fünf Pensionen nahe am Strand nahmen die Kinder auf. In Klassenverbänden mit je zwei bis drei Lehrern und einem BDM-Mädchen wurden sie jeweils in einem Haus untergebracht.

Der Unterricht ging wie gewohnt weiter, nur jetzt konnte er wieder morgens stattfinden im Gegensatz zu Schneidemühl, alle waren unter einem Dach, die Schwierigkeiten, die wir in unseren Quartieren in Schneidemühl hatten, wurden fast vergessen.

Ein großer Aufenthaltsraum diente morgens als Klassenraum, mittags als Speisezimmer und abends wurden hier Spiele gemacht und »Bunte Abende« veranstaltet. Die Lehrer waren Vater und Mutter zugleich, ständig in Sorge, daß kein Kind in der Ostsee beim Schwimmen ertrank; sie wuschen im Hof des Hauses unsere Wäsche, sorgten für die notwendige Körperpflege, betreuten die Kranken und trockneten abends die Tränen der Kinder, die Heimweh hatten.

Große Freude herrschte immer dann, wenn es hieß: »Wir machen eine Nachtwanderung«. Der Vollmond wurde abgewartet, und dann ging es an den Strand und am Strand entlang bis fast nach Grömitz. Zauberhaft glitzerte das Meer im Mondenschein, und so wurden diese Nachtwanderungen für uns zu einem Erlebnis ganz besonderer Art.

Aber auch in Heringsdorf verlangte der Krieg Opfer von uns Kindern. So mußten wir auf ein in der Nähe gelegenes Gut zum Ernteeinsatz. Riesige Felder mit Erbsen sollten abgeerntet werden. Der Lohn waren sechs Zentner Erbsen, die in tagelanger mühevoller Arbeit zu Hause in der Pension gedöppt werden mußten.

Aber nicht alle Häuser, die wir in Heringsdorf bewohnten, waren in einem guten Zustand: Im Haus Ostseestrand hatte man sehr unwillkommene nächtliche Besucher: Wanzen. Zu der Zeit war es eine ganz besondere Kunst, einen der mit Aufträgen überhäuften Kammerjäger zu bekommen.

So fuhren zwei beherzte Lehrerinnen, ausgerüstet mit »Tauschobjekten«, einigen wenigen Zigarren, Geld hatte in dieser Zeit kaum einen Wert, nach Swinemünde, um dort einen Kammerjäger aufzusuchen. Er wohnte in einem Zigeunerwagen, der in einem von Stacheldraht umzäunten Gehege stand. Bei ihrer Ankunft kam gleich eine ganze Schar wild schnatternder fetter Enten und Gänse zu ihnen an den Zaun. Zweifellos waren das die üppigen Geschenke, die andere gewiß erfolgreiche Bittsteller zu bieten hatten, und kleinlaut betrachteten die beiden Lehrerinnen die wenigen zerdrückten Zigarren, die sie mit so viel Mühe aufgetrieben hatten.

Einen Zugang zum Zigeunerwagen fanden sie nicht. Die Frau des Kammerjägers kam schließlich amüsiert lächelnd zu ihnen an den Zaun, nahm die kostbaren Zigarren durch das Drahtgeflecht gnädig entgegen und versprach, ihren Mann zu schicken. Erschienen ist er nie.

Die drei Monate in Heringsdorf vergingen schnell. Es war trotz mancher Mißhelligkeiten eine schöne Zeit für die Kinder. Lehrer und Schüler lebten dort in einer Gemeinschaft, die ihnen viel bedeutete und sie einander näher brachte.

3. Wieder in Schneidemühl

Nach diesen drei Monaten ging es zurück nach Schneidemühl. Wieder begann das Suchen nach Quartieren. Wieder mußten die Lehrer überall helfen und die Kinder trösten. Schneidemühl war schon vom Krieg gezeichnet.

Auch hier begannen nun Fliegerangriffe der Russen. Die Front rückte immer näher. An einen normalen Unterricht war nicht mehr zu denken, da die Schule zeitweise von Flüchtlingen, die aus den Ostgebieten nach Westen zogen, und von Militär belegt war. Lehrer und die älteren Schülerinnen mußten zum Kriegseinsatz an die Ostfront, wo sie Panzergräben, die fünf Meter tief werden sollten, ausheben und junge Bäume zum Verschalen der Gräben fällen mußten. Sie arbeiteten in einem Waldstück vor Schneidemühl, bis der Donner der russischen Geschütze nicht mehr zu überhören war.

Flüchtlinge aus den Ostgebieten zogen vorbei, die deutsche Front passierte Schneidemühl, und die Soldaten beschworen uns, zu versuchen, in den Westen zu flüchten. Aber es gab keine Möglichkeit, allein die Stadt zu verlassen. So war die gesamte Schule immer noch in Schneidemühl, als die Russen nur noch elf Kilometer entfernt waren.

Alles brach zusammen, jeder versuchte sich selbst zu retten. Es gab keine Organisation, keine Stelle mehr, die zuständig gewesen wäre, einen Zug bereitzustellen, der die Kinder nach Hause bringen konnte. Die Situation war äußerst gefährlich geworden, da beschlossen die Lehrer, selbst zu handeln. Durch Mundpropaganda wurden alle Kinder zum Bahnhof bestellt, und Herr Dr. Happel beschloß, sie in einem Zug für »*Mutter und Kind*« unterzubringen, der auf dem Bahnhof bereitstand. Aber die SS zwang die Lehrer und Kinder, den Zug zu verlassen. Nach großem Bemühen der Lehrer und vielem Hin und Her wurde endlich um 3.00 Uhr nachts ein Sonderzug bereitgestellt, in den wir einsteigen durften. In diesem kalten, vollkommen vereisten Sonderzug verließ die Oberschule für Mädchen aus Castrop-Rauxel Schneidemühl eine Stunde, bevor die Russen die Stadt völlig umklammerten.

4. Sellin auf Rügen

Lehrer und Kinder der Castrop-Rauxeler Mädchenschule konnten mit dem letzten Zug, unbehelligt von den Russen, Schneidemühl verlassen, und eine Irrfahrt begann. Jeder hoffte, daß es in Richtung Heimat ging. Aber Berlin brannte, war völlig unpassierbar für unseren Zug, und man mußte ihn umleiten. Niemand ahnte, wohin er uns bringen würde.

Schließlich landeten wir auf der Insel Rügen, wo wir in Sellin in mehreren Pensionen untergebracht wurden. Nur eine kurze Zeit verbrachten die älteren Schülerinnen in Sellin. Es gelang ihnen mit Hilfe ihrer Lehrer, bei Nacht die Pensionen zu verlassen und auf abenteuerlichen Wegen nach Hause zu fahren. Die Lehrer und die jüngeren Schülerinnen blieben zurück und wurden später nach Kellenhusen verschickt.

Katharina Thoma, geb. Müller

5. Kellenhusen

Am 7. März 1945 mußte die Schule Rügen verlassen.

Nach einem Großluftangriff auf Stettin wurden obdachlose Stettiner dort untergebracht. Man schickte uns nach Kellenhusen in Holstein. Dort wurden uns vom ›Gasthaus zur Post‹ aus unsere Quartiere zugewiesen: Heime, Pensionen, Privatwohnungen. Verpflegt wurden Lehrer und Schüler in den kommenden Monaten im Gasthaussaal des Hotels; es gab Maisbrot, Steckrüben und ab und zu auch etwas Pferdefleisch. Die Rationen reichten bei weitem nicht, unseren Hunger zu stillen.

Die Versorgung der Kinder wurde immer schwieriger, sie wuchsen, und vielen paßten nun die wenigen alten abgetragenen Kleider nicht mehr. Nur behelfsmäßig – es fehlte an geeigneten Räumen, an Lehr- und Lernmaterial – wurde Unterricht erteilt.

Nach der Kapitulation am 8. Mai 1945 wurde Nordholstein zum Internierungsgebiet erklärt, Kellenhusen von Amerikanern besetzt und ein Großgefangenenlager für deutsche Soldaten eingerichtet.

Immer neue Bilder der Not und des Elends zeigten sich uns. Autobusweise trafen auf der Straße aufgelesene verwahrloste, elternlose Kleinkinder ein, die in Heimen untergebracht wurden.

Wir sahen halb verhungerte 16- und 17jährige Soldaten in viel zu weiten, schlotternden Uniformen – gegen Kriegsende schickte man auch noch die Kinder an die Front –, wie sie im Straßenschmutz nach Brotkrumen suchten, die beim Abladen amerikanischer Proviantwagen heruntergefallen waren.

Nicht nur trostlose, auch gute und schöne Erinnerungen verbinden uns mit Kellenhusen. Not verbindet Menschen. Wir erlebten rührende Zeichen der Hilfsbereitschaft. Man gab uns Kleider und Schuhe, vor allem für die Kinder, und teilte selbst recht karg bemessene Lebensmittelzuteilungen noch mit uns.

Bald wurde uns das kleine Kellenhusen vertraut.

An warmen Sommertagen schwammen wir im Meer, machten lange Spaziergänge am Strand und auf dem Deich, wanderten in den weiten Buchenwäldern; oftmals begleitete uns der Ruf des Pirols auf unserem Weg durch den Wald zum sonntäglichen Gottesdienst in Dahme.

Aber allmählich wurden wir sehr unruhig. Wir wollten zurück in die Heimat, die Kinder den besorgten Eltern zurückbringen; doch behördlicherseits gab es immer noch keine Möglichkeit für eine Rückführung der Schule. Das Sperrgebiet durfte nicht verlassen, die sogenannte »grüne Grenze« nicht überschritten werden. Eine Einwilligung zur Heimkehr wurde von der Militärregierung erst Ende Juli 1945 erteilt. Die meisten Angehörigen unserer Schule hatten jedoch Kellenhusen bereits vorher verlassen. Als nämlich Anfang Juni der Vater einer Schülerin per Fahrrad nach Kellenhusen kam, um seine Tochter zu holen, war das für uns ein Signal, für eine baldige Rückkehr der Kinder auf dem Fluchtwege zu sorgen: In kleinen Gruppen – Lehrer mit Schülerinnen – machten wir uns nach und nach auf den Weg, überquerten die »grüne Grenze«, versuchten, Güterzüge zu bekommen, die uns in die Heimat zurückbringen konnten. Auch Frau Bohle, Frau Wölkers und ich unternahmen mit einer kleinen Schülerinnengruppe eine Flucht dieser Art.

In einem gemieteten Lastwagen überquerten wir unbehelligt die »grüne Grenze« und kamen bis Hamburg. Dort mußten wir alle weiten Wege mit unserem schweren Flüchtlingsgepäck zu Fuß zurücklegen, Fahrmöglichkeiten gab es für uns nicht.

Auf einer Polizeistation bekamen wir ein Quartier für die Nacht in einem stickigen, total überfüllten Luftschutzbunker zugewiesen. Am liebsten wären unsere Kinder auf der Steintreppe des Polizeigebäudes sitzen geblieben, so erschöpft und übermüdet waren sie.

Früh am anderen Morgen gingen wir zu einer DRK-Dienststelle, wo wir einen Erlaubnisschein für die Überquerung einer Elbbrücke bekamen, landeten dann aber an der falschen. Inständig baten wir den amerikanischen Wachtposten, uns doch passieren zu lassen. Er gab uns keine Antwort, was wir schließlich als stillschweigende Erlaubnis auffaßten, zumal er uns so freundlich half, den Inhalt eines geplatzten Rucksacks wieder aufzulesen.

Ein Häuflein erschöpfter und verstörter Menschen überquerte dann die Elbbrücke. Das Gepäck wurde viel zu schwer – vor allem für die Kinder. So trug man das eine Teil ein Stückchen vorwärts und lief dann eilends zurück, ein anderes zu holen, immer noch in der Angst, einer der Wachtposten – sie waren in kurzen Abständen an der Brücke aufgestellt, könne noch eingreifen.

Wie froh und erleichtert waren wir, als wir endlich den Bahnhof erreichten, wo wir den Güterzug besteigen konnten, der uns in die Heimat zurückbringen sollte!

Selten habe ich so deutlich erfahren, wie wenig ein Glücksgefühl von äußeren Umständen abhängig ist.

Als ich mich erschöpft und todmüde in einem schmutzigen Viehwagen ausstrecken konnte, überkam mich ein solch starkes Glücksgefühl, daß ich es noch heute nachempfinden kann: Wir waren auf dem Wege in die Heimat und konnten die Kinder den Eltern wohlbehalten zurückbringen.

Nicht nur unsere Flucht gelang, sondern alle Versuche, in kleinen Gruppen zu flüchten, hatten Erfolg, bis dann Ende Juni 1945 die letzten Angehörigen der Schule mit Erlaubnis der Militärregierung per Autobus glücklich in ihre Heimat zurückgebracht werden konnten.

Damit endet ein ungewöhnliches Kapitel in der Geschichte unserer Schule, das Kapitel über die Verlegung im 2. Weltkrieg in den Jahren 1943 bis 1945.

Maria Kersting
Beide Berichte aus: 100 Jahre Ernst-Barlach-Gymnasium Castrop-Rauxel. 1885–1985; o.J. (1985), S. 46–49

Trotz Widerstand im Sommerlager 1944 an der Ostsee

Abfahrt am 1. August 1943

Im Sommer 1943 [1. August] wurde die Herner Oberschule für Mädchen wegen anhaltender Fliegergefahr nach Schivelbein in Pommern umquartiert. Von den Schülerinnen meldeten sich knapp 200 für den Transport, zum Teil mit Müttern und Geschwistern. Die übrigen Schülerinnen waren bereits in weniger luftkriegsgefährdeten Gebieten bei Verwandten und Bekannten untergebracht. Vom Kollegium fuhren mit nach Pommern: Oberstudienrätin Dr. Ernst, die Studienrätinnen Dr. Wehling und Kirsch, die Studienräte Lilie,

Feldmann, Rasch, Isenbeck und Hupper, Lyzealoberlehrerin Stüwe sowie die Oberschullehrerinnen Engelking, Kammann, Temme und Bergmann.

Nach 24stündiger Fahrt kam der Transport in Schivelbein an. Für einige Schülerinnen fand sich ziemlich schnell ein Quartier in einer Familie, andere mußten vorerst in einem Hotel oder im Umsiedlungslager wohnen. Mehrere Herner Mütter wohnten mit ihren Kindern in der Nachbarstadt Polzin. Da nicht alle Kinder in ihren Quartieren volle Verpflegung und nicht alle Herner Mütter Gelegenheit hatten, in eigener oder in der Küche des Gastgebers zu kochen, wurde unter der Leitung der Gewerbeoberlehrerin Temme ein Mittagstisch eingerichtet. Dort wurden auch die Polziner Kinder und Lehrer verpflegt, wenn sie wegen der schlechten Zugverbindung über Mittag in Schivelbein bleiben mußten. Einige Herner Mütter leisteten hier treue Mitarbeit. Die Gemeinschaftsküche hat sich in ihrer Fürsorge für die Herner Kinder als soziale Einrichtung ausgezeichnet bewährt, allen Schwierigkeiten zum Trotz. Sie war Kindern und Lehrern ein Stück Heimat.

Die Schule wurde im Gebäude der Städtischen Oberschule Schivelbein (Rudof-Virchow-Schule) untergebracht. Zwar mußten wir uns außer mittwochs und samstags mit Nachmittagsunterricht abfinden, in der Regel von 13.30 bis 18.00 Uhr. Im Winter wurden die großen Kachelöfen in der Schule abends für den anderen Morgen vorgeheizt und waren deshalb am Nachmittag oft kalt. Auch war der Heimweg durch Dunkelheit und Kälte für entfernt wohnende Schülerinnen schwierig und gefährlich. Ein Teil des Direktorzimmers mußte auch uns als Direktorzimmer und Sekretariat dienen; diese Maßnahme hat uns oft die Arbeit erschwert. Die Schivelbeiner Kollegen gewährten uns Gastrecht in ihrem Lehrerzimmer. Dort haben wir uns wohl gefühlt, wenn auch der kleine Tisch am Fenster für das Herner Kollegium allzu knapp bemessen war. Erst Anfang November 1944 hatten wir die Möglichkeit, unseren Unterricht am Vormittag zu halten. Aus Herne hatten wir Bänke und andere Schulmöbel schicken lassen und damit eigene Klassen in verschiedenen Gebäuden eingerichtet. Wir waren auch froh, als uns gleichzeitig im Gebäude der Oberschule ein physikalischer Arbeitsraum als Direktorzimmer gewährt wurde. Die Kisten mit unseren Schulakten dienten dort als Sitzgelegenheiten.

Der stellvertretende Leiter der Anstalt, Oberstudiendirektor Kracht, der mit der Herner Oberschule für Jungen nach Treptow umquartiert war, kam zur Erledigung seiner Direktorarbeit alle zwei bis drei Wochen für zwei Tage nach Schivelbein. Seine Vertretung hatte während der übrigen Zeit Oberstudienrätin Dr. Ernst.

Wenn die pommerschen Schulen geschlossen wurden und alle froh und unbekümmert in die Ferien fuhren, mußten wir, Lehrer und Schülerinnen, am Ort bleiben. Auch in den Ferien wurden unsere Klassen beschäftigt, etwa mit Spielen, Wanderungen und Kräutersammeln. Nur auf besonderen Antrag bei der Behörde in Stettin durften die Herner Lehrer für einige Tage in die Heimat fahren. Diese Zeit der Not und Bedrängnis schloß Lehrer, Schülerinnen und Eltern fest zusammen.

Die weite Entfernung von der Heimat bedrückte uns sehr. Oft haben wir gebeten, man möge uns in ruhigeren Gebieten Westfalens unterbringen. Die Bitte wiederholten wir dringend beim Besuch des damaligen Oberbürgermeisters Peiter von Herne, doch erreichten wir nichts.

Ostern 1944 unterzogen sich zwölf von unseren Schülerinnen der Reifeprüfung; mit ihnen wurden vier Schivelbeiner Schülerinnen geprüft, die in unserer 8. Klasse Aufnahme gefunden hatten. Die Schivelbeiner Jungen, die auch zu unserer 8. Klasse gehörten, waren inzwischen als Marinehelfer eingezogen worden. Sämtlichen Prüflingen konnte die Reife zuerkannt werden. Die frohe Abfahrt der Herner Abiturienten aus Schivelbein heimzu wird allen unvergeßlich sein.

Aufteilung der Schule durch Sommerlager 1944

Für die nach Pommern umquartierten westfälischen höheren Schulen wurde für den Sommer 1944 die Unterbringung in einem geschlossenen KLV-Lager an der Ostsee verfügt. April und Mai standen im Zeichen harter Kämpfe um diese Sommerlager. Eltern und Schülerinnen leisteten zähen Widerstand, unterstützt vom Kollegium. Der Oberpräsident in Stettin forderte sogar für die westfälischen Schulen einen dienstlichen Bericht darüber, inwieweit die Opposition der Eltern auf den Einfluß des Kollegiums zurückzuführen sei. Nach langen Verhandlungen wurde schließlich die Teilnahme an diesem KLV-Lager für alle Schülerinnen zur Pflicht gemacht, die ohne ihre Mütter in Pommern waren. So wurde leider eine neue Aufteilung der Schule unvermeidlich: etwa 100 Schülerinnen siedelten am 5. Juni 1944 nach dem Seebad Heringsdorf über, 100 blieben in Schivelbein zurück; außer denen, die in der Obhut ihrer Mütter waren, waren es die schwächlichen Kinder, die nach ärztlichem Befund nicht lagerfähig waren. Vom Kollegium nahmen am Lageraufenthalt teil die Studienräte Rasch, Feldmann (bis Ende Juli), Studienrätin Kirsch, Oberschullehrerin Kammann (bis Ende Juni), Oberschullehrerin Bergmann, Oberstudienrätin Dr. Ernst (von August bis September).

Die Leitung des in Schivelbein zurückgebliebenen Teils der Schule wurde anfangs von der Oberstudienrätin Dr. Ernst weitergeführt. Daß die Restschule selbständig blieb und nicht mit der Schivelbeiner Oberschule vereinigt wurde, war nur dem Umstand zu verdanken, daß eine so große Zahl von Schülerinnen sich von dem Lageraufenthalt in Heringsdorf ausgeschlossen hatte. Sowohl die Behörde in Stettin als auch der Leiter der Oberschule in Schivelbein waren durchaus nicht damit einverstanden. Das Herner Kollegium hat aber alle Vorwürfe, die sie ihm dieserhalb gemacht haben, mit Humor über sich ergehen lassen.

Einsatz am ›Pommernwall‹
Zu Anfang August kam für die Herner in Schivelbein eine neue Aufregung: Mehrere Schülerinnen der mittleren Klassen wurden mit ihren Müttern zum Einsatz beim Bau des Pommernwalles verpflichtet. Wochenlang haben sie an der Ostgrenze Pommerns Schanzarbeiten verrichten oder in Küchenbetrieben helfen müssen.

An den Lageraufenthalt in Heringsdorf werden unsere Herner Mädel mit gemischten Gefühlen zurückdenken. Das dauernde Beisammensein in der Klassen- und Schulgemeinschaft, der Aufenthalt an der See, Baden und Schwimmen, Spielen und Wanderungen am Strand, oft sogar Unterricht im Freien, zuweilen ein gemütlicher Abend mit Unterhaltung und Musik, das alles war schön und erfreulich. Auch die Zimmer mit zwei, drei oder vier Betten sagten unseren Kindern im allgemeinen sehr zu. Manche hatten sich ihre Räume recht wohnlich und freundlich gemacht. Und doch war die Herner Oberschule mit ihrem Kurhaus ›Quisisana‹ stiefmütterlich bedacht. Das große Haus ließ Wärme und Behaglichkeit allzu sehr vermissen; die Verpflegung reichte meist nicht aus. Um dem Unterricht zu seinem Recht zu verhelfen, mußten wir uns die »Klassenräume« mit Mühe und Not einigermaßen brauchbar machen. An Lehrmitteln fehlte es vollständig. Wonach wir uns in Heringsdorf auch oft gesehnt haben, das waren die ruhigen Nächte, wie wir sie von Schivelbein her gewöhnt waren. An der Ostsee gab es oft Fliegeralarm, und mitten in der Nacht in den Luftschutzkeller des Atlantik-Hotels zu laufen, war nicht gerade verlockend.

In diese Zeit der Unruhe trat der neue kommissarische Leiter der Schule, Studienrat Dr. Fliegner aus Siegen, der im Juni 1944 zum Direktor der Anstalt gewählt worden, der aber erst jetzt aus dem Heeresdienst entlassen worden war.

Mit dem Herannahen des Herbstes ging das KLV-Lager in Heringsdorf zu Ende. Im September 1944 erhielt die Klasse VIII eine Einberufung zum Kriegshilfsdienst. Sie brachte den Schülerinnen plötzlich ein Ende des Schulbesuchs. Nachdem sie sich im Kriegshilfsdienst bewährt hätten, sollten sie ein Zeugnis mit dem Reifevermerk als Ersatz für das durch eine Prüfung erworbene Reifezeugnis erhalten. Später haben diese Schülerinnen im ersten Förderkursus sich auf ihre Reifeprüfung 1946 vorbereiten müssen.

Erntehilfe
Der Rücktransport der Schule von Heringsdorf nach Schivelbein erfolgte am 22. September 1944.

Für die Schülerinnen der mittleren und oberen Klassen setzte gleich, wie schon im Herbst des Vorjahres, die Hilfe in der Kartoffelernte ein. Die Schülerinnen wurden klassenweise Bauernhöfen und Gütern in der Umgebung von Schivelbein zugeteilt. Sie haben diese schwere, für sie ganz ungewohnte Arbeit bereitwillig geleistet. Jeden Morgen zwischen 6.00 und 6.30 Uhr wurden die jungen Helferinnen und ihre Lehrer mit Lastwagen oder Pferdewagen aus der Stadt abgeholt. So früh am Morgen war es im Oktober oft schon winterlich kalt. Ein schwieriges Kapitel war die Beschaffung geeigneter Kleidung: Grobe Arbeitshosen waren unentbehrlich; denn auf den Knien weiter rutschend mußte man die Arbeit bewältigen. Das Auflesen der Kartoffeln hatte mit der Arbeit des Kartoffelpfluges Schritt zu halten. Korb um Korb füllte sich. Wie viel Zentner mögen unseren Kindern buchstäblich durch die Finger gegangen sein! Die großen Güter hatten bis zu 500 Morgen Kartoffelland, von denen in normalen Zeiten jeder Morgen mindestens 120 Zentner einbrachte. Das Mittagessen wurde in großen Behältern aufs Feld gebracht; dabei zeigten sich die Bauernhöfe meist gastfreundlicher als die großen Güter. Mit Eintritt der Dämmerung begann der Rücktransport[...]

Mangel an Heizmaterial, aber gute Ernährung
Unsere Wohnmöglichkeiten in Schivelbein ließen sich mit denen in der Heimat in keiner Weise vergleichen. Schlimm war es um die Heizung bestellt. In fast allen Zimmern standen Kachelöfen, die mit Briketts geheizt wurden. Bei unserer geringen Brennstoffzuteilung war es eine Kunst, es an kalten Wintertagen einigermaßen behaglich zu bekommen, so daß mancher von uns sich sehr nach seinem Dauerbrenner und seinem Kohlenvorrat in Herne sehnte.

Eine Wasserleitung gab es in Schivelbein nicht. Jedes Haus hatte eine Pumpe im Hof oder auf der Straße, wo man das Wasser holen mußte, wenn nicht, wie es in den neueren Häusern der Fall war, ein automatisch tätiger Motor das Wasser in ein Reservoir im Hause pumpte.

In Bezug auf die Ernährung sah es in dem Agrarland Pommern damals noch wenig nach Krieg aus. Kartoffeln gab es in Überfülle, an Getreide war noch kein Mangel, Obst und Gemüse hatte fast jeder reichlich im eigenen Garten. Im Herbst und Winter kam oft Geflügel auf den Tisch. In jedem Haushalt wurde aus Zuckerrüben mit Zusatz von Möhren, Tomaten, Kürbis usw. die »Kräude« gekocht. Mindestens einen Tag und eine Nacht dauerte es, bis etliche Zentner Rüben verarbeitet waren. – Ein Sonntag ohne Kuchen war den Schivelbeinern undenkbar; freitags und samstags belebten die großen Kuchenplatten, die zum Bäcker oder wieder nach Hause getragen wurden, geradezu das Straßenbild.

Beginn des Rücktransports am 28. Januar 1945
Im Herbst und Winter 1944 wuchs unsere Unsicherheit und unsere Sorge um die Heimat. Die Fliegerangriffe auf Westdeutschland mehrten sich, das Vordringen der feindlichen Truppen im Rheinland wurde immer beängstigender, zudem wurde die Lage im Osten auch bedrohlich. Die Eltern mancher Schülerinnen versuchten daher, ihre Kinder aus Pommern wieder nach Hause zu holen, setzten sich damit aber den größten Schwierigkeiten aus. Man wollte im Osten, auch bei den amtlichen Stellen, einfach die heranrückende Gefahr nicht sehen, selbst dann noch nicht, als schon endlose Flüchtlingstrecks aus Ostpreußen durchzogen.

Ein letzter Höhepunkt für uns war das Weihnachtsfest 1944, an dem wir noch einmal versuchten, unbeschwert froh zu sein. Dann kam das Unheil unaufhaltsam auf uns zu. Die Nachrichten aus der Heimat wurden immer spärlicher und blieben allmählich ganz aus. Mitte Januar 1945 wurden in Schivelbein alle Schulen geschlossen und die Schulhäuser mit Flüchtlingen belegt. Die Jugend mußte wegen des Unterrichtsausfalls unter verschärfter Aufsicht gehalten werden.

Als der Zugverkehr immer mehr eingeschränkt wurde, sahen wir deutlich ein, jetzt müsse etwas im Interesse unserer Sicherheit geschehen. Am Sonntag, dem 28. Januar, fand eine erste Besprechung des Kollegiums im Hotel ›Preußenhof‹ statt; wir kamen zu dem einmütigen Entschluß: sofortiger Abtransport aller um jeden Preis! Trotz Schnee und Winterkälte setzten wir gleich am Nachmittag eine Gruppe von Schülerinnen in einen Güterzug, der zum Westen fuhr. Nur das nötigste Handgepäck wurde mitgenommen. Jeden Tag folgten weitere Gruppen, zum Teil mit Müttern, nach; vor allem Lazarettzüge nahmen sie mit. Am 31. Januar brachten wir über zwanzig Kinder mit vier Damen des Kollegiums in einem Lazarettzug unter, die letzten Kinder und Lehrerinnen verließen Schivelbein am Freitag, 9. Februar, mit einem Militärkraftwagen.

Der kommissarische Leiter der Schule, Dr. Fliegner, dem man in Schivelbein die Leitung des Volkssturms übertragen hatte, mußte zurückbleiben, außerdem blieben die Studienräte Lilie und Isenbeck mit ihren Familien und Studienrat Rasch.

Die Rückfahrt aller Gruppen stand unter einem guten Stern, wenn sie auch lange dauerte und sehr anstrengend war. Am schwierigsten war die Reise nach Stettin; in manchen Fällen forderte sie vier bis fünf Tage, da die Bahnstrecke vollständig verstopft war. Wir alle haben aufgeatmet, als der Oderübergang hinter uns lag. D-Züge, Personenzüge, Güterwagen und besonders eingesetzte Flüchtlingszüge wurden benutzt. Die meisten Gruppen haben die Route durch Mecklenburg und weiter über Lübeck–Hamburg benutzt; der Weg über Berlin war nicht mehr möglich. Daß wir so im Laufe des Februar die Schule einigermaßen vollzählig nach Herne verfrachten konnten, war ein großes Glück. Keinem unserer Kinder ist ein Leid geschehen.

Nicht alle kehrten zurück
Die in Pommern aus unserer Schulgemeinschaft Zurückgebliebenen haben dort noch Schweres erlebt. Von Dr. Fliegner kam nach langer Zeit Kunde aus einem Lager in Landsberg an der Warthe. Studienrat Isenbeck ist Ende März 1945 auf dem Abtransport nach Osten verstorben, das gleiche Schicksal traf Studienrat Dr. Wiesehöfer von Treptow aus. Die Studienräte Lilie und Rasch kamen im Herbst 1945 zurück. Auch die vier Mütter mit ihren Kindern, die sich freiwillig von der gemeinsamen Rückfahrt ausgeschlossen hatten, stellten sich später wieder in Herne ein. [...]

OStD Ernst: Die Schule in Pommern, in: Mädchengymnasium Herne 1893–1953. Festschrift zum 60jährigen Bestehen, o. J. (1953), S. 43–50

Alleine nach Hause

Vor Bombenangriffen sicher
Im Sommer 1943 – ich war damals 15 Jahre alt und Schülerin der Oberschule für Mädchen in Herne – wurde ich mit meinen Mitschülerinnen nach Schivelbein in Pommern evakuiert [...] Wir waren jung. Die Eltern glaubten uns in Pommern vor den Bombenangriffen in Sicherheit. Sie schickten uns Lebensmittel-

marken, damit wir uns zusätzlich etwas kaufen konnten […] Wir durften nicht nach Hause fahren, wollten wir auch nicht, da im Westen ja die Bomben fielen. Einige Mütter, teilweise auch Großeltern, konnten mit nach Schivelbein. Sie waren uns Trost und Hilfe, falls mal Schwierigkeiten mit den Pflegefamilien, bei denen wir untergebracht waren, auftraten, was immer mal passierte. Meine Mutter besuchte mich in Schivelbein. Sie konnte aber nicht bleiben, da mein Vater im Bergbau arbeitete und daher nicht eingezogen worden war.

Kartoffeln »buddeln«
Im Herbst 1943 und 1944 wurden wir zum Kartoffelernte-Einsatz eingesetzt. Schulunterricht fand in der Zeit (zwei bis drei Wochen?) nicht statt. Geschäfte und Betriebe waren teilweise geschlossen, da auch die einheimische Bevölkerung Kartoffeln »buddelte«. Morgens wurden wir mit Treckern und Lastwagen aus Schivelbein abgeholt und abends zurückgebracht. Einmal blieben wir ein paar Tage auf einem Gutshof, schliefen dort und wurden sehr gut verpflegt […] Die Kartoffelfelder hatten nie vorher gesehene Ausmaße. Sie reichten bis zum Horizont und noch weiter in die total flache Landschaft. Wir rutschten auf Knien die Kartoffelreihen entlang. Dabei trugen wir Trainingshosen mit ausgepolsterten Knieteilen bestehend aus Stoffresten, die zusammengesucht waren […]

Flüchtlingstrecks und beginnendes Chaos
Weihnachten 1944 fuhr ich nach Herne und Anfang Januar 1945 zum Schulbeginn nach Schivelbein zurück. Wir glaubten einfach nicht, daß im Osten der Krieg näher rücken würde. Wir glaubten, an der Grenze würden die Truppen aufgehalten. Als ich wieder in Schivelbein war, zeichnete sich das Chaos aber schon ab. Die ersten Trecks aus Ostpreußen zogen durch das Städtchen. Es waren lange Pferdewagen-Kolonnen mit sog. Panjewagen. An den Seiten baumelten Käfige mit Hühnern und Kleintieren, und auf sowie in den Wagen saßen alte Leute und Kinder […] Ein geregelter Schulunterricht fand nicht mehr statt. In den Schulen und Turnhallen waren Flüchtlinge aus dem Osten untergebracht. Wir mußten dort Hilfsdienste machen: Essen verabreichen und andere Hilfen leisten.

Wir ließen jedoch laut werden, daß wir lieber im Westen, in unserer Heimat, sein wollten, wo die Amerikaner und Engländer sich näherten, als hier, wo die Russen näher rückten, von denen wir Greuelmeldungen hörten. Wir wurden daraufhin zusammengerufen. Ein Parteifunktionär erklärte uns, wir sollten keine Panik und auch keine Parolen verbreiten – Feind sei Feind. Doch wenige Tage danach wurden wir klassenweise zusammengerufen. Unsere Direktorin, Lehrerinnen und Lehrer teilten uns mit, daß wir Handgepäck fertig machen sollten, denn wir müßten wahrscheinlich zu Fuß die Stadt verlassen.

Zwei Mal Zug verpaßt
Das war für uns das Zeichen zum Aufbruch. Mehrere Mitschülerinnen und ich verabredeten, uns am Bahnhof zu treffen und einfach einen Zug in Richtung Westen zu besteigen. Fahrkarten gab es nicht mehr. Meine Pflegeeltern halfen mir, das Handgepäck zusammenzustellen. Ich zog alle Kleidungsstücke mehrfach übereinander an. Meine Pflegemutter hatte mir meine Wolldecke zu einem Bündel zusammengebunden. Ich packte meine persönlichen Erinnerungsstücke darin ein sowie einige Eßwaren: Brot, Wurst usw. Alles wurde zusammengeschnürt, so daß ich das Bündel nach hinten über die Schulter geworfen tragen konnte. Nach vorne wurden mehrere Paar Schuhe zusammengebunden. So zog ich zum Bahnhof, wo ich meine Mitschülerinnen treffen wollte. Als ich dort ankam, war aber niemand da. Auf den Schienen stand ein Zug mit Wehrmachtslastwagen. In einem der Lastwagen waren meine Mitschülerinnen, was ich aber nicht wußte. Die Soldaten außerhalb des Zuges ließen mich nicht heran. Der Zug fuhr ab, und ich blieb auf dem Bahnsteig zurück, wo viele Flüchtlinge saßen. Es war sehr kalt und es hieß, in der Nacht würde kein Zug mehr fahren, vielleicht aber am nächsten Tag.

Eine Mitschülerin war mit ihrer Mutter beim Bahnhofsvorsteher untergebracht gewesen. Die Mutter sagte mir, ich sollte bis zum nächsten Tag zu ihnen kommen. Ich ging mit, konnte mich etwas aufwärmen und schlafen. Am andern Morgen erfuhr ich, daß in der Nacht doch ein Zug gefahren war. Ich sagte, ich würde jetzt auf dem Bahnsteig bleiben, bis ein Zug käme. Meine Mitschülerin blieb mit ihrer Mutter aber in Schivelbein, wie die anderen Mütter mit ihren Kindern auch. Wie ich später hörte, sind sie nicht mehr rechtzeitig weggekommen und mußten den Einmarsch der Russen über sich ergehen lassen.

Per Bahn nach Herne
Es kam schließlich ein langer Zug mit Güterwagen, in denen Zivilpersonen und verwundete Soldaten waren. Die Zivilisten halfen mir, in ihren Waggon zu kommen. Es waren Flüchtlinge aus Ostpreußen. In der Mitte stand ein sog. eiserner Kanonenofen mit etwas Glut, die wärmte. Der Zug fuhr ab, blieb aber streckenweise stundenlang stehen. Männer, die im Wagen waren, stiegen aus

und sammelten schnell Holz für den Ofen. In Stettin hieß es, der Zug fahre in den Norden, Richtung Schleswig-Holstein. Ich dachte, Stettin ist ein großer Bahnhof, es wird dort Züge nach Berlin geben. Ich kletterte aus dem Wagen und sah auf dem Gleis gegenüber einen Personenzug. Ich öffnete eine Abteiltür und hörte nur polnische und russische Laute. Es waren Zwangsarbeiter. Ich lief, so schnell ich mit meinem Schultergepäck laufen konnte, zum Güterzug zurück, der Gott sei Dank noch da war. Doch die Leute wollten mich aber nicht hineinlassen. Ich sagte, ich sei doch schon hier drin gewesen. Ich schaffte es schließlich doch, hineinzuklettern. Jetzt ging es nach Berlin – wieder mit stundenlangen Stillständen unterwegs.

Im Wagen war eine junge Frau mit zwei kleinen Kindern. Sie war Berlinerin und wollte zu ihren Eltern. In Berlin angekommen, nahm sie mich mit zu ihren Eltern. Dort konnte ich mich waschen und schlafen. Am anderen Tag wollte ich weiterfahren nach Hause. In Berlin mußte man aber eine Fahrkarte haben, die ich nicht besaß. So mußte ich zu einer Registrierungsstelle gehen, wo ich eine Bescheinigung für die Fahrt nach Hause erhielt. Die Züge waren übervoll. In Hamm wurde wegen der Tieffliegerangriffe vor die Lokomotive ein Waggon mit einer Fliegerabwehrkanone gesetzt.

Ich erreichte schließlich Herne und mein Elternhaus. Meine Mutter war aufgelöst, denn sie hatte ein paar Tage vorher eine Mitschülerin von mir getroffen und von ihr gehört, ich hätte mit ihnen fahren wollen, sei aber nicht am Bahnhof gewesen.

Meine Reise oder vielmehr Flucht hatte ein paar Tage länger gedauert als die meiner Mitschülerinnen. Wir haben später aber nie über die Evakuierung, die Zeit in Schivelbein und über die Flucht gesprochen [...]

Bericht von Christa Rösner, Herne, vom April 2000

Fahrt von Köslin (Pommern) in den Westen

Bedrückender Abschied von den Pflegeeltern
Am 15. Februar 1945 drängelten sich 20 Schüler des Staatlichen Gymnasiums Bochum mit zwei Lehrern auf den Bahnsteig des Bahnhofs Köslin. Der Schulleiter, der sich Hauptlagerleiter nennen mußte, hatte der Ungewißheit und dem vergeblichen Warten auf geschlossenen Rücktransport ein Ende gemacht. Die Schüler, die ohne Mütter in Köslin waren, wurden in Gruppen eingeteilt, um sich in Begleitung von Lehrern in den wachsenden Strom nach Westen einzureihen. In der Tasche hatte jeder die handgeschriebene, aber dienstgesiegelte Bescheinigung, die auswies, daß er zum neuen Schulort unterwegs sei. Neuer Schulort? Nach Westen wollten wir, alles andere war ziemlich gleichgültig. Die einen wollten nach Bochum, die anderen sonstwohin.

Köslin, das uns nach den Bochumer Bombennächten im Juli 1943 aufgenommen hatte, war nach der Jahreswende 1944/45 eine beklemmende Stadt geworden. Tag und Nacht knarrten die Flüchtlingstrecks durch die winterlichen Straßen. Zwischendurch die abgekämpften Kolonnen der Wehrmacht: verbrauchtes Material und abgerissene Soldaten. Ein niederschmetterndes Bild.

Der Abschied von den Pflegeeltern war bedrückend gewesen. Viele Jahre später sah ich Frau Hoffmeister in Berlin wieder. Ihr Mann, ein sehr tüchtiger und stadtbekannter Dentist, war verschollen. Nachdem Köslin im März von der Roten Armee erobert worden war, hatten sich eines Tages die Männer auf dem Marktplatz einfinden müssen und waren abtransportiert worden. Der Dentist Hoffmeister hatte nie wieder ein Lebenszeichen gegeben.

Durch Abteilfenster in den Zug gestiegen
Wir 20 Jungen ahnten am 15. Februar 1945 noch nicht, wovor wir uns davonmachten. Später erst wurde uns klar, daß unsere Flucht noch halbwegs normal abgelaufen war. Und das nicht nur durch Glück. Das war auch unseren Lehrern zu danken und einigen der älteren Schüler unter uns.

Sie waren es, die uns auf dem Kösliner Bahnhof in den Zug preßten, der sich dann unter ständigem Halt nach Kolberg quälte. Dort stand auf einem anderen Bahnsteig schon der Zug, der uns weiter nach Stettin hätte bringen können. Doch er war so vollbesetzt, wie Züge damals waren: Auf Wagendächern, Trittbrettern und Puffern saßen und hingen die Menschen.

Also Quartier in einem Kolberger Café, Stroh zum Schlafen und warme Suppe von der NSV. An nächsten Tag der nächste Zug. Und – oh Wunder! – hinten dran hing ein Wagen, in dem Platz für uns reserviert sein sollte. Der Wagen war allerdings verschlossen. Aber durch die Fenster einzusteigen, war seinerzeit nichts Besonderes. Heimlichen Spaß hat es sogar gemacht, als wir unsere Lehrer, die nicht gerade mehr die Jüngsten waren, auf der Fensterkante hängen hatten. Von Stettin aus reisten wir komfortabel, in den Plüschpolstern eines Wagens der 1. Klasse. Irgendwo, es mag in Neubrandenburg gewesen sein, hieß es dann in kalter Nacht: raus aus dem Zug, umsteigen in Richtung Berlin. Das war ein Fehler. Nach Berlin fuhr kein Zug mehr, und in den Abteilen, in denen wir bis dahin so gut gefahren waren, war inzwischen alles voll. Die letzten Fünf schafften es noch knapp auf die offene Plattform eines ältlichen Waggons. Eisige Stunden auf Kisten und Kasten gekauert. Dann Hamburg und weiter nach Kassel und Warburg. In Kassel holten wir eine Gruppe unserer Schule ein, die einen Tag vor uns Köslin verlassen hatte.

Fünf Jungen unterwegs
In Warburg ging, wenn die Erinnerung nicht rügt, alles auseinander. Als ich am fünften Tag nach der Abreise von Köslin spät abends im Stockfinstern mit dem Schultornister auf dem Rücken vor dem Gasthaus Wiese im kleinen Sauerlanddorf Jagdhaus stand, sprach mich eine Dame an: »Wo kommst du denn her?« Die Antwort lautete ganz richtig: »Aus Pommern.«

Später erzählte mir die alte Dame, sie sei ins Haus gegangen und habe gesagt: »*Da draußen steht ein Junge. Der ist wohl nicht ganz richtig. Der sagt, er kommt aus Pommern.*«

Herbert Wagner: »...Geschlossen unter dem Zwang der Verhältnisse«, in: Kriegsende 1945: Die Flucht nach Hause. Der lange Weg aus der Kinderlandverschickung (1985), ohne Paginierung

Mit Wasserflugzeug aus Kolberg (Pommern) gerettet

Flucht auf Güterzug
Auch ich, damals 16 Jahre, gehörte zu den Schülerinnen der Freiherr-vom-Stein-Schule in Bochum, die in den letzten beiden Kriegsjahren nach Belgard (Pommern) evakuiert waren […]

Viel zu spät – die Propaganda suggerierte der Bevölkerung noch den Endsieg, und der zuständige Gauleiter aus Stettin hatte die Flucht zunächst verboten – konnten wir elternlosen Kinder mit dem Güterzug die Flucht antreten, während in der Ferne schon der Kanonendonner der Front zu hören war. Der rechtzeitige Ratschlag unserer Lehrer, für den Fall unserer Flucht mehrere Sachen übereinander zu ziehen, kam uns später zugute, schützte uns in den ungeheizten Wagen vor dem Schlimmsten und war später unsere einzige gerettete Habe.

Im Dunkeln nach Kolberg
Nachdem wir schon mehrere Stunden gefahren waren, hielt der Zug plötzlich an, und zu unser aller Entsetzen hielten wir wieder in Belgard, wo wir Stunden vorher abgefahren waren. Offenbar waren die meisten Bahnlinien schon von den herannahenden Russen eingenommen worden. Noch einmal machte der Zugführer den Versuch, den vollbesetzten Zug nach Kolberg, einer Stadt an der Ostsee, zu fahren. Kurz vor Kolberg gerieten wir jedoch unter starken Beschuß und mußten den Zug fluchtartig verlassen. In Gruppen mit zwei Lehrern schlichen wir uns in der Nacht zu einer nahe liegenden Kaserne, wo wir übernachten wollten, nicht wissend, daß die Hälfte der Stadt bereits von den Russen eingenommen worden und die Kaserne bereits von den deutschen Soldaten geräumt war. So mußten wir zu Fuß weiter durch die Stadt flüchten, wobei die Klasse wieder getrennt wurde. In kleinen Gruppen versuchten wir nun weiterzukommen. Ein Teil der Schüler konnte sich zum Hafen durchschlagen, um ein letztes Schiff zu erwischen, was, wie wir dann erst viel später erfuhren, auch gelang, während ich mich mit wenigen Klassenkameradinnen und Lehrern zum Strand in Richtung Westen durchschlug, wo wir glaubten, in Sicherheit zu sein. Vorbei an in der Ostsee schwimmenden Leichen hasteten wir weiter, bis wir abermals in einer leerstehenden Kaserne am Wasserflughafen Kolberger Deep erschöpft Unterkunft fanden.

Wir übernachteten hier nun, weil wir erfuhren, daß wir bereits von Russen eingekesselt waren und ein Weitergehen sinnlos gewesen wäre.

Einige zurückgebliebene deutsche Soldaten machten uns Hoffnung, daß wir vielleicht am nächsten Morgen mit Flugzeugen herausgeholt würden. Wir ernährten uns von in der Kaserne gefundenem Zucker und schliefen erschöpft ein.

Es ging nach Größe
Am nächsten Morgen kamen dann tatsächlich regelmäßig Wasserflugzeuge, um die Tausenden von Flüchtlingen, die sich außer uns noch dort versammelt hatten, auszufliegen. Zuerst kamen Mütter mit Kindern dran, später immer die Kleinsten. Ich, verhältnismäßig groß geraten, verfluchte meine Größe und gehörte zu den Letzten, die mit den Militärmaschinen unter Beschuß nach dem noch unbesetzten Stralsund gebracht wurden, wohin die Flugzeugstaffel verlegt worden war.

Gerettet, schliefen wir wie im Himmelbett in den Etagenbetten der Soldaten, wurden mit Essen verwöhnt und später nach und nach in unsere Heimatorte geschickt. Wegen der starken Bombardierungen des Ruhrgebiets durften nur wenige in die Revierstädte reisen, wo ja sowie der größte Teil der Bevölkerung evakuiert war.

Ankunft ohne Habe

Meine Freundin, deren Eltern im Sauerland waren, nahm mich mit. So kamen wir total erschöpft und ohne jegliche Habe dort an, und ich konnte von dort aus meine Eltern in Bochum benachrichtigen, die seit Wochen nichts mehr von mir gehört hatten. Auch meine Rückkehr kurz vor Kriegsende nach Bochum war abenteuerlich. Es ergab sich die Gelegenheit, mit einem Lastwagen mitzufahren, den wir aber unterwegs mehrere Male wegen starken Fliegerbeschusses verlassen mußten, ehe mich schließlich meine Eltern nach langer Ungewißheit in die Arme schließen konnten.

Sigrid Pohlmann: Bahn kam nicht bis Kolberg, in: Kriegsende 1945: Die Flucht nach Hause. Der lange Weg aus der Kinderlandverschickung (1985), ohne Paginierung

Im Kohlenfrachter über die Ostsee entkommen

Für die Schüler der Hugo-Schultz-Mittelschule Bochum begann die Flucht aus der Evakuierung in Schlave (Pommern) in der Nacht am 6. März 1945, als sie ein Güterzug nach Stolpmünde brachte.

Letztes Schiff

Am 7. März 1945 hatte die ›Koholyt‹, ein Kohlenfrachter, an der Mole [von Stolpmünde] festgemacht. Das letzte Schiff! Als wir an Bord gehen sollten, mußten uns Marine-Soldaten mit Gewalt den Weg freikämpfen. Am Abend des 7. März 1945 war die Mole leer. Mehr als 850 Menschen hatte die ›Koholyt‹ aufgenommen, die in Laderäumen (Kohlebunkern), über und unter Deck untergebracht waren. Jeder Quadratmeter war mit Menschen belegt, die nicht viel mehr als ihr Leben besaßen. In den frühen Morgenstunden des 8. März 1945 verließ die ›Koholyt‹ als letztes Schiff den Stolpmünder Hafen. Drei Tage mußten wir, überwiegend seekrank, auf dem kleinen Dampfer bei eisiger Kälte zubringen. Was sich in den Kohlebunkern, unter und über Deck abspielte, ist mit Worten nicht zu beschreiben, da die wenigen sanitären Einrichtungen an Bord für die meisten nicht zu erreichen und darüber hinaus vollkommen unzureichend waren. Aber wir waren vorläufig gerettet.

Kurz vor Luftangriff aus Swinemünde abgefahren

Unser Ziel war Swinemünde. Da der Hafen völlig überfüllt war, mußte die ›Koholyt‹ zunächst auf Reede ankern. Hier hatten wir Gelegenheit, Ahlbeck, das wir erst vor sechs Monaten verlassen hatten, einmal aus einer anderen Perspektive, nämlich von See aus, zu sehen. Am 11. März 1945 konnte unser Schiff dann in den Hafen von Swinemünde einlaufen. Mit unserer wenigen Habe machten wir uns auf den Weg zum Bahnhof, wo Güterzüge für die eintreffenden Flüchtlinge bereitgestellt waren. Nur die Lokomotiven, die die Züge bewegen sollten, fehlten noch. So kam der 12. März 1945, und als 700 amerikanische Bomber im Anflug auf Swinemünde waren, verließ unser Zug endlich den Bahnhof. Unser nächstes Ziel war Goldberg in Mecklenburg. Dort blieben wir noch zwei Tage, um uns dann in kleineren und größeren Gruppen nach Hause durchzuschlagen. Am Sonntag, dem 18. März 1945, hatten die, die nach Bochum wollten, es geschafft. Mittags, bei Voralarm, kamen wir auf Lastkraftwagen der Organisation Todt ziemlich abgerissen, aber glücklich, in Bochum an.

Heiner Schumacher: Soldaten erkämpften Platz für Kinder auf letztem Schiff, in: Kriegsende 1945: Die Flucht nach Hause. Der lange Weg aus der Kinderlandverschickung (1985), ohne Paginierung

Flucht zu Fuß entlang der Ostsee

Empfang mit Blasmusik

[...] Am 6. August begann die Fahrt in einem Sonderzug. In den frühen Nachmittagsstunden des 7. August war endlich das Ziel Treptow [Pommern] erreicht. Vom Bahnhof, der etwa zehn Minuten vom Zentrum des Ortes entfernt liegt, marschierte die Herner Schule [Oberschule für Jungen Herne] mit dem Blasorchester voran in die Stadt ein. Auf dem Marktplatz fand die Begrüßung statt, und dann ging die Einweisung in die Privatquartiere vor sich. Im großen und ganzen verlief alles reibungslos, weil die Organisation in Treptow gut vorgearbeitet hatte.

[...] Man war nun aber nicht nach Treptow gekommen, um eine andere Landschaft kennenzulernen. Die Hauptsache war ja, den Schulunterricht ungestört weiterzuführen. Die Treptower Oberschule an der Woldecker Straße (früher Gymnasium) stellte die Schulräume zur Verfügung. Der Unterricht wurde größtenteils nachmittags erteilt. Neun Herner Klassen wurden gebildet; die Klasse eins war einfach, die Klassen zwei bis fünf waren doppelt. Einige Schüler der achten Klasse, die auf Abruf zum Wehrdienst warteten, erhielten Unterricht in der zahlenmäßig nicht starken Klasse der Treptower Oberschule. Ein Herner Schüler, der nicht zum Wehrdienst einberufen wurde, bestand an der Treptower Schule die Reifeprüfung. Die Herner Schüler der sechsten und siebten Klassen sowie mehrere der vierten und fünften Klassen waren als Flakhelfer in Herne zurückgeblieben. Das Zusammenarbeiten mit der Treptower Oberschule ging im großen und ganzen reibungslos vonstatten, wenngleich man anfangs den Westfalen gegenüber einige Zurückhaltung zeigte, wie das bei der Stammesart der Pommern nicht weiter verwunderlich ist. Hierin sind ja die Pommern den Westfalen verwandt. Der Unterricht konnte störungsfrei durchgeführt werden. Kein feindlicher Flieger zeigte sich. Andererseits erwies sich aber, daß die Treptower Schule nicht die Sammlungen und Hilfsmittel besaß, wie man sie von Herne her gewohnt war. Hierbei möge erwähnt werden, daß man von Herne einige mitgenommen hatte, die wertvolleren Sachen, wie zwei Konzertflügel, in erster Linie deshalb, um sie vor der Vernichtung zu bewahren.

Unterbringung auch außerhalb
Besonders wichtig war es, die Schüler in den Quartieren zu betreuen, vor allem mit den Pflegeeltern der Schüler Fühlung zu nehmen, die ohne Eltern oder sonstige Angehörige nach dort gekommen waren. Oft galt es, weite Wege zu machen, waren doch viele Schüler auch in den umliegenden Ortschaften untergebracht, so in Holm, Neuhof, Belbuck, Triebs, Gumminhof und Abbau VII, einer Siedlung, die um eine Provinzial-Heil- und Pflegeanstalt entstanden war und fünf Kilometer von Treptow entfernt lag. Die Rücksprache mit den Pflegeeltern erwies sich oft als äußerst fruchtbar. Es ergab sich in der Beurteilung des Schülers ein Bild, wie man es vom Unterricht allein her nicht hätte gewinnen könne. – Die Verpflegung war gut – trotz Kartensystems. Fast alle Pflegeeltern hatten, wenn sie nicht selbst Bauern waren, einen eigenen Garten. So gab es hier noch manches, was den Hernern vom Industriegebiet her schon unbekannt geworden war. Wenn die häuslichen Lernbedingungen wegen der Enge oder Nichtheizbarkeit der Schlafräume nicht günstig waren, konnte in den meisten Fällen Abhilfe geschaffen werden, indem man einen anderen Raum zur Verfügung stellte. Viele Pflegeeltern nahmen sich überhaupt ihrer Zöglinge in wahrhaft rührender Weise an. Die Herner Jungen gehörten mit zur Familie, nahmen teil an allem, was vor sich ging: am Gänseschlachtfest wie am Kräudemachen.

Holzkommandos und Erntehilfe
In den Wintermonaten wurde die Heizungsfrage kritisch. Wie in den Wohnungen, so gab es auch in der Schule keine Dampfheizung, sondern große Kachelöfen, die mit Briketts geheizt wurden. Da die Brikettzuteilung immer geringer wurde, gab es an der Treptower Oberschule Kohlenferien. Die Herner Schule quartierte man um in die Mittelschule an der Heilig-Geiststraße, in der noch geheizt wurde. Hier waren die Schulräume noch enger; aber man fand sich schlecht und recht mit den Verhältnissen ab. – Auch für die Privatquartiere wurde das Brennmaterial knapp. Holzkommandos schafften daher aus dem ausgedehnten, einige Kilometer entfernt liegenden Stadtwald Holz herbei, das auf dem Schulhof der Treptower Oberschule zersägt wurde. Herr Imhorst (Israel), der schon in Herne das Blasorchester betreut hatte, war im Laufe des Winters 1943/44 nach Treptow gekommen und gab den Treptowern Konzerte in der Turnhalle, die großen Anklang fanden. Die Kapelle wurde auch von anderen Orten eingeladen, wo sie ebenfalls mit gutem Erfolg konzertierte. Die Leistung des Blasorchesters ist um so höher zu bewerten, als ja größtenteils neu angelernte Kräfte mitwirkten. Schüler der 4. und 5. Klasse wurden in den Herbstmonaten zum Kartoffelroden auf Bauernhöfen und großen Gütern, die mit der Bahn nur umständlich zu erreichen waren, abkommandiert. Es war für die Lehrerschaft naturgemäß schwierig, mit diesen Schülern Fühlung zu behalten. Doch wurde, so gut es ging, auch hier nach dem Rechten gesehen. Im Frühjahr 1944 gab es noch eine besondere Abwechslung: einige Szenen des Films ›Kolberg‹ wurden in Treptow gedreht. Für viele Schüler wurde der Wunsch, einmal aktiv mitwirken zu können, erfüllt. In die historischen Kostüme der Befreiungskriege gesteckt, fühlten sie sich wie in eine andere Welt versetzt und ließen es sich gern gefallen, wohl an die zwanzig Mal denselben Aufmarsch über den Marktplatz zu wiederholen, bis die Sache klappte.

Übersiedlung nach Usedom 1944
Im Zuge der Kinderlandverschickung aller nach Pommern evakuierten westfälischen Schulen wurde auch unsere Schule außer der untersten Klasse in dem Ostseebad Ahlbeck auf Usedom einquartiert. Vier Häuser wurden ab 8. Juni 1944 belegt: Haus Rheinland, Haus Katharina, Charlottenheim und Villa Bella. Vormittags wurde Unterricht gehalten. Die Nachmittage waren dem Sport, Wandern und HJ-Dienst gewidmet. Nach anfänglich ungemütlicher Witterung herrschte vom 20. Juni ab wochenlang schönes und beständiges Wetter, so daß reichlich Gelegenheit war, am Strand zu verweilen. In diesen Wochen haben alle Schüler schwimmen gelernt, die meisten das Frei- oder Fahrtenschwimmerzeugnis erworben. Ende August kamen von Ahlbeck aus 120 ältere Schüler der Oberschulen Herne, Castrop und Wattenscheid unter der Lei-

tung des Oberstudienrats Dr. Stapenhorst in die Umgegend von Treptow zum Ernteeinsatz, der bis Ende Oktober dauerte. Hier wurden sie von den Bauern im allgemeinen recht herzlich aufgenommen, konnten manche interessanten Einblicke in die Lebensweise der Landbevölkerung tun und allerlei Erfahrungen fürs Leben sammeln.

Die in Ahlbeck verbliebenen Schüler kehrten Mitte September nach Treptow zurück. Gar manchem wird die ruhige und ziemlich sorgenfreie Zeit in Ahlbeck unvergeßlich bleiben.

Kohleferien

Im zweiten Winter waren die Schwierigkeiten noch größer als im ersten. Wieder mußte Holz zersägt werden, wieder wurde die Schule umquartiert, und zwar diesmal in die Volksschule an der Marienkirche, bis auch hier der Kohlenvorrat ausging. Man konnte aber nicht einfach Ferien machen, da ja die Schüler betreut werden mußten. Täglich wurden Appelle in der oben genannten Volksschule angesetzt; die Schüler erhielten Aufgaben, die hier kontrolliert wurden. Der Hausbesuch mußte verstärkt durchgeführt werden, um den Schülern bei ihren Arbeiten Anleitungen zu geben.

Mitte Januar 1945 schlugen dann die Wellen der Ostfront, die sich schon auf deutsche Gebiete in Ostpreußen vorgeschoben hatte, bis nach Treptow. Je näher die Front heranrückte, um so mehr verstärkte sich der Flüchtlingsstrom. Von Mitte Februar an durchzogen endlose Trecks die Straßen der Stadt. Flüchtlingszüge kamen täglich auf dem Bahnhof an. Die Lehrer und Schüler wurden eingesetzt, um bei der Betreuung dieser armen Menschen mitzuwirken, vor allem auf dem Bahnhof und in der Turnhalle, wo die Flüchtlinge zunächst untergebracht wurden. Die Treptower Oberschule war inzwischen Lazarett geworden.

Die älteren Schüler wurden unter Aufsicht der Lehrer zum Auswerfen von Panzerabwehrgräben beordert. Alle Lehrer wurden, soweit sie noch nicht 60 Jahre alt waren, dem Volkssturm eingereiht und mußten von Oktober 1944 an jeden Sonntagmorgen an den Übungen teilnehmen.

Beruhigende Zusicherungen

Es war natürlich, daß die Lehrer und Schüler und vor allem auch die Eltern aus Herne sich die bange Frage stellten: »*Was wird aus uns?*« – Nach dem Einmarsch der sowjetischen Armeen in Pommern Ende Januar 1945 setzte sich der Anstaltsleiter im Einvernehmen mit der Lehrerschaft der Herner Schule bei den zuständigen Partei- und Behördenstellen mit allem Nachdruck dafür ein, die Schule noch rechtzeitig zurückzuführen. Von der Parteileitung wurden immer wieder beruhigende Versicherungen abgegeben, um keine Panikstimmung aufkommen zu lassen. So erklärte am 11. Februar 1945 der stellvertretende Gauleiter von Westfalen-Süd in einer Elternversammlung in Treptow, die Rückführung werde vom Gau Pommern unter Mitwirkung der Gauleitung Westfalen-Süd rechtzeitig durchgeführt werden, und es wurde weiter von der Leitung der KLV mitgeteilt, die Rückführung werde im Rahmen der allgemeinen Evakuierung in geregeltem Abtransport erfolgen. Hierdurch wurde es der Anstaltsleitung der Herner Schule unmöglich, von sich aus den Rücktransport zu organisieren und ins Werk zu setzen. Es geschah aber, daß immer mehr Schüler ohne Reisegenehmigung und ohne Urlaub, jedoch mit stillschweigender Duldung, teilweise aber auf Anraten des Anstaltsleiters und der Lehrerschaft, der Heimatstadt Herne zustrebten, obwohl es strengstens verboten war, den Platz zu verlassen. Über die Hälfte der Schüler war bis Ende Februar abgefahren.

Flucht zu Fuß angetreten

Als die Hagener Mittelschule am 13. Februar 1945 auf der Rückfahrt in die Heimat in einem Sonderzug durch Treptow kam, nahm die Unruhe unter den noch in Treptow weilenden Eltern und Schülern immer mehr zu. – Dann kam der 4. März: Die russischen Panzer näherten sich der Stadt. Um 11.30 Uhr begann der Panzerkampf am Bahnhof Treptow. Aus dem Probealarm, der für diesen Tag angesetzt war, wurde ein richtiger Alarm. Die Schüler und deren Angehörige versammelten sich mit ihrem Gepäck auf dem Marktplatz. Die Hoffnung der Herner Schule, die für die Räumung verantwortlichen Stellen würden nun für den Rücktransport, wie sie es versprochen hatten, einen Sonderzug oder Autobusse zur Verfügung stellen, wurde enttäuscht. Der Obmann der Evakuierten erklärte, es müsse jeder auf eigene Faust versuchen, aus Pommern herauszukommen. Daraufhin sorgten der Anstaltsleiter und die Lehrerschaft dafür, daß die angetretenen Schüler und deren Angehörige auf durchfahrende Treckwagen gesetzt wurden. Dieser Weg schien damals der sicherste zu sein, weil die Trecks von der Polizei gelenkt wurden. Der Anstaltsleiter und der größte Teil der Lehrerschaft verließen die Stadt Treptow zu Fuß erst kurz vor dem Abrücken der Polizei gegen 16.30 Uhr. Während einige Schüler, die mit dem Fahrrad davonfuhren, schneller vorwärts kamen, konnten die Treckwagen wegen Verstopfung der Straßen vielfach nicht weiter. Für die Herner blieb nichts anders übrig, als den Weg zu Fuß die Küste entlang über Dievenow nach Swinemünde fortzusetzen. Der Weg über Stettin war nicht mehr gangbar.

Alle Schüler erreichten, wenn auch unter großen Mühen und Schwierigkeiten, die westdeutsche Heimat. Viel Hab und Gut hatte man allerdings in Pommern zurücklassen müssen. Von den vier in Treptow zurückgebliebenen Lehrern wurden zwei von den Russen verschleppt und sahen die Heimat nicht wieder: Studienrat Dr. Hoischen und Studienrat Dr. Wiesehöfer.

Aus: Fünfzig Jahre Gymnasium Herne – 80 Jahre städtische höhere Schule. Denkschrift zur 50-Jahr-Feier. Hg. v. Eduard Fey und Josef Stapenhorst, o. J. (1952), S. 56–60

Über die ›grüne Grenze‹ nach Hause

Im Sommer 1943 wurde die damals 8jährige Erika Czimmeck im Rahmen der Schulevakuierung zusammen mit ihrer Mutter und ihrem drei Jahre jüngeren Bruder aus Wanne-Eickel in das Dorf Lüllemin, Kreis Stolp, in Pommern verschickt. Hier lernte sie ein von Fliegeralarmen und Angst freies und friedliches, wenn auch einfaches Leben kennen. Doch Anfang 1945 rückte die Front immer näher.

Vergeblicher Fluchtversuch

Ende Februar 1945 wurde wir Evakuierten [in Lüllemin] auf einen Leiterwagen gepackt und Richtung Ostsee gebracht. Auf dem offenen Wagen war es bitter kalt. Unsere Reise endete in Rowe, wo uns mitgeteilt wurde, daß wir keine Möglichkeit mehr haben würden, ein Schiff in Richtung Westen zu erreichen. Wir verbrachten die Nacht bei Gastfamilien, die uns mit warmer Ziegenmilch versorgten. Eine bedrückende Stille legte sich über den Ort. Was konnten wir tun? Wir saßen in der Falle und konnten nur noch den Einmarsch der Russen abwarten. Einheimische und Flüchtlinge setzten sich in einem Raum zusammen. Jemand meinte, es wäre gut, wenn wir eine weiße Fahne nach draußen hängen würden. Wie lange wir so gewartet haben, weiß ich nicht mehr.

Plötzlich wurde die Tür aufgerissen und russische Soldaten stürmten mit vorgehaltenen Gewehren herein. Ich werde nie vergessen, wie meine Mutter vor Angst am ganzen Körper zitterte und uns Kinder fest an sich preßte. Die Soldaten durchsuchten alle Räume nach Männern und versteckten Soldaten. Meiner Mutter nahmen sie den Ehering ab, und dann zogen sie sich zurück. Diese Szene wiederholte sich noch einige Male. Dann wurde es wieder still.

Rückkehr in das Dorf

Irgendwann kam der Befehl, daß alle, die nicht aus dem Ort stammten, diesen innerhalb einer Stunde verlassen und dahin zurückkehren sollten, woher sie gekommen waren. Wir zogen mehrere Kleidungsstücke übereinander an. Meine Mutter setzte den Rucksack auf und nahm uns Kinder an die Hand. Schweren Herzens mußte ich diesmal meine Puppe zurücklassen, denn unsere Hände mußten frei sein. Es begann ein langer Fußmarsch Richtung Stolp. Links und rechts der Chausseen standen zerbrochene Leiterwagen und zerstörtes Kriegsgerät. In den Gräben lagen tote Pferde. Die Nächte verbrachten wir im Wald an einer Stelle, die nicht so dicht mit Schnee bedeckt war. Wir breiteten unsere Wolldecken aus und versuchten, dicht aneinander gedrängt und uns gegenseitig wärmend zu schlafen. Am 10. März erreichten wir dann wieder unser Dorf Lüllemin. Wir fanden es völlig verlassen vor. In einem Haus stand die Tür offen. Da wir Angst hatten, uns voneinander zu trennen, beschlossen wir, alle 15 Personen, in einem Raum zu übernachten. In den nächsten Tagen kehrten einige der Einheimischen zurück. Sie versuchten, das, was von dem freigelassenen Vieh noch übrig war, wieder einzufangen und so etwas wie ein normales Leben zu beginnen. Wir wurden von der Familie Neitzel aufgenommen, die uns ein Zimmer überließ und das, was zum Essen da war, mit uns teilte, obwohl sie selbst mehrere Kinder hatte. Die Männer waren alle von den Russen oder Polen mitgenommen und interniert worden. Der eine oder andere kam nach einiger Zeit zurück. Meistens waren sie krank und unterernährt, und mancher überlebte diese Zeit nicht. Wer arbeitsfähig war, versuchte, die Felder zu bestellen. Wir spannten einen Ochsen vor den Pflug, um ein Feld zu pflügen. Pferde gab es nicht mehr. Ich mußte den Ochsen an der Leine führen.

Schnell sprach sich herum, wenn wieder eine Horde russischer Soldaten ins Dorf einfiel. Dann versteckten sich die jungen Mädchen. Meine Mutter wurde manchmal mitgenommen zum Arbeitseinsatz auf den Feldern. Sie stieg mit anderen Frauen auf einen Leiterwagen, der sie zum Arbeitsplatz brachte. Es war nicht die Arbeit, die meine Mutter fürchtete, sondern die Ungewißheit, ob sie zu uns Kindern zurückkehren würde.

Abgesehen von diesen täglichen Bedrohungen gab es doch auch unbeschwerte Momente in diesen Tagen. Ich glaube nicht, daß wir jemals so schön gespielt haben wie damals. Wir bauten Hütten aus Ziegelsteinen; die Fenster bekamen richtige Gardinen, die aus den leerstehenden Häusern stammten, und unsere Kuchen bekamen eine Schicht Puderzucker, den wir aus geschabter Schulkreide herstellten.

Mit Handwagen losgezogen

Von der Kapitulation am 8. Mai 1945 hatten wir keine Ahnung. Anfang August [1945] beschlossen die Evakuierten, die sich noch in Lüllemin befanden, in die Heimat zurückzukehren. Mit einer Gruppe von 15 Leuten machten wir uns auf den Heimweg. Eine Familie hatte die Großeltern dabei. Der Großvater war der einzige Mann, der uns begleitete. Auf einem Handwagen zogen wir das wenige Gepäck, das uns geblieben war, mit uns. Zu Fuß ging es zunächst Richtung Stolp, in der Hoffnung, daß wir dort einen Zug Richtung Westen erreichen würden. Die Bahnsteige waren überfüllt von Menschen, die warteten. Wir hatten Mühe, unsere Gruppe beisammenzuhalten. Tatsächlich kam irgendwann mal ein Zug mit leereren Güterwagen vorgefahren. Auf diese Weise gelangten wir dicht gedrängt in mehreren Etappen über Schlawe, Köslin, Belgard, Stargard und Stettin nach Berlin. Durch den Tod unseres einzigen männlichen Begleiters wurden wir dabei einige Tage aufgehalten. Auf unserer Irrfahrt wurden wir gelegentlich von Schwestern des Roten Kreuzes mit Suppe aus Trockengemüse versorgt. Viele Reisende waren inzwischen an Durchfall erkrankt, und die hygienischen Verhältnisse waren katastrophal.

In Berlin irrten wir durch die völlig zerstörte Stadt auf der Suche nach einer Übernachtungsmöglichkeit. Eine Frau nahm uns mit in ihre Wohnung. Sie rückte die Sessel in ihrem Wohnzimmer zusammen, und so konnten wir endlich mal wieder mit einem Dach über dem Kopf schlafen und uns am nächsten Morgen an einer Waschschüssel richtig waschen.

Heimkehr

Teils zu Fuß, teils mit Güterzügen gelangten wir schließlich an die Elbe, wo unser Rückzug zunächst einmal gestoppt wurde, denn alle Brücken über die Elbe waren gesprengt worden. Wir erfuhren, daß es bei Fischbeck eine schwimmende Behelfsbrücke gäbe. Wir ließen uns dort in den Elbwiesen, die schon von vielen Menschen übersät waren, nieder und warteten auf die Gelegenheit, von den Russen auf die andere Seite hinübergelassen zu werden. Wir Kinder spielten in den leeren Autowracks und bauten mit Steinen Feuerstellen, auf denen wir »klitschiges« Brot rösteten, um es genießbar zu machen. Manchmal fanden wir auch Rüben oder Kartoffeln auf den umliegenden Feldern.

Wir waren froh, als wir eines Tages endlich an der Reihe waren, über die Elbe gelassen zu werden, und glücklich darüber, daß unsere Gruppe zusammenbleiben konnte. Wir Kinder verstanden nicht viel von dem, was die Erwachsenen diskutierten. Aber wir schnappten auf, daß wir »auf die andere Seite« hinüber müßten.

Dort seien die Engländer, und das klang wie das Wort Paradies. Aber vorher mußten wir über »die grüne Grenze«, und das heimlich. Mit klopfenden Herzen versuchten wir, uns durchzuschlagen. Welche Erleichterung, als wir erfuhren: »Ihr seid im Westen!« Plötzlich gab es nicht mehr das Gefühl der Angst und Bedrohung, statt dessen die Hoffnung, daß wir die Heimat erreichen würden. Über Tangermünde und Stendal gelangten wir nach Braunschweig. Dort erwischten wir einen LKW, der ins Ruhrgebiet fahren wollte. Wir kletterten hinauf und waren einige Stunden später in Bochum am Ruhrschnellweg. Wir machten uns zu Fuß auf den Weg nach Eickel. Die Herzogstraße 10 [=Haus, in dem die Familie Czimmeck gewohnt hatte] war tatsächlich ein Trümmerhaufen. Die Gaststätte Brüggemann nebenan gab es noch. Dort ließ meine Mutter uns Kinder, um meinen Vater bei Verwandten in Bochum-Hordel zu suchen. Es dauerte gar nicht lange, bis mein Vater uns in die Arme schließen und noch vor der »Sperrstunde« am Abend zu unseren Verwandten bringen konnte [...]

Bericht von Erika Kasparbauer, geb. Czimmeck, Herne, vom April 2000

Eine schlimme und eine schöne KLV-Zeit erlebt

KLV-Lager in Schwarzenfeld

Ich war von Juli 1942 bis Februar 1943 als Schüler der zweiten Klasse der Franz Dinnendahl-Mittelschule Bochum-Langendreer in einem »geschlossenen« KLV-Lager in der Oberpfalz und wurde von Juli 1943 bis August 1945 mit meiner Mutter als Schüler der Oberschule für Jungen Witten (Klasse drei und vier) nach Konstanz evakuiert.

Ob die ›schlechten‹ KLV-Lager die Regel gewesen sind, vermag ich natürlich nicht zu beurteilen. Ich war jedenfalls in einem ›schlechten‹ KLV-Lager, und zwar von Juli 1942 bis Februar 1943 als Schüler der 2. Klasse der Franz Dinnendahl-Mittelschule in Bochum-Langendreer im KLV-Lager Miesberg in Schwarzenfeld (bei Schwandorf) Oberpfalz. Ich war zu der Zeit elf Jahre alt.

In dem Lager befanden sich 110 Schüler der zweiten und dritten Klasse der Langendreer Mittelschule und der dritten Klasse einer Bochumer Mittelschule.

Die Fahrt in das Lager ging [...] von Wesel an mit einem Rheinschiff und dann ab Mainz mit kleineren Schiffen den Main aufwärts bis Würzburg, mit Übernachtungen in Turnhallen und Privatquartieren. Von Würzburg ging es dann mit dem Zug bis Schwarzenfeld, einem Ort an der Naab und Schwarzach. Das Lager befand sich in dem dafür hergerichteten Kloster Miesberg, ein im September 1935 eingeweihtes Haus des Passionistenordens. Das Lager muß als »geschlossen« bezeichnet werden. Die Lagermannschaft war von der Außenwelt total abgegrenzt, was durch die völlig isolierte Lage des Klosters auf einem kleinen Berg oberhalb der Ortschaft Schwarzenfeld noch verstärkt wurde. Wir durften den Lagerbereich nur in geschlossener Formation (marschierend in Uniform) verlassen. Nur sonntags gab es von 14.00 bis 18.00 Uhr freien Ausgang.

Schleiferei und Schikanierung

Geleitet wurde das Lager de facto von einem HJ-Lagermannschaftsführer der übelsten Sorte, der nichts ausließ, uns Kinder zu schleifen und zu schikanieren, ein wahrer Tyrann. Das, was unter dem Begriff »Ausmarsch« an manchem Nachmittag so ablief, konnte m. E. kaum von einer Strafkompanie der Wehrmacht übertroffen werden. (Man bedenke bei diesem Vergleich, daß wir Kinder im Alter von 11 bis 13 Jahren waren.)

Das »Schleifen« sah so aus: Die Lagermannschaft marschierte auf den Sportplatz, und dort wurde gelaufen mit ständigen Hinlegen-Auf-Kommandos, mit Robben durch den Staub oder Schlamm. Dies fand bei jeder Witterung statt und wurde fort bis zur totalen körperlichen Erschöpfung betrieben. Die Schikane bestand darin, daß wir für die Maßnahmen keinen Grund erkennen konnten, denn die Lagermannschaft oder einzelne Schüler hatten sich ja nichts zuschulden kommen lassen, so daß hier eine Strafe hätte getilgt werden müssen. Daß wir dann abends die verdreckten Uniformen und Schuhe wieder zu reinigen hatten, war selbstverständlich.

Als Schikane möchte ich auch bezeichnen, daß man uns zwei- oder dreimal gegen Mitternacht aus den Betten holte und wir dann zu Geländeübungen (Dauer zwei bis drei Stunden) in den Wald marschieren mußten.

Und die Lehrer?

Es gab derer drei: Einer aus Bochum, der die Funktion des Lagerleiters bekleidete und meistens in seiner schwarzen Uniform (NS-Lehrerbund) herumlief. Die beiden anderen Lehrer waren aus Langendreer.

Die Lehrer hielten vormittags ihren Unterricht ab (vier Schulstunden) und kümmerten sich dann so gut wie gar nicht um die ihnen anvertrauten Kinder. Sie überließen sie dem oben erwähnten Lagermannschaftsführer mit seinen zwei Unterführern.

Lageralltag

Wie so ein Tag im Lager ablief, läßt sich am besten durch einen beispielhaften »Tagesplan«, der vom Lagermannschaftsführer aufgestellt und an jedem Morgen ausgehängt wurde, darstellen:

6.30 Wecken und Frühsport

Geweckt wurde mit Fanfarensignal von der Terrasse des Lagers aus und mit Trillerpfeifen der Unterführer in den Fluren. Der Frühsport fand bei jedem Wetter im Freien, im Innenhof, statt. Es wurde Gymnastik betrieben, oder es gab einen 1000-m-Lauf rund um das Kloster.

7.00 Waschen / Stubendienst

Zum Stubendienst zählten Betten machen, Staub putzen, Spind aufräumen, Bodenpflege. Es waren jeweils vier Schüler in einer Stube untergebracht. Größe der Stube ca. 2,50 m x 3,00 m, zwei Etagenbetten.

8.00 Flaggenparade / Frühstück

Auf der großen Terrasse trat die gesamte Lagermannschaft an (natürlich in Uniform; wir trugen fast ausschließlich Uniform, die vom Lager gestellt wurde).

Lagerleiter oder Lagermannschaftsführer gaben den Spruch des Tages von sich, ein Lied wurde gesungen und die Lagerfahne (Hakenkreuzflagge) gehißt.

Dann erfolgte der Einzug in den Speisesaal zum Frühstück, was aus drei Scheiben Brot, einem Klecks Butter und etwas Marmelade bestand. Dazu Kornkaffee mit etwas Milch.

8.30 Stubenabnahme

Die Stuben wurden an jedem Morgen von den Unterführern nach einem Punktsystem bewertet. Danach wurden wöchentlich die schlechtesten Stuben zum Toiletten- und Waschraumdienst und die besten Stuben zum Stadt-(Boten-) und Küchendienst eingeteilt. Stadt- und Küchendienst waren Privilegien, was belegt, daß die Schüler sich eingesperrt fühlten, und die Verpflegung auch nicht gerade reichlich war.

9.00 Unterricht

Schulunterricht wurde regelmäßig abgehalten. Der Umfang des Unterrichts war ausreichend, und dessen Qualität kann aus heutiger Sicht als gut und unpolitisch bewertet werden.

12.30 Mittagessen

Das Essen für die Kinder war, wie in einer Lagerküche üblich, einfach und wenig abwechslungsreich. Es unterschied sich deutlich in Qualität und Menge von dem der Lehrer und Lagermannschaftsführung, die im Speisesaal am sog. ›Führertisch‹ speisten. Es war eine besondere Auszeichnung, am Geburtstag an diesem Tisch sitzen zu dürfen, um sich mal richtig satt zu essen.

Da uns Kinder nicht entgangen war, daß Kindern und Jugendlichen den Lebensmittelkarten zufolge nicht weniger, sondern z. T. sogar mehr als Erwachsenen zustand, empfanden wir diese Situation als große Ungerechtigkeit, gegen die wir aber vollkommen machtlos waren.

13.30 Hausaufgaben

Diese wurden in seltenen Fällen unter Aufsicht der Lehrer gemacht. Wir waren uns in der Regel selbst überlassen, was jedoch auf Grund der guten Kameradschaft prima funktionierte.

15.00 Ausmarsch oder Sport, Basteln, Kleider- und Schuhpflege (»Putz- und Flickstunde«)

Ausmarsch bedeutete im Klartext, daß streng exerziert wurde mit allen nur denkbaren Schleifeinheiten des Lagermannschaftsführers. Auch Gelände- und Kampfspiele gehörten dazu.

Im Zuge der sportlichen Aktivitäten erwarb der größte Teil der Lagermannschaft das Deutsche Jungvolk Leistungsabzeichen (DJL) und das Deutsches Jungvolk Schießabzeichen (DJS). (Ich durfte mich auch mit diesen Auszeichnungen schmücken.)

18.00 Abendessen/ Flaggenparade

Die Fahne wurde mit dem üblichen Zeremoniell abends wieder eingeholt.

19.00 Politischer Unterricht, Singstunde oder Schreibstunde

Hier wurden wir mit der Geschichte und Ideologie des Nationalsozialismus vertraut gemacht. Diese Schulung war gleichzeitig für das Erlangen des DJ-Leistungsabzeichens erforderlich.

In der Schreibstunde konnte die Post an Eltern, Verwandte etc. erledigt werden. Sämtliche herausgehende Post wurde zensiert.

Es gab Fälle, in denen Post an die Eltern herausgeschmuggelt wurde, was nicht einfach war, da nur solche Briefe und Karten von der Schwarzenfelder Post befördert wurden, die den Lagerstempel hatten. In diesen illegalen Schreiben baten die Kinder in der Regel um Päckchen mit etwas Eßbarem und Bohnerwachs, um damit den Parkettboden in den Stuben auf Hochglanz zu polieren (um auf diese Weise eine höhere Punktzahl bei der Stubenabnahme zu erzielen).

Ich würde diese Nebensächlichkeiten nicht erwähnen, wenn sie nicht bezeichnend für die Situation in diesem Lager gewesen wären.

21.00 Bettruhe

Der ganze Tag war also streng organisiert. Der persönliche Freiraum war stark eingegrenzt, was mit der Zielsetzung der Nazi-Ideologie, bereits aus Kindern kritiklose Befehlsempfänger zu machen, völlig übereinstimmte. Auf Fahrten nach Nürnberg (fünf Tage) mit Besichtigung des Reichsparteitagsgeländes sowie nach Regensburg zur Walhalla wurden uns Größe und Bedeutung des Nationalsozialismus nahegebracht. Alle drei bis vier Wochen ging die Lagermannschaft geschlossen ins Kino nach Schwandorf, wo wir uns die Nazi-Propagandafilme ansehen durften.

Es kam wirklich darauf an, wer im Lager das Sagen hatte. Hier war es der Lagermannschaftsführer. Die Lehrer führten ein bequemes Leben und überließen die ihnen anvertrauten Kinder einem Sadisten. Vielleicht haben sie es gar nicht bemerkt, weil sie der Meinung waren, daß ein solches Lager nur mit äußerster Disziplin und Strenge zu führen sei.

Für meine Eltern und mich stand nach diesen Erlebnissen fest, diese Schule so schnell wie möglich zu verlassen.

Da die Oberschule für Jungen in Bochum-Langendreer sich bereits in Pommern befand, kam ich im Februar 1943 nach einer Einzel-Aufnahmeprüfung als Gastschüler auf die Oberschule für Jungen in Witten in die Klasse 2a (Klassenlehrer Dr. Sternkopf). Diesen Schulwechsel habe ich nie bereut.

Evakuierung nach Konstanz/Bodensee

Am 4. Dezember 1944 erfolgte die Verlegung der Wittener Oberschule für Jungen aus Konstanz nach Oberbayern. Es wurden jedoch nicht alle Schüler verlegt, wie aus der Schülerzahl (74) abgeleitet werden kann.

Diejenigen Schüler, die mit ihren Müttern und Geschwistern in Konstanz lebten, blieben zurück und besuchten bis Ende April 1945 die Zeppelin-Oberschule Konstanz.

Eine genaue Angabe der in Konstanz verbliebenen Schüler ist mir leider nicht möglich, es könnten schätzungsweise 20 gewesen sein.

Unmittelbar nach Kriegsende war kein Schulunterricht mehr möglich. In dieser Zeit kümmerte sich der ebenfalls in Konstanz zurückgebliebene Mathematiklehrer Herr Hülsmann in dankenswerter Weise um diese Schüler, indem er ihnen in kleineren Gruppen, im privaten Kreis, Unterricht erteilte. Außerdem waren Herr Hülsmann und seine Frau sehr um den Zusammenhalt der Mütter untereinander bemüht, was in der damaligen Situation von großem Wert war.

Die Schüler, Mütter und Geschwister – ca. 50 Personen – wurden dann Mitte August 1945, wie es hieß, auf Grund eines Erlasses der französischen Militärregierung ausgewiesen und von einem Bus mit Anhänger des Transportunternehmens Paul Rosenkranz, Witten, in einer 3tägigen Fahrt mit Übernachtungen in Privatquartieren, die von den jeweiligen Kirchengemeinden organisiert wurden, zurück nach Witten gebracht.

Schöne Zeit in Konstanz

In Rückschau kann ich sagen, daß ich mich an die Konstanzer Zeit gerne erinnere. Wir haben dort vom Krieg direkt fast nichts gespürt. Das lag u. a. an den guten äußeren Bedingungen wie gute Unterbringungen in zum großen Teil Privatquartieren oder umfunktionierten Hotels / Gasthöfen und an einer ausreichenden Lebensmittelversorgung. Die Bodenseeschiffe fuhren wie in Friedenszeiten, so daß wir reichlich Gelegenheit hatten, die heute allseits bekannten Ferienorte am Bodensee kennenzulernen. Wir Schüler ließen natürlich auch keine Gelegenheit aus, im Rhein oder im See zu schwimmen. Das Stadttheater Konstanz bot ein volles Programm mit Oper, Operette und Schauspiel. Eine Reihe Schülervorstellungen wurden von unserer Schule besucht.

Unterrichtet und gelernt wurde selbstverständlich auch, wenn auch mit gewissen Einschränkungen. Das Verhältnis der Schüler untereinander war sehr freundschaftlich, und den Lehrkörper habe ich heute noch in sehr positiver Erinnerung. Mir fallen dazu noch folgende Lehrerinnen und Lehrer ein: Frau Marburger (Alice), Frau Wädel (Anna), Herrr Marburger (Max), Herr Dr. Krug (Kunes), Herr Krüger (Ömma), Herr Graefe (Rudi), Herr Hülsmann (Opa), Herr Noelle (Püttmann) und nicht zuletzt Herr Dr. Sternkopf (Ecce) sowie Fr. Schnell (Miss Quick) als Sekretärin [...]

Mit der Rückfahrt nach Witten war dann die relativ gute Zeit in Konstanz vorbei; es begann in der zerbombten Heimat ein neuer Lebensabschnitt.

Berichte von Siegfried Dreyer, Overath, vom Februar und August 1999

Erst Wochen nach dem Kriegsende kehrten die Letzten heim

Recht behelfsmäßige Unterbringung

Welche Beweggründe die parteiamtlichen Stellen bestimmt haben, die Verlegung eines Teiles der Schulen Südwestfalens nach dem Osten unseres Vaterlandes anzuordnen, als im Sommer 1943 die immer bedrohlicher werdende Luftlage eine derartige Maßnahme als geboten erscheinen ließ, ist schwer zu erkennen. Gab es doch Aufnahmegebiete genug vor den Toren des Industriegebietes, die sich eines hohen Maßes an Luftsicherheit erfreuten. Psychologische Erwägungen haben bei dieser Entscheidung offenbar keine Rolle gespielt, sonst hätte man sich sagen müssen, daß die Weite der Entfernung und die nicht abzuschätzende Dauer der Trennung von Eltern und Kindern seelische Belastungsmomente enthielten, die den Wert der ganzen ›Aktion‹ von vornherein zweifelhaft machten. Daß trotzdem in großem Umfange dieser Anordnung entsprochen wurde, läßt sich nur als Auswirkung der parteilich geübten Einschüchterungspolitik auf die Massen und aus einer die Vorzüge einer solchen Verlegung in verlockenden Farben schildernden Propaganda verstehen. Denn nicht weniger als 335 Jungen der Städtischen Oberschule für Jungen [Castrop-Rauxel] mit 206 Angehörigen, die von 16 Lehrkräften begleitet wurden, nahm der Sonderzug auf, der am Frühnachmittag des 11. August 1943 den Bahnhof Castrop mit dem Ziel Schneidemühl in Pommern verließ.

Die Ernüchterung folgte den hochgespannten Erwartungen auf dem Fuße. Die Unterbringung der Schule, von der man hätte annehmen sollen, daß sie von langer Hand vorbereitet worden wäre, trug fast den Charakter der Improvisation. Noch in den Abendstunden des 12. August irrten Quartiersuchende in den Straßen der Stadt, besser des Viertels von Schneidemühl umher, in das fast der ganze Transport eingewiesen worden war. Dieser an der Peripherie gelegene Stadtteil, die Bromberger Vorstadt, zählte zumeist Angehörige der wirtschaftlich schwächeren Schichten der Bevölkerung von Schneidemühl zu seinen Bewohnern. Sie lebten daher großenteils an sich schon räumlich beengt, der Zwang zu noch näherem Zusammenrücken hatte vielfach nicht gerade Gefühle warmherziger Aufnahmebereitschaft den Umquartierten gegenüber in ihren Herzen geweckt. Aufs ganze gesehen, wurden Schüler wie Lehrer – an den Maßstäben jener Zeit gemessen – recht behelfsmäßig untergebracht. Mißhelligkeiten zu beseitigen, die aus Quartierschwierigkeiten erwuchsen, war in der Folgezeit eine der undankbarsten, immer wiederkehrenden Aufgaben, die den Lehrern bei der außerschulischen Betreuung der Jungen erwuchs.

Hinzu kam, daß der Weg zur Aufnahmeschule, der Staatlichen Oberschule für Jungen an der Saarlandstraße, von diesem Stadtviertel aus reichlich weit war – die Schüler hatten durchschnittlich eine halbe Stunde Weg bei jeder Witterung zu Fuß zurückzulegen –, zu weit namentlich im Winter bei dem Mangel an genügend warmer Kleidung und widerstandsfähigem Schuhwerk (im 5. Kriegsjahr!) und bei den ungewohnt niedrigen Temperaturen.

Und schließlich die Aufnahmeschule selbst. Auch den äußeren Eindrücken gegenüber nicht so empfindlichen Jungen ging der Gegensatz auf zwischen dem nüchternen und düsteren alten Backsteinbau, dessen noch unwohnlicheres Nebengebäude der Castrop-Rauxeler Oberschule vornehmlich zur Benutzung zugewiesen wurde, und dem stattlichen, neuzeitlichen Gebäude ihrer Heimatschule mit den hohen, lichten Räumen, den breiten Gängen und dem künstlerischen Wandschmuck. Und mehr oder minder bewußt wurde ihnen auch, welche die Arbeitsfreude und die Leistung bestimmende Wirkung von solchen nur scheinbaren Äußerlichkeiten ausgeht.

Das vor allem darum, weil die an den Nachmittagsunterricht im geschlossenen Raum so gut wie gar nicht Gewöhnten nun tagaus tagein – mit alleiniger Ausnahme des Sonnabends – bald nach der Einnahme der Mittagsmahlzeit zum Unterricht in diesen unfreundlichen Räumen versammelt wurden, die die früh hereinbrechende Dunkelheit der Spätherbst- und Wintertage noch trostloser erscheinen ließ.

Nachmittäglicher Unterricht
Daß das eine Ziel der Verlegung, die Schüler wieder »*planmäßiger, fruchtbarer Arbeit*« zuzuführen, nicht erreicht werden konnte, wurde dem unvoreingenommen prüfenden Auge schon bald deutlich. Nicht nur die einseitige Beschränkung des Unterrichts auf die Nachmittagsstunden trug daran die Schuld. Schularbeit ist ja bloß zum Teil Arbeit, die in den Klassen geleistet wird. Die ungestörte häusliche Vorbereitung muß hinzukommen, wenn sie wirklich fruchtbar werden soll. Diese aber litt unter Beeinträchtigungen mannigfaltiger Art: Unter der seelischen Not namentlich der jüngeren Jahrgänge, die das Heimweh bald mit aller Gewalt befiel, unter dem Unverständnis vieler Pflegeeltern, die die Jungen in den Morgenstunden für ihre Zwecke einsetzten, unter dem nicht seltenen Mangel an liebevoller Betreuung und Fürsorglichkeit, der die Gefahr innerer und äußerer Verwahrlosung heraufbeschwor, unter den Spannungen, die aus der willkürlichen Verkettung von Menschen miteinander erwuchsen, die sich häufig wesensfremd, ja mit Abneigung gegenüberstanden. Die die Jungen auch außerhalb der Schule betreuenden Lehrer standen dieser Entwicklung vielfach machtlos gegenüber. Das Hin und Her von Besuchen, das die Verbindung mit Heimat und Elternhaus nicht abreißen lassen sollte, ließ den Schmerz um das auf unbestimmte Zeit Verlorene meist nur noch leidenschaftlicher aufflammen. So wurde auch der andere Zweck der Verlegung, den umquartierten Jungen »*die ungehemmte Entwicklung der Gesundheit*« zu gewährleisten, nur in rein äußerlichem Sinne erfüllt, und das durchaus nicht in alle Fällen. Das dritte mit der Verlegung erstrebte Ziel freilich, ihnen »*ein hohes Maß an Sicherheit des Lebens*« zu bieten, wurde wenigstens im ersten Jahre erreicht.

Sommerverlegung 1944
Der Anfang des neuen Schuljahres stand im Zeichen der Beunruhigung, die durch die Absicht des Gauleiters von Pommern, die westfälischen Schulen im Sommer als geschlossene KLV-Lager an die Ostsee zu verlegen, in den bisher verhältnismäßig ruhigen Ablauf der Arbeit hineingetragen wurde. Ungeachtet der schweren Bedenken, die die westfälische Erzieherschaft in Pommern gegen diese erneute Verlegung einmütig geltend machte, wurde sie vom Gauleiter von Pommern im Einvernehmen mit dem Gauleiter von Westfalen-Süd kurzerhand angeordnet. Da der Anstaltsleiter inzwischen erkrankt und dienstunfähig war, wurde der Befehlsvollzug für die Oberschule für Jungen Castrop-Rauxel seinem Stellvertreter übertragen. Am 6. Juni 1944 wurden sämtliche die Oberschule in Schneidemühl besuchenden Schüler bis auf drei, die aus Gesundheitsrücksichten zurückgelassen werden mußten und für die Dauer der Verlegung der Schule die Staatliche Oberschule in Schneidemühl als Gastschüler besuchen sollten, und drei Gastschüler von Bochumer Oberschulen, insgesamt 281 Schüler, sowie sämtliche damals an der Oberschule in Schneidemühl tätigen Lehrkräfte und sechs Ehefrauen von Lehrkräften, die als Lagerhelferinnen vorgesehen waren, in einem Sonderzug nach Ahlbeck auf Usedom befördert und dort auf acht Fremdenheime verteilt.

Weder die Lage dieser Häuser – sie waren bis zu 25 Minuten Wegs voneinander entfernt – noch die für Unterrichtszwecke hergerichteten Tagesräume und die von der KLV zur Verfügung gestellten Lehrmittel ermöglichten fruchtbare unterrichtliche Arbeit. Für die Naturwissenschaften waren beispielsweise überhaupt keine Lehrmittel vorhanden, selbst Wandtafeln mußten erst aus der Heimat herangeholt werden.

Die Unterkunftsräume waren stark verwohnt. Ihre Ausstattung war verbraucht, und man sah, daß sie seit langem der pflegenden Hand entbehrt hatten. Die Lagerbeköstigung schließlich entsprach ebensowenig wie die Unterbringung den durch die Schönfärbereien der zuständigen Stellen geweckten Erwartungen.

Wenn die in Ahlbeck verbrachten Monate trotzdem als eine angenehme Zeit in der Erinnerung der Schüler fortlebte, so ist das vor allem dem anhaltenden schönen Sommerwetter zuzuschreiben, das Wanderungen und Fahrten in die engere und weitere Umgebung, täglich stundenlanges Spielen und Turnen am Strand und erfrischendes Baden in den Wellen der Ostsee zuließ. Leider forderte dies von der Castroper Oberschule ein Opfer. Der Schüler Heinz Commandeur erlag am 31. Juli beim Baden einem Herzschlag. Die Schule gab dem verstorbenen Kameraden, dessen sterbliche Überreste auf Wunsch der Eltern in die Heimat überführt wurden, zum Bahnhof in Ahlbeck das letzte Geleit.

Von Ende August ab trat aufs neue ein Zustand der Beunruhigung ein, der dann bis zum Ende des Aufenthalts der Schule in Ahlbeck anhielt und den Fortgang der unterrichtlichen Arbeit empfindlich störte. Zunächst wurden am 31. August 43 Schüler der Jahrgänge 27/28/29 als Erntehelfer nach dem Standort Treptow einberufen. Die Anstalt gab ihnen zunächst Studienrat Schinke zur Betreuung mit. Ihn löste später Oberschullehrer Stöcker ab. Dieser stieß mit den Jungen erst wieder zur Schule, nachdem sie in ihren alten Standort Schneidemühl zurückgekehrt war.

Dann wuchs mit der vorrückenden Zeit die Unsicherheit über das künftige Schicksal der Schulgemeinde. Sollte sie den Winter über in Ahlbeck bleiben, wo man sich anschickte, die nur für den sommerlichen Kurbetrieb geeigneten Fremdenheime ›winterfest‹ zu machen, wo es aber trotz der Nachbarschaft des Kriegshafens Swinemünde keinerlei Einrichtung für luftschutzmäßiges Verhalten gab? Oder sollte sie nach Schneidemühl zurückkehren, dessen Ausbau zur Festung der Gauleiter von Pommern soeben angekündigt hatte? Darüber galt es, sich schlüssig zu werden. Die Entscheidung wurde diesmal wohlweislich der Schule zugeschoben. Eine dritte Möglichkeit gab es nicht, da die Heimat sich ihr erneut versagt hatte. Schweren Herzens entschloß sie sich schließlich zur Rückkehr nach Schneidemühl. Diese erfolgte am 5. und 6. Oktober unter erschwerten Umständen, da die KLV-Dienststelle für die Lösung der technischen Seite dieser Aufgabe keinerlei Interesse mehr zeigte.

Kein ordentlicher Unterricht mehr
Hatte schon von Ahlbeck aus ein Rückfluten der Lagerteilnehmer in die Heimat eingesetzt, als laut wurde, daß die Schule wahrscheinlich nach Schneidemühl zurückverlegt werden würde, so wuchs die Zahl der Heimkehrer noch, als die Stadt sie wieder in ihren Mauern aufgenommen hatte. Der häufige Wechsel der Stellen, die für die Beurlaubung zuständig waren, und die weitherzige Auslegung der Urlaubsbestimmungen haben diese Entwicklung ebenso gefördert wie die Quartierschwierigkeiten, die Lehrer und Schüler – trotz vorher gegebener gegenteiliger Versicherungen aller in Frage kommender Stellen – bei ihrer Rückkehr erwarteten. Hinzu kam, daß von der Wiederaufnahme eines ordnungsmäßigen Unterrichts zunächst überhaupt nicht die Rede sein konnte. Ein großer Teil der einheimischen Bevölkerung, Männer, Frauen, ältere Jungen und Mädel, stand in der Arbeit am ›Pommernwall‹. Die Schneidemühler Oberschulen hatten aus diesem Grunde ihre Pforten geschlossen. Alsbald wurden auch sämtliche Lehrkräfte der Castrop-Rauxeler Oberschulen und die aus dem Ernteeinsatz zurückkehrenden Schüler zur Schanzarbeit einberufen. Die schweren Bedenken, die die beiden Leiter der Oberschulen gegen diese Anordnung geltend machten, vor allem, daß damit praktisch eine große Anzahl der Schüler und Schülerinnen der beiden Anstalten ohne jede außerschulische und schulische Betreuung bleiben würde, wurde achselzuckend mit der Bemerkung abgetan: es sei eben Krieg. So mußten bis auf drei, die körperbehindert oder krank waren, sämtliche Lehrkräfte der Einberufungsordre folgen. Auf den wenigen Zurückbleibenden aber lastete nun die Betreuung von immerhin noch 158 Schülern. Zwar wurden nach und nach vereinzelte Lehrkräfte, die den Anforderungen der Ostwallarbeit nicht gewachsen waren, wieder in den Schuldienst entlassen. Der Unterricht aber mußte immer wieder ausgesetzt werden, da die Aufnahmeschule bald mit Ostwallarbeitern, bald mit Flüchtlingen und schließlich mit militärischen Einheiten belegt wurde. Bemühungen um eine anderweitige Unterbringung der Schule schlugen fehl. Die Festung Schneidemühl wuchs eben immer mehr in die östliche Kriegszone hinein. Die in einer Besprechung mit dem die Geschäfte des Oberbürgermeisters von Schneidemühl führenden Staatskommissar dem stellvertretenden Leiter der Oberschule gegebene Zusicherung, daß die umquartieren Schulen im Falle wirklicher Gefahr als erste die Stadt räumen sollten, beruhigte zwar für den Augenblick. Sie hinderte ihn aber nicht, bei allen zuständigen Stellen unablässig über die Weiterentwicklung der Kriegslage Erkundigungen einzuziehen und auf rechtzeitige Rückverlegung zu drängen. Am 20. Januar 1945 gab der Staatskommissar bei einer Unterredung mit den Leitern der beiden Castrop-Rauxeler Oberschulen dem Wunsche Ausdruck, daß diese die Stadt möglichst bald räumen und sich zur Veranlassung des Erforderlichen mit der zuständigen Stelle, dem Gaubeauftragten für die Umquartierten aus Westfalen-Süd in Stettin, in Verbindung setzen möchten. Telegrafischer und wiederholt als dringend angemeldeter fernmündlicher Anruf blieben unbeantwortet. In der Nacht vom 20./21. Januar wurde die Bevölkerung von Schneidemühl zum ersten Mal alarmiert. Frauen und Kinder sollten sich für die unmittelbar bevorstehende Räumung bereithalten. An die Castrop-Rauxeler Oberschulen erging dieser Aufruf nicht!

Nur Handgepäck durfte mitgenommen werden
Trotz bald darauf abgegebener beruhigender Erklärungen setzten die Leiter dieser Schulen die Bemühungen um die Rückführung nach dem Westen fort. Am Montag, dem 23. Januar 1945, hat-

173

ten sie endlich Erfolg. Auf der Kreisleitung schlug ihnen in Abwesenheit des Kreisleiters, der sich grundsätzlich für eine Verlegung der umquartierten Schulen aus Schneidemühl nur im Rahmen der Gesamträumung der Stadt ausgesprochen hatte, eine der Mitarbeiterinnen vor, die Stadt mit einem Zuge zu verlassen, der Mütter und Kinder nach Berlin bringen sollte. Von dort aus würde man die Schulen schon weiterleiten. Die Reichsbahn erklärte sich auf fernmündliche Nachfrage bereit, für diesen Zweck dem Zuge noch eine Anzahl Wagen anzuhängen. Binnen zwei Stunden – um 13.30 Uhr – sollten die Schüler und Schülerinnen mit ihrem Anhang sich abreisefertig am Danziger Platz einfinden. Die Frist war zwar kurz, aber es konnte mit der raschen und zuverlässigen Arbeit des von der Schule eingerichteten Nachrichtendienstes gerechnet werden. Die Schüler, in täglichen Appellen über die Entwicklung der Lage auf dem laufenden gehalten, standen schon seit Tagen marschbereit. Da lediglich die Mitnahme von Handgepäck zugestanden war, mußte bei dieser Flucht jeder Einzelne auf einen erheblichen Teil wertvoller persönlicher Habe Verzicht leisten. Nahezu das gesamte Schulgepäck blieb außerdem in Schneidemühl zurück. Der Abmarsch vollzog sich planmäßig. Nur Studienrat Engels war nicht zur Stelle. Er war zu einer Volkssturmübung einberufen und fernmündlich nicht zu erreichen. Spätere telegrafische Anforderung bei seiner Einheit von Binz aus blieb unbeantwortet. Er wird seitdem vermißt. Der überfüllte Zug aber fuhr nicht zu der angesetzten Zeit ab. Nach einigen Stunden erschien der Bannführer der HJ und ließ durch die Bahnpolizei namens der KLV den Zug von den umquartierten Schulen räumen. Ein Sonderzug würde sie als geschlossene KLV-Lager nach Rügen bringen. Einer Anzahl Schüler der Oberschule nebst ihren Angehörigen gelang es, sich der Räumung des Zuges zu entziehen. Sie kehrten wohlbehalten in die Heimat zurück.

Erst um 0.30 Uhr setzte sich der trotz bitterer Kälte ungeheizte Sonderzug in Bewegung und kam am 25. Januar morgens gegen 10.00 Uhr in Binz an. 24 Stunden später standen russische Panzerspitzen dicht vor Schneidemühl! In Binz wurden die nunmehr noch 101 Schüler, sechs Lehrkräfte und vier Ehefrauen von Lehrkräften auf drei Fremdenheime verteilt. Die noch 65 Angehörigen der Schüler wurden zunächst in einem einzigen Haus untergebracht.

Da in den alles andere als winterfesten Heimen Heizmaterial völlig fehlte und die Unterkunftsräume – bei zwölf Grad unter Null! – vor Kälte starrten, die Jungen aber wenig oder gar keine wärmende Kleidung und nur noch völlig abgetragenes Schuhwerk besaßen, war in kurzer Zeit eine Anzahl Schüler, aber auch Lehrer bettlägerig krank. Der Schulleiter beantragte daraufhin drahtlich unter Schilderung der Notlage bei allen zuständige Stellen die unverzügliche Rückführung der Restschule nach dem Westen.

Inzwischen wurde trotz der widrigen Umstände ein Unterrichtsplan aufgestellt und, so gut es ging, durchgeführt. Lehr- und Lernmittel wurden von Berliner Oberschulen entliehen, die seit langem in Binz untergebracht waren. Als einziger Raum in den Häusern wurde der als Unterrichtsraum benutzte Tagesraum von dem Holz mit beheizt, das die Jungen selbst tagaus tagein bei jeder Witterung in den Wäldern schlagen und zerkleinern mußten, wenn die Küche ihre Arbeit nicht einstellen sollte. Auf die Notrufe hin erschien in den ersten Tagen des Februar ein Beauftragter des Oberbürgermeisters von Castrop-Rauxel, um an Ort und Stelle ein Bild von der Lage der Oberschulen zu gewinnen. Ihm folgten im Laufe des Februar zwei Vertrauensleute des Gaubeauftragten für die Umquartierten aus Westfalen-Süd, Stettin, und gegen Ende des Monats dieser selbst mit dem stellvertretenden Gauleiter von Westfalen-Süd. In einer Besprechung mit den in Binz stationierten westfälischen Erziehern, an der auch der Leiter der Oberschule für Mädchen teilnahm, der zufällig an diesem Tage von Sellin, dem Standort seiner Schule, herübergekommen war, wurden die unablässigen Bemühungen der Leiter der beiden Castrop-Rauxeler Oberschulen um Rückverlegung schärfstens mißbilligt – dem stellvertretenden Leiter der Oberschule für Jungen wurde »Defätismus« vorgeworfen und »Versagen im Amt«, wenn er auch weiterhin die eigenmächtige Rückkehr von Schülern in die Heimat und die Rückführung durch aus der Heimat herbeigeeilte Angehörige stillschweigend dulden würde –, aber zum Schluß die Verlegung der westfälischen Schulen von Rügen weiter dem Westen zu in Aussicht gestellt. Wenige Wochen vorher erst hatte das grausige Schauspiel nächtlicher Bombardierung und Versenkung deutscher Verwundetentransportschiffe vor Saßnitz die Gemaßregelten die ganze Größe der Gefahr erkennen lassen, in der sie mit ihrer Schule schwebten, und das Ausmaß der Verantwortung, das sie für sie trugen.

Weitertransport nach Rastede
Am 9. März 1945 wurde die Verlegung für die Oberschulen für Jungen Bochum-Langendreer und Castrop-Rauxel – wiederum kurzfristig – angeordnet mit der Einschränkung, daß die Angehörigen der Jungen weiterhin in Binz zu verbleiben hätten. Erst auf den energischen Einspruch des stellvertretenden Anstaltsleiters hin wurden schließlich auch diese in die Rückführung eingeschlossen. Die Vorbereitungen mußten binnen drei Stunden getroffen sein. Mundvorrat für drei Tage sollte mitgenommen werden. Das Ziel

der Fahrt wurde nicht bekanntgegeben. Eine Auffangstelle der HJ auf dem Bahnhof Stralsund, wo ein Sonderzug die Schulen aufnehmen sollte, würde weitere Weisungen erteilen.

Nachmittags gegen 3.00 Uhr verließen die beiden westfälischen Oberschulen Binz mit einem planmäßigen Zug und kamen am nächsten Morgen gegen 9.00 Uhr in Stralsund an. Die Auffangstelle der HJ, die von dem Eintreffen der Oberschulen überhaupt nicht unterrichtet war, ordnete an, daß diese bis auf weiteres in ihren Wagen zu verbleiben hätten. Die Wagen wurden schließlich mit einem Flüchtlingszug verkoppelt, der sich unversehens in Bewegung setzte. Es war noch eben Zeit, von der Oberschule für Mädchen Abschied zu nehmen, die einige Stunden später in Stralsund eingetroffen war und gleichfalls auf den in Aussicht gestellten Sonderzug wartete.

Nach einer zermürbenden Fahrt von fünf Tagen und fünf Nächten, auf der alle Bemühungen fehlgeschlagen waren, an Haltestationen fernmündlich bei den zuständigen Stellen der jeweiligen Gebietsführung das Ziel der Verlegung der Schulen zu erkunden, stiegen auf Anruf in Bremen zwei Vertreterinnen der Abteilung KLV der Gebietsführung Oldenburg in den Zug und veranlaßten die Unterbringung der beiden Schulen in Rastede, dem Ziel des für den Gau Weser-Ems bestimmten Flüchtlingszuges.

Hier wurden die Jungen der beiden Oberschulen in Klassenräumen der Bauschule behelfsmäßig auf Strohlagern untergebracht. Den Angehörigen der Schüler wurden Bürgerquartiere angewiesen, desgleichen den Lehrkräften, die natürlich für die Betreuung der Schüler bei Tag und Nacht abwechselnd zur Verfügung standen. Die Zahl dieser Schüler war seit der Ankunft in Binz von 101 auf 62 gesunken. 21 Erwachsene und 28 Kinder gehörten außerdem noch zu der Schulgemeinschaft.

Unterricht im eigentlichen Sinne war in der einzigen nicht belegten, als Tagesraum benutzten Klasse, in der zunächst auch die Gemeinschaftsverpflegung eingenommen wurde, nicht möglich, zumal sich die beiden Oberschulen noch in den Raum teilen mußten. Statt dessen wurden Spiel- und Gesangstunden angesetzt und Wanderungen in die engere und weitere Umgebung unter Führung eines mit der Heimatkunde vertrauten Volksschullehrers unternommen.

Kriegsende in Wahnbek
Nach längerem Hin und Her zwischen den verschiedensten Instanzen wurde für den 25. März die Verlegung der Oberschule nach der Bauernschaft Wahnbek als offenes KLV-Lager angeordnet, da die Gemeinde Rastede seit langem angekündigte Flüchtlinge aus dem Osten aufzunehmen hatte. Am Frühnachmittag des 25. März rückten Schüler und Lehrer nach eineinhalbstündigem Marsch in Wahnbek ein. Sie wurden in zumeist bäuerlichen Quartieren untergebracht. Der Unterricht wurde alsbald als Nachmittagsunterricht in der örtlichen Volksschule wieder aufgenommen. Die Lehrmittel der Schule wurden von der Schulleitung freundlichst zur Verfügung gestellt und waren wenigstens für einige Fächer und Klassen brauchbar. Für die Beschaffung der erforderlichen Lehrbücher wurde der Schulleiter von dem zuständigen Dezernenten im Ministerium für Kirchen und Schulen in Oldenburg an die Leiter der Oberschulen von Oldenburg verwiesen. So schien es in diesem von den Kriegsläufen noch wenig berührten Flecken noch einmal zu halbwegs geregelter Schularbeit kommen zu sollen.

Diese Erwartungen erwiesen sich jedoch bald als irrig. Die Kriegslage verschärfte sich rasch. Die Alarme häuften sich, Tieffliegerangriffe gefährdeten die Zugangswege zum Schulgebäude, so daß es endlich ratsam schien, den Unterricht ganz auszusetzen und die Jungen zu veranlassen, sich in den bäuerlichen Betrieben ihrer Pflegeeltern nützlich zu machen, die ihrerseits nun auch die Beköstigung der Jungen übernahmen.

Es folgte der Zusammenbruch. Wahnbek wurde von kanadischen Truppen überrannt. Es ging fast unversehrt aus den Kriegsgeschehnissen hervor. In den Wochen nach der Katastrophe wuchs, so günstig gerade damals die äußeren Verhältnisse (Verpflegung!) waren, in den Herzen aller ein leidenschaftliches, fast unbezähmbares Heimverlangen. Fraß doch an jedem Einzelnen die bange Sorge um die Schicksale, die in der Endphase des Krieges seine Angehörigen, Haus und Heim betroffen haben könnten. Fast unerträglich der Gedanke, daß es noch eine Weile dauern würde, bis ihm darüber sichere Kunde würde, und keine Aussicht auf geschlossene Rückführung der Oberschule in absehbarer Zeit! Man kann sich kaum vorstellen, welches Glücksgefühl das Kommen erster Boten aus der Heimat, Angehöriger, die unter unsäglichen Schwierigkeiten zu Fuß oder mit dem Rade zu ihren Kindern gefunden hatten, in der Schulgemeinschaft auslöste. Sie wurden mit Fragen bestürmt, jeder brannte darauf, gerade über das Schicksal der Seinen Auskunft zu erlangen. Wie tief die Enttäuschung, wenn sie ausblieb! Wie hemmungslos der Schmerz, wenn Leidvolles zu berichten war! Wie strahlend aber die Augen, wenn der Bote gute Kunde brachte!

Heimkehr
Am glücklichsten die, die gleich mit ihm den Heimweg antreten konnten, zum Erstaunen der Angehörigen zumeist in bemerkenswert guter äußerer Verfassung. War es doch der Schule kurz vor dem Einmarsch der kanadischen Truppen noch gelungen, aus der

Kasse der KLV-Dienststelle in Oldenburg eine beträchtliche Summe zugewiesen zu bekommen, mit deren Hilfe die am meisten abgerissenen unter den Jungen hatten neu eingekleidet werden können. Aus diesem Fonds konnten nun auch die älteren Schüler bedacht werden, die zu Fuß oder mit dem Rade den Rückweg antreten wollten. Als sich gezeigt hatte, daß dieser überhaupt möglich war, war kein Halten mehr.

Aus diesen Mitteln konnte schließlich auch die geschlossene Rückfahrt der Restoberschule finanziert werden, zu der die Militärregierung endlich ihre Einwilligung gegeben hatte. Sie erfolgte in drei Transporten auf den Lastkraftwagen eines Rasteder Betriebes am 12., 19. und 24. Juli 1945. Sie setzten sich aus insgesamt 69 Personen – 30 Schülern, 30 Angehörigen von Schülern, fünf Lehrkräften mit vier Angehörigen – zusammen.

Damit war die Odyssee der Oberschule während der Kriegszeit beendet, glücklicher beendet als die mancher anderer verlegter Schulen; denn sie war ohne Verluste an Schülern und Angehörigen in die Heimat zurückgekehrt. Mit dem Abschluß eines der düstersten Kapitel in der Geschichte unseres Volkes endete auch eine Epoche in der Entwicklung der Anstalt. Ein neuer Abschnitt begann.

Walter Küper: Die Oberschule für Jungen fern der Heimat in den Jahren 1943–45; aus: Festschrift anläßlich der Wiedereröffnung des Neusprachlichen Gymnasiums Castrop-Rauxel, am 1. Oktober 1949, o. O., o. J. [1949], S. 7–13

Eine Woche von Pommern nach Bochum unterwegs

Als 13jähriger Schüler kam Johannes Krieter im Zuge der Schulevakuierung in Bochum im Sommer 1943 mit der örtlichen Theodor-Körner-Oberschule für Jungen nach Schönlanke im Regierungsbezirk Schneidemühl (Pommern).

Kartoffelsack als Rucksack
Anfang Januar 1945 wurde unsere Schule [in Schönlanke] geräumt, um eventuell als Lazarett zu dienen. Unser Unterricht sollte in einem Saal weitergeführt werden. Aber der Zustrom von Flüchtlingen wurde Mitte Januar [1945] immer größer, und der Unterricht wurde aufgegeben, weil unsere Schule auch evakuiert werden sollte. Vom 22. Januar an mußten wir auf gepackten Koffern sitzen und immer in Bereitschaft sein, damit wir sofort abreisen konnten. Am 24. Januar hatten wir uns mit unseren Koffern mittags in der Adolf-Hitler-Schule einzufinden, weil eine Evakuierung angesagt war. Abends wurden wir aber wieder nach Hause geschickt, weil für uns kein Zug gestellt wurde. Das Hin- und Herschleppen der schweren Koffer hatte mich so genervt, daß ich beschloß, mir einen Rucksack aus einem Kartoffelsack und einer Wäscheleine zu machen, der meinen Koffer ersetzen sollte.

Zehn Kilometer weit gekommen
Am Freitag, dem 26. Januar, war es endlich so weit. Mit dem Kartoffelsack-Rucksack auf dem Rücken und dem Schultornister vor der Brust marschierte ich zum Bahnhof. Auf dem Bahnsteig waren aber nicht nur unsere Schule, sondern weitere tausend Flüchtlinge versammelt. Nachdem ein Personenzug durchgefahren war, kam ein langer Zug mit Güterwagen und hielt an. Es gab ein wildes Gedränge. Unsere Schule geriet durcheinander, denn alles drängte irgendwo hinein, um einen Platz zu finden. Ich hatte gerade neben der Waggontür auf meinem Rucksack Platz genommen, als eine heftige Schießerei einsetzte. Eine russische Panzerspitze hatte Schönlanke erreicht und beschoß den Zug und die Bahnanlagen. Deutsche Truppen erwiderten das Feuer. Die Waggontüren rappelten und es krachte an allen Enden. Laut beteten Menschen, Frauen und Kinder schrien und der Ruf »*Warum fährt der Zug nicht ab?*« schallte über den Bahnsteig. Doch die Bahnbeamten ließen den Zug erst abfahren, nachdem fast alle Flüchtlinge eingestiegen waren. Der Zug fuhr dann langsam in Richtung Stieglitz ab. Nach einer langen Fahrzeit für die zehn Kilometer war unsere Fahrt in Stieglitz zu Ende, weil vor uns in Richtung Berlin ein zerschossener Zug auf den Schienen lag und eine Weiterfahrt blockierte.

Wir waren alle ratlos. Nach stundenlangem Warten und Gesprächen mit den Bahnbeamten wurde unser Zug schließlich wieder nach Schönlanke zurückgeschoben, weil inzwischen die russischen Panzer dort abgeschossen worden waren oder sich zurückgezogen hatten. Die Flüchtlinge verließen [in Schönlanke] alle den Zug, und unsere Schule sammelte sich wieder in der Adolf-Hitler-Schule. Hier sollte der nächste Tag abgewartet werden, um andere Möglichkeiten der Flucht zu besprechen. Hier fanden per Zufall wir sechs Jungen zwischen 14 und 15 Jahren uns zusammen.

Nur Salbe und Tabletten mitgenommen
Wir sechs wollten auf nichts mehr warten und beschlossen, noch in der Nacht bei Schnee und eisiger Kälte den Marsch nach dem 30 km entfernten Deutsch-Krone anzutreten, um von der heranrückenden Front weiter weg zu kommen. Meinen Schultornister

hatte ich im Güterwagen schon liegen gelassen, alle Fotos und die Briefmarkensammlung gingen dadurch verloren. Den Rucksack habe ich dann von dem Bettzeug und einigen anderen Dingen befreit, um ihn leichter zu machen. Nur eine Salbe und Tabletten gegen Angina habe ich für alle Fälle behalten. Trotz der Warnung unseres Studienrats Frenz, wir sollten den nächsten Tag abwarten, zogen wir mitten in der Nacht bei hohem Schnee und Kälte los. Wir verließen Schönlanke schnellen Schrittes und überholten unterwegs Hunderte von Flüchtlingen, die mit vollgepackten Handwagen, Schlitten oder Pferdewagen auf der Flucht waren.

Mittlerweile schnitten mich die Wäscheleine-Tragriemen an meinem Kartoffelsack-Rucksack so sehr, daß ich beschloß, ihn wegzuwerfen. Ich konnte nicht stehenbleiben, um nochmals auszupacken, denn in der Dunkelheit hätte ich dann meine Freunde verloren und nicht wieder erreicht. Ich warf also den Rucksack in den Straßengraben und ging befreit von aller Last weiter.

Wir überholten eine Gruppe Volkssturm-Männer, von denen mir einer ein 6-Pfund-Brot schenkte, weil seine Frau ihm auch zu viel eingepackt hatte. Wir gingen jetzt auf der verschneiten Landstraße in einer Autospur mit Geschützdonner im Rücken. Nach einem Marsch von über 20 Kilometern und einer Pause in Niekosken stießen wir gegen Mittag am 27. Januar vor Deutsch-Krone auf eine Wehrmachtskolonne, die von der Front kam und in einer Schneewehe steckengeblieben war. Wir halfen beim Freischaufeln mit und durften dann auf einem offenen Anhänger in Richtung Tempelburg mitfahren. Es kamen noch einige Frauen mit Kindern dazu, die sich mit etwas Stroh um die Beine gegen die Kälte schützten.

Bei Einbruch der Dunkelheit erreichten wir ein kleines Dorf in Mecklenburg, wo übernachtet wurde. Die Frauen und Kinder mußten sich eine Bleibe im Dorf anweisen lassen. Wir durften mit den Soldaten in einer Schule übernachten. Im Zimmer brannte ein Kanonenofen, und der Boden war mit Stroh ausgelegt. Zum Essen gab es das geschenkte Brot mit Corned beef; die Dose hatten wir an der Landstraße in geplünderten Paketen noch gefunden. Nach einem guten Schlaf ging die Fahrt am Sonntagmorgen weiter, und wir erreichten nach wenigen Stunden Tempelburg, wo wir uns mit großem Dank von den Soldaten verabschiedeten.

Notdurftverrichtung, Durst und Müdigkeit
Bei einem Bäcker kauften wir uns noch ein Brot, gingen dann zum Bahnhof und fuhren mit einem überfüllten D-Zug-Gepäckwagen nach Stargard. Es gab keine Toilette, und bei der langen Fahrt – man durfte ja keinen Augenblick den Zug verlassen – verrichteten vor allem die Kinder und auch Erwachsene ihre Notdurft im Beisein der anderen in Eimer oder Schüsseln, die dann durch die Waggonfenster ›entsorgt‹ wurden. Nach oft langem Stehenbleiben auf offener Strecke erreichte der Zug am Montag, dem 29. Januar, morgens Stargard.

Wir mußten den Zug verlassen und gingen zur NSV-[NS-Volkswohlfahrt]Baracke. Geschirr gab es nicht. Wir nahmen alle sechs abwechselnd eine herumstehende Blechdose, um uns »Drahtverhau-Suppe« (Dörrgemüse) zu holen und auszuschlürfen. Danach warteten wir auf einem überfüllten Bahnhof auf einen Zug nach Stettin. Den einfahrenden Zug ließen wir – am Ende des Bahnsteigs stehend – an uns vorüberfahren, sprangen dann in die Gleise und stiegen von der anderen Seite ein. Wir erhielten so ohne viel Gedränge alle Platz, den wir aber später an die Erwachsenen wieder verloren. Das Schlimmste auf der Fahrt war immer der Durst. Wegen der Kälte gab es nirgends auf den Bahnhöfen Wasser, und man durfte sich keinesfalls vom Zug entfernen. So lutschten wir Schnee oder abgebrochene Eiszapfen, um unseren Durst zu stillen. Auf der Fahrt nach Stettin sind wir mehrfach im Stehen eingeschlafen. Ich verlor dabei meine Skimütze, die dann jemand an sich nahm, denn trotz eifrigen Suchens blieb sie verschwunden. Mit einem Schal, erst um den Kopf und dann um den Hals, ging die Reise in der Kälte weiter. Am 30. Januar, Dienstagabend, erreichten wir Stettin. Wir drei Jüngeren waren in der Wartehalle, während die anderen sich nach der Weiterfahrtmöglichkeit und den Abfahrtszeiten erkundigten. Plötzlich trat ein Bahnpolizist in Zivil an unseren Tisch und wollte wissen, wo wir herkämen und wo wir hinwollten. Die drei anderen kamen in der Zwischenzeit auch zurück, und wir konnten uns alle ausweisen und unsere Flucht erklären, so daß wir den Verdacht, eventuell Fahnenflüchtige zu sein, entkräften konnten.

Von einem Hitlerjungen bei der Bahnhofs-Partei- und NSV-Stelle wurden wir dann durch das zerstörte Stettin in ein nahes Schulgebäude gebracht. Hier wurden wir von NSV-Frauen betreut. Wir bekamen Erbsenmehlsuppe und ein Butterbrot, und unsere vom Frost geschädigte Zehen wurden mit Salbe behandelt. Meine nassen Socken hatte ich gewechselt und lief schon seit drei Tagen mit Stroh in den Schuhen herum. In einem Klassenzimmer waren Matratzen ausgelegt, auf denen wir schlafen konnten [...]

Im Gepäckwagen nach Hamburg
Am nächsten Morgen, Mittwoch, den 31. Januar, bekamen wir die Anweisung, nach Stralsund zu fahren, um uns bei der dortigen HJ-Dienststelle zu melden. Sie sollte entscheiden, ob wir nach Hause konnten oder in ein Sammellager nach Rügen mußten. Erst woll-

ten wir über Berlin nach Hause. Aber nach einigem Überlegen war uns Berlin doch zu gefährlich, und wir fuhren nach Stralsund. Wir hatten wieder Glück. Während wir Jüngeren in Stralsund etwas zum Essen einkaufen sollten, gingen die anderen drei zur HJ-Dienststelle, auf der zufällig ein Bochumer HJ-Führer Dienst hatte. Man stellte uns dort die Reisegenehmigung und die Fahrkarten aus. Das Ruhrgebiet war damals nämlich Gefahrenzone I, und eine Einreise war nur in Sonderfällen möglich.

Als wir auf dem Bahnhof Stralsund ankamen, stand dort ein Zug nach Hamburg. Der war aber schon mit Flüchtlingen überfüllt, und wir bekamen keinen Platz mehr. Wir gingen resigniert am Zug entlang bis zum Gepäckwagen hinter der Lokomotive. Hier stand ein Seemann mit einem Seesack, der uns das Angebot machte, mit ihm im Gepäckwagen zu fahren. Beim Anfahren des Zuges rissen wir dann die Tür des Gepäckwagens auf und sprangen in den fahrenden Waggon, um auf Postsäcken sitzend in Richtung Hamburg zu reisen. Nach einer langen Fahrt mit Umsteigen in Wismar, wo wir den Gepäckwagen verließen, kamen wir am Donnerstag, dem 1. Februar 1945, morgens in Hamburg an.

Der Zug nach Essen fuhr erst am Abend um 22.00 Uhr von Altona ab, und wir hatten daher noch viele Stunden Zeit. Wir spazierten die Mönkebeckstraße hinunter zum Rathaus, fuhren mit der S-Bahn zum Elbtunnel, unterquerten die Elbe und sahen uns den zerstörten Hafen an. Am Nachmittag ging es nach Altona, weil uns die Möglichkeit, am Einsatzbahnhof einen Platz zu bekommen, größer erschien. In Altona besuchten wir noch ein Kino, wo wir uns den Film ›Der Fuchs von Glaneco‹ ansahen. Später mußten wir noch wegen eines Fliegeralarms einen Bunker aufsuchen. Am Abend bekamen wir im Wartesaal des Bahnhofs Altona von der NSV-Betreuung Butterbrote und Vitamin-C-Tabletten, und, weil wir wahrscheinlich schon so erwachsen aussahen, erhielt jeder noch eine Zigarette. Junge, wie haben wir uns da gefühlt!

Mit de D-Zug ging es dann in der Nacht über Bremen und Münster bei ständiger Angst wegen der Tiefflieger nach Essen. Von hier aus fuhren wir zum Bahnhof Bochum-Dahlhausen und gingen dann in Richtung Linden, wo man sich nacheinander verabschiedete, weil man zu Hause angekommen war. Beim ›Run‹ auf die Straßenbahn nach Bochum-Weitmar habe ich mir noch bei einem Drahtzaun den Mantel aufgerissen. Ich kam am Freitag, dem 2. Februar 1945, mittags nach einer Woche Flucht zerrissen, mit leeren Händen und erschöpft, aber glücklich zu Hause an.

Bericht von Johannes Krieter, Bochum, vom 3. November 1999

Von Pflegemutter im Stich gelassen

Hans Joachim Kreppke (Jg. 1931) kam als Schüler der Bismarck-Oberschule für Jungen in Bochum im Zuge der Schulevakuierung 1943 nach Friedeberg in der Neumark (Pommern).

Froh, aus dem Bombenhagel herauszukommen

Am 8. Juli 1943 [die Abfahrt erfolgte tatsächlich bereits am 7. Juli 1943] ging die Reise vom Bahnhof Bochum-Nord los. Leider habe ich an die Reise selbst keine Erinnerung mehr. Ich und mein Bruder Herbert fuhren aber gern und waren voller Erwartung. Ein bißchen Abenteuerlust war schon im Spiel, aber auch Erleichterung, endlich aus dem Gebiet des Bombenhagels herauszukommen. Ausgebombt waren wir schon seit einigen Monaten, lebten in einer einfachen Unterkunft mehr schlecht als recht. Immerhin war der Hochbunker an der Wiemelhauserstraße (jetzt Universitätsstraße) jetzt endlich fertiggestellt und bot uns bei den Fliegeralarmen und Angriffen besseren Schutz als der Luftschutzkeller des Wohnhauses. Aber wenn die Sirene ertönte, blieb doch die Angst und ich lief, wie alle anderen auch, mit dem nötigsten Handgepäck in den Bunker. Es verging keine Nacht, in der wir nicht aus dem Bett, d. h. in unserem Falle von dem primitiven Lager auf dem Boden hoch mußten, in mancher Nacht zweimal, ja dreimal [...]

Pellkartoffeln mit Quark

In Friedeberg war ich bei einer Beamtenwitwe untergebracht, die ihre Wohnung bis dahin ganz für sich gehabt hatte. Ein wirklich herzliches Verhältnis hat sich in den anderthalb Jahren, die ich dort war, nicht entwickelt. Ich bewohnte das Herrenzimmer. Ein großer grüner Kachelofen schmückte und heizte den Raum. Das kannte ich von Bochum nicht, und daß das Heizmaterial knapp war, das kannte ich auch nicht. Acht Braunkohle-Briketts gab es pro Tag, und das war knapp bemessen. Die Fenster hatten allerdings doppelte Rahmen, dies war ebenfalls neu für mich. Und in Berlin gäbe es auch diese doppelten Fenster. Zierde und Blickfang des Zimmers war freilich der prächtige Schreibtisch des verstorbenen Hausherrn. Der verschnörkelte Aufsatz wurde von einem 13bändigen Brockhaus-Lexikon gekrönt.

Zum Empfang des Gastkindes war eine pommersche Spezialität vorbereitet: Pellkartoffeln mit Quark. Vielleicht hatten die Strapazen der Bahnfahrt meinen Appetit vertrieben, die neue Umgebung meine Kehle geschnürt: Die erste Mahlzeit in Friedeberg war eine Tortur. Und wie in Thüringen würde es nicht sein, das wußte ich gleich. Fragen, wie es denn schmecke, bedrängten mich, und die Stoffservietten, die möchten doch bitte eine Woche lang halten. Ich flüchtete mehr in mein Zimmer, als ich ging.

Schichtunterricht

Das vielleicht prächtigste Gebäude Friedebergs war (und ist) ohne Zweifel das Gymnasium an der ehemaligen Horst-Wessel-Straße, an der ich auch wohnte. Wir teilten uns mit den Friedebergern die Schule und hatten abwechselnd morgens und nachmittags Unterricht. Ich erinnere mich, daß es hin und wieder Schulappelle gab, auf denen die tatsächlichen und vermeintlichen Missetaten »der Bochumer« zur Sprache kamen, vom Schulleiter Lorenz (Opa Lollo) teils ernsthaft, teils mit mildem Spott vorgetragen.

Wenn irgend etwas Negatives im Ort passiert war, waren sehr häufig »die Bochumer« an allem schuldig. Es läßt sich heute nicht mehr abschätzen, was daran Wahrheit und was Agitation war. Bei manchen Friedebergern waren wir wohl wirklich nicht besonders gelitten. Ungerufene Eindringlinge, die wir nun einmal waren, verbreiteten wir wohl tatsächlich auch eine gewisse Arroganz, die aus unserer großstädtischen Herkunft abzuleiten war und aus unserer deutlichen Überlegenheit in allen Dingen. Ja, war denn die wissenschaftliche These vom »Kulturabfall nach Osten hin« nicht längst bewiesen und mit Händen zu greifen?

Alles war nicht ganz so ernst gemeint, aber ein bißchen doch. Und taten die Friedeberger nicht alles, um uns zu kränken? Allein die Aussprache des Wortes Bochum (mit einem kurzen offenen ›o‹ wie: Bock) war stets eine harte Prüfung und ist es noch heute, wiewohl selten geworden.

Freizeitvergnügen und Elternbesuch

Im Sommer Baden im Obersee, im Winter, in dem langen harten Winter, Schlittschuhlaufen auf den zahlreichen zugefrorenen Seen Friedebergs und Umgebung, dies alles gefiel uns. Und was nicht zu vergessen war, daß es die unseligen Luftangriffe nicht gab, das war ein Segen. Natürlich erfuhren wir, wie schlimm es in der Heimat war. Schwerer Luftangriffe auf Bochum, und die Post war stets so lange unterwegs. »Lieber Jochen, es geht uns gut« schrieben die Eltern dann, wie hatte man auf diesen Brief gewartet.

Zweimal besuchten uns die Eltern in Friedeberg. Erschreckt entgegnete die Pflegemutter, als sie davon erfuhr, bei ihr könnten die Eltern nicht wohnen. Das hatte auch niemand verlangt, aber die große Wohnung hätte es wohl hergegeben. Beim ersten Mal waren sie mit geschwollenen Füßen in Friedeberg-Ostbahnhof aus dem Bremserhäuschen geklettert, in dem sie von Berlin an gehockt hatten. Glücklich, bei den Kindern zu sein. Sie wohnten im Hotel ›Matern‹ in Friedeberg und blieben ein paar Tage. Gegenüber dem Hotel betrieb Frau Imm ein Milchgeschäft. Bei ihrem zweiten Besuch wohnten meine Eltern dann bei Frau Imm.

Ernteeinsatz und Sommerlager 1944 auf Usedom

Im Herbst des Jahres 1943 fuhren wir in den Ferien zum Kartoffeleinsatz auf die großen Güter der Umgebung. Tagsüber arbeiteten wir auf den weitab vom Gutshaus liegenden Feldern, zu denen uns eine Feldbahn brachte. Jeder bekam zwei Reihen schon maschinell ausgemachter Kartoffeln zugewiesen, die wir in eine Kiepe zu lesen hatten. War die Kiepe voll, brachte ein russischer Gefangener die schwere Last zum Wagen und brachte uns eine Marke zurück. Wieviel Geld wir für jede Kiepe bekamen, weiß ich leider nicht mehr. Mittags brachte die Feldbahn einen großen Kessel Eintopf für uns Schüler, für die Lehrer, die uns beaufsichtigten, für die übrigen Landarbeiter und für die Russen. Letztere saßen ein bißchen abseits. Wir hatten ein gutes Verhältnis zu ihnen. Abends schliefen wir in Gemeinschaftsquartieren. Morgens gab es Schmalzbrot mit Marmelade. Das war neu.

In den Sommerferien 1944 fuhren wir nach Ahlbeck auf Usedom. Andere Schulen waren in Heringsdorf oder Bansin untergebracht. Die meisten waren zum ersten Mal am Meer. Wir [Klasse 3a/b, Studienrat Rodde und Studienrat Dr. Hillmann] wohnten im KLV-Jungenlager ›Schloß Hohenzollern‹, einer vereinnahmten Pension an der Luisenstraße. Die weitgehend entmachtete Pensionsinhaberin wohnte natürlich auch im Hause, und ihre (verständliche) Hysterie ist mir noch gut im Gedächtnis, als einer unserer Schüler als »Bettnässer« enttarnt wurde.

Schleiferei in den Dünen

Leider bekamen wir mit Pitt Heiber einen Lagermannschaftsführer, der vor Ehrgeiz brannte und der aus unserem Lager binnen kurzem ein Vorzeigeobjekt, ein sogenanntes »Musterlager« machen wollte. Und es auch beinahe schaffte. Doch dann geschah das Undenkbare: In Pitt Heibers Musterlager war auf einem Zimmer geraucht worden, und der Übeltäter hatte sich nicht gemeldet. Und er wurde auch nicht denunziert. In den Sanddünen von Ahlbeck begann eine wüste Schleiferei, die tagelang anhielt. Gelangweilt und tief gekränkt beobachtete Pitt Heiber das Geschehen, mußte aber schließlich das Unternehmen abbrechen. Erreicht hatte er nichts, aber Widerstand hatte sich formiert. Für die nächsten drei Wochen wurde den Bewohnern des Lagers täglich »Freizeit auf den Stuben« verordnet. Ein Hohn für Ferien an der See. Und kein Lehrer war da, der sich eingemischt hätte und diesen groben Unfug beendet hätte. Ich hatte die Vorgänge nach Hause geschrieben, und mein Vater kam sofort nach Ahlbeck, um mich und einen weiteren Schüler aus unserer Bochumer Nachbarschaft für den Rest der Ferien nach Bochum zu holen. Er erreichte dies auch ohne größere Schwierigkeiten. Mein Bruder war auch noch mit nach Ahlbeck gekommen, aber schon nach kurzer Zeit wurde er zum Reichs-Arbeitsdienst (RAD) nach Binz auf Rügen einberufen.

Einige Wochen zu Hause

Ich war natürlich froh, mal wieder in Bochum zu sein, aber gleich geriet ich wieder in einen schweren Luftangriff. Die Zerstörungen in der Stadt hatten beträchtlich zugenommen, mein geliebtes Theater hatte für den Rest des Krieges geschlossen. Der stärkste Luftangriff auf Bochum (4. November 1944) stand aber noch bevor.

Von meinem Urlaub in Bochum fuhr ich dann noch einmal nach Ahlbeck zurück. Das Lager ›Schloß Hohenzollern‹ hatte inzwischen einen neuen Lagermannschaftsführer, Jürgen Stratmann. Er fuhr einen deutlich humaneren Kurs und erreichte dadurch viel mehr. Pitt Heiber hatte sich zur Waffen-SS gemeldet und soll gefallen sein.

1943 war Friedeberg auch Schauplatz eines Films. Das war für die Kleinstadt ein großes Ereignis und war wochenlang Gesprächsstoff. Viele Friedeberger waren als Komparsen mit dabei. Leider habe ich den Film, der damals natürlich auch im örtlichen Kino lief, seitdem nicht wieder gesehen. Er hieß ›Das war mein Leben‹ mit Carl Raddatz und Leni Marenbach. Später, im Jahre 1944, als wir gerade in Ahlbeck waren, wurde noch ein weiterer Film gedreht, dessen Titel mir entfallen ist. Gunnar Möller, damals noch ein Junge, spielte mit.

Flucht

1945, im Januar, spitzte sich die Kriegslage im Osten zu. Und nicht nur im Osten. Am 28. Januar hörten wir das Grollen der Front. Große Besorgnis war schon seit Tagen und Wochen unter den Schülern, Lehrern, Eltern und natürlich auch den Einheimischen ausgebrochen. In einer Versammlung in der Aula des Friedeberger Gymnasiums mahnten Eltern den raschen Aufbruch an. Doch Oberstudienrat Lorenz versuchte, die Anwesenden zu beruhigen, wiegelte ab und meinte, es sei noch genügend Zeit und er habe noch »keine Stecknadel gepackt«. Einige Lehrer machten sich mit ihren Schülern aus eigener Verantwortung auf den Weg nach Westen, Mütter machten sich mit ihren Kindern auf eigene Faust auf, Friedeberger verließen die Stadt, teilweise mit ihren Pflegekindern. Das Zögern des Schulleiters ist unbegreiflich und unentschuldbar. Oberstudienrat Lorenz kam nicht mehr rechtzeitig aus Friedeberg heraus und ist später – am 9. März 1945 – auf tragische Weise ums Leben gekommen.

Auf das Heulen der Sirenen hin, so war verfügt worden, sollte Friedeberg geräumt werden. Aber die Flucht der Menschen war schon in vollem Gange. Wer die Möglichkeit dazu hatte, packte seine wichtigste Habe auf Pferdewagen, Kutschwagen, Handwagen, auch auf die wenigen Autos, die es noch in der Stadt gab. Meine Pflegemutter gab mir ihre Absicht bekannt, Friedeberg mit einer befreundeten Familie per Auto zu verlassen. Jetzt müsse jeder an sich selbst denken, die Schule habe sicher auch ihre Vorkehrungen getroffen. Dann überließ sie mir die Wohnung. Ich schlief in der Wohnung nebenan, wo mein Freund Willi ebenfalls von seinen Pflegeeltern allein zurückgelassen wurde. Die gepackten Koffer standen neben den Betten. Um 2.00 Uhr nachts, es war der 29. Januar, wurden wir von den Sirenen geweckt. [Das Sirenengeheul war das vereinbarte Zeichen zur Räumung der Stadt.] Wir hasteten zum Bahnhof, wo die Kleinbahn tatsächlich stand, aber schon völlig überfüllt war. Wahrscheinlich hatten sich die Menschen schon geraume Zeit vorher in den Zug begeben, um die Abfahrt nicht zu verpassen. Wir preßten uns in den Zug, ermuntert von der Schulsekretärin Frl. Wittmann. Nach 20 Minuten etwa setzte sich der Zug in Bewegung. Sehr langsam rollten die überladenen Wagen die sechs Kilometer in Richtung Ostbahnhof. Und dort wurden wir nach einigem Rangieren an einen anderen Zug angehängt, der in Richtung Küstrin fuhr. Mit jedem zurückgelegten Kilometer wuchs in uns die Gewißheit, daß wir in Sicherheit waren. In Küstrin stiegen wir in einen Güterzug um, der uns nach Berlin bringen sollte. Im Zug trafen wir auf eine Gruppe von Bismarck-Schülern, die sich schon vor Tagen mit ihrem Lehrer auf den Weg gemacht hatten, aber nur schlecht vorangekommen waren.

Stullen in Berlin

Müde, aber froh, das Schlimmste geschafft zu haben, erreichten wir am Nachmittag Berlin. Am Bahnhof standen Frauen hinter Bergen von Brot und schmierten Stullen für uns und die vielen tausend Flüchtenden. Das war alles hervorragend organisiert und umgab uns mit Wärme und Sicherheit. Wir erfuhren, daß noch am Abend ein Zug nach Westen gehen sollte, und tatsächlich rollte er fast pünktlich in die Bahnhofshalle. Das klappte alles besser, als wir zu hoffen gewagt hatten. Erst später erfuhren wir, wie es anderen ergangen war.

Einige Male war ich den letzten anderthalb Jahren zwischen dem Ruhrgebiet und Berlin hin und her gefahren, und niemals hatte ich einen ordentlichen Sitzplatz gehabt. So hockte ich auch diesmal wieder auf meinem Gepäck im Gang des Zuges. Die Enge war wohl noch größer als sonst. Aber der Zug rollte und rollte und würde uns nach Hause bringen. Unterwegs, ich glaube es war in Bielefeld, verabschiedete sich Studienrat Dr. Hillmann von uns; er hatte hier irgendwo Verwandte.

Am Morgen des 30. Januar 1945 trafen wir in Bochum ein, schleppten unsere Koffer und Kartons durch die Trümmerwüste des Ehrenfelds.

Überglücklich wir, und überglücklich die Eltern. Aber auch Bestürzung bei manchen Eltern, deren Kinder nicht dabei waren. Manche sollten erst Tage, Wochen oder auch Monate später zu Hause eintreffen.

Auspacken. Was konntest du mitnehmen? Schwer sind die Koffer. Hast du die Bettwäsche dabei? Da war keine Bettwäsche. Reclamhefte, die waren dabei…

Bericht von Hans Joachim Kreppke, Bochum, vom 5. Januar 1997

Unterricht nur nachmittags

Viele Mütter und jüngere Geschwister fuhren mit

Nach der vollständigen Zerstörung der Freiherr-vom-Stein-Schule und fast aller anderen Bochumer Schulen wurden alle Schulen der Stadt im Juli 1943 evakuiert. Die Freiherr-vom-Stein-Schule wurde mit mehr als 300 Schülerinnen, zu denen sich viele Mütter mit jüngeren Geschwistern gesellt hatten, nach Belgard in Pommern verlegt.

Die Schülerinnen wurden alle in Familien untergebracht, sofern sie nicht mit ihren Müttern eine eigene Wohnung bei Belgarder Familien fanden.

Der größte Teil des Kollegiums ging mit nach Pommern, einige blieben in Westfalen oder waren zum Flakdienst in der Heimat eingesetzt. Zum Unterricht standen die Räume der Belgarder Mädchen-Oberschule und die des städtischen Gymnasiums im Nachmittagsunterricht zur Verfügung. Der unermüdlichen Fürsorge des Leiters der Anstalt, des verstorbenen Oberstudiendirektors Dr. Lotz, war es zu verdanken, daß nach vielen Mühen und Umlegungen alle Schülerinnen würdig und gesund untergebracht waren. Das Rathaus stellte uns für den Teil der mitgenommenen Lehrer- und Schülerbibliothek einen Raum zur Verfügung, so daß Lernstoff genügend vorhanden war.

Nur wenige Lehrmittel im Sommerlager 1944

Mitten in die Arbeitszeit fiel vom Juli bis September 1944 unsere erneute Umlegung. Auf Wunsch der Gauleitung wurden alle westfälischen Oberschulen und Mittelschulen trotz des Widerspruches der gesamten Lehrerschaft nach Heringsdorf, Ahlbeck oder Bansin an der Ostsee verlegt. Wir bezogen in Hotels und Pensionen neue Quartiere in Form von Lagern mit Lagerführern aus dem Kreise des BDM und einer Lehrkraft pro Lager. Fast alle Lehrkräfte wohnten mit in den Lagern und hatten sich der Lagerordnung auch in Bezug auf ihre Freizeit und Ferien zu fügen. Der Unterricht fand zum Teil in den Eßräumen, zum Teil auf den Balkonen oder Schlafzimmern, zum Teil im Freien am Strand statt. An Lehrmitteln konnte trotz des gut organisierten Transportes in tadellosen Wagen im Juli 1944 nur wenig mitgenommen werden.

Letztes schönes Weihnachtsfest

Die Schule kehrte Ende September 1944 nach Belgard zurück. Noch kurze Zeit konnte ein regelmäßiger Unterricht gegeben werden, ein letztes schönes Weihnachtsfest in den Räumen des Landratsamtes mit allen Angehörigen der Schulgemeinschaft und den Pflegeeltern der Schülerinnen gefeiert werden, dann setzte der Flüchtlingsstrom aus Ostpreußen ein. Alle Schulräume wurden für Kranke und Durchziehende beschlagnahmt. Wir unterrichteten, besonders die Examensklassen, in einzelnen Räumen von Belgarder Familien, in Gaststätten, im Rathaus, und wo immer sich ein leerer Raum fand. Unsere Schülerinnen der Oberstufe taten regelmäßig mit Mitgliedern des Kollegiums bei Tag und Nacht Bahnhofsdienst, sie halfen beim Umsteigen, schleppten heiße Suppen aus Nachbarhäusern auf den Bahnsteig, brachten erschöpfte Menschen in Übernachtungsstätten, bis wir dann selbst am 2. März 1945 mit den noch in Belgard verbliebenen Schülerinnen – manche waren heimlich mit ihren Müttern abgerückt oder von Vätern geholt worden – trotz des Widerspruches der örtlichen Befehlsstellen der Partei und der HJ, unter der Führung des Direktors, der trotz aller Widerstände den letzten Augenblick zum Abzug erzwang, die Flucht ergriffen.

Zwei Tage und Nächte im eiskalten Zug gewartet

Wir waren noch über 200 Schülerinnen, Kollegen und Mütter der Kinder. Von 9.00 Uhr bis 16.00 Uhr am 2. März 1945 warteten wir auf dem Bahnhof in eisiger Kälte auf einen Flüchtlingszug, der, von Nasow kommend und schon sehr besetzt, uns endlich gegen 17.00 Uhr aufnahm. Wir hatten als Ziel Stettin angewiesen bekommen, wo wir in einem KLV-Lager untergebracht werden sollten. Nach einer Stunde Bahnfahrt stand der Zug vor Schivelbein still. Panzerspitzen hatten sich vorgeschoben. Nach langem Warten fuhren wir nach Belgard zurück, wo der Zug am 3. März abends wieder ankam. Nun sollte versucht werden, über Kolberg an der Küste entlang nach Stettin zu gelangen. Kurz vor der Einfahrt in den Bahnhof in Kolberg stand der Zug wieder still. Wieder verwehrten russische Panzer, die erst bekämpft werden sollten, die Weiterfahrt. Wir fuhren in eine geschützte Mulde zurück und blieben zwei Tage und Nächte (4. und 5. März 1945) wartend im eiskalten Zuge sitzen. Als keine Einfahrt mehr möglich war, verließen wir alle gegen 3.00 Uhr morgens am 6. März den Zug und schlichen uns unter Zurücklassung allen Gepäcks mit Ausnahme des auf dem Rücken Getragenen in den Hafen von Kolberg, um nun zu versuchen, über die Ostsee die Heimat zu erreichen. Kolberg war schon eine aufgegebene, verlassene Stadt. Unter Aufbietung seiner ganzen Kraft – der Leiter war schwer herzleidend – gelang es dem Direktor, für uns ein Reservelazarett am Strand und eine Schule ausfindig zu machen, wo die Schülerinnen die Nacht verbringen konnten. Alle Bemühungen des Direktors, uns gemeinsam auf ein großes Schiff zu bringen, scheiterten. Da entschloß er sich am 7. März im Angesicht der drohenden Gefahr, von den Russen eingeschlossen zu werden, die Schulgemeinschaft in Klassengemeinschaften aufzulösen. Die Mütter nahmen ihre Kinder zu sich, die Klassenleiter sorgten für ihre Klasse, und jede Einheit mußte sehen, auf irgendeinem Schiff aus Kolberg herauszukommen.

In mehreren Gruppen auf den Heimweg gemacht
Eine Gruppe machte sich zu Fuß auf den Weg der Küste entlang und fand einen Fliegerhorst, der sie aufnahm und nach Greifswald herausflog, von wo aus alle in Etappen die Heimat erreichten. Es bleibe nicht unerwähnt, daß dabei Flugzeuge mit Frauen und Kindern vor den Augen unserer Schülerinnen ins Meer stürzten. Eine andere Gruppe fuhr auf einem Minensuchboot auf die offene See heraus, um dort in einen großen lettischen Frachter, der Kohlen holen sollte, bei bewegter See umgeladen zu werden und nach zwei Tagen ohne jede Verpflegung Swinemünde unter großen Gefahren zu erreichen. Russische Granaten schlugen noch in der Nähe Kolbergs zu beiden Seiten des Schiffes ein. Die Schülerinnen, die in Kolberg noch nicht eingeschifft waren, mußten schleunigst das Hafengelände verlassen und in den erwähnten Unterkünften weiter warten. Eine dritte Gruppe kam mit 19 Schülerinnen auf einer Kampffähre, die Verwundete transportierte, am 8. März 1945 in Swinemünde an, wo auch andere Gruppen sich nach unvorstellbar schwerer Fahrt einfanden. Am 12. März fand ein großer Angriff auf den Hafen von Swinemünde statt. Wie durch ein Wunder blieben alle Schülerinnen verschont.

Von Swinemünde aus fuhren die Gruppen getrennt weiter.

Die eine erreichte über Wogaster Fähre am Ostufer der Peene Greifswald, von wo aus viele Schülerinnen zu Verwandten in die Heide oder ins Sauerland fuhren. Eine andere Gruppe fuhr mit einem Kriegsschiff am 14. März 1945 weiter nach Ückermünde und weiter nach Greifswald–Hannover–Bückeburg–Paderborn, wo sie am 20. März ankam und von wo aus sich die Schülerinnen zu Verwandten begaben, da das Industriegebiet ja abgeriegelt war.

Eine dritte Gruppe, die auch mit einem Minensuchboot bis Swinemünde gekommen war, wurde von Autobussen der westfälischen SA, die Evakuierte holen sollten, mitgenommen und gelangte dann von Neubrandenburg aus mit dem Zug über Hamburg, Bremen, Münster, Hamm nach vielen Aufenthalten am 19. März nach Iserlohn, von wo aus ein kleiner Rest der Schülerinnen und einige Mütter mit ihren Kindern in einem Gemeinschaftsheim einer Fabrik unterkamen, bis nach der Kapitulation die Rückkehr nach Bochum möglich war.

Trotz aller Gefahren sind alle Schülerinnen in die Heimat zurückgekehrt.

Luise Kemna: Bericht über die Evakuierung der Freiherr-vom-Stein-Schule vom Juli 1943 bis 2. März 1945 nach Belgard in Pommern; in: 100 Jahre Freiherr-vom-Stein-Schule. Festschrift der Freiherr-vom-Stein-Schule zur Hundertjahrfeier 1865–1965, o. O. (1965), S. 39–41

Hälfte der Schüler wurde von ihren Müttern begleitet

Zwei Drittel der Schüler nahmen teil
Nachdem am 13. Juni 1943 das Gymnasialgebäude an der Bismarckstraße größtenteils ausgebrannt war, wurde das Staatliche Gymnasium – wie alle Bochumer Schulen – nach Pommern evakuiert. Am 1. Juli wurden die Umzuquartierenden – Schüler, Lehrkörper und deren Angehörige, soweit sie sich dazu gemeldet hatten – mit einem Sonderzug an ihren neuen Schulort Köslin befördert. Von den Schülern nahmen etwa zwei Drittel an der Verlegung teil, davon rund die Hälfte mit ihren Müttern und sonstigen Angehörigen.

Vom Kollegium gingen mit: Herr Oberstudiendirektor Schilling sowie die Herren Kehl, Meyer, Steinmann, Stolte, Klostermann, Braun, Haarmann, Dr. Klüsener, Gamm. Im Zusammenhang mit der Umquartierung traten auf ihren Antrag in den Ruhestand die Herren Dr. Henke, Dr. Sagel, Dr. Volkenborn und einige Monate später auch Herr Stolte. In Bochum blieben zurück für den Unterricht bei den Luftwaffenhelfern: Herr Oberstudienrat Dr. Hagemann, Herr Bengestrate und Herr Witting. Herr Dr. Esser tat als Chemiker Dienst im Sicherheits- und Hilfsdienst in Bochum. Im Felde waren die Herren Harms, Mohr und Dr. Lange. Am 1. Februar 1944 kehrte Herr Meyer nah Bochum zurück, für ihn ging Herr Witting nach Köslin, am 1. Oktober 1944 wurde er aber auf einen Antrag hin wieder zum Unterricht bei den Luftwaffenhelfern abgeordnet.

Die Unterbringung der Bochumer in Köslin (außer dem Gymnasium zwei Volksschulen und ab Mitte Juli 1943 auch die Staatliche Hildegardisschule) [die Staatliche Hildegardis-Oberschule für Mädchen in Bochum wurde am 8. Juli 1943 nach Köslin evakuiert] vollzog sich nach anfänglichen Schwierigkeiten einigermaßen befriedigend. Durchweg waren die einzelnen Jungen gut untergebracht, dagegen die Mütter mit Kindern, die einen eigenen Haushalt führten, wesentlich unzulänglicher.

Dem Gymnasium wurden für den Unterricht Räume in der Kösliner Oberschule für Jungen zugewiesen. In den ersten Monaten mußte der gesamte Unterricht an den Nachmittagen erteilt werden, erst auf beharrliches Drängen und behördliche Anweisung machte dle Kösllner Oberschule Räume frei, so daß zunächst klassenweise morgens und ab 1. Februar 1944 ausschließlich vormittags unterrichtet werden konnte.

Die Belastung durch diese schwierigen Verhältnisse im Zusammenhang mit den vorangegangenen Aufregungen durch die Luftangriffe und den Brand des Gymnasialgebäudes war wohl mit ein Grund für die Erkrankung von Herrn Oberstudiendirektor Schilling, der seit Ende Dezember 1943 eines schweren Herzleidens wegen seinen Dienst nicht mehr wahrnehmen konnte. Mit der stellvertretenden Leitung des Gymnasiums beauftragte er Herrn Dr. Klüsener, der sie bis zum Schluß des Aufenthaltes in Pommern behielt (1. März 1945).

Als etwa im Februar 1944 der Abschnitt des Einlebens für alle Umquartierten schulisch und privat abgeschlossen war, wurde neue Unruhe – ganz unnötigerweise – an sie herangebracht. Der Plan eines sogenannten Sommerlagers tauchte auf, mit erneuter Verschickung, diesmal an die See. Urheber dieses Gedankens sind wohl die mit der KLV (Kinder-Land-Verschickung) beauftragten Stellen der Hitler-Jugend gewesen, die offenbar von der Aussicht gelockt wurden, die Schulen in den geschlossenen Lagern nach ihren bisherigen Eindrücken von den westfälischen Gästen mit ihrer noch nicht ganz ent-demokratisierten Haltung durchaus für erforderlich hielten.

Auch Gymnasium mußte in KLV-Lager auf Usedom
Das Gymnasium hatte alles versucht, um der abermaligen Verschickung zu entgehen. Vorübergehend schien die Berufung auf einen Erlaß des damaligen Reichsministers Rust von Erfolg zu sein. Nach der nationalsozialistischen ›Schulreform‹ von 1938 hatte er angeordnet, daß alles vermieden werden müsse, was die Arbeit der (wenigen) altsprachlichen Gymnasien – die als ›Sonderform‹ der höheren Schule erhalten geblieben waren – behindere. Der westfälische Verbindungsmann bei der Abteilung Höhere Schulen in Stettin hatte schon mitgeteilt, das Gymnasium solle in Köslin bleiben; dann aber kam die Gegenorder.

Nach längerem Hin und Her – der Gauleiter von Pommern, Schwede-Coburg, hatte sogar sämtliche westfälischen Lehrer und Lehrerinnen für einen Tag nach Stettin befohlen, um letzte Widerstände bei ihnen zu brechen und um sie »auszurichten« – wurden Anfang Juni 1944 die westfälischen höheren Schulen nach Misdroy, Ahlbeck und Heringsdorf (Mädchenschulen) in geschlossene Lager verlegt. Alle einzeln einquartierten Schüler und Schülerinnen mußten mitmachen. Die beiden höheren Schulen in Köslin (Gymnasium und Hildegardisschule) hatten es – wohl als einzige unter den evakuierten westfälischen Schulen in Pommern – den umquartierten Müttern dagegen freigestellt, ihre Kinder in Köslin bei sich zu behalten oder sie mitzuschicken; die meisten entschlossen sich für das erstere. Am 5. Juni fuhren die beiden Schulen mit etwa zwei Dritteln ihrer Schüler und Schülerinnen nach Ahlbeck bzw. Heringsdorf. Vom Kollegium des Gymnasiums blieben die Herren Kehl und Steinmann in Köslin zurück. Die beiden Restschulen in Köslin legten für das nächste Vierteljahr ihren Unterrichtsbetrieb zusammen.

Das Gymnasium bekam in Ahlbeck zwei günstig gelegene und gut eingerichtete Häuser an der Kurstraße zugewiesen. Als »*Hauptlagerleiter*« bzw. »*Lagerleiter*« wohnten die Herrn Dr. Klüsener, Gamm und Klostermann in den Heimen. Die als »*Lagerlehrer*« bezeichneten übrigen Herren wohnten wie die der anderen Schulen im Hotel Seehof. Der Aufenthalte dauerte vom 5. Juni bis zum 10. September 1944. Auf die Jungen hat die See sicher kräftigend gewirkt. So erträglich Unterbringung und Verpflegung auch waren, so völlig unzulänglich waren die unterrichtlichen

Voraussetzungen und Möglichkeiten. Insgesamt stand der gewaltige Aufwand an Kosten und Mühe in keinem Verhältnis zu den Ergebnissen, schulisch hat kaum der vorher erreichte Stand gehalten werden können. Überschattet wurde die Zeit von der besonderen Sorge der Westdeutschen angesichts der Invasion in Frankreich mit ihren Folgen.

Allein untergebrachte Schüler Mitte Februar 1945 nach Hause
Nach der Rückkehr aus dem Sommerlager ist es eigentlich in Köslin nicht wieder zu einem geordneten Unterrichtsbetrieb gekommen. Das Gebäude der Oberschule war inzwischen Lazarett geworden, und das Gymnasium wurde noch viel behelfsmäßiger als vorher in der Berufsschule untergebracht. Mittlerweile bestanden nur noch die Klassen Sexta bis Obertertia; die älteren Jungen wurden überdies im Herbst als Erntehelfer in der Umgebung von Köslin bzw. von Rummelsburg eingesetzt. So verlief der erste Teil des Winters. Im September 1944 hatten die Gegner im Westen das Reichsgebiet erreicht oder überschritten. Der zweite Teil des Winters begann mit dem Einsetzen der russischen Offensive am 12. Januar 1945. In kürzester Zeit war Hinterpommern unmittelbar gefährdet. Am 27. Januar 1945 verhandelten die Leiter der Bochumer Schulen zum ersten Mal über den Rücktransport. Die Parteidienststellen gewährten nicht nur keine Hilfe, sondern versuchten mit allen Mitteln, die Bemühungen der umquartierten Schulen zu vereiteln. Die zunächst in Aussicht gestellte Hilfe einer Marinedienststelle in Köslin wurde der Gefahr wegen abgesagt – ein mit Flüchtlingen voll besetztes ›KDF‹-Schiff war in diesen Tagen vor der pommerschen Küste untergegangen. Nun bestand nur noch die Möglichkeit der Selbsthilfe. Das Gymnasium betrachtete es als erstes Ziel, die allein untergebrachten Jungen zurückzuschicken. Nach Überwindung vieler Widerstände bei Partei, Bahn usw. traten diese Jungen am 14. und 15. Februar 1945 unter der Führung der Herren Steinman, Saatmann aus Hagen, Gamm und Haarmann die Rückfahrt an. Die Fahrt der vier Gruppen von je etwa 20 Jungen ist glatt verlaufen. Die Zahl der auf eigene Faust abgefahrenen Jungen war beim Gymnasium wegen der Vorbereitung dieser Sammeltransporte recht gering. Vom Lehrkörper blieben die Herren Kehl, Dr. Klüsener und Klostermann noch in Köslin zurück. Herr Braun war mit dem Volkssturm ausgerückt. Erst im Spätsommer 1945 ist er wieder in Bochum eingetroffen.

Alle wohlbehalten nach Bochum gelangt
Die Lage im mittleren Teil Hinterpommerns wurde während der beiden letzten Februarwochen zusehends ungünstiger. Am 23. Februar sprach der stellvertretende Gauleiter von Westfalen-Süd, Vetter, in einer Versammlung der Umquartierten in Köslin. Der Inhalt seiner Ausführungen war: In Pommern ist alles ruhig; Pommern wird gehalten; die Umquartierten können nichts Besseres tun, als bleiben! Es ließ sich schon bald feststellen, daß diese angesichts der Tatsachen völlig unglaubwürdigen Behauptungen die Evakuierten nicht beruhigen konnten. Die Versuche der Mütter, mit ihren Kindern Köslin zu verlassen, setzten vielmehr verstärkt wieder ein. Die nächsten Tage zeigten auch schon, daß die Besorgnisse der Frauen leider nur zu berechtigt gewesen waren. Doch auch jetzt kamen die örtlichen Dienststellen den berechtigten Wünschen der Umquartierten in keiner Weise entgegen; im Gegenteil, sie taten alles, um ein Verlassen der Stadt zu erschweren bzw. unmöglich zu machen.

Dieser wenig erfreuliche Zustand dauerte an, bis am 1. März mittags die Sirenen Panzeralarm gaben. Feindliche Panzer waren durch den Gollenwald bis an den nordöstlichen Stadtrand vorgedrungen und wurden hier durch Panzerabwehr und Flieger bekämpft. In dieser Lage erschienen nachmittags auf Grund eigener Initiative der westfälischen »*politischen Leiter*« zwei der westfälischen Autobusse – die aus Westfalen geschickt worden waren, um überall dort die Evakuierten zurückzuholen, wo unmittelbare Gefahr war –, um die Umquartierten nach Belgard zu bringen, von wo noch Züge fuhren. Am Abend des 1. März, in der Nacht zum 2. März und am 2. März wurden so alle westfälischen Umquartierten aus Köslin herausgebracht.

In Belgard ließen sich die Umquartierten angesichts der Verhältnisse auf dem Bahnhof schon nicht mehr zusammenhalten. Sie mußten versuchen, einzeln oder in Gruppen mit den abgehenden Zügen fortzukommen.

Schulinventar weitgehend zurückgelassen
Da die Abbeförderung der Umquartierten aus Köslin infolge der Einstellung der örtlichen Dienststellen erst im letzten Augenblick und daher überstürzt vorgenommen wurde, war es denn dahin gekommen, daß – wie die anderen Schulen – sich auch das Staatliche Gymnasium praktisch aufgelöst hatte.

Bei der Art der Abbeförderung – nur geringstes Privatgepäck konnte mitgenommen werden – ist der aus dem Brand gerettete und nach Köslin gebrachte Besitz des Gymnasiums (Archiv, Büro, Hilfsbücherei, Bücherei des ehemaligen pädagogischen Bezirksseminars, Inventar) in Köslin zurückgeblieben. Nur das Schülerverzeichnis der letzten fünf Jahre hat der Berichterstatter mitnehmen können.

Als erfreuliche Feststellung mag hier am Schluß des Berichtes über diesen wohl ungewöhnlichsten Abschnitt in der Geschichte des Staatlichen Gymnasiums Bochum erwähnt werden, daß bei dem Zusammenbruch in Pommern weder von den Schülern noch den Lehrern jemand umgekommen ist, wie das bei anderen westfälischen Schulen leider der Fall war.

Friedrich Klüsener: Bericht über die Verlegung des Gymnasiums nach Köslin (Juli 1943–März 1945), in: Ders.: 100 Jahre Staatliches Gymnasium Bochum. Festschrift zum hundertjährigen Bestehen des staatlichen Gymnasium in Bochum 1860–1960, o.O. (1960), S. 62–65

Archiv-, Quellen- und Literaturverzeichnis

Archive
Stadtarchiv Bochum (StadtA BO)
Stadtarchiv Castrop-Rauxel (StadtA CR)
Stadtarchiv Essen (StadtA E)
Stadtarchiv Gelsenkirchen (StadtA GE)
Stadtarchiv Gladbeck (StadtA GLAD)
Stadtarchiv Hagen (StadtA HA)
Stadtarchiv Hattingen (StadtA HAT)
Stadtarchiv Herne (StadtA HER)
Stadtarchiv Oberhausen (StadtA O)
Stadtarchiv Witten (StadtA WIT)
Archiv des Diakonischen Werkes der Evangelischen Kirche von Westfalen, Münster (ADW)
Staatsarchiv Münster (STAMS)
Bundesarchiv Berlin (BAB)
Bundesarchiv-Filmarchiv Berlin (BAFAB)
Bundesarchiv Potsdam (BAP)

Gedruckte Quellen und Literatur
75 Jahre Gymnasium der Stadt Herne 1902–1977. Denkschrift zur Jubiläumsfeier, o.O., o.J. [1977]
Arbeitsgruppe Geschichte der Schule (Hg.): »Was dann kam, darüber reden wir nicht...« Das Staatliche Gymnasium Bochum unterm Nationalsozialismus. Bochum 1987
Baumeister, Werner: Castrop-Rauxel im Luftkrieg 1939–1945. Castrop-Rauxel 1988
Beer, Wilfried: Kriegsalltag an der Heimatfront. Alliierter Luftkrieg und deutsche Gegenmaßnahmen zur Abwehr und Schadensbegrenzung, dargestellt für den Raum Münster. Bremen 1990
Bischof Clemens August Graf von Galen: Akten, Briefe und Predigten 1933–1946. Bd. II: 1939–1946. Bearb. v. Peter Löffler. Mainz 1988, 2., erw. Aufl. Paderborn 1996 (= Veröffentlichungen der Kommission für Zeitgeschichte, Reihe A, Bd. 42)
Blennemann, Joachim: Die Zeit des 2. Weltkrieges in Witten; in: Jahrbuch des Vereins für Orts- und Heimatkunde in der Grafschaft Mark 75, 1977, S. 46–48
Boberach, Heinz (Hg.): Meldungen aus dem Reich. Die geheimen Lageberichte des Sicherheitsdienstes der SS 1938–1945, Bd. 15, Bd. 16, Herrsching 1984
Braumann, Georg: Die evangelische Kirche Westfalens und ihre Evakuierten in Baden 1940–1945. Maschinenschr. Manuskr., Billerbeck 1987
Braumann, Georg: Die evangelische Kirche Westfalens und ihre Evakuierten in Ostpommern 1943–1945. Maschinenschr. Manuskr., Billerbeck 1986
Chronik der Graf-Engelbert-Schule (früheren Bismarckschule) Städtischen Oberschule für Jungen in Bochum. Zusammengestellt von Dr. Hans Paschen, StRi.R., o.O. (1950) (maschinenschr. Manuskr.)
Cressel, Carsten: Evakuierungen und erweiterte Kinderlandverschickung. Das Beispiel der Städte Liverpool und Hamburg. Frankfurt a. M. 1996
Dabel, Gerhard: KLV – Die erweiterte Kinder-Land-Verschickung. KLV-Lager 1940–1945. Freiburg 1981
Dobson, Christopher / John Miller / Ronald Payne: Die Versenkung der ›Wilhelm Gustloff‹. Wien / Hamburg 1979
Eversberg, Heinrich: Die höhere Stadtschule zu Hattingen. Festschrift zur 50. Wiederkehr der ersten Reifeprüfung 1914–1964. Hattingen 1964 (= Hattinger Heimatkundliche Schriften 12)
Freeman, Roger A.: Mighty Eighth War Diary. London / New York / Sydney 1981
Frerk, Emil: Unsere Schule im Exil; in: Frank Braßel / Michael Clarke / Cornelia Objartel-Ballet (Hg.): »Nichts ist so schön wie...« Geschichte und Geschichten aus Wanne-Eickel. Essen 1991, S. 241–243 (Wiederabdruck aus: Festschrift zum 50jährigen Bestehen des Städtischen Neusprachlichen Gymnasiums Wanne-Eickel, o.O., o.J. [1954], S. 20–22)
Gehrken, Eva: Nationalsozialistische Erziehung in den Lagern der Erweiterten Kinderlandverschickung 1940 bis 1945 (= Karl Neumann / Heinz Semel (Hg.): Steinhorster Schriften und Materialien zur regionalen Schulgeschichte und Schulentwicklung, Bd. 8 (1997)
Groehler, Olaf: Bombenkrieg gegen Deutschland. Berlin (Ost) 1990
Hastings, Max: Bomber Command. London 1993 (Erstausgabe: 1979)
Heimann, Josef: Die Herner Oberschule in Treptow; in: Eduard Frey / Josef Stapenhorst (Hg.): Fünfzig Jahre Gymnasium Herne – 80 Jahre städtische höhere Schule. Denkschrift zur 50-Jahr-Feier. o.O., o.J. [1952], S. 56–60
Hesmert, Günter: 100 Jahre Schule, in: 100 Jahre Städtisches Schillergymnasium Witten. Von der Töchterschule zum Gymnasium 1877–1977, o.O., o.J. [Witten 1977], S. 7–46

Horsthemke, Johann: Geschichte des Städtischen Gymnasiums Witten 1925–1960. o. O., o. J. [Witten 1960]

Hüttenberger, Peter: Die Gauleiter. Stuttgart 1969

Inglis, Ruth: The Children's War. Evacuation 1939–1945. London 1989

Kemna, Luise: Bericht über die Evakuierung der Freiherr-vom-Stein-Schule vom Juli 1943 bis 2. März 1945 nach Belgard in Pommern, in: 100 Jahre Freiherr-vom-Stein-Schule – Festschrift der Freiherr-vom-Stein-Schule zur Hundertjahrfeier 1865–1965, o. O. (1965), S. 39-41

Klüsener, Friedrich: 100 Jahre Staatliches Gymnasium Bochum. Festschrift zum hundertjährigen Bestehen des Staatlichen Gymnasiums in Bochum 1860–1960, o. O. (1960)

KLV – Kinderlandverschickung 1941 in Böhmen und Mähren. Sechs Monate mit der Humboldt-Oberschule im Protektorat. Erinnerungen von Erich Maylahn. Maschinenschr. Manuskr., Essen 1996

Kock, Gerhard: »Der Führer sorgt für unsere Kinder...« Die Kinderlandverschickung im Zweiten Weltkrieg, Paderborn u. a. 1997

Kossol, Erika: Ein Kind will nach Hause. Überlebenstage einer Zwölfjährigen quer durch Deutschland im Frühjahr 1945. 2. Aufl. Frankfurt a. M. 1993

Krause, Michael: Flucht vor dem Bombenkrieg. ›Umquartierungen‹ im Zweiten Weltkrieg und die Wiedereingliederung der Evakuierten in Deutschland 1943–1963. Düsseldorf 1997 (= Beiträge zur Geschichte des Parlamentarismus und der politischen Parteien, Bd. 109)

Krüger, Norbert: Die Bombenangriffe auf das Ruhrgebiet im Frühjahr 1943, in: Ulrich Borsdorf / Mathilde Jamin (Hg.): Überleben im Krieg. Kriegserfahrungen in einer Industrieregion 1939–1945. Hamburg 1989, S. 88–100

Küper, [Walter]: Die Oberschule für Jungen fern der Heimat in den Jahren 1943–45; in: Festschrift anläßlich der Wiedereröffnung des Neusprachlichen Gymnasiums Castrop-Rauxel, am 1. Oktober 1949, o. O., o. J. [1949]

Lang, Gabriele: Kinderlandverschickung klingt so nett. Die Schülerinnen der Maria-Wächtler-Schule in den Kriegsjahren 1941–1945; in: Wilfried Breyvogel (Hg.): Mädchenbildung in Deutschland. Die Maria-Wächtler-Schule in Essen 1896–1996, Essen 1996, S. 151–173

Larass, Claus: Der Zug der Kinder. KLV – Die Evakuierung 5 Millionen deutscher Kinder im 2. Weltkrieg, München 1983

Meyerhoff, Hermann (Bearb.): Herne 1933–1945. Die Zeit des Nationalsozialismus. Ein kommunalhistorischer Rückblick. Herne 1963

Middlebrook, Martin / Chris Everitt: The Bomber Command War Diaries. An Operational Reference Book, 1939–1945. Harmondsworth 1985

Oeser, Wolfgang: 75 Jahre Graf-Engelbert-Schule Bochum. Ein Abriß der Schulgeschichte, in: Festschrift zum fünfundsiebzigjährigen Bestehen der Graf-Engelbert-Schule Bochum 1910 bis 1985, o. O. (1985), S. 23

Der Prozeß gegen die Hauptkriegsverbrecher vor dem Internationalen Militärgerichtshof Nürnberg 14. November 1945 – 1. Oktober 1946. Bd. XIV. Amtlicher Text in deutscher Sprache. Verhandlungsniederschriften 16. Mai 1946 – 28. Mai 1946. Nürnberg 1948

Reeswinkel, Wilhelm: Wittener Kinder in der Kriegsheimat; in: Jahrbuch des Vereins für Orts- und Heimatkunde in der Grafschaft Mark 56, 1953, S. 115–146

Rittermeier, Erika: Schulalltag in Hattingen; in: VHS Hattingen (Hg.): Alltag in Hattingen 1933–1945. Eine Kleinstadt im Nationalsozialismus. Essen 1985, S. 154

Ruge, Paul: Luftkrieg über Witten; in: Jahrbuch des Vereins für Orts- und Heimatkunde in der Grafschaft Mark 55, 1952, S. 148–145

Schirach, Baldur von: Ich glaubte an Hitler. Hamburg 1967

Schön, Heinz: Der Untergang der ›Wilhelm Gustloff‹. Göttingen 1952

Schulchronik, zusammengestellt von der Elternschaft der Otto-Schott Realschule; in: Chronik der Otto-Schott-Realschule Witten 1976–1986, o. O., o. J. [Witten 1986], S. 10f.

Die Schule in Pommern; in: Mädchengymnasium Herne 1893–1953. Festschrift zum 60jährigen Bestehen. Hg. v. Lehrerkollegium, bearb. v. Leo Reiners, o. O., o. J. [1953], S. 43–50

Schulte, Lina: Was Wanne-Eickeler Kinder im Frühjahr 1945 in Waldsassen (Oberpfalz) erlebten; in: Festschrift zum 50jährigen Bestehen des Städtischen Neusprachlichen Mädchengymnasiums und der Naturwissenschaftlichen-Hauswirtschaftlichen Frauenoberschule Wanne-Eickel 1907–1957, o. O., o. J. [1957], S. 24–35

Sollbach, Gerhard E.: Heimat ade! Kinderlandverschickung in Hagen 1941–1945. Hagen 1998 (= Hagener Stadtgeschichte(n), Bd. 7)

Sollbach, Gerhard E. (Hg.): Dortmund – Bombenkrieg und Nachkriegsalltag 1939–1948. Hagen 1996

Sollbach, Gerhard E. (Hg.): Hagen – Kriegsjahre und Nachkriegszeit 1939–1948. 3. Aufl. Hagen 1995 (= Hagener Stadtgeschichte(n), Bd. 4)

Timm, Willy: Freikorps ›Sauerland‹ im Deutschen Volkssturm. Südwestfalens letztes Aufgebot. Unna 1993

Unsere Schule in der Fremde 1943–1945; in: Festschrift zur 75-Jahrfeier des Städtischen Mädchengymnasiums Castrop-Rauxel 1885–1960, o.O., o.J. [1960]

Webster, Charles /Noble Frankland: The Strategic Air Offensive against Germany. Bd. 1–4. London 1961

Wiehe, Gerhard: Penne 41–51. Oberschule für Jungen Witten 1941–1951. Witten o.J.

Bildnachweis

Bochumer Anzeiger, 4.8.1943: Abb. 47
Stadtarchiv Bochum: Abb. 19, 22
Stadtarchiv Hattingen: Abb. 62
Stadtarchiv Herne: Abb. 95, 103, 104, 105
Stadtarchiv Witten: Abb. 148, 149
Die Originale aller übrigen Abbildungen stammen aus Privatbesitz.

Danksagung

Das vorliegende Werk verdankt seine Entstehung der aktiven Mithilfe zahlreicher Personen und Institutionen.

Folgende Personen vor allem haben mündliche Informationen oder schriftliche Erinnerungsberichte, Schriftstücke oder Fotos aus ihrer KLV-Zeit für diese Dokumentation zur Verfügung gestellt, die in dieser Dokumentation verwertet worden sind: Doris Anke, Montespertoli (Italien); Werner O. Bahlo, Bochum; Werner Baumeister, Castrop-Rauxel; Werner Böhm, Bochum; Helmut Botschen, Köln; Egon Briele, Witten; Oskar Büchel, Bochum; Heinrich Carow, Traunreut; Elfriede Cremer, geb. Furch, Herne; Else Daniels, geb. König, Bochum; Friedhelm Degenhardt, Herne; Ruth Disse, Witten; Helmut Disselbeck, Kiel; Eva Drenhaus, München; Siegfried Dreyer, Overath; Rudolf Eistermann, Herne; Gerhard Fornefeld, Bochum; Karl-Heinz Göbel, Bochum; Elisabeth H., Bochum; Elsbeth Hamann, geb. Caspers, Herne; Ingeborg Hebell, Witten; Marianne Heckmann, Herne; Hans-Joachim von der Heidt, Witten; Wilhelm Hübner, Herne; Hans Hüwener, Bochum; Brigitte Kaiser, Dortmund; Inge Kappel, geb. Rost, Bochum; Erika Kasparbauer, geb. Czimmeck, Herne; Wolfgang Kessebohm, Castrop-Rauxel; Thea Klaes, Witten; Horst Klein, Bochum; Waltraud Kolendowicz, Bochum; Erwin Kozlowski, Bochum; Harald Krause, Castrop-Rauxel; Hans Joachim Kreppke, Bochum; Johannes Krieter, Bochum; Klaus Krosch, Bochum; Ursula Kuhlmann, geb. Vogt, Herne; Margret Lampmann, Witten; Rudolf Lange, Bochum; Ernst Leppek, Bochum; Ursula Liebeknecht, Herne; Willy Ludwig, Witten; Ingetraud Magunia, Herne; Otto Malitz, Witten; Heinz Möllenkamp, Bochum; Franz Mrogenda, Herne; Irmgard Münch, Bochum; Edith Murtin-Lütke, Bochum; Siegfried Nicolay, Dortmund; Adelheid Niederstebruch, geb. Strunk, Castrop-Rauxel; Anita Nörtemann, geb. Wärisch, Bochum; Günter Nörtemann, Bochum; Helene Papendorf, Herne; Christiane Pohl, geb. Habighorst, Wesseling; Rita Reinhardt, Bencasim (Spanien); Marianne Rohleff, Herne; Gisela Rohsiepe, Bochum; Wilhelm Römermann, Witten; Marga-Rosenthal-Koppka, geb. Koppka, Bochum; Christa Rösner, Herne; Brigitte Salzmann, Neuenstein; Günther Schacht, Witten; Horst Schade, Herne; Sonja Schade, Bochum; Wilhelm Schliep, Bochum; Margret Schröter, Bochum; Ingrid Stein, Herne; Elsbeth Sternat, Herne; Walter Sternat, Herne; Günter F. Stirnberg, Bochum; Günter Stryzewski, Herne; Hermann Tyralla, Hattingen; Herne; Bruno Vahl, Herne; Siegfried Wegmann, Bochum; Reinhold Werholz, Herne; Reinhard Wiederhold, Witten; Gerhard Wiehe, Witten; Lucia Winkelmann, Witten; Inge Witt-Heyer, Bochum; Dr. Hans-Wilhelm Wittmeier, Rösrath; Gerhard Wojan, Bochum; Gisela Wolf, Duisburg; Friedrich Zinkhan, Bochum.

Darüber hinaus sind Auskünfte und Unterlagen von Zeitzeuginnen und Zeitzeugen zur Verfügung gestellt und vom Autor genutzt worden, die aufgrund der notwendigen Umfangsbeschränkung des Buches nicht zum Abdruck kommen konnten. Sie werden aber für zukünftige Forschungen zur Verfügung stehen.

Ihnen allen möchte der Autor an dieser Stelle noch einmal ganz herzlich für ihre Mühe und das ihm entgegengebrachte Vertrauen danken, daß sie ihm ihr wertvollstes Gut – ihre persönlichen Erinnerungen und ihre Fotos und sonstigen privaten Dokumente aus ihrer Jugendzeit – anvertraut haben.

Vielfältige Unterstützung und fachkundigen Rat erhielt der Verfasser aber auch von den Leiterinnen und Leitern sowie den Mitarbeiterinnen und Mitarbeitern der betroffenen Stadtarchive in Bochum, Castrop-Rauxel, Essen, Gelsenkirchen, Gladbeck, Hagen, Hattingen, Herne, Oberhausen und Witten sowie des Archivs des Diakonischen Werkes der Evangelischen Kirche in Westfalen, des NRW-Staatsarchivs in Münster, des Bundesarchiv-Filmarchivs in Berlin und des Bundesarchivs in Potsdam. Auch ihnen allen gilt ein ebenso wohlverdientes wie herzliches Dankeschön.

Dank sagen möchten Autor und Verlag aber auch der Werner Richard – Dr. Carl Dörken Stiftung in Herdecke sowie den Stadtarchiven in Bochum und Herne, die jeweils durch einen Druckkostenzuschuß schließlich das Erscheinen dieser im Manuskript Anfang 2001 fertiggestellten Dokumentation ermöglicht haben.

UNSER ANGEBOT: BÜCHER ZUR ZEITGESCHICHTE

Gerhard E. Sollbach: Flucht vor Bomben. Kinderlandverschickung aus dem östlichen Ruhrgebiet im 2. Weltkrieg
2002, 192 Seiten, 149 Abbildungen, broschiert
ISBN 3-930217-65-1 EUR 17,90

Gerhard E. Sollbach: Heimat ade! Kinderlandverschickung in Hagen 1941–1945 (= Hagener Stadtgeschichte(n), Bd. 7)
1998, 192 Seiten, 172 Abbildungen, broschiert
ISBN 3-930217-32-5 EUR 19,90

Gerhard E. Sollbach (Hg.): Aus schwerer Zeit. Tagebuch des Hagener Bürgers Bernhard Petersen 1943–1949
1986, 217 Seiten, 70 Abbildungen, broschiert
ISBN 3-930217-28-7 EUR 8,90

Rolf Liesegang: Kameraden oder Genossen? Kriegervereine und Sozialdemokratie während der Kaiserzeit (1887–1914). Jörg Schledorn: Hagen ohne Helden? Die Kontroverse um die Heldengedenkbücher (= Hagener Geschichtshefte, Heft 1)
1995, 44 Seiten, 11 Abbildungen, broschiert
ISBN 3-930217-10-4 EUR 5,90

Hagener Geschichtsverein (Hg.): So wie es eigentlich gewesen. Erinnerungen Hagener Zeitzeugen. Teil 1 (= Hagener Geschichtshefte, Heft 4) *[mit verschiedenen Beiträgen zur NS-Geschichte in Hagen]*
1999, 120 Seiten, 33 Abbildungen, broschiert
ISBN 3-930217-36-8 EUR 10,90

Hagener Geschichtsverein (Hg.): So wie es eigentlich gewesen. Erinnerungen Hagener Zeitzeugen. Teil 2 (= Hagener Geschichtshefte, Heft 5) *[mit verschiedenen Beiträgen zur Geschichte der Zwangsarbeit in Hagen]*
2002, 160 Seiten, 22 Abbildungen, broschiert
ISBN 3-930217-62-7 EUR 12,90

Gerhard E. Sollbach (Hg.): Dortmund – Bombenkrieg und Nachkriegsalltag 1939-1948
1996, 248 Seiten, 251 Abbildungen, broschiert
ISBN 3-930217-12-0 EUR 20,90

Margrit Sollbach-Papeler: Mönchengladbach und Rheydt 1939–1945. Alltag unter Bomben
1997, 148 Seiten, 164 Abbildungen, broschiert
ISBN 3-930217-17-1 EUR 17,90

Margrit Sollbach-Papeler: Neubeginn aus Trümmern. Besatzungszeit und Nachkriegsalltag im Kreis Neuss 1945–1948
2001, 336 Seiten, 9 Abbildungen, broschiert
ISBN 3-930217-39-2 EUR 22,90

Willi Creutzenberg: Herdecke 1930–1950 (= Herdecker Hefte, Heft 7)
1994, 136 Seiten, 228 Abbildungen, broschiert
ISBN 3-930217-07-4 EUR 10,90

Sie möchten unser gesamtes Verlagsprogramm näher kennenlernen? Schreiben bzw. mailen Sie uns oder rufen Sie uns an, dann senden wir Ihnen gerne unseren ausführlichen Gesamtprospekt zu. Oder informieren Sie sich im Internet unter www.lesezeichenverlag.de

Lesezeichen Verlag

Postfach 60 02 23 · 58138 Hagen
Tel. (0 23 31) 63 06 77 · Fax (0 23 31) 63 39 87
E-Mail: info@lesezeichenverlag.de

WEITERE BÜCHER AUS UNSEREM VERLAGSPROGRAMM

Der Gründer des Folkwang-Museums und sein Architekturprogramm
Karl Ernst Osthaus/Heinrich Reifferscheid: Alte Bauten der Stadt Hagen i.W. und ihrer näheren Umgebung
1993, erw. Nachdruck der limitierten Originalausgabe aus dem Folkwang-Verlag, 1904, 25 Bilddrucke auf Einzelblättern und Kommentarband (64 Seiten, 23 Abbildungen, broschiert) in Schmuckmappe
ISBN 3-930217-00-7   EUR 14,90

Das Buch zum Zeichner der Illustrationen des Klassikers »Das malerische und romantische Westphalen«
Andreas Kunze: Romantisches Westfalen – Bilder aus vergangener Zeit. Der Maler Carl Schlickum und die deutsche Geschichte
1996, 30 Bilddrucke auf Einzelblättern und Kommentarband (72 Seiten, 39 Abbildungen, broschiert) in Mappe
ISBN 3-930217-13-9   EUR 10,90

Das Bild einer westfälischen Stadt in der Kunst
Beate Hobein (Hg.): Hagen – ein Bild von (m)einer Stadt
1996, 96 Seiten, 30 farbige und 32 s/w-Abbildungen, broschiert
ISBN 3-930217-14-7   EUR 12,90

Die Dokumentation aller Denkmäler einer Stadt
Beate Hobein/Dietmar Osses (Hg.): »Bis in die fernste, fernste Zeit...« Hagen und seine Denkmäler
1996, 228 Seiten, 140 Abbildungen, broschiert
ISBN 3-930217-21-X   EUR 12,90

Geschichte(n) eines Intendanten und seines Theaters
Peter P. Pachl (Hg.): Ein Theater in Bewegung. 13 Jahre Ära Peter Pietzsch am Theater Hagen 1987–2000
2000, 148 Seiten, 72 farbige und 87 s/w-Abbildungen, gebunden
ISBN 3-930217-40-6   EUR 20,90

Ruhrgebietstypisch: Die Geschichte eines Stahlwerks
Dirk Bockermann (Hg.): Hasper Gold. Ein Lesebuch zur Geschichte der Hasper Hütte
2. Auflage 1998, 192 Seiten, 30 farbige und 117 s/w-Abbildungen, broschiert
ISBN 3-930217-05-8   EUR 19,90

Kindheit in einer ländlichen Idylle 1935–1945
Hannelore Blömeke: Hofkinder. Eine Kindheit in Haus Harkorten
1999, 152 Seiten, 10 Abbildungen, gebunden
ISBN 3-930217-37-6   EUR 17,90

Ein Leben für die Königin der Musikinstrumente
Gerard Bunk: Liebe zur Orgel. Erinnerungen aus einem Musikerleben (=Westfälische Musikermemoiren und -biographien, Heft 1)
3. Auflage 1981, 196 Seiten, 4 Abbildungen, broschiert
ISBN 3-930217-29-5   EUR 12,90

Klein, aber fein: faszinierende Spielzeugfiguren
Beate Hobein (Hg.): Superstars und andere kleine Leute. Sammelbares aus der Welt der Spielzeugfigur
1993, 28 Seiten, 20 farbige und 20 s/w-Abbildungen, broschiert
ISBN 3-930217-01-5   EUR 5,90

Gedichte für jeden Tag und jede Gelegenheit
Leo M. Ehring: ...und leben die Wunder. Lyrische Diamanten
1996, 152 Seiten, 9 Abbildungen, gebunden
ISBN 3-930217-22-8   EUR 12,90

Lesezeichen Verlag

Postfach 60 02 23 · 58138 Hagen
Tel. (0 23 31) 63 06 77 · Fax (0 23 31) 63 39 87
E-Mail: info@lesezeichenverlag.de